普通高等教育"十二五"规划教材

21世纪学前教育专业规划教材

幼儿学习与教育心理学

张莉 主编

图书在版编目(CIP)数据

幼儿学习与教育心理学 / 张莉主编. —北京：北京大学出版社，2017.5
（21世纪学前教育专业规划教材）
ISBN 978-7-301-26729-5

Ⅰ.①幼… Ⅱ.①张… Ⅲ.①幼儿教育—教育心理学—高等学校—教材 Ⅳ.①G44

中国版本图书馆CIP数据核字(2016)第001041号

书　　　名	幼儿学习与教育心理学 YOU'ER XUEXI YU JIAOYU XINLIXUE
著作责任者	张　莉　主编
责任编辑	李淑方　吴卫华
标准书号	ISBN 978-7-301-26729-5
出版发行	北京大学出版社
地　　　址	北京市海淀区成府路205号　100871
网　　　址	http://www.pup.cn　新浪微博：@北京大学出版社
电子信箱	zyl@pup.pku.edu.cn
电　　　话	邮购部 62752015　发行部 62750672　编辑部 62767857
印　刷　者	三河市北燕印装有限公司
经　销　者	新华书店 787毫米×1092毫米　16开本　23印张　450千字 2017年5月第1版　2018年12月第2次印刷
定　　　价	58.00元

未经许可，不得以任何方式复制或抄袭本书之部分或全部内容。
版权所有，侵权必究
举报电话：010-62752024　电子信箱：fd@pup.pku.edu.cn
图书如有印装质量问题，请与出版部联系，电话：010-62756370

前　言

　　学习是所有动物成长所必须经历的事件。通过学习，动物习得赖以生存的本领，如获取食物、躲避危险、成功交往、不断进化。人类个体的成长更是如此。人类的新生儿更弱，幼年期更长，需要获得的生存技能更多，更需要学习。儿童成长中的学习有时由儿童自己无意识完成，但是更多的由长辈帮助完成。儿童学习是怎样的一个活动过程？儿童学习心理有何特点？成人应如何利用其特点促进儿童更有效的学习？这些是心理学家和教育学家们一直研究的问题。

　　学习的科学心理学研究开始于19世纪后期，以1885年德国心理学家艾宾浩斯《记忆论》一书的出版为标志。他通过对无意义音节的学习研究揭示了著名的记忆遗忘规律。20世纪之后，对学习心理的研究移至美国，研究主要集中在三个方面：一是人类联想学习研究，二是以动物为被试的条件反射学习研究，三是动物和人类学习的认知研究。20世纪50年代以前，以行为主义的研究观点占优势。20世纪50年代之后，以认知主义的研究观点占优势。认知心理学家不仅研究知识的学习、存储、重组以及在实际情境中的运用，还研究学习行为如何受到学习者自身的认知调节与控制。美国科学院和教育部支助的研究——"人如何学习——大脑、经验和学校"，在1999年总结的20世纪后期的学习心理研究成果包括：信息记忆过程与认知结构的获得；问题解决及其推理的过程；早期儿童的巨大学习潜能；学习的反省和调节能力；文化经验与社会实践对学习的影响。

　　心理学对学习研究的丰硕成果，奠定了学校教育教学的心理学基础，增进了教师对儿童学习过程及其规律的认识，促进了教育方式方法的变革，使得学校教育发生了巨大的变化。

　　但是，对儿童学习与教育心理的系统研究，过去相当长一段时间只是指向学龄儿童，对学龄前儿童的关注比较少。之所以存在如此现状，与人们长期的认识有关。

　　首先，认为学前儿童的学习无足轻重。从有教育存在开始，社会便更重视有师傅的教育，而后就是学校中的教育。长期以来，人们认为儿童学习主要是在学校中进行的，认为学校才是学习的主要场所，进入学校的学生在教师指导下进行的学习才是正规学习，提高学生的学习效果和教师的指导水平才是最重要的；幼儿园不是学校教育的一部分，在那里儿童的学习是零散的、不系统的、不正式的，因而是不重要的，可以随意进行的。所以，教育心理学学科中研究的学习，都是学生的学习，如邵瑞珍主编的《教育心理学》中的学习定义，即"学生凭借经验产生的、按照教育目标要求的比较持久的能力或倾向的变化"；李伯黍、燕国材主编的《教育心理学》中的学习也是指学生的学习,"是在教师指导下,有目的、有计划、有组织、有系统地进行的活动"。在此类定义下,幼儿在游戏中玩耍,在生活中获得习惯,在运动中获得体魄便都不是学习,或者说都不可能成为所要研究的学习的范畴。所有的教育心理学学科的研究内容中便只有学校中学生的学习心理和教育心理,基本不会涉及学前儿童的学习。

其次,认为学前儿童的学习能力有限。由于儿童心理研究的局限,很长一段时间里,大家对学前儿童的学习潜能缺乏足够的认识,认为这些儿童年龄太小,知识经验太少,学习能力太差,不可能理解并学会很多知识,获得什么能力。即使进行学习,其学习的内容和过程也十分简单,所以,研究他们的学习心理价值不大。

近几十年来,心理学尤其是儿童心理的研究已经证实,0~6岁儿童具有巨大的学习潜能和教育价值,是否抓紧抓好这个阶段的教育,促进此阶段儿童的学习,将极大地关系到个体的成长。

事实上,人类儿童的学习从出生时便已经开始,在早期的6年里,儿童从只能在床上躺着到会坐、爬、站、走、跳跃、攀登以及各种全身运动;从只会哭泣和咿呀发声到能发出本族语言的全部语音,掌握大量的生活词汇,用语言进行全方位的生活及情感交流;从以感知觉为主要特点的心理活动到能通过思考解决一定的问题,甚至有了初步逻辑思维的萌芽;从只有与生理相联系的情感到产生了一定的社会性情感;从完全不知道自己是谁到获得了一定的自我意识;从只能表示喜欢看见人脸到学会与人进行交往的初步技能等。这一切变化都是早期儿童学习的结果。这些学习很显然不是在原来意义上的学校中完成的,而是在儿童自然生活中,在幼儿园中完成的。0~6岁儿童有自己独特的心理年龄特点,有特殊的接受能力,游戏活动是他们主要的学习途径,他们的学习内容更多的是生活中的内容,他们的学习结果主要是习惯、情感、态度、兴趣、倾向等。这些学习过程和结果既是儿童学校学习的基础,更是儿童一生发展的基础。同时,人类个体学习的很多关键期都存在于学前时期,如口语的学习、初步数概念、初步个性、习惯、正常亲子依恋感的形成等。儿童一旦错过了发展的关键期,心理的发展将难以弥补。

现在,0~6岁儿童的教育,在世界范围都受到了前所未有的重视。各国不仅对学前教育的目标、内容和方法都有自己的明确要求,不断进行教育实践和改进教育实践,而且都用心研究学前儿童的学习与教育心理,探讨如何对他们进行有效教育,以便于更好地促进他们发展。

改变我国学前教育的现状已经成为了我国的国策,国家先从幼儿园教育入手,从幼儿园的数量发展和质量要求到高校大量开办学前教育专业,以及国家开展的对幼儿教师的全方位教育培训,都反映出国家发展幼儿教育,提高幼儿教育质量的决心和坚强意志。正是这种形势,激励着每一位幼儿教育工作者更加用心地研究幼儿的特点和科学的幼儿教育,以弥补长期以来幼儿教育领域研究的不足。

笔者在高校工作三十余年,长期从事儿童心理发展、教育心理、幼儿教育心理和幼儿教育的教学与研究工作,有一定的幼儿心理与教育研究经验,也掌握了一定的幼儿学习与教育的相关知识,具备思考与研究幼儿学习与教育心理的理论知识基础。作为一名幼儿教育战线的老兵,理应为学前教育的发展尽一点绵薄之力,这是笔者撰写此书的基本出发点。

该书的写作力求体现下列特点:

一、幼儿学习与教育心理的特殊性。

国内外以幼儿学习与教育心理学命名的学术著作实不多见,但是相关内容的研究比较丰富。作者尽力收集相关研究文献和在相近研究中挖掘有价值的信息,通过自己的分析和理论思考,突出幼儿学习与教育心理的特点与规律。

二、内容的丰富和新颖性。

本书共有13章,内容十分广泛,既有对幼儿学习心理过程的理论思考,也有对幼儿各种学习心理特点的论述;既描述了幼儿学习的一般特点,也分析了幼儿学习某一具体内容时的特殊心理特点;既概括出幼儿学习心理的特点,也提出了有针对性的教育建议;既有对幼儿学习心理形成的内部因素的分析,也有对有效促进幼儿学习的外部条件的阐述。其中的观点综合了国内外学者的研究,也有自己的思考和探讨。

三、编写体例的独特性。

基于国内教材编写更多注意理论性的特点,本书注意了理论与实践相结合,在体例上有所改进。书中各章在详细论述理论的基础上列举了一些案例,也配有相关图表。每章有学习目标要求和思考题,以利于学生理解和进一步学习。

四、适用群体的多层次性。

本书可作为学前教育本科和硕士研究生的教材使用,由于配有案例和图表,解说生动,普通幼儿教师和家长也能阅读和理解。

本书是集体智慧的结晶。各部分及其作者如下:绪论(张莉),第一章和第二章(邢莉莉、张莉),第三章(林晶晶、张莉),第四章(张莉、杨淑丽),第五章(张莉),第六章(尹佳),第七章(张莉、徐慧燕),第八章(王任梅),第九章(彭谦俊、张莉),第十章(张莉、杨大伟),第十一章(吴凡),第十二章(杨秀),第十三章(黄胜梅)。

本书的出版得到了北京大学出版社的大力支持,我代表全体作者表示衷心的感谢。此外,感谢我的众多研究生,她(他)们为本书的资料收集、整理和校对付出了辛勤的劳动。

本书几易其稿,目的只有一个,就是希望书稿的质量尽可能提高,但作者水平有限,疏漏在所难免,恳请同行们批评指正。

张 莉

2015年10月

目 录

前 言 1

绪 论 1
   第一节 学科的研究对象、内容与任务 2
   第二节 学科的产生与发展 6
   第三节 学科的研究方法 26

第一章 行为主义学习理论与幼儿学习 33
   第一节 经典条件学习理论与幼儿学习 34
   第二节 联结主义学习理论与幼儿学习 38
   第三节 操作条件学习理论与幼儿学习 44
   第四节 社会学习理论与幼儿学习 50

第二章 认知主义学习理论与幼儿学习 55
   第一节 完形顿悟学习理论与幼儿学习 56
   第二节 符号学习理论与幼儿学习 62
   第三节 认知发现学习理论与幼儿学习 69
   第四节 认知同化学习理论与幼儿学习 74

第三章 建构主义学习理论与幼儿学习 82
   第一节 建构主义学习理论 83
   第二节 建构主义视野下的幼儿学习 90
   第三节 支持幼儿的建构学习 94

第四章 人本主义学习理论与幼儿学习 100
   第一节 人本主义学习理论概述 101

第二节　人本主义学习理论下的幼儿学习 …………………………………………… 106
　　第三节　根据人本主义学习理论促进幼儿学习 ……………………………………… 110

第五章　婴幼儿学习的一般特点 ……………………………………………………… 116
　　第一节　学习与婴幼儿学习 …………………………………………………………… 117
　　第二节　婴儿的学习 …………………………………………………………………… 120
　　第三节　幼儿的学习 …………………………………………………………………… 133
　　第四节　婴幼儿学习的共同特点 ……………………………………………………… 147

第六章　幼儿的态度学习 ………………………………………………………………… 154
　　第一节　态度与幼儿态度 ……………………………………………………………… 155
　　第二节　态度学习理论 ………………………………………………………………… 157
　　第三节　幼儿的态度学习 ……………………………………………………………… 161
　　第四节　影响幼儿态度改变的因素 …………………………………………………… 169

第七章　幼儿的社会性学习 ……………………………………………………………… 176
　　第一节　幼儿社会性学习概述 ………………………………………………………… 177
　　第二节　幼儿社会认知的获得 ………………………………………………………… 178
　　第三节　幼儿社会性情感的习得 ……………………………………………………… 185
　　第四节　幼儿社会行为的学习 ………………………………………………………… 194

第八章　幼儿的艺术学习 ………………………………………………………………… 200
　　第一节　幼儿的艺术欣赏 ……………………………………………………………… 201
　　第二节　幼儿的艺术创作 ……………………………………………………………… 214

第九章　幼儿的问题解决学习 …………………………………………………………… 223
　　第一节　问题解决概述 ………………………………………………………………… 224
　　第二节　幼儿问题解决 ………………………………………………………………… 230
　　第三节　幼儿问题解决与教育 ………………………………………………………… 235

第十章　幼儿的学习差异 ………………………………………………………………… 242
　　第一节　幼儿的智力与学习差异 ……………………………………………………… 243
　　第二节　幼儿的学习风格与学习差异 ………………………………………………… 249

第三节　幼儿的人格与学习差异 ………………………………………………… 256
　　第四节　影响幼儿学习差异的其他因素 …………………………………………… 261
　　第五节　幼儿发展适宜性教学 ………………………………………………… 267

第十一章　幼儿的学习动机 …………………………………………………………… 271
　　第一节　幼儿学习动机概述 …………………………………………………… 272
　　第二节　学习动机理论与幼儿学习 ……………………………………………… 275
　　第三节　影响幼儿学习动机的因素 ……………………………………………… 280
　　第四节　激发幼儿学习动机的策略 ……………………………………………… 286

第十二章　幼儿学习中的社会心理 …………………………………………………… 294
　　第一节　幼儿学习中的社会认知 ……………………………………………… 295
　　第二节　幼儿学习中的群体影响 ……………………………………………… 302
　　第三节　幼儿学习中的人际互动 ……………………………………………… 312

第十三章　幼儿教师教学心理 ………………………………………………………… 325
　　第一节　幼儿教师的角色 ……………………………………………………… 326
　　第二节　幼儿教师的教学心理素质 ……………………………………………… 332
　　第三节　幼儿教师的专业成长 ………………………………………………… 339

参考文献 ………………………………………………………………………………… 348

绪　论

学习目标

1. 了解学科的研究对象。
2. 掌握学科的研究内容。
3. 了解影响学科形成的教育家的教育思想。
4. 记住影响学科发展的心理学家的相关实验。
5. 理解研究原则的贯彻和研究方法的使用。

关键词

◆ 研究对象　◆ 研究内容　◆ 学科发展　◆ 研究方法

幼儿学习案例

案例 0-1

阈限法

幼儿有意注意的时间比较短,而且年龄越小的幼儿有意注意的时间越短。他们往往做一件事情坚持不了多长的时间。为了提高幼儿的坚持性,教师使用了某种方法,逐渐地延长幼儿的有意注意时间,但是,每一次延长都不能让幼儿觉察到。结果,幼儿最终延长了完成有意任务的时间,提高了坚持性,并且这些幼儿进入小学能更快地适应小学的学习生活。

案例 0-2

疲劳法

幼儿园某班有名幼儿特别爱折纸飞机,折完后在班上教室里乱飞,集体活动的时候也不愿意停止。教师的处理办法是:让他单独找一个地方进行这一活动,不让他参加其他任何喜欢的活动,直到这名幼儿感到折飞机活动没有意思为止。结果,该幼儿不再那样迷恋这项活动。

案例 0-3

不相容反应法

在幼儿园的自由游戏活动中,幼儿小凡最喜欢抢夺玩具,经常引起幼儿之间的矛盾。教师为了帮助小凡改掉这一行为,除了给他讲道理之外,采取了一种办法:只要发现小凡抢夺玩具,一定让他最后一个玩。这一方法连续多次使用之后,小凡终于不再抢夺别人的玩具了。

以上三个实例中,幼儿教师很好地应用了幼儿学习心理和教育心理的原理,其使用的方法分别是阈限法、疲劳法和不相容反应法,是格思里学习原理①的教育应用。

第一节 学科的研究对象、内容与任务

所有学科都有其特定的研究对象、研究范围、研究任务,本学科也不例外。

一、研究对象

幼儿学习与教育心理学是研究幼儿尤其是幼儿教育机构中的幼儿学习心理及幼儿教育者如何有效教育教学的心理科学,它是教育心理学和学前教育发展的结晶。

在很长一段时期内,学前教育的发展远没有形成规模,人们对学前教育重要性的认识存在局限,只关注学校中学生的学习。因此,心理学工作者把在动物学习研究中获得的众多学习规律直接运用于中小学教育,用以分析中小学学生的学习心理和学习规律,并指导和影响中小学教师的教育行为,以期改变中小学学校的教育状况,改善中小学学生的学习结果,提高中小学教师的教育教学水平。所以,教育心理学主要研究中小学生的学习心理和有效教育,而忽视了学前儿童的学习和心理。近四十年来,随着心理学科的发展,特别是发展心理学中大量关于婴幼儿心理研究成果的问世,使得大家形成共识:婴幼儿并不像从前人们所认识的那样软弱无能,他们有着自己独特的发展能力和接受教育的能力;人类个体发展的关键期大多不存在于学龄时期,而是存在于婴幼儿时期,早期教育在个体发展中有着其他年龄段不可比拟的重要价值;良好的幼儿教育将显著促进人的发展;而某些心理的发展关键期一旦错过,将终身难以弥补。

认识决定了行为,各国社会逐渐重视学前教育的发展,重视对学前儿童教育过程的研究。学前教育的对象是婴幼儿,学前教育的目标是促进婴幼儿的发展,那么,要想找到促进学前儿童发展的最有效方法,首先要做的工作便是深入了解他们,不仅要了解他们在自然状

---

① 施良方.学习论[M].北京:人民教育出版社,2005:67-68.

态下的基本发展模式,基本心理特点,而且要了解影响其发展的各种因素及其相互作用。而学习作为个体发展的重要途径,也是影响其发展的重要因素之一,所以,研究婴幼儿的学习,研究他们学习的心理特点,研究成人与婴幼儿学习的相互作用,是促进他们发展的重要前提。于是,人们开始思考:按照现在的学习定义,学前儿童有学习吗?如果有,他们究竟是如何学习的?他们的学习与成年人或其他年龄段儿童的学习有何不同?学前儿童都以共同的方式学习吗?学习的共同特点是什么?学前儿童的学习有差异吗?其差异性有多大?差异性表现在哪些方面?学前儿童的生理发展有差异,这些生理差异如何对学习差异发生影响?影响学前儿童学习的内部和外部因素是什么?教育者如何才能通过教育有效地干预学前儿童的学习?弄清楚这些问题,是实施有效学前教育的基础和保障。在这些认识的基础上,各国学者纷纷开始了对学前儿童学习和学前儿童有效教育的研究,也积极地将各种学习理论运用于学前儿童的教育教学实践,逐渐地积累了比较丰富的研究成果,形成了比较多样化的学前儿童学习理论。本学科就是基于这些丰富的学前儿童学习理论,来探讨幼儿的学习和教育心理的一门心理学科。

在心理学中,通常将0~18岁的人类个体称为儿童,0~6岁儿童称为学前儿童,3~6岁儿童称为幼儿。本书主要围绕幼儿园里幼儿的学习和教育心理进行讨论,所以,幼儿学习与教育心理学的研究对象是教育机构中的幼儿(3~6岁儿童),但由于个体心理发展的连续性,书中也会涉及0~3岁儿童的学习心理特点。

二、研究内容

确定了该学科的性质和研究对象,那么,该学科究竟研究哪些内容?

(一)研究幼儿的学习心理

幼儿学习与教育心理学是一门心理学科而不是其他学科,其研究的内容就必然是心理现象。它研究幼儿教育活动过程中人的心理,教育活动中的主体是幼儿和教师,因而要研究的必然是幼儿和教师的心理活动。但是,由于研究对象的规定性,其研究的不是幼儿和教师的全部心理活动而只是他们在教育教学过程中呈现的心理活动及其变化规律,即幼儿学习活动过程中的学习心理和教师教育教学过程中的教师心理。教师的教是为了更好地促进学生的学,是试图通过促进学生主动有效地学习从而达到其教育目的。所以,研究幼儿教育活动过程中的心理现象,首先应该研究的是幼儿学习心理。

若想全面了解幼儿的学习心理,必须从学前儿童学习的全过程进行考察,应该思考和研究下列问题:

1. 如何为学前儿童的学习下定义?
2. 学前儿童从什么年龄开始学习?
3. 学前儿童为什么要学习?

4. 学前儿童有哪些学习类型、方式与方法？
5. 幼儿采取什么样的方式、方法学习？
6. 幼儿的学习有什么特点？
7. 幼儿的学习需要什么条件？
8. 幼儿对学习结果是如何认识的？
9. 幼儿的身心特点在学习中如何发生作用？
10. 幼儿的学习有无个体差异性？差异性的表现？
11. 影响幼儿学习差异的因素有哪些？
12. 幼儿在不同学习内容的活动中有哪些特殊表现？
13. 幼儿各种学习有无相互影响？如何发生影响？
14. 不同年龄幼儿的学习有哪些差异性？
15. 特殊幼儿的学习有什么特殊心理？
16. 不同学习情境中幼儿的学习有什么差异？等。

所以，研究幼儿的学习心理至少应该研究下列内容：幼儿学习界定、幼儿学习动机、幼儿学习类型、幼儿学习方式、幼儿学习方法、幼儿学习特点、幼儿有效学习的内外条件、幼儿学习迁移、幼儿学习差异（个体差异和年龄差异）、幼儿学习的影响因素及其作用、幼儿学习的相互影响等。

（二）研究幼儿教师的教学心理

幼儿教师在教育教学中扮演着教育者的角色，其任务是对幼儿进行有效教育。他们要考虑的问题很多，既要按照社会对幼儿的要求确定教育任务、教育内容、教育方法，又要依据幼儿的心理活动特点对已经确定的内容与方法进行调整，还要依据自己的特点、能力以及随机出现的各种情况灵活机动地执行教育计划，把教育观念、思想、方案变成具体的活生生的教育行为，促使幼儿发生教师所期望的变化。

教育是一个长期的活动，在相对漫长的教育教学活动中，教师的心理会受到各种因素的影响而发生变化，从而影响教学。同时，教师是社会中的普通人，他们也具有普通人的心理特征，有自己的喜怒哀乐，有自己的生存状况，有自己的需求，他们还会受到社会中各种因素的影响，心理活动不断波动变化。

所以研究教师的教学心理，不能只局限在教育教学活动本身，还要考虑到教师在与学生互动过程中的心理变化，与教师密切相关的社会因素对教师教育教学心理产生的影响。如，不同学生与教师的互动、教师的生存状况、家长与教师的互动、社会对教师的态度、社会对教师教育教学的认可度等，这些都必然影响到教师在教育教学过程中的心理，影响到教师对不同的受教育者的教育态度、教育责任、教育行为等。

所以，研究幼儿教师心理应该涉及以下内容：幼儿教师的教育动机、幼儿教师的教育态度(对幼儿的态度、对幼儿教育的态度)、幼儿教师的教育能力、幼儿教师与幼儿的互动、影响幼儿教师教育心理的社会因素(教育机构的教育和人际氛围、幼儿教师与家长的人际关系、幼儿教师的社会地位和生存状况等)及其产生的作用等。

(三)研究幼儿教师如何有效地教学

幼儿学习与教育心理学研究的最终目的是,通过深入了解学习者和教育者的心理规律,找出切实可行的教育策略,有效地改善教育教学效果,所以,本学科的研究内容还包括教师如何针对幼儿的学习心理进行有效的教育教学。

三、研究任务

本学科的研究任务概括起来不外乎两项:理论任务和实践任务。

(一)理论任务

1. 进一步完善本学科的知识内容

幼儿学习与教育心理学是一门新兴的心理学科,对于学科中涉及的各种内容,目前大多还研究得不够深入,学科体系还有待于完善,诸多理论问题还有待解决。例如,幼儿究竟是如何学习的,幼儿学习活动过程的背后机制是什么?幼儿与成人之间应建立何种关系更有利于幼儿的学习?幼儿的学习类型、学习风格、学习能力的差异究竟从何而来?

2. 丰富和完善学习心理和教育心理的一般理论

幼儿学习与教育心理学研究的学习者是人类最早的个体,他们有独特的学习心理,以前在教育心理研究中没有或较少涉及。幼儿的思维主要是直觉行动思维和具体形象思维,对这种思维水平下,幼儿如何学习的研究是前所未有的。幼儿语言还没有很好地发展,头脑中也没有丰富的经验,学习的发生和进行一定与中小学生大不相同。所以,幼儿学习与教育心理学的研究成果,必然会丰富原有的教育心理理论,使其理论能解释所有学生的学习。

同时,新的研究也可能使以前对学生学习和教师教育的原有解释发生某些变化。如,原有的教育心理学中更多地关注课堂教学中的学习,但幼儿的学习主要不是通过课堂教学完成,而是在游戏中完成,在生活中完成;幼儿的学习更多的不是接受式学习,而是发现式学习;幼儿的学习内容更多的是情感、态度、兴趣、习惯等,知识只是他们学习的一小部分内容,知识的获得过程也常常只是他们其他方面发展的一种途径和手段。因此,对于这些学习的研究,必将使原有的教育心理理论更加丰富、完善和科学。

(二)实践任务

所有的科学研究都来自于实践需要,研究结果最终必然服务于实践。所以,本学科所研究的幼儿学习与教育心理理论也要对幼儿教育的实践提供指导,帮助解决幼儿教育实践中存在的各种问题。如,幼儿为什么喜欢观察蚂蚁搬家?他们从中能学到什么?幼儿为什么有问不完的问题?成人应如何回答他们的问题?幼儿为什么喜欢将所有的东西都赋予灵性,喜欢听童话故事?幼儿为什么要把太阳画成绿颜色?对于那种与同伴交往有困难的幼儿,教育者应该怎么办?要不要对幼儿进行惩罚?如何实施?实施时又必须要注意什么?幼儿的学习迁移有什么特点?应如何促进幼儿学习的迁移?幼儿为什么喜欢这位教师而不喜欢另一位教师?幼儿为什么要"人来疯",教师应如何应对?等等。

幼儿学习与教育心理学的理论还可以帮助家长了解和理解自己孩子的学习特点和学习风格,正确对待自己孩子的学习成果,对自己孩子有更加合理的期望,有更适合的教育方式和方法。

第二节 学科的产生与发展

作为一门学科,专门研究幼儿学习与教育心理的历史是短暂的。第一本比较系统归纳幼儿教育心理研究的著作,是由日本学者若井邦夫在1982年撰写的《幼儿教育心理学》一书。这一专著虽然涉及幼儿学习心理的内容还十分有限,但它是系统地研究幼儿学习心理和教育心理的开始。以此书的出版为起点,幼儿学习与教育心理学科的发展只有三十多年的时间。但是,对幼儿学习心理现象和幼儿教育心理现象的研究,以及幼儿教育心理的实践历史却并不短暂。幼儿学习与教育心理学的发展与婴幼儿心理研究的发展、幼儿教育思想和教育实践的发展息息相关。一般来说,幼儿学习与教育心理学的发展历史分为三个阶段。

一、对幼儿学习和教育心理的关注——17世纪初至20世纪50年代

幼儿学习与教育心理学是因儿童教育的发展和儿童心理研究的发展而产生的一门新兴学科,其发展历史必然要追溯到儿童心理科学研究的发展,追溯到早期幼儿教育思想与教育实践的发展。

(一)教育学者对幼儿学习与教育心理的研究

许多教育家在长期的教学实践中,逐渐认识到幼儿教育的重要价值,认识到幼儿有着与其他儿童不同的身心特点,应该对他们进行深入研究,并实施以不同的教育。

下列一些教育家及其思想对幼儿学习与教育心理的研究发展产生了重要影响。

1. 夸美纽斯

夸美纽斯(J. A. Comenius,1592—1670)是捷克著名的教育家,被誉为教育史上的"哥白尼"。他抨击当时的学校教育,对儿童和儿童教育有自己独到的见解。夸美纽斯对幼儿教育贡献尤其突出,主要表现为:详细论述了教育的作用和人受教育的可能性;在历史上第一次把

图0-1 夸美纽斯

学前教育纳入其充满民族色彩的单轨学制;撰写了历史上第一部幼儿教育专著《母育学校》,以及与其配套的看图识字课本《世界图解》;首次深入研究了在家庭条件下学前教育的完整体系,规定了它的目的、内容和基本方法。①

(1) 强调幼儿教育的重要价值

他将儿童比作上帝的种子,是无价之宝,要求成人应该像尊敬上帝一样尊敬儿童。呼吁大家要充分认识到幼儿教育的重要性,他从教育要适应自然的原则出发,把儿童比作"种子""嫩芽",并且强调,"任何人在幼年时代播下什么样的种子,那老年就会收获什么样的果实。"②因此,父母们要承担起自己的教育责任,要照管好儿童的心智,对他们施以德行、知识和体育的训练,把他们培养成有才能的人。

(2) 提出全面的幼儿教育内容

夸美纽斯提出的幼儿教育内容十分丰富,包括:体育、德行、智育、劳动、语言等。

他提醒父母要重视儿童的身体健康,要重视胎教,出生以后要尽量少让儿童吃药,让儿童生活有规律并且保持良好的情绪。在道德教育上,要使儿童成为一个有理性的人。幼年生活头几年的教育是儿童良好德行的基础,儿童要学习有关德行的知识。这些知识包括:节制、整洁、礼节、尊敬长辈、诚实、不损害他人、不嫉妒、大方、爱劳动。道德教育的三种方法是训斥、榜样和练习,其中练习最为重要。在智育上,第一次为6岁以下儿童提出了详细的教学大纲,主要任务是训练儿童的感觉、观察,教给一些知识,发展其语言和思维。

(3) 重视幼儿的游戏

夸美纽斯提出了要多给儿童活动的机会,凡是儿童喜欢玩的东西,如果对儿童没有损害,就应该满足他们的需要,不能加以阻止。游戏活动有三大价值:增进健康、运用思想、练习四肢。他对幼儿的玩具提出了详细的意见,也提出了成人要参与和指导幼儿游戏的观点。

2. 洛克

洛克(J. Locke,1632—1704)是英国唯物主义哲学家。其哲学心理学思想具体体现在他的三论中,即经验论、观念论、联想论。在此思想基础上,他持有自己的儿童观。

首先,他认为儿童发展的原因在后天,是教育的结果。在他所著的《教育漫话》一书中,他写道:"我们日常所见的人中,他们之所以或好或坏,或有用或无用,十分之九都是他们的教育所决定的。人类之所以千差万别,便是由于教育之故。"③

其次,他强调教育要培养儿童的学习兴趣。教师要通过有效

图 0-2 洛克

---

① 杨汉麟.外国幼儿教育史[M].北京:人民教育出版社,1998:68.
② 任钟印.夸美纽斯教育论著选[M].北京:人民教育出版社,1990:15.
③ [英]洛克.教育漫话[M].杨汉麟,译.北京:人民教育出版社,2006:7.

的引导,保持并发展他们原有的好奇心和求知欲,使他们具有学习主动性。同时教师还应该培养儿童的理解能力和独立思考问题、解决问题的能力。

再次,他重视培养儿童的良好习惯。他认为,习惯要从极小的年龄开始培养,要通过实践让习惯巩固起来,用多种方法培养习惯,这些方法是儿童愿意接受的,而不是粗暴和强迫的方法。习惯的培养要逐渐完成,不要多种习惯同时培养。

最后,他提出了教育促进儿童全面发展的思想。他主张进行体育、德育、智育三方面的教育,虽然洛克主要的教育目的是为了给当时的社会培养绅士,但也反映出其促进人全面发展的教育思想。

3. 卢梭

卢梭(J. Rousseau,1712—1778)作为法国18世纪杰出的启蒙思想家、哲学家和教育家,在儿童教育方面,提出了"自然教育理论",主张顺应儿童的天性,让其身心自由发展。卢梭写下了著名的教育哲理小说《爱弥尔》,其教育思想贯穿全书,在书中他提出了儿童有自己的思想和行为,教育者必须要尊重儿童发展的思想。

图0-3 卢梭

卢梭依据自己对儿童发展自然进程的理解,将儿童的发展和教育进行了年龄阶段划分:

第一阶段　0~2岁　　身体发育　教育保障健康
第二阶段　2~12岁　　理智睡眠　发展外部感觉
第三阶段　12~15岁　 理智要求　广泛进行智育
第四阶段　15~成年　 激动和热情　实施道德教育

卢梭认为,儿童教育要遵循自然法则,即儿童的天性,儿童的年龄特征。人们成年后所有的一切,都是教育的结果。教育来源于三个方面:自然的教育、人品的教育和事物的教育。这三种教育要方向一致、统一行动才是合理的,而且一定要在依据儿童自然发展程序的基础上进行才有效。

在此认识的基础上,他反对让儿童呆读死记,反对对儿童实行严酷纪律和惩罚,呼吁要给儿童自由,要让儿童自由活动和游戏。教师的作用是对儿童进行指导,指导他们获得兴趣,指导他们自己解决问题,同时最好不让儿童觉察自己被指导。

4. 裴斯泰洛奇

裴斯泰洛奇(Johann Heinrich Pestalozzi,1746—1827)是瑞士著名的民主主义教育家。他是第一个在教育史上提出"教育心理化"的学者。他认为,以前的教育较多的是将别人的情感、知识、观点等硬塞给儿童,因而阻碍了儿童内在能力、个性、智慧及安全方面的发

图0-4 裴斯泰洛奇

展;应该将教学过程心理学化,教育应该建立在对受教育者的深刻认识基础之上,注意个别差异,区别对待不同素质的儿童,最终促进儿童内在能力的发展。他多次强调:"我正试图将人类教学过程心理学化,试图把教学与心智的本性、我的周围环境以及我与别人的交往都协调起来。"①

裴斯泰洛奇还是最早对儿童心理进行研究的学者之一。1774年发表了《育子日记》,是以其儿子雅克为对象的观察记录日记。他在杜格多夫幼儿学校工作时,曾有计划地进行了教育心理化的实验。

裴斯泰洛奇也认为,教育要遵循儿童天性进行,但是他遵循天性的教育与卢梭不同,他认为人的天性有高级的,也有低级的。教育的作用不是完全顺应天性发展,而是要提升到更高的道德境界。

他认为教育的目的是促进人的一切天赋能力和力量的全面和谐发展,使得人尽其才,能够在社会上获得应有的地位。人的天赋能力有头、心、手三种,分别对应于智力、道德、身体。所以,他的教育内容主要有智育、德育、体育和劳动教育。德育是其教育体系的核心。道德教育最简单的要素是对母亲的爱,这种对父母的爱的种子产生以后,逐渐扩大到爱兄弟姐妹。随年龄增长,爱的情感进一步发展到周围的一切人,最后是爱全人类,并意识到自己是整个人类中的一员。

5. 赫尔巴特

赫尔巴特(Johann Friedrich Herbart,1776—1841)是近代德国著名的的哲学家、心理学家和教育家,他以"科学教育学之父"而闻名于世。赫尔巴特十分重视儿童心理学在教育中的重要地位和作用,是最早将心理学作为教育基础的教育家之一。他对儿童教育和教育心理的研究对后世产生了深远的影响。

赫尔巴特认为儿童具有认知、欲望和想象三种能力。认知能力能帮助他们获得自然与实物的知识,必须让儿童的认知能力居于支配地位;儿童的欲望应该加以控制,否则会形成反复无常的冲动;儿童的想象应该加以指导,否则会形成妄想。

赫尔巴特称自己的教育理论为"科学的教育学"。他认为教育的目的应该依据伦理学,教育方法应该由心理学决定。教育的目的在于借助知识的传授使受教育者能明辨善恶,陶冶意志,养成去恶从善的品德。

图0-5　赫尔巴特

---

① 夏志莲,等.佩斯泰洛奇教育论著选[M].北京:人民教育出版社,1992:189.

赫尔巴特科学教育学的另一理论基础是心理学。他认为,心理学是一门科学,它的基础是经验、形而上学和数学。世界是由无数个"实在"所组成的,人的心灵也是一种实在。心灵自身的活动便是观念。观念是指事物呈现于感官,在意识中留下的印象。人对自己的观念是否有意识要通过"意识阈"来衡量。即一个观念要由一个完全被抑制的状态进入一个现实观念的状态,需跨过一个界限,这些界限就是意识阈。在阈限以上的强烈观念是能被人意识到的,在阈限以下的微弱观念是人无意识的,阈限之下的观念要与阈限之上的观念统一调和才可以上升到阈限之中。所以,意识的观念是从无意识的观念中选取与自己调和的观念。这样的观念同化过程,赫尔巴特称之为统觉。

统觉是赫尔巴特教育心理学中的基本概念。他认为,某一知识引起学生的观念,和学生原有的观念结合才可以进入学生的意识领域,进入原有的意识领域说明这一知识可能已经被学生理解,否则便不能被学生理解。已经进入意识阈的观念由于某种原因被压到阈限之下,便造成学习上的遗忘。所以,教师在教学过程中要充分利用学生的原有观念,引起学生的兴趣与注意,从而使学生获得新观念。

他还以观念心理学为基础,把培养学生多方面兴趣和培养学生的注意力结合起来,提出了教学阶段的理论。他认为教学过程就是形成学生观念体系的过程。教学就是教师用观念去塑造儿童心灵的工作。所以,教师就是要运用心理学的理论探讨传授知识的进程和方法,使教学程序符合心理规律。因而,他将教学过程划分成明了、联系(联想)、系统、方法四个阶段。而且他认为教学过程必须遵循心理的顺序。

在儿童的教育上,赫尔巴特主张严格管理并提出下列管理措施:以惩罚威胁儿童;对儿童严密监视、督促;对儿童的行为规范直接提出要求;多种方式的惩罚(包括:批评、警告、惩罚簿、罚站、禁食、禁闭、体罚等);权威和爱。他认为权威和爱比任何手段更能保证教师的管理;通过组织游戏或其他活动不给儿童空间,因为懒惰会导致儿童捣乱和不可约束。

赫尔巴特在其著作《教育学讲授纲要》中的第一、二章中还专门论述了婴幼儿的教育。婴幼儿的教育包括两个阶段的教育:一个是3岁以前儿童的教育,另一个是4～8岁儿童的教育。书中对每一阶段的儿童教育都有详细的论述。

3岁以前儿童的教育强调促进儿童体、智、德三方面的发展。要求将体育置于一切教育工作之首,体育主要是帮助儿童活动他们的四肢,引导儿童进行观察,为儿童提供安全的活动场所。智育主要强调对儿童的感官教育和语言教学。德育强调,任何人都不能听任儿童的摆布,不能使儿童养成任性的毛病,要使儿童自觉服从成人的管理,成人管理必须及早进行。4～8岁儿童的教育中更强调德育和智育。德育要求继续对儿童进行严格管理,也要适当地给儿童一些自由,但一定要防止养成不良行为习惯,完善儿童的各种道德观念。智育要鼓励儿童好问,要学习一些文化知识,如数学、观察学习、阅读、绘画、书写等。学习不仅要增长他们的知识,而且要促进他们的智力发展。

6. 福禄贝尔

福禄贝尔(F. Froebel,1782—1852)是德国著名的学前教育家。他深受裴斯泰洛奇教育思想影响,早先当过师范学校的教师,开办过小学,后来建立了德国第一所幼儿园,在那里他研究和完善着自己的幼儿教育思想,还将自己的思想进行传播,用于幼儿教师培训。

福禄贝尔依据自己的教育实践形成了一整套教育理论,其理论的主要观点如下:

(1) 儿童的身心是不断发展的,且发展不是单一的,是多方面的。因而既要重视儿童的体育(游戏和劳动),也要重视儿童的德育、智育、美育。

(2) 儿童发展是有年龄阶段的,阶段的划分为:婴儿期、幼儿期、学龄期。婴儿期的教育主要是促进外部感觉的发展;幼儿期的教育主要是促进游戏和言语的发展,在此阶段家庭教育很重要;学龄期的教育是学校教育。

图 0-6　福禄贝尔

(3) 特别强调游戏的作用。认为游戏是幼儿生活不能缺少的一部分,主张让幼儿的生活充满着快乐游戏,并且让幼儿在游戏中发展主动性和创造性。家长要陪伴和指导幼儿进行游戏。

福禄贝尔还为幼儿制作了一套玩具,后被称为"福禄贝尔恩物",深受幼儿喜爱。他还研究了幼儿园的作业,这些作业其实也是活动,其中有:绘画、塑造、编织、劳动、照料植物、粘贴等。

福禄贝尔自己创立幼儿园,目的是要为幼儿建立一个乐园。在她所开设的幼儿园里,幼儿自由地生活着,快乐地进行着游戏活动。因为他认为,游戏是幼儿的天性,在游戏里幼儿能独立地表达思想和情感,富于创造和表现,幼儿通过玩玩具可以得到全面的发展。

(二) 儿童心理学家关于幼儿学习心理和教育的研究

1. 普莱尔

最早对儿童心理进行科学且比较系统研究的学者是普莱尔(William T. Preyer,1844—1897)。普莱尔的《儿童心理》一书是第一本科学的儿童心理书籍,它包括三部分内容:儿童感觉的发展、儿童意志的发展、儿童理智的发展①。

在儿童感觉发展部分,普莱尔依据观察和实验,揭示了儿童在感知与情感两方面发展的特点,详细叙述了儿童的视觉、皮肤觉、嗅觉、味觉、机体觉和几种情绪、情感的发展情况。在儿童意志发展部分,

图 0-7　普莱尔

---

① [德]W. 普莱尔. 幼儿的感觉与意志[M]. 孙国华,唐钺,译. 北京:科学出版社,1960:1-10.

普莱尔从动作入手进行研究,将动作分为冲动的动作、反射的动作、本能的动作和意念的动作四种,并且详细描述了各类动作的发展趋势。关于理智的发展,普莱尔主要论述了儿童的语言发展,包括儿童语言的智力独立性发展、儿童口语的发展、3岁前儿童语言发展的特点和条件、儿童体验感的发展。

普莱尔的研究既有长期观察、全面观察,也有实验法;既研究了幼小儿童,也研究了动物。他在观察自己儿子的同时,还做了大量的动物实验研究,如小鸡啄食、蒙住小猪的双眼、小山羊的模仿等,他将观察儿童所得到的素材与动物实验所得的结果进行比较,分析儿童的心理发展和学习特点。①

普莱尔还对儿童与成人的心理差异进行了比较,他告诫成人,儿童的心理有其自身的发展特点,不能坚持旧有思想,也不能像以前那样对待儿童。

2. 杜威

杜威(John Dewey,1859—1952)是美国著名的心理学家和教育学家,其主要贡献就是将心理学应用到教育和哲学上。他的主要观点如下:

(1) 教育要以儿童为中心

他认为儿童心理内容的获得就是以本能活动为核心的习惯、情绪、冲动、智慧等先天心理机能的不断展开、生长的过程。教育不是强迫儿童去吸收外面的东西,而是要使人类与身俱来的能力得以生长。基于此种认识,杜威提出了儿童中心主义的教育原则,此原则成为其教育理论的核心。他大声疾呼,必须以儿童为教育的出发点,把儿童当作目的,而不是当作手段来看待,教育措施一定要围绕着儿童来实施。

(2) 发展、生长即是生活

杜威认为,儿童心理的发展观应该是:"生活即是发展;

图0-8 杜威

发展、生长即是生活。"②所以,学校要与社会生活相联系,教材知识要与儿童相联系。

(3) 教学要与儿童的思维发展过程相一致

他认为儿童的思维有五个步骤:感觉出问题、明确问题、提出假设、推断假设、检验假设。由此他提出,教学过程也应该是五个步骤:①为儿童设置真实的经验情境,让儿童进行感兴趣的活动;②让儿童从情境中发现问题;③让儿童通过观察学习从中具备解决问题所需的基础知识;④引导儿童想出解决问题的办法;⑤给儿童检验自己解决问题办法的机会。这就是"在做中学"的教学步骤,这一思想为以后布鲁纳发现教学法的提出奠定了基础。

---

① 朱智贤,林崇德.儿童心理学史[M].北京:北京师范大学出版社,2002:45.
② 王天一,等.外国教育史(下册)[M].北京:北京师范大学出版社,1984:45.

（4）教育要紧密结合儿童心理发展的特点

为了了解儿童心理发展，并尽力促进儿童心理发展。杜威创办了"芝加哥实验学校"通过相应的教育实验研究，为其教育理论提供了实践支持。

3. 弗洛伊德

弗洛伊德（Sigmund Freud,1856—1939）是著名的精神病学家，在儿童心理研究方面也颇有贡献。其贡献主要集中在下列几方面：

（1）提出了要关注儿童心理发展内部动机的观点

最早关注动机，提出动机心理学的人是弗洛伊德。他认为儿童心理发展可以划分为不同的阶段，儿童发展的每一个阶段的表现与特征都是由内部动机因素及其活动不同所造成。每一个儿童还会有不同的心理表现和心理问题，这些表现和问题与儿童所接受的环境信息密切相关，与环境中的人们能否恰当地考虑到儿童的活动有关。关注和分析儿童的心理和行为，必须分析其童年经历，分析其行为的内部动机，忽视动机就不能真正了解个体的心理活动及其成因。对待正常儿童如此，对待精神病儿童更应如此。

图 0-9　弗洛伊德

（2）研究了儿童的焦虑情绪

弗洛伊德认为，儿童焦虑是一种普遍现象，是各种重要问题的中心。① 其对儿童伤害严重，有时会持续发生作用，成为某种心理疾病的根源，故应重视对儿童焦虑的深入研究。

他将儿童的焦虑分为两类：现实性焦虑和神经性焦虑。现实性焦虑是儿童对外界危险或意料中伤害的知觉的反应，常与逃避反应相联系，由主体的知识经验和心理状态所决定。神经性焦虑是儿童对于表现冲动的欲望感受到要被惩罚的害怕，它常常以病态的形式出现，表现多种多样。他认为儿童主要是现实性焦虑，儿童的这种焦虑如果成人没有很好地应对，会转变成神经性焦虑。儿童的焦虑既存在个体差异，也存在年龄差异。后一种差异有两种发展可能，一种是焦虑逐渐减轻，一种是发展成为异常畏惧的儿童。儿童对焦虑的防御是关键，成人必须对其展开深入研究，从而更有效地对儿童进行指导。

他认为，儿童的焦虑一般来自两个方面。一方面，儿童的父母将自己不同的焦虑倾向通过基因传递给了下一代；另一方面，儿童比成人有更多力比多的需要，而在生活中他们却没有获得快乐。

（3）构建了儿童的人格结构与发展阶段

弗洛伊德将心理结构分为伊底、自我和超我，儿童的年龄越小伊底的作用越重要。自我

---

① ［美］E.G.波林.实验心理学［M］.高觉敷，译.北京：商务印书馆，1982：797.

是意识的部分,儿童与现实世界的接触和相互作用是通过自我实现的。超我是代表道德和人类生活的高级方向,是人格的更高级的控制系统,其内容有两部分,一个是良心,一个是自我理想。前者是超我的、惩罚性的、消极性的、批评性的部分,它告诉个体不能违背良心,如若违背则会产生负罪感、罪恶感、羞愧感等;后者是由积极的雄心、理想所构成,它指引着个体为之奋斗。良心与理想虽然也与个体的伊底有关,但主要还是社会影响的结果。良心和理想都是儿童从小在父母的教育下逐渐形成的。因此,弗洛伊德还特别分析了父母的教养方法如何影响儿童良心的形成。

4. 华生

华生(John Broadus Waston,1878—1958)作为行为主义的代表人,在儿童心理领域作过一系列的专门研究,如对儿童情绪的研究;也出版过儿童心理专著,如《儿童的心理护理》。华生对儿童心理进行的卓越研究有:

图 0-10 华生

(1)最早对儿童情绪进行研究

华生设计了一系列的实验研究新生儿的情绪。研究发现,新生儿有三种与生俱来的情绪反应——怕、怒、爱。引起新生儿这三种情绪需要特殊的刺激,在这些刺激的作用下,儿童有特定的行为表现。随着年龄增长,其他刺激也可以引起这三种情绪,那都是环境作用的结果。如儿童早期的恐惧主要有两种无条件刺激:一是突然的噪声,另一种是突然失持。其余的恐惧不是自然性的,而是人为造成的。如恐惧陌生人、狗、老鼠、黑暗、打针、火等,是后天形成的条件反射行为,是习得性情绪。

华生认为,儿童成年后的情绪特征都是由家庭造成的,父母是儿童情绪的种植者、培养者。当儿童满三岁时,儿童全部的情绪倾向便已经被打下基础,父母决定了儿童将来变成一个具有何种情绪特征的人,是一个快乐健康而又品质优良的人,或者是一个怨天尤人的神经病患者,一个作威作福的桀骜不驯的人,一个畏首畏尾的软弱之人。[①]

(2)对儿童嫉妒和羞耻的研究

华生认为,儿童的嫉妒情绪不是来自于弗洛伊德所谓的恋母情结,也不是来自于儿童对弟妹的仇恨。嫉妒是一种行为,引起这种行为的刺激是"爱的刺激受到限制",这种刺激引起了相应的反应。这种反应属于愤怒的范畴,它除了包括原始性的内脏反应之外,还包括身体的一些习惯模式,如争斗、拳击和发泄不满的语言等。华生对儿童羞耻的解释有些牵强,他认为这与早期儿童的手淫被制止有关。

[①] 朱智贤,林崇德.儿童心理学史[M].北京:北京师范大学出版社,1988:153.

华生的情绪实验在心理学史上被誉为经典实验之一,是华生对儿童心理研究的开创性贡献。

(3) 形成了一套儿童心理研究方法

华生对儿童心理的研究使用了三种方法:观察法、自然实验和条件反射实验。

①观察法。华生主要对三种儿童进行了观察。一是产科里的新生儿:如在霍普金斯医院每日观察新生儿的情绪及行为表现。华生一共在那里观察了500多名新生儿。二是孤儿院的儿童:他观察1~6岁的儿童的行为和情绪发展。三是上层阶级家庭中的儿童:他对那些儿童进行了定期观察,目的是将获取的心理表现与其他儿童的心理表现作比较。

②自然实验。华生在儿童生活中创设实验情境观察儿童的行为表现。如,让儿童的父母当着儿童的面热烈拥抱,观察儿童有无嫉妒情绪。或者布置情景让儿童看见保姆或父母对弟弟或妹妹的表现,观察儿童的嫉妒情绪和行为反应。

③条件反射实验。华生是第一个将巴甫洛夫的条件反射运用于儿童心理研究的人。

最典型的实验是阿尔伯特(G. W. Albert)的恐惧形成实验。[①] 阿尔伯特是由医院抚养的一名儿童,实验在儿童7个月到11个月之间进行。实验过程:实验者第一次为阿尔伯特提供一只小白鼠,他并不害怕,并伸手去抚摸白鼠。当儿童正触及白鼠时,突然出现钢棒的尖锐敲击声,阿尔伯特被吓了一跳,很快躲进被褥里。当他再一次接触白鼠时,钢棒再一次响起,他又一次被吓到,并开始哭泣。为了不过分地伤害儿童,实验停止了一周。一周以后,当白鼠再次出现,阿尔伯特紧盯着白鼠,没有接近它的倾向;当将白鼠放近他的身旁时,他缩回了自己的手。此时,白鼠与钢棒的声音已经开始结合产生作用。接着做同样的实验,第五次呈现联合刺激后,单独出现白鼠,阿尔伯特一看到它就会哭泣,并快速爬开。后来,阿尔伯特连白兔和白面具都害怕,恐惧已经泛化到一些具有相似特征的事物上。

(4) 提出了有价值的儿童教育思想

华生十分重视儿童的学习,尤其是成人对儿童学习的指导,这与他的环境决定论密切相关。他主要有下列几个基本观点。

①不能用同一标准对待所有儿童。认为因为儿童的社会文化背景不同,学习模式不同,所以成人教育儿童的方法要多种多样。

②不准体罚儿童。认为体罚不能达到教育的真正目的。教育的目的是要使儿童的行为与团体保持一致,如果不相一致则应该去掉其原有习惯,教给其新行为方式。体罚常常会造成不良后果,原因有三:第一,体罚是儿童的错误发生一段时间之后进行的,不是及时教育,效果不好;第二,体罚常常是家长和教师发泄气愤的办法,不是教育手段;第三,体罚有轻有重,轻者不足以造成儿童的消极反应,不能起到抑制不良行为的目的,重者会伤及儿童的身

---

① [美]华生.行为主义的幼稚教育[M].章益,潘硌基,译.上海:黎明书局,1932:31-35.

体,不利于儿童的健康。因此,体罚应该从教育中取消。

③要重视培养儿童的各种习惯。华生反对杜威"从内心活动来发展儿童"的方法,认为那是一种神秘而有害的观点,会使教育失去培养和教育儿童的机会。他认为,应该积极主动地培养儿童的各种习惯,尤其是情绪、语言、身体动作三种习惯,最后形成习惯系统,这是教育的重要内容之一。

④要做好儿童的护理工作。华生的护理措施是针对2~5岁儿童提出的。华生认为,护理的目标是培养儿童讲卫生、懂礼貌、合群、勇敢、有良好的生活习惯,最终要造就快乐而自由的儿童、独立的儿童、符合团体要求的儿童、富有创造性的儿童。于是,他对儿童的一日生活常规做出了规定,对保姆应该怎么做都有详细要求,华生的护理要求体现了他行为主义的根本目的是预测和控制人的行为,其中有些行为训练的思想和方法很有价值。

⑤要对儿童进行性教育。华生提倡早些对儿童进行性教育,分析了性教育的必要性,还提出了性教育的具体措施。

5. 格式塔心理学家

格式塔心理学家认为:儿童的一切认知过程都是由知觉完形引起,而不是由感觉元素引起;知觉完形结构是儿童在成熟适应外界的过程中形成并不断得到完善和发展。格式塔心理学家关于儿童思维和学习发展的主要观点如下。

(1) 认为思维和学习是儿童对环境中问题的理解和顿悟

所谓顿悟,就是对问题情境的理解。科勒(Kohler,1887—1967)认为,儿童的学习和思维过程不是盲目的探索,不是机械的反应,而是对整个问题情境的领悟。要想实现儿童对问题的顿悟,应该具备两个条件:一是问题情境具有完整性,二是问题情境完全暴露。儿童的学习过程就是把握整个情境重建知觉场的过程,而教师的教学过程则是设计和暴露问题的情境,促进儿童顿悟的过程。

图0-11 科 勒

有人将科勒对类人猿进行的顿悟实验用于测试人类婴儿。主试选取了44名19~49个月的婴儿,实验布置有多种。

①从天花板上吊着一个气球(玩具),离地面1米多高,旁边放有一块方的木头,可以使用后拿到玩具。

②基本情境与上相同,所不同的是,用小椅子代替了木头。

③其情境相似,只是将玩具悬吊得更高,儿童必须将木头和椅子叠起来,才能取得玩具。

此外,也可以布置一个游戏栅栏,栏内放上一根棍子,栏外放一个玩具,学习的动作是学会用木棍作为取得玩具的工具。还可以用相同的情境,但是放两根竹竿在里面,儿童必须学会将两根竹竿接起来取得玩具。实验结果:婴儿的学习过程与类人猿的学习过程非常相似。

例如，有的婴儿进入栅栏后直接用手去取玩具，失败以后，便停下来观看周围情境，看看木头，又看看玩具，然后爬上木头取得玩具。但是实验也发现，人类的婴儿发现木头意义的速度比类人猿要快，对于木头与玩具的关系认知需要的时间也比类人猿要短。实验者认为，这可能与人类婴儿使用语言有关。

实验者将儿童的顿悟分为三类：第一类是立刻顿悟，即第一次呈现的观念就是正确的；第二类是渐次顿悟，即逐渐完成的顿悟，又可以分为局部顿悟和完全顿悟；第三类是突然顿悟，是儿童在认知到关键因素之后突然地发生了认识变化。所以，他们认为，儿童的顿悟行为在于把握情境中的整个关系的改变，即使低能儿童的顿悟行为也是如此。①

(2) 认为儿童的思维和学习过程是完形的不断改组或形成"重定中心"

格式塔学者认为的"重定中心"是组织结构新形式的发现。这种改组和重定中心的形成在儿童的创造性学习中表现得更加明显。

韦特墨有一个经典实验：给被试呈现一种材料，如由9个点排列成的方形，每边都是等距的3个点。要求儿童用一笔连续不重复的直线将这9个点连接起来。在解决这一问题时，很多的被试都感到困难，因为他们都受到原来方形的影响，不能摆脱旧的格式塔。但是，在研究者提醒后问题很快能被解决。

因此，格式塔学者提出要重视整体在儿童思维发展上的作用，他们要求儿童要从整体出发来学，教师要从整体出发来教。教师的任务是创设情境，把整体情境呈现给儿童，儿童必须把情境当成一个整体来思考，将问题的细节和整个情境的结构联系起来考虑。

6. 皮亚杰

皮亚杰(Jean Piaget, 1896—1980)是当代最杰出的儿童心理学家之一，他从1921年起，正式系统地研究儿童的思维活动，尤其仔细研究了婴幼儿心理的发展，提出了一系列重要理论，对儿童心理发展和儿童学习与教育的研究都有巨大的贡献。其主要观点概括如下。

(1) 儿童心理发展观

皮亚杰认为儿童心理发展既不是起源于先天的成熟，也不是起源于后天的经验，而是起源于主体的动作。这种动作的本质是主体对客体的适应。

皮亚杰认为影响儿童心理发展的因素有四种：成熟、物理经验、社会经验、平衡。成熟是指神经系统的成熟；物理经验是指个体对物体做出动作中的练习和习得经验。社会经验指的是个体与社会的相互作用及社会传递所获得的经验。平衡是指不断成熟的内部组织和外部环境的相互作用，是儿童心理发

图 0-12 皮亚杰

---

① 朱智贤,林崇德.儿童心理学史[M].北京:北京师范大学出版社,2002:165-166.

展的最重要因素,是决定的因素。平衡可以调和成熟、物理经验和社会经验三方面的作用。①

皮亚杰的儿童发展观集中表现在他的阶段理论上。他将儿童心理发展分成了很多阶段,并认为儿童心理发展是阶段的连续发展。主要的观点是:

①儿童心理发展过程是一个内在结构的组织和再组织的过程,过程的进行是连续的,但由于各种发展因素的相互作用,使儿童心理发展又呈现出阶段性。

②儿童心理发展的各个阶段都有其独特的结构和相应的年龄特征。由于各种因素,如环境、教育、文化以及主体的动机等差异,阶段可以提前或者延后,但顺序不能改变。

③各阶段由低到高的顺序不能逾越,也不能互换。

④每一个阶段都是形成下一阶段的必要条件,前一阶段构成下一阶段的基础,但前后两阶段具有质的差异。

⑤在儿童心理发展的过程中,两个阶段有一定的交叉。

⑥儿童心理发展的一个新水平是许多因素融合的新结构,是各种发展因素逐渐形成的整体。②

(2) 儿童学习原理

与行为主义学者对行为发生的频率感兴趣不同,皮亚杰注重对儿童在学习中思维活动过程的研究。他认为,研究儿童的学习,应该研究思维活动,尤其是儿童在思考问题时是如何纠正错误的。在他看来,对儿童思维活动变化过程的描述,本身就构成了对儿童学习的解释。如何认识儿童的学习,皮亚杰认为:

①儿童的学习以发展水平为基础。儿童能学到什么,取决于发展水平,并不是所看到的每一件事情都是引发儿童作出反应的刺激。如年幼儿童看见实验者移动两根同样长的、并排放着的棍子,并不能作出长度守恒的反应。儿童往往只注意到朝前移动的那根小木棍突出的部分,认为这跟小木棍更长。只有当儿童达到一定的认知发展阶段时,才能通过心理运算来推断:如果将这根木棍移回原处,这两根木棍会是一样长的。所以,儿童的发展水平制约他们学习的能力。只有当儿童已经具备把各种信息整合起来的心理能力时,才有可能习得像可逆性和守恒性这样的概念。

②儿童的知觉受制于心理认知。他认为,知觉不是简单地选择性注意有关刺激。刺激是被认识的,不是被经验的,哪怕是最简单的刺激也是如此。如红色是通过一种比较的心理活动而被认识的。知觉是一种主动有目的的搜索活动,而不是毫无目的的扫视。两根同样长的小木棍,8岁的儿童看到一根木棍前段突出时,马上回去看它的后端,他预期到这根木棍的后端一定会短些,因为他依据推理知道,木棍的长度不会因为移动而发生改变。

---

① [瑞士]J.皮亚杰,B.英海尔德.儿童心理学[M].吴福元,译.北京:商务印书馆,1980:114-119.
② 朱智贤,林崇德.儿童心理学史[M].北京:北京师范大学出版社,1988:255.

③儿童的学习是一种建构的过程。皮亚杰认为,儿童的学习并不是个体获得越来越多的外部信息的过程,而是自己建构新的认知图式的过程。他时常会问儿童"你是怎么知道的"而不问"你知道吗",如果儿童还不知道自己是如何知道的,就说明实际上还没有学会。所以,学习研究的重点不应该放在学习者积累了多少知识上,而应该放在认知如何发生了变化上。为什么一个5岁的儿童看到水从一个杯子倒进了另一个形状不同的杯子时,会认为水量发生了变化,而7岁以后的儿童则认为水量不变呢?原因是大年龄儿童已经形成了一种新的认知图式,这是创造性的变化,它与以前的图式在性质上完全不同。所以,学习就是在原有认知图式的基础上构建新的图式的过程,是理解的过程,是同化或顺应的过程。这种学习过程只有在儿童认知的积极参与下才可能完成。研究者和教育者应该关注的是儿童主动的心理建构活动过程。

④犯错误是儿童学习的需要。皮亚杰有一项实验,将三个球B、C、D并排放在一起,用球A打击球B,结果球B、C保持在原来的位置,球D向前滚动了。儿童推理:球D不可能自己移动,而中间两个球又没有显示出移动。一会儿又认为,中间两个球也动过了,因为球A不可能击倒球D,而球D本身又无行动能力。所以,儿童在学习过程中会犯错是正常的,通过自己纠正错误,才会调整自己的认知结构,将观察到的结果同化进修正过的认知结构中去。[①]

⑤儿童的否定是有意义的学习。皮亚杰认为,儿童通过否定的行为解决问题、消除差异、排除障碍、填补空间。儿童在不同的认知发展阶段,会有不同的否定类型。在感觉运动时期,儿童会用踢翻障碍物来否定。如,1岁的儿童要得到一个玩具,中间有张小椅子挡道,他可能将椅子直接推开来否定障碍。这种否定皮亚杰称为逆向否定。儿童也可能用间接的方式,如绕过椅子,走过去拿到玩具。这种否定,皮亚杰称为互反否定。4岁儿童使用的是前运算类型的否定。又如,儿童在面粉里放了太多的水,他想倒掉一些水,发现不可行,于是再加一些面粉,问题解决了。很显然,儿童能够预见两个物体相互作用的结果是什么。可见,儿童的学习是在不断否定的过程中完成的。

(3)儿童教育观

尽管皮亚杰持有儿童中心理论,认为儿童的发展主要依靠自己的建构,但是,他论述的儿童心理与教育的关系,对教育实践产生了巨大影响。

首先,皮亚杰认为儿童活动对于儿童思维的发展至关重要。"知识来源于动作,而非来源于物体"[②],因而教育一定要促进儿童动作的发展。其次,皮亚杰强调儿童的兴趣对儿童学习的重要价值。他认为,一切有成效的活动都必须以某种兴趣为先决条件,教育一定要考虑

[①] 施良方.学习论[M].北京:人民教育出版社,1998:193.
[②] 方富熹,方格,林佩芳.幼儿认知发展与教育[M].北京:北京师范大学出版社,2003:31.

每个年龄儿童的特殊兴趣和需要。第三,皮亚杰强调儿童心理发展的连续性与阶段性的重要作用,要求教育工作者要了解儿童心理发展的年龄特征,那是教育工作的出发点,然后要促进儿童心理的发展,加速阶段之间的过渡,还要充分利用儿童的具体形象思维加速向抽象逻辑思维转化。第四,强调儿童的学习和思维发展是儿童积极主动建构认知结构的过程,教师应为儿童自己的建构提供合适的条件,做好知识准备和心理准备,同时注意教学内容必须适合儿童原有认知结构,以保证儿童新结构的建立。

二、学习理论的幼儿园实践——20世纪50年代至80年代

随着心理学家和教育学家对儿童学习和教育心理研究的不断深入,形成了众多的学习理论,其中最具代表性的理论有四种:行为主义理论、认知主义理论、建构主义理论、人本主义理论。这些理论逐渐在学前教育的实践中被采纳,并成为了学前教育实践活动的指导思想。这些理论的实践运用,一方面可以检验或验证学习理论的正确性和普适性,另一方面也使研究者对幼儿学习与教育心理的研究更加深入,幼儿学习与教育心理理论正是在研究并运用这些理论的过程中逐渐成熟和发展起来。著名的早期教育方案中都体现了这些理论的作用。

(一) 蒙台梭利课程

蒙台梭利(Maria Montessori,1870—1952)是继福禄贝尔之后,西方又一杰出的幼儿教育家。她受卢梭、裴斯泰洛奇、福禄贝尔等人的教育思想影响,1907年在意大利罗马的贫民区创办了学前教育机构——"儿童之家",并进行了长达五年的教育实验,创立了蒙台梭利教育体系,其教育思想不断完善,20世纪40年代以后至今对世界范围的学前教育产生了深远影响。

蒙台梭利课程的基本思想就是要改变传统的教育方法,让儿童自己学习,自己发展。所以,要充分利用环境对儿童进行教育,要为儿童创设"有准备的环境",让儿童在其中主动学习,获得自我教育。

课程的内容包括:

1. 为幼儿创设新的环境

此环境没有教师权威性的体现,幼儿可以自由舒适地坐着,安静地做自己想做的事,桌椅可以自己搬动,教师对他们的活动很少干扰。教师就是一个指导者,观察者,并能进行教育实验的研究者。

2. 实施没有严厉惩罚和责骂的纪律教育

为了让幼儿遵守规矩,课程通过让幼儿自由活动,在有秩序的"工作"中逐渐形成守纪律的意识,也通过"安静课"让幼儿学会专注地从事某项工作。实际上是将守纪律变成幼儿的生活习惯,成为自觉的行为。当然,如果幼儿违纪也有办法让他记住,那就是孤立他,不让他

参加集体活动。

3. 让幼儿学习自我服务的劳动

让幼儿在生活中逐渐养成良好的生活习惯和一定的生活能力,如吃饭要自己铺桌布、自己讲清洁、平时自己穿脱衣服等。

4. 进行感官训练

由于认为幼儿期是感觉训练的关键时期,此课程重视对幼儿的感官训练。蒙台梭利在原有教具基础上进行了改进,制作了训练各种知觉的幼儿用具,幼儿通过这些专门的用具训练各种感觉和知觉,如触觉、视觉、听觉、动觉等,使儿童获得物体的声音、形态、轻重等知识,也使儿童的智力得到发展。还通过玩球、棍棒、手推车等训练幼儿的肌肉,促进儿童身体发展,保证儿童的健康。

5. 对幼儿进行阅读、计算等认知教育

蒙台梭利课程中学习阅读有专门的阅读书籍,学习计算有专门的计算学习学具,同时在教学中结合生活和感官教育完成教学任务。

(二) 斑克街早期儿童教育方案

斑克街(Bank street)方案也是受三种心理和教育理论观点的影响。分别是新精神分析学派重视早期社会情景对儿童影响的观点,杜威等教育者关于儿童应该在生活中学习的观点,皮亚杰的发生认识理论。拜巴(Biber,B.)等将这些理论观点进行研究和消化,具体运用到幼儿教育活动中,1930年创立此方案,此方案在20世纪60年代特别盛行。

此方案的教育目标是:使幼儿获得有效与环境作用的能力,促进幼儿自主性和个性的发展;发展幼儿的社会性品质;挖掘幼儿的创造性。该方案中社会学习是核心内容,幼儿要学习的内容是社会中的各种现象,社会中人与人之间的关系,社会中人与环境的关系等。学习主题由幼儿自主确立,由幼儿兴趣和生活经验而定。

该方案中教师的作用是,在了解幼儿如何学习和成长的基础上,为幼儿的社会学习提供条件和机会,并对幼儿的发展进行记录评价。教师是幼儿与家庭、同伴、环境之间的协调者,是职业的母亲角色和心理治疗师,是幼儿认识活动的指导者。

该方案十分强调幼儿教育机构与家庭的密切配合,教师要深入家庭,邀请和鼓励家长在一日生活中的任何时候访问和参与教育活动,并为家长提供各种咨询和特殊教育服务。

(三) 直接教学课程模式

贝瑞特-恩格尔门学校(Bereiter-Engelmann Preschool)是20世纪60年代在美国伊利诺伊大学成立的一个附属幼儿园,所进行的教学模式就是直接教学模式(The Direct Instuction model,DI),是美国开端计划(Head start)首先发展的教学模式之一,后来进一步发展形成了一种新的模式,并被作为"随后计划"的一部分。

BE直接教学模式是贝瑞特(C. Bereiter)和恩格尔门(S. Engelmann)为帮助4~6岁低

收入家庭的儿童在学业上能够赶上中产阶级家庭儿童而设计的教育方案。所以,其主要目标是帮助儿童增进读、写、算,以便入小学时能与其他儿童一样,使儿童的自尊心、自信心正常发展。这所幼儿园有成套的阅读、拼写、语言和数学教材,以小步递进的方式,教师以表扬或纠正作为强化物进行教学。教学内容确定的依据主要有两个:一是小学一年级的课程所需要的内容;二是从智力量表中找出的"普遍性概念"内容。因此,课程内容有:颜色、大小、形状、位置、数字分类、排序、阅读、拼写等。

很显然,此课程模式的理论基础是斯金纳的操作条件反射。按照斯金纳的理念,学习是可以被强化所操纵的,教育就是通过一系列合理的安排和有效的强化使学生获得理想的行为变化。所以,在此课程中,教师就是学习方案的设计者,教育的主动施与者,儿童是完全被动的学习。教师使用塑造、惩罚、消退等方法,达到教育目标。

这一课程模式的结果,确实促进了幼儿学业的成功,建立了一定的学习自信,获得了自尊,但后期研究发现,长期反应不明显,同时幼儿的社会性发展被忽视了。

(四)方案教学

方案教学(Project Approach)最早兴起于英国,1967年英国著名的"普劳顿报告"报表后,英国幼儿园教学的核心部分就是方案教学,20世纪60、70年代美国的"开放教学"也是以方案教学为主要特征,方案教学思想后来被凯兹(L. G. Katz)完善。方案教学的基本思想是:幼儿年龄小,学习内容可以整合,通过设计某一方案进行教学,引导幼儿通过自身经验来认识外部世界,并积极与环境发生交互作用。

方案教学中主题的选择由教师负责,依据教育目标、幼儿兴趣与幼儿协商决定。主题要求是幼儿生活中的、幼儿有兴趣的、对幼儿未来生活做准备的、能有效利用幼儿园和社区资源的内容。

方案活动的开展是在引起幼儿兴趣的基础上,引发幼儿围绕主题进行讨论,然后教师与幼儿积极互动,依据幼儿的经验进行相关的各种活动。在此过程中鼓励家长参与,积极利用社区资源。方案活动结束时,教师一定要进行评价,以激起幼儿的继续兴趣和保持自信为目标。

教师的作用体现在关注幼儿的需要,创设合适的环境条件,激发幼儿的兴趣,关注幼儿已有经验,尊重幼儿自己的选择,启发和引导幼儿思考,与幼儿共同生活,相互交流,一起完成方案活动。

(五)瑞吉欧学前教育实践

瑞吉欧·艾米利亚教育体系是20世纪60年代,由洛利斯·马拉古奇(Loris Malaguzzi)与其同事在瑞吉欧创办的学前教育综合体,通过长期研究和实践形成了一整套教育思想和教育实践体系,其观点深得国际学前教育界的重视。

瑞吉欧教育是在多种思想影响下形成的。一是建构主义学习观、皮亚杰的认知发展观、维果茨基关于儿童发展与教育的思想,二是欧洲的进步主义教育思想,三是意大利的教育传统和教育改革思想。

瑞吉欧教育体系有如下特点:

1. 了解幼儿,尊重幼儿,让幼儿自己行动

教育者认为,幼儿有其自身特点,幼儿有其自身的表达方式,幼儿有其自身的成长过程,教育首先要充分地了解幼儿的各种表达方式,然后尊重、保护他们,提供他们需要的条件,帮助他们成长。这种帮助是建立在幼儿自身努力的基础上,尽力让幼儿自主发展。基本的思想是,与其总是牵着幼儿的手,倒不如让他们靠自己的双脚站立。

2. 强调幼儿的成长要与其他人交流才能完成

瑞吉欧教育认为,幼儿的成长有其自身的特点,但其成长是处于社会文化背景中的,要接受社会文化需要交流,要获得社会技能需要交流,要完善自己的思想也需要交流,幼儿从与他人的交流中获得各种有益的信息,互相学习,从而实现彼此的成长。所以,"我就是我们"。

3. 重视父母与幼儿的相互作用

瑞吉欧教育中重视家长与幼儿的相互作用,认为幼儿的知识、情感和人格等不能完全自己独立构建,必须与他人,尤其是父母相互作用来建构。在此过程中,幼儿是活动主体,他贡献着自己的力量,也收获着各种信息。儿童在合作中感受自己的自主性、自己的力量,收获成功,得到归属感和自信心。在此观念下,瑞吉欧教育重视幼儿园和家庭、社区对幼儿的协同教育,使全社会参与到教育中来,形成教育合力,给儿童最优质的经验。

4. 充分利用环境对幼儿实施教育

在瑞吉欧教育中环境也是幼儿的教师,对环境有下列要求:美观而丰富的游戏材料,以吸引幼儿的注意和引起兴趣;美丽而宽敞的室内活动空间,室内有较大的镜子,儿童可以更好地观察认识自己;活动环境要让幼儿既能自由活动,又有私密空间;墙面布置是儿童成果的展示,充分利用视觉让儿童感知到美和自己的成功。

5. 教师角色定位:倾听者、环境创建者、引领者、记录者和研究者

瑞吉欧教育对教师的要求是全面的,教师要了解幼儿,倾听他们的心声;教师要为儿童创设丰富的外部环境条件;教师要在儿童需要时启发和引导其深入探究某一事物的特征和规律;教师要在活动结束时记录儿童的发展,将记录结果与幼儿及家长分享;最后,教师要进行教育研究,研究如何构建新的环境、适合幼儿的最佳发展区,促进他们的进一步发展。

(六)海伊-斯科普课程

海伊-斯科普课程(High/Scope)是在美国运用得最为广泛的以认知为中心的学前教育课程,在国际上也颇有声誉,在世界各地有几千所学校采用此课程。

此课程自1971年建立至今不断发展,主要以皮亚杰的认知理念为基础,重点放在发展

幼儿的认识和智力上面。在当今都重视儿童社会性发展的背景下,又发展出了幼儿社会性与情感发展的教育目标,是一种具有全面发展教育目标的课程体系。

此课程最强调幼儿的主动学习。幼儿通过选择活动材料、操作材料获得经验。这种教育思想来源于皮亚杰关于动作在儿童发展中的作用理论。教师的作用就是提供现实的材料给儿童操作,引导他们探索和发现。

通过此课程,幼儿获得了八类经验:主动学习、语言运用、经验和表征、分类排序、数概念、逻辑关系、空间关系、时间关系。儿童的主动学习既是学习的八类关键经验之一,也是儿童发展的最终目标。幼儿不仅要获取学习的经验,而且要让主动学习成为一种习惯和意识,使自己成为主动学习的人,既有主动学习的态度,又有主动学习的方法等。

该课程培养幼儿学会主动学习,要求幼儿教育过程应该努力创造下列条件:丰富的材料;幼儿有操作的机会;幼儿自己选择材料与活动;幼儿自己表达和交流学习的结果;教师的积极支持和鼓励。

因此,教师的角色必须转换,教师是幼儿问题探索的积极引导者、幼儿发展和沟通的观察者、物质和精神环境的创设者,尤其是心理环境的创设者。

此外,该课程也重视幼教机构与家庭的联系,提出要建立良好的合作关系,定期家访,出简报,推动家长积极参与,帮助家长了解幼儿,了解学校的教育,转变家长理念,使家庭教育与学校教育保持一致。

三、本学科的建立与发展——20世纪80年代以后

由于幼儿教育的蓬勃发展,幼儿教育实践积累了较为丰富的教育教学经验,为了更好地总结经验,形成理论,有效地指导幼儿教育实践,专门研究幼儿学习和教育的心理学作为新兴学科应运而生。

1982年,由日本学者若井邦夫等编写的《幼儿教育心理学》一书正式出版,书中明确提出,幼儿教育心理学是从心理学的角度研究幼儿的发展和教育问题的科学,具有心理学和教育学相结合的跨学科性质[①]。该书的作者认为,幼儿教育心理学就是教育心理学的一个分支,但研究还很不成熟,所以在内容安排上参照原教育心理学的结构体系进行,但也必须突出幼儿发展的特殊性。

该书的主要内容有四部分。

第一部分:幼儿的发展与指导。将幼儿的发展与如何指导联系起来,突出指导的针对性。其中有,幼儿的一般发展与指导,身体和运动发展与指导,认知发展、学习与指导,语言发展与指导,人格发展与指导,游戏发展与指导六个方面。

---

① [日]若井邦夫,等.幼儿教育心理学[M].李金岭,艾苗,译.上海:华东师范大学出版社,1986:1.

第二部分:发展障碍与适应。主要是关于特殊幼儿的发展与指导。

第三部分:对幼儿的了解与评价。包括观察了解幼儿的方法和评价幼儿的办法。

第四部分:关于如何有效教育。包括幼儿教育机构与家庭的协同教育,幼儿教育的保教一致性,幼儿教育的方法三方面。

这是目前所能见到的最早以"幼儿教育心理学"命名的书籍。由于该书是第一本系统研究幼儿学习与教育心理的学术著作,所以一般将本书的出版作为该学科产生的标志。

近年来,我国学者相继出版了多部幼儿教育心理学教材,其作者如谷淑梅[1]、曹中平[2]、姚梅林[3]、林泳海[4]、陈帼眉、姜勇[5]等。这些书籍每本都有其研究的特殊性,也有其适用的读者群体,但都尝试着将教育心理理论与幼儿教育实践相结合,还收集了近年来国际国内的最新研究成果,竭力全面地解释幼儿的学习心理发展和相关的幼儿教育问题,对我国的幼儿教育实践具有很强的指导作用。

虽然目前从欧美国家的书籍中,很难查找到以幼儿学习心理学或幼儿教育心理学命名的专著,但在教育心理学专著中时常会看到专门的对幼儿学习与教育心理进行的论述和章节。同时,与幼儿学习与教育心理相关的研究也极其丰富。

幼儿教育心理学专著的出版,反映出有更多的学者关注幼儿的学习和教育心理,并对此进行了较为深入的思考和系统研究。近年来,国内除了相关的专著以外,幼儿学习与教育心理实验的研究报告也经常出现,与幼儿学习和教育心理相关的实践研究成果,也不断见于各种心理和教育学术刊物。这些研究成果不断充实着幼儿学习与教育心理研究领域,使幼儿学习与教育心理学正以前所未有的步伐向前发展。

幼儿学习与教育心理学学科的建立及其发展与下列因素密切相关。

(一)幼儿教育质量提高的需要

对幼儿的教育在近几十年来,得到了世界上各国政府的高度重视。快出人才、出好人才的培养目标指引着政府幼儿教育经费投入的政策导向,各国政府在幼儿教育研究方面给予了大力支持,使幼儿教育得到空前的发展。这种发展不仅体现在办学规模、入园率上,更体现在改进和提高幼儿教育的质量上,各种幼儿教育实践不断涌现,在如何按照幼儿的身心发展规律,进行有效的幼儿教育,促使幼儿成长为独立的、有尊严的、全面发展的,适应社会的个体的教育研究中积累了大量的有益经验,这些经验需要分析总结、归纳概括,以形成理论,对实践给予更有力的指导。

---

[1] 谷淑梅.幼儿教育心理学[M].北京:高等教育出版社,1995.
[2] 曹中平.幼儿教育心理学[M].大连:辽宁师范大学出版社,2001.
[3] 姚梅林,郭芳芳.幼儿教育心理学[M].北京:高等教育出版社,2007.
[4] 林泳海.幼儿教育心理学[M].北京:商务印书馆,2006.
[5] 陈帼眉,姜勇.幼儿教育心理学[M].北京:北京师范大学出版社,2007.

(二) 原有的教育心理学理论不能反映幼儿学习与教育的特殊性

原有教育心理学科中的理论,主要来自于中小学的教育实践,对中小学儿童的学习心理和相关教育研究更多,对其教育实践的指导更有针对性。虽然,教育与心理学中有些规律是共同的,但是,幼儿这一受教育群体,由于是人类最早的个体,其在认知、情感、语言、人格等方面都还极不成熟,有着发展和教育的特殊性,其学习心理究竟是什么样的,有什么样的特殊性,在对他们进行教育时如何才更加有效,教育途径和方法有哪些等,这些具有特殊性的内容都需要进行专门系统的研究,以形成一整套对幼儿教育具有针对性指导的教育心理理论。

(三) 大量的心理研究和丰富的幼儿教育实践,为学习理论的形成奠定了基础

心理学的研究成果从来就是教育的基础,近几十年来心理学科从行为主义到认知主义、建构主义再到人本主义的发展,使人们对人的心理发展的看法不断发生变化,也使人们更能从多角度去观察儿童的发展和思考教育问题,行为主义使教育者领略到教育中行为塑造的可行办法;认知主义使教育者更详细地分析儿童行为的内部认知活动;建构主义使教育者充分关注到儿童学习中的主动积极建构过程,并开始重视儿童自身的力量;人本主义使教育者更加关注儿童自身的需求、情感、自我态度等因素对儿童学习与发展的影响。在众多心理学理论的影响下,幼儿教育者也对幼儿教育进行了改革尝试,形成众多教育方案或课程,积累了丰富的实践经验。这些心理研究和教育实践自然而然地成为了幼儿学习与教育心理学学科形成的心理和实践基础。

第三节 学科的研究方法

幼儿学习与教育心理学是心理学的分支学科,其研究方法与其他心理学的研究方法自然有相同之处,但也有其特殊性,下面分别从两个方面来论述,一是研究幼儿学习和教育心理过程中必须遵循的基本原则,二是研究幼儿学习和教育心理时的具体研究方法。

一、研究原则

心理学的研究原则很多,在本学科中必须遵循的至少有下述两个。

(一) 客观性原则

心理学中所谈的客观性原则与别的学科一样,是为了强调研究结果的真实可靠。心理学中之所以不断地重复谈论客观性,是因为心理现象总是存在于个体的头脑,而非存在于现实可见的环境中,看不见摸不着,感知得到的心理表现会有多种心理活动的可能,所以心理学研究要保证获得信息的真实性比其他研究更难,必须尽可能地想办法做到相对客观,否则容易受到主观性等诸多因素的影响而使研究结果失真。本学科虽然只是对幼儿心理的一个

特殊领域——幼儿学习与教育心理进行研究,为了保证研究的科学性,研究者仍然必须遵循这一原则。贯彻这一原则要注意以下几点:

第一,研究者要选择合适的收集信息方法。什么是合适的方法?合适的方法就是能收集到比较真实的心理表现的方法。如,用观察法研究幼儿心理就比研究成人心理更好,因为幼儿在自然条件下的心理表现相对更真实,而成人会更多掩饰,成人会在不同的场合有不同表现,成人心理的外部表现不一定与他们真实的心理活动完全一致,有时可能还会很不一致。

第二,研究者在使用方法的过程中尽力避免收集到不真实的信息。如运用观察法时,一定要用录音、录像等设备将被试的行为表现和语言录下来,以便于研究者多次使用,反复观察。观察时,为了避免一人的主观性,通常要多人同时观察。

第三,研究者在分析幼儿和教师的心理活动特征以及形成原因时,要多方面考虑,综合各种因素的作用,而后得出结论。如分析幼儿的学习心理特点,必须在现有的信息基础上考虑幼儿的年龄特征、幼儿所处的家庭条件、幼儿教师的特征、幼儿与教师的相互作用、幼儿自身的身体与心理特征、当时的情境等。

第四,研究者有时候为了保证研究的客观性,还应多种研究方法同时使用。因为,任何一种方法都有其局限性,几种方法可以相互取长补短,弥补单独使用一种方法的不足。例如,实验法可能更能发现因果关系,由于条件的严格控制,结果更为可靠。但是实验室实验又不够生态,反映出来的不一定是幼儿常态的心理表现,所以,有时候又需要有观察法共同进行。又如,问卷法可以相对快速地收集到较丰富的资料,但是,有些信息可能因为问题的难度或其他原因,从问卷中得不到,又需要访谈法或个案研究帮助。

(二)伦理性原则

对人的心理研究都会遵循伦理性原则。心理研究的伦理性原则是指任何关于人的心理研究都要考虑对人心理的影响,研究者应尽力使研究的过程和研究结果能够促进人的正向发展,绝不能损害人的身体和心理健康。本学科研究的是幼儿和教师在幼儿学习活动与教育过程中的心理表现与规律,所以,研究的内容和方法以及研究的过程都要保证参加者的身心不受到伤害。

贯彻伦理性原则要注意下面两个问题:

第一,幼儿学习与教育心理中有很多的研究内容是有研究价值的,但不是有价值的内容都能够进行研究。如,体罚对幼儿学习心理的影响这一选题是有价值的,它能够帮助我们了解对幼儿要不要进行体罚,如何进行体罚有利于幼儿的学习。但是,这一研究的问题在于,体罚可能造成幼儿的身体和心理受到伤害。体罚的方式和方法、体罚的轻重、体罚的时间、体罚的频次等都难以掌握,都难以保证不给幼儿造成不良的影响。所以这种内容的选择就必须慎重,或根本不予考虑。

第二,有些研究问题看起来似乎对幼儿没有不良影响,但实际的研究过程中可能仍然会有负向的作用。如,教师情绪对幼儿学习的影响研究。教师的情绪有正向的,也有负向的。正向的情绪可能对幼儿是有益的影响,但是负向的情绪则肯定会对幼儿有不良影响。那么,研究的设计和研究的过程就应该要考虑到,要在方法的选取和进行过程的每一环节尽力避免可能的负面影响。

二、研究方法

幼儿学习与教育心理学的研究方法有很多,这里主要介绍下列几种。

(一) 实验室实验法

实验室实验法是最早使用的儿童心理研究方法之一,也是最早用于动物学习和人的学习研究的方法。巴甫洛夫的经典条件反射学习实验和斯金纳的操作条件反射学习实验都属于此类。后来行为主义学习理论和认知学习理论持有者大都有自己的经典学习实验,如华生的学习律实验和托尔曼的学习预期实验。

华生的实验:华生训练白鼠,为到达目的箱子吃到食物,必须先挖沙子。白鼠挖沙子到达目的箱子后,不立刻给它喂食,而是让它在那儿空等一会儿。华生认为,依据桑代克的理论,强化增强的是强化之前的刺激与反应的连接。但是,这一实验中,空等是较后面的反应,而挖沙子到达目的箱子是较早的反应。根据推理,事物强化的是空等,而不是挖沙子到达目的箱子。可是,事实上动物学会的是挖沙子到达目的箱子的反应,而不是空等。[①] 所以,华生认为桑代克的效果律是不正确的。

托尔曼的预期实验:有机体对特定食物的预期在学习中有重要价值。在实验室训练两组白鼠走迷津。甲组到达目的地后得到的是葵花籽,乙组得到的是麦芽糖。显然,麦芽糖比葵花籽更受欢迎,因为乙组跑得更快。训练10天以后,实验者将两组白鼠的食物对换了,甲组获得麦芽糖,乙组获得葵花籽。结果表现出明显的对比效应,即原来吃得好、现在吃得差的乙组比原来跑得慢;原来吃得差、现在吃得好的甲组跑得更快了。研究者认为,有机体的预期没有实现的情况下,即奖励物不如预期奖励物时,有机体不仅不能保持原有的学习水平,而且会降低操作水平。

从以上两个实验可以清楚地看到,实验室实验的最大优点是可以严密地控制条件,能很好地解释变量之间的关系,也能重复进行验证。但是,这一方法的最大局限是不够生态。所以,在进行研究时,是否选择实验室实验要根据研究内容的需要而定。那些需要清楚了解变量之间的因果等关系的内容,或者在使用其他方法都不够科学的时候可以考虑使用实验法,当然还得考虑此内容具有做实验的可能性才行。

---

① 施良方.学习论[M].北京:人民教育出版社,1998:54.

（二）观察法

观察法也是心理研究最古老的方法之一。它是在个体日常的生活活动中，对个体的语言和行为表现进行观察，从而分析心理变化规律的方法。观察法运用到幼儿的学习和教育心理研究中，就是实际地考察幼儿的学习过程和成人指导学习的过程，从中分析出幼儿在学习中的特殊心理活动，以及成人不同的指导策略对幼儿学习的影响。

观察的情境自然，研究者与被研究者都很轻松，而且，一般来说，它相对其他方法简便易行，各种研究者均可以使用。通过这一方法，研究者可以获知幼儿在自然生活中是如何学习的，有什么学习特点，成人与幼儿在幼儿的学习过程中如何互动，什么样的学习指导使幼儿的学习更加有效等各种信息。

按照不同的维度，观察法可以分成不同的类别，如，按照观察的目的性和结构状况，将观察分为非正式观察和正式观察；按照观察者是否直接参加活动分为参与式观察和非参与式观察；按照观察记录特点的不同分为叙述性观察、抽样观察和评定观察；还可按其他维度分为重点观察、全面观察、长期观察、短期观察，等等。

较复杂的观察法，如有控制的观察，操作起来也并不简便，它需要比较周密的准备和严格的观察过程。

第一，研究者要对所有的研究内容进行概念界定，确定它们的内涵和外延，并且要将这些心理行为进行操作定义，以确保观察记录的可操作性、准确性和不被遗漏；

第二，设计好详细的观察记录表格，以便研究者在观察时能及时快速地进行记录；

第三，准备好观察所需的设备器材，如，录音机、录音笔、录像机等，并考虑好它们的摆放位置；

第四，尽可能地控制一切干扰研究结果的无关条件；

第五，多人同时进行观察；

第六，反复观察已经录制好的生活情境，修止记录；

第七，将观察的信息进行量化，运用数学技术对量化的数据进行统计分析。这种观察比那种纯自然的观察更能够解释某些变量之间的关系，研究结果也会更加可靠。当然，事实上，在生活中控制条件是有限的，与实验室条件相比是没有可比性的。如，两位教师的年龄、教龄、工作经验、能力、性格、性别等都可以相似，但肯定不会完全相同，所以，观察法的条件控制只是相对控制。

观察法用于幼儿学习与教育心理研究有其特殊的优势。其一，幼儿学习心理存在于幼儿的头脑中，了解它必须通过其外部表现，通过交谈等方法获得信息自然有限，因为幼儿的语言表达和思维能力有限，他们不可能将自己学习过程中的心理活动全面如实地展现给研究者，而观察法不受此限。其二，幼儿年龄小，不懂得掩饰自己的思想和心理活动，通过观察获得的行为信息与内部心理活动的一致程度高，信息相对可靠。皮亚杰大量的儿童心理研究用的都是观察法,既有对自己孩子做的观察,也有对其他儿童进行的观察。如,婴儿解决问题的观察,儿童游戏的观察。

但是,自然观察法研究幼儿的学习心理也有局限性。首先,幼儿人数不能太多,所获信息常常不具有代表性。其次,观察者容易带有主观性,主观性常常来自于喜欢等情感,或长期观察所具有的定势思维,或以偏概全的倾向等。最后,观察费时太长,有时想要的心理表现不能及时出现。所以,观察法一般要借助现代化的工具,如,录音、录像设备,也需要多人共同观察,共同分析,以求研究结果的真实可靠。

(三) 田野实验(现场实验)

田野实验法,又称现场实验法、自然实验法,是在自然生活条件下,控制一定的研究条件而进行实验研究的方法。在心理研究中,实验室实验能比较周密地控制变量,但研究结果有时失真,实验结果难以在实践中推广。观察法又难以控制各种干扰条件,所得结果有时解释不清。田野研究能较好地解决这些问题。它既能保持在自然环境进行,又能适当地控制条件,还可以让研究的现象及时出现,研究结果也具有一定的推广价值。如要研究幼儿的某一学习心理以及这种学习心理与教师指导的关系,便可以在幼儿的日常学习中选取某一学习内容,教师采用某种指导策略,让幼儿的学习心理或学习心理的变化表现出来,得到研究者想要的研究结果。研究可以选取两个组,一个实验组,一个对比组,先测查两组幼儿的某一学习心理,然后,实验组教师采用指导策略,对比组不采用指导策略,一定的时间后测查幼儿学习心理的变化,从变化中看出教师使用的指导策略的效果。

田野实验法还经常用于验证实验室实验所得结果的可靠性。实验室实验的结果是否正确,是否与幼儿在实际生活中的学习表现一致,必须通过自然真实状态下的幼儿学习进行检验。

每一种研究方法都有其适合的范围,选择实验室实验还是田野实验进行研究,要依研究的目的、研究的目标、研究的内容、被试的人数、研究的影响因素等而定。

(四) 学习评估法

对被试进行学习的评估有一系列的方法,目的是了解学习者学习的结果和学习过程中的心理活动,以及了解学习中的各种影响因素。这种评估是多种研究方法共同组成的,具体包括:直接观察、口头应答、他人评定、自我报告、问卷、访谈等。

1. 直接观察

学习评估法中的直接观察是为评估幼儿学习所使用的观察法,含义与操作过程与前述观察法没有区别,但要特别注意几点。

第一,直接观察法更适合评估幼儿的外显学习结果和学习活动过程。通过观察幼儿的行为表现来确定幼儿的学习是否发生,或者是否产生了变化。对幼儿学习的直接观察确实能获得幼儿学习结果的外部表现,一定程度上分析幼儿的学习能力和学习收获。但是,学习的内部心理活动过程,如学习的动机、学习的认知与情感等是无法通过观察获得的、学习中的隐性学习也观察不到。幼儿没有表现却不表明他完全没有学习,因为学习行为的表现会受到诸多因素的影响。如幼儿的延迟模仿,这一模仿常常由模仿条件的局限造成的,可能是动作发展的局限,也可能是幼儿认识到这种场合不合适,恐惧等。

第二,用于幼儿学习的观察应有更严格的使用要求。对幼儿学习的评估会影响到教育者的后期行为,所以研究者观察前要确定具体的评估指标,要有明确的可观察的操作行为,要规范好表格,要多人观察和评估等。

第三,对观察结果的评估要慎重。研究者既要对结果进行全面的客观分析,做出相对准确的评估,也要分析观察结果的形成原因;不仅要找出幼儿学习中的问题,更要发现幼儿学习的潜力和发展方向,为教育者和指导提出有针对性的建议。

第四,要将此观察法与下列几种方法结合使用,以保证评估的可靠性。

2. 幼儿应答

幼儿应答实际上就是幼儿回答研究者的提问,研究者通过幼儿的回答,分析幼儿学习心理的方法。我们通常在直接观察中得不到的信息,试图通过幼儿回答一些研究者事先准备好的问题来获得,以弥补观察的不足。幼儿的回答确实能够帮助研究者获得一些观察不到的内部心理活动,或一些行为的原因。但是,幼儿的语言表达能力太有限,幼儿对自己的心理活动的认知与记忆能力也较低,所以,这种研究也只能是一种辅助的方法。

3. 他人评定

他人评定指由被试周围的与其亲密接触的人,依据一定的标准对被试的学习进行的评判。这种方法的最大优点是,旁观者一般可能比自己更能客观地做出评价。对于幼儿来说,评定人一般会是成人,掌握标准会比幼儿更好,对幼儿的观察也可能更全面客观。即使是同年龄的其他幼儿,也可能看见当事幼儿看不见的部分。但是,他人评定也要注意,他人评定时的推断也可能有误。

4. 自我报告

自我报告一般比较适合于较大年龄的被试,因为他们能够更详细地报告自己的学习活动过程及其心理活动的全部。幼儿也可以作一定的自我报告,尤其是5~6岁幼儿。5~6岁幼儿已经基本掌握了本民族的语音,获得了一定量的词汇,具有了一定的口语表达能力。同时,他们已经开始对自己的心理活动及其结果进行分析,尽管能力有限,仍有一定价值。

自我报告有刺激性回忆、出声的思考、谈话等形式。

刺激性回忆是先将被试的学习活动过程录下来,然后再放给他看,一边看一边回答主试的问题,也就是主试引导他进行回忆。如,这时候你在想什么呀?你怎么用这个方法呢?你怎么想出来的呢?等,挖掘幼儿的学习心理。这一方法的使用一定要及时,时间一长,被试就会忘记当时的想法。

出声的思考是让被试一边做事情,一边说出自己的想法、情感和行动,研究者依据记录进行分析。这种方法对幼儿特别合适,因为他们本来就喜欢一边操作一边说出话,他们的思维是外显的,还没有内隐。

谈话法是研究者与被试进行有目的的交谈,气氛轻松,环境自然,可以是一对一的,也可以多人一起。研究者对所记录的谈话结果进行分析。这种谈话更多的是研究者引导幼儿自己诉说,以发现从其他方法难以发现的内容,尤其是幼儿内部心理活动。与幼儿谈话的方法皮亚杰运用得非常好,他的很多儿童心理研究都运用了这一方法,他将观察法和谈话法结合起来创立了临床法,对研究幼儿的学习心理很有效。

5. 问卷和访谈

问卷法是研究者设计一些问题由被试回答,可以是书面作答,也可以是口头作答。对于幼儿来说,问卷法通常是问答,是让他们口头作答,这是年龄特征的限制,与访谈法相似。访谈可以是一对一进行,也可以是一对多人进行。研究者研究幼儿学习心理和教师的教育心理时,还会对教师和家长设计问卷,让他们回答,无非是要了解教师在引导幼儿学习时的心理活动、教师观察到的幼儿学习心理,教师和家长与幼儿在学习过程中的互动、家长所了解的幼儿学习心理和教师心理等。

思考与练习

1. 简述幼儿学习与教育心理学的研究内容。
2. 简述皮亚杰的儿童学习观。
3. 谈谈弗洛伊德对儿童焦虑的研究。
4. 描述华生最早的婴儿恐惧习得实验。
5. 简述格式塔心理学者对学习的解释。
6. 简述几个早期教育方案的特点。
7. 简述伦理性原则的含义。
8. 谈谈学习评估法的使用。

第一章　行为主义学习理论与幼儿学习

学习目标

1. 掌握经典学习理论的基本观点。
2. 理解经典学习理论下的幼儿学习特点。
3. 能运用联结主义理论思考幼儿的学习指导。
4. 理解操作条件学习理论下的幼儿学习特点。
5. 理解社会学习理论对幼儿学习和教师指导的启示。
6. 掌握行为主义学习理论下的教师角色观

关键词

◆ 经典学习理论　　◆ 连接学习理论　　◆ 操作条件学习理论　　◆ 社会学习理论
◆ 幼儿学习特点

幼儿学习案例

 案例1-1

> ### 奖励"小红花"
>
> 　　在幼儿园中,教师运用"小红花"作为奖励强化幼儿的行为非常普遍。"小红花"对幼儿有很强的吸引力,所以在幼儿园中适当运用"小红花"奖励幼儿是塑造幼儿良好行为、养成其良好学习习惯的重要途径。
> 　　城城是某幼儿园大班男童。上星期,他主动帮助老师分发书本、收拾餐具、帮助小朋友等。在上周五放学之前,老师奖励了城城一朵小红花。城城得到小红花后很高兴。当爸爸来接他回家的时候,城城满脸欢笑,对爸爸讲述了小红花的来历之后,爸爸也给予城城口头表扬。城城的良好行为得到了物质强化(小红花)和精神强化(口头表扬)。所以,在这个星期,城城依然表现很好,如主动清洁桌面、和小朋友一起分享玩具等,老师对城城说:"城城,你那么乖,老师真喜欢你。"城城说:"老师,我还想在周五的时候得到小红花。"原来小红花的力量那么大,它让城城的良好行为得到强化。作为一个有效的强化物,"小红花"起到了良好的效果。
> 　　笑笑是城城同班女童。上星期因为没有带铅笔来园得到了城城的帮助。在城城得到小红花的时候,笑笑很赞成老师的做法,也表现得很高兴。这星期笑笑也将自己的铅笔借给了忘记带铅笔的小茜,因此老师奖给笑笑一朵小红花。

> 在案例中,小红花不仅可以强化当事者小朋友的行为,还可以间接强化观察到强化过程的小朋友。笑笑因为看到城城帮助了自己而得到小红花,为了让自己也得到小红花,笑笑学习模仿城城的友好行为,用同样的方法帮助了小茜,最终也获得了老师的小红花奖励。

学习理论的研究始于19世纪末20世纪初,随着理论研究的深入,逐步演化为以刺激—反应联结为核心观点的行为主义学习理论。行为主义的出现是西方实验心理学内部矛盾的产物,是心理学领域诸多趋势力量交织的结果。行为主义在达尔文进化论思想的影响下,继承发展传统心理学中的联想主义思想,并借助西方哲学中的实证主义思潮发展起来。

幼儿的学习更多是属于行为学习,本章通过分析行为主义学习理论的基本观点,探讨幼儿是如何学习的、为幼儿创设什么样的环境更有利于幼儿的行为学习等问题。

第一节 经典条件学习理论与幼儿学习

一、经典条件学习理论的基本观点

(一)巴甫洛夫的经典条件学习

巴甫洛夫(Pavlov,1849—1936),苏联生理学家,1904年因消化腺生理学研究的卓越贡献而荣获诺贝尔生理学奖。他是运用条件反射方法对动物和人的高级神经活动进行客观实验研究的创始人,最早提出了经典性条件反射,其研究为心理学的发展作出了很大贡献。

图1-1 巴甫洛夫

巴甫洛夫的经典实验是关于狗的唾液分泌实验。具体方法:将食物直接呈现给狗,狗会分泌唾液,但当铃声或灯光等单独呈现时,狗不会分泌唾液;呈现铃声或灯光之后迅速呈现食物,狗看到食物会分泌唾液,如此反复练习,在单独呈现铃声或灯光而没有呈现食物时,狗也会分泌唾液。

通过实验,巴甫洛夫得出了经典性条件作用理论。他认为,反射是有机体对作用于感受器的外界刺激通过中枢神经系统所发生的规律性反应。反射分为无条件反射和条件反射两类。无条件反射是有机体先天固有的反射,而条件反射是有机体在无条件反射的基础上后天获得的。在条件作用巩固之后还可以再建立新的条件作用,不仅可以形成二级条件作用、三级条件作用,在人的身上还可以形成多级条件作用。

条件反射可以分为消退、泛化和分化。消退即是在条件作用建立之后,多次给予条件刺激而不给予无条件刺激以强化,条件作用的反应强度逐渐减弱,甚至最终不出现的现象。消退并不代表消失,只是因为暂时连接受到了抑制,而在重新强化刺激之后可以很快恢复。泛化即使在条件作用建立初始,除原有的条件刺激之外,与条件刺激相似的刺激出现时也会引起条件作用的现象。分化即是在条件作用建立之后只对条件刺激给以强化,近似刺激不予强化使泛化逐渐消失,只有条件刺激才会引起条件作用的现象。

巴甫洛夫还提出了信号系统学说。第一信号系统的刺激是指能够引起条件反射的物理性条件刺激,第二信号系统的刺激是指能够引起条件反射的、以语言符号为中介的条件刺激。例如,条件作用下铃声或灯光能引起狗的唾液分泌,铃声和灯光属于第一信号系统的刺激;而人类的语言"望梅止渴"则是以语言为刺激的第二信号系统的条件作用。第一信号系统和第二信号系统说明了人与动物在学习上的本质区别,以语言为中介的第二信号系统是人类所独有的。

巴甫洛夫的经典性条件作用在很长一段时间内作为行为主义心理学的研究基础而受到人们的广泛推崇。

(二)华生的行为主义学习理论

华生(John B. Waston, 1878—1958),美国心理学家,行为主义心理学的创始人。1894年就读于伏尔曼大学,对哲学和心理学产生浓厚兴趣。1903年获芝加哥大学哲学博士学位,1908年任约翰·霍普金斯大学教授。1913年,华生发表文章《行为主义者心目中的心理学》,提出了行为主义心理学纲要,这是行为主义的宣言,标志着行为主义正式问世。

华生的经典实验是前述的恐怖形成实验(参见绪论)。通过实验,华生认为学习就是以一种刺激替代另一种刺激建立条件作用的过程,所以,行为的获得是在建立刺激-反应连接的条件作用的过程中实现的。婴儿对小白鼠的恐惧感是通过条件刺激(害怕的响声)与无条件刺激(小白鼠)的反复结合,替代了无条件刺激(小白鼠)和无条件反应(毫不害怕)的连接,而形成了无条件刺激(小白鼠)和条件反应(害怕)的条件作用。

图1-2 华 生

华生提出了行为获得的频因律和近因律。频因律是指在其他条件一致的情况下,行为反复和练习的频率越高,那么该行为的获得越迅速。也就是说,练习的次数和行为的习得速度呈正相关。高频率的练习能够提高有机体的学习效率。近因律是指在反应频繁发生时,从出现的时间考虑,较近的和比较早的反应更容易得到强化。也就是说,紧随某一刺激物所发生的多次反应中,最新、最近的反应更容易得到强化而固定,有机体学习的最近结果更容易得到强化。

华生也提出了学习的泛化。在恐怖形成实验中,婴儿学习的泛化结果是对具有小白鼠类似特点的刺激物都会产生恐惧感。

二、从经典条件学习理论分析幼儿学习

(一)幼儿的行为与情感学习属于经典条件学习

幼儿的行为和情感学习就是建立刺激与反应的连接,形成条件作用。例如,在幼儿园中,教师要定期提醒幼儿如厕、喝水等,某班教师在每次教学活动结束后便提醒幼儿如厕、喝水,通过反复练习之后,本班幼儿在教学活动结束和如厕、喝水之间形成了条件作用(具体时间和行为的连接),获得了行为的控制。又如,幼儿学习认识颜色,当教师出示红色颜色卡时,幼儿不知道卡片上的颜色是什么,通过语言为传递信号,发出"红"的声音,反复练习,幼儿由此认识了红色并能用语言标记。通过泛化作用,当幼儿看到与颜色卡上相同或相似颜色的物体时,比如红色的衣服、红色的汽车等,都会发出"红"的声音,这说明幼儿已经获得了对"红"颜色的学习。

(二)幼儿学习中有同样的活动规律

经典条件作用理论提出了几条学习规律,如习得律、高级条件作用律、消退律、泛化律、分化律、频因律、近因律等,幼儿在学习中也遵循这些规律。

1. 习得律

习得律指幼儿通过建立条件作用获得学习。例如,幼儿饿了要吃东西,每次家长都会走进厨房之后再拿出食物喂幼儿,幼儿建立了家长走进厨房就有东西吃的条件作用之后,便习得了家长进入厨房-有东西吃的信念反应。

2. 高级条件作用律

高级条件作用是针对人类区别动物的第二信号系统的学习,是指幼儿可以通过语言媒介产生行为反应。例如,当幼儿听到正在吃东西的人说"这个东西甜甜的",幼儿也会感觉嘴里有甜甜的味道。同样,当幼儿害怕狮子,即使没有看到狮子,仅仅听到狮子的叫声也会做出害怕的反应。

3. 消退律

消退律指条件刺激不再与无条件刺激前后出现构成关联,条件作用便会逐渐消失。例如,当幼儿偶然建立了害怕狗的条件反应之后,如果让他再多次接触没有出现可怕刺激的情景,幼儿已有的条件作用便会逐渐消失。

4. 泛化律

泛化律指相似的刺激会引起条件作用中类似的反应。例如,幼儿听到某段轻音乐时就会安静下来,当听到相似的轻音乐时也会保持安静。

5. 分化律

分化律指幼儿可以精确辨别不同刺激的能力。幼儿通过学习能分辨不同的声音,并做出不同的动作。例如,幼儿听到大象的声音能做出大象的动作反应,听到兔子的声音能做出兔子的动作反应,听到狗的声音能做出狗的动作反应等。

6. 频因律

频因律指幼儿练习的次数和行为的习得速度呈正比。例如,幼儿学习剪纸,练习的次数越多,其使用剪刀的能力越强,剪出的物品越好。

7. 近因律

近因律指较近或较早的反应更容易得到强化。例如,幼儿摸一只小狗的腿,摸第一下时小狗没有反应,摸第二下时小狗的腿动了一下,摸第三次时小狗的腿动了一下且反摸幼儿的手,所以幼儿获得了摸小狗会让小狗反摸的反应,使幼儿获得第四次摸小狗,小狗也抬腿摸幼儿的行为信念。

三、经典条件学习理论与幼儿学习指导

(一)幼儿学习指导过程

经典条件反射理论认为幼儿的学习就是建立刺激-反应的条件作用过程。在建立条件作用的过程中,首先要明确无条件刺激和无条件反应;其次,选择条件刺激并使条件刺激和无条件刺激同时或先后出现;最后,通过反复呈现和练习建立条件反射,即当条件刺激呈现时条件反应出现。由此可见,教师在引导幼儿学习时要有目的明确的步骤:第一步即要了解幼儿,找出幼儿的无条件刺激,如幼儿喜欢玩具小鸭,当幼儿见到玩具小鸭时会集中注意;第二步要选取条件刺激,并与无条件刺激结合,如当让幼儿看见小鸭之前,呈现"鸭子"的汉字;第三步多次练习,当每次汉字出现便出现小鸭,如此反复练习,幼儿便会认识"鸭子"这个汉字。

(二)幼儿学习指导方法

1. 吸引法

寻找幼儿感兴趣的事物,吸引幼儿学习时的注意力。幼儿教师要先了解幼儿的兴趣特点,在此基础上选择和提供刺激物,并确定刺激物呈现之后幼儿会有所反应。例如:幼儿在看到某动画片人物时会集中注意力观看,因此可以利用此种兴趣进行教学。

2. 反复法

反复法即幼儿教师要让幼儿反复练习新建立的条件作用,巩固刺激和反应的联结,避免条件作用的消退。幼儿习得的新知识要经过反复呈现和练习才得以巩固,不再反复无条件刺激和条件刺激的同时或先后呈现,可能会使幼儿已经建立的学习行为消失。及时的反复练习是巩固学习结果的重要途径。例如,幼儿虽然已经建立了洗手-吃饭的条件作用,但教

师还应该在每次吃饭前提示幼儿先去洗手再吃饭,如此幼儿经过多次反复练习才可能获得洗手后吃饭的习惯。如果教师在幼儿习惯未养成之前,没有反复练习则可能会使幼儿饭前洗手的行为消退或消失。

3. 辨别法

根据分化的原理组织幼儿辨别某些类似事物。通过不断出现相似刺激引导幼儿辨认和区分,可以使幼儿更精准地获得知识和技能。例如,幼儿刚开始接触数字的学习,常常分不清"6"和"9"。教师可以通过不断呈现数字分别给予强化练习。而当二者同时出现时,则练习分辨两个数字的形状和发音,从而使幼儿最终学会区分这两个数字。

4. 近因法

近因法指根据华生的近因律原理,对幼儿频繁反应中出现时间最近的行为反应给予强化。按时间顺序看,幼儿最近习得的行为较先前的行为更容易得到强化且固定下来。由此,教师可以在幼儿做出期待学习反应之后便结束教学,此时的期待学习反应是最近的行为反应,得到强化后更容易保留下来。

5. 语言提示法

教师的语言提示是幼儿学习的重要途径。巴甫洛夫的信号系统学说区别了人和动物的学习过程。人不仅仅依靠物质刺激产生本能反应,还可以运用语言做中介来做出反应。在幼儿教学过程中,教师可以利用不断的语言提示对幼儿进行行为训练,将某一行为语言和幼儿的某一行为建立条件作用。例如,幼儿园中教常见的儿歌时,教师说:"小眼睛",幼儿边答:"看老师",边将目光转向老师。

第二节 联结主义学习理论与幼儿学习

一、桑代克的联结理论

桑代克(Edward. Thorndike,1874—1949)是美国著名的心理学家,美国动物心理学实验研究的开创者之一,心理学联结主义的建立者,系统论述教育心理学体系的第一人。1899年任教于美国哥伦比亚大学师范学院。在其任教期间,把动物研究技术应用于儿童和成人,提出了联结主义理论,其学习理论对心理学研究产生了深刻影响。

桑代克的经典实验是饿猫逃出谜笼实验。具体实验为:桑代克将一只饥饿的猫关进他设计好的谜笼,谜笼外放着一条鲜鱼作为诱饵,促使饿猫急于走出谜笼吃到鲜鱼。谜笼内设有一个打开门栓的装置,当饿猫设法走出谜笼而在里面胡乱碰撞时,可能会无意中碰到装置而打开门栓。饿猫偶然碰到装置打开门栓之后,便可以逃离谜笼,吃到鲜鱼。再将饿猫关进谜笼,饿猫还是会在尝试中偶然成功。多次实验后,饿猫做出的无效动作越来越少,最后形成了正确动作,即会直接触碰装置打开门栓。由此,饿猫学会了触碰装置而打开门栓的行为。

通过实验,桑代克提出了学习的联结理论,即试误说。桑代克认为,学习的实质就在于形成刺激-反应之间(即 S-R)的联结;联结是通过有机体不断尝试错误的过程而逐步建立的;学习的过程即是一个盲目尝试错误的渐进过程,在试误过程中,有机体会逐步形成 S-R 的学习联结,通过反复,这种联结的力量可以得到加强和巩固。桑代克强调学习的"精简原则",即学习是刺激与反应之间的直接联结,不存在思考和推理的中介;人和动物一样都遵循着相同的学习规律。

桑代克认为学习的过程有一定的顺序,包括动机、问题、试探、偶然成功、淘汰与选择、整合与协调六个阶段。动机指有机体存在动机并且动机的程度可以达到促使有机体做出指向某一特定问题的行为。问题指在有机体欲达目标过程中,必须跨越障碍之后才可能达到目标。试探即有机体在追逐实现目标时有一系列盲目随机的试探行为。偶然成功即在多次盲目尝试的途径里刚好有一种途径是正确的。淘汰与选择指偶然的成功经过反复练习和强化,有机体逐步淘汰无效反应与动作,选择接近实现目标的成功途径。偶然的成功得以强化便会增加有机体对正确行为的选择频率。整合与协调即在动作选择的基础上,保留能够解决问题、实现目标的正确途径,并通过整合与协调达到动作的熟练。

图 1-3　桑代克

桑代克提出了学习的三大规律,即准备律、练习律、效果律。准备律是有机体在学习伊始的预备定势,属于动机范畴。具体来说,学习者在学习之前有学习准备便会对学习活动感到满意,没有学习准备则会对学习活动产生烦恼情绪;学习者在准备后得以学习和活动会感到满意,有学习准备而没有得到学习和活动则会感到烦恼。

练习律即指 S-R 的联结强度取决于使用联结的频次。联结的强度与练习的次数、强度和时间呈正比。具体来说,学习者所获得的刺激-反应联结得到的练习和使用越多,这个联结的力量越强,学习者掌握此联结也就越熟练。

效果律指刺激与反应之间联结的加强或减弱受反应结果的影响。具体来说,学习者的学习活动跟随一个满意的结果便会增加学习活动出现的频率,相反,学习者的学习活动跟随一个不满意结果时,学习者的学习活动再次出现的可能性就会减少。

桑代克还提出了学习迁移的"共同要素说",他认为学习迁移的发生只有在学习情境或学习内容存在相似性,即拥有共同要素的时候才会出现。在一种情境中形成的反应不能直接简单迁移到其他情境中去。只有当两种或多种机能存在相同的要素时,迁移才能发生。例如,幼儿在学习画太阳和画向日葵的时候,可以借助画太阳时候的学习经验,将已经获得的绘画圆形的技能应用于画向日葵中,用二者的共同要素"圆形"顺利产生学习的迁移。

二、从联结主义学习理论分析幼儿学习

(一) 幼儿学习的实质

联结主义学习理论提出学习的实质就是形成刺激-反应之间的联结,所以幼儿学习的实质即是形成学习刺激和学习行为之间的联结。用经典条件作用学习理论阐释的幼儿学习实质强调建立条件作用;而联结主义学习理论强调刺激-反应之间的联结关系的形成。二者大体思想一致,但存在一定的差别。

联结主义学习理论认为幼儿在刺激物作用下可以做出多种反应,而其中某一反应是被期望的,当期望反应出现时给予行为不断强化,由此建立刺激和期待反应之间的稳固联结,这个稳固联结建立的过程就是幼儿学习产生的过程。例如,当幼儿学习投球的动作时,用力小投球距离短则球不会进入篮筐,用力大投球距离远则球会越过篮筐,在反复尝试过程中,幼儿动作正确,用力适当将球投入篮筐,由此习得了投球-适当用力的联结,即完成了投球进篮筐的学习。

联结主义注意到学习是学习者主动的操作性学习过程,经典学习理论中学习者是被动的学习刺激之间的关系。

(二) 幼儿学习的规律

幼儿学习的规律也遵循准备律、练习律和效果律。在学习开始时,幼儿是否具有学习的心理准备决定着幼儿对学习的满意程度和效果。准备律要求在幼儿学习之初要具备学习的心理准备,尤其是动机准备;练习律要求在幼儿习得行为之后要给予不断练习和强化;效果律要求幼儿的学习结果应该是令幼儿满意的。好的学习结果会强化幼儿的学习行为,促使幼儿更加努力学习。成功和奖励是幼儿学习积极性的源泉。

(三) 幼儿学习的过程

首先,幼儿的学习过程是一种盲目尝试错误的过程。其次,幼儿的学习过程是逐步选择行为的渐进过程。最后,幼儿的学习过程遵循一定的顺序。例如,某幼儿喜欢跳绳但却不知道如何去跳绳,他首先尝试着将跳绳拿在手中向前绕圈,脚同时向上跳,但要么跳得太早绳还没有绕到脚边,要么跳得太晚绳子已经到脚下而没能跳过去。这个过程就是幼儿盲目尝试的过程。通过反复尝试,幼儿偶然在一次刚好绳子绕到脚边的时候脚也向上跳而跳了过去,幼儿便选择重复当绳子快到脚边的时候再跳的行为,这就是逐步在错误行为中选择偶然正确行为的过程。在幼儿学跳绳的过程中还存在一定的顺序,如幼儿先是喜欢跳绳即有动机,后幼儿产生如何跳绳的疑问,决定尝试去跳,在不断尝试中偶然一次跳成功,选择成功跳

绳的动作并反复练习以强化和巩固,最后达到熟练。

三、联结主义学习理论与幼儿学习指导

(一)幼儿学习指导目标

桑代克的连接理论强调学习的实质是使某一刺激与某一特定反应之间按照一定的规律形成联结,并使其连接力量得以巩固的过程。学习就是要建立刺激与反应之间的固定连接,即幼儿的学习就是要建立起学习情境中的学习材料和条件等刺激物与幼儿对学习情境做出期望反应的连接,并在不断的强化练习中使建立连接恒定化。

由此可见,幼儿的学习指导具有三重目标:幼儿对学习刺激,包括学习动机、学习情境、学习材料等,反复尝试后做出正确的行为反应是幼儿教学的初级目标;幼儿通过练习强化和结果强化熟练掌握学习刺激与行为反应的连接是幼儿教学的中级目标;幼儿将已经固定化了的联结应用于相类似的学习情境中,顺利迁移则是幼儿教学的最高目标。

(二)幼儿学习指导过程

1. 预设有意义的情境

在桑代克的饿猫实验中,桑代克为了观察和研究饿猫的学习行为,预先为其提供了一个能够不断尝试的情境。在这个过程中,设有打开门闩装置的谜箱就是饿猫形成 S-R 学习连接的特定环境。只有事先设定好了问题的情境,学习者才有可能在此基础上通过试误获得学习结果。在幼儿教学中,我们也要强调教学情境预设的重要性。有意义的教学情境给幼儿提供了学习的可能性,并使幼儿在这种可能学习中逐步走向必然,完成正确的行为选择和学习的连接。幼儿特殊的年龄特征决定着其更容易在学习中受到周围环境的影响,因此,预设良好的学习情境是促进幼儿学习的重要途径之一。

2. 要按照一定的顺序进行

桑代克认为,学习是通过盲目的尝试与错误的渐进过程,这个过程虽然具有盲目性和随机性,但是也需要相关因素的满足,并按照一定的顺序进行。桑代克提出:学习过程是由动机、问题、试探、偶然成功、淘汰与选择、整合与协调这六个阶段先后构成的。相应地,幼儿教师要遵循幼儿学习的先后次序,按照一定的顺序组织教学活动。教学伊始,教师要激发幼儿的学习动机,为幼儿提供有障碍的问题情境。幼儿对问题充满好奇,具有解决问题的强烈欲望才会自愿地进行不断的尝试,在尝试过程中一定要让幼儿能够偶然成功。一旦问题得到解决,教师应采取多种手段,如反复练习来巩固幼儿学习的稳定性,强化幼儿学习的结果,最终在教学活动即将结束时使幼儿达到熟练掌握的程度。

3. 学习结果是通过幼儿不断尝试得到的

在饿猫试验中,打开门闩的装置是预设的,是为饿猫提供了一个可能且必然能完成的学习情境,因为在饿猫的不断尝试中,它最终一定会试探出这个装置的功能,从而建立学习。

在幼儿教学中,教师所预设的教育目标和内容应该适合幼儿的发展水平。幼儿在解决问题的多次尝试后最终可以做出成功的反应和行为,即教学结果是幼儿通过努力试误可以最终实现的。良好结果的出现才可以强化幼儿的学习行为。因此,教师在确定教学目标、选择教学内容时要把教学结果的必然实现性作为首要条件来分析,确保幼儿获得有价值的学习,避免幼儿的习得性无助。

(三) 幼儿学习指导方法

1. 准备法

桑代克的准备律指学习者在开始学习之前要有对学习的心理准备状态。根据准备律,幼儿教师在教学中要应用准备法,使幼儿在学习某具体知识和技能之前做好心理准备,尤其是学习动机准备。动机是学习者进入某项学习时的心理准备状态,它能激发学习者的学习兴趣、维持已有的学习活动、并使学习行为朝向一定的学习目标。因此,在教学伊始,教师要运用多种手段来激发幼儿的学习动机。幼儿的学习动机存在其独特的特点:内在动机以好奇与兴趣为主、外在动机逐渐增长并表现为渴望得到成人的肯定、鼓励和表扬。由此,教师可以在教学活动的开始阶段创设问题情境,设置悬念来引发幼儿的好奇心和求知欲或应用幼儿感兴趣的内容和形式引入教学内容,并在教学过程中给予幼儿充分恰当的肯定和鼓励。

2. 练习法

桑代克的练习律指学习要通过反复练习才能巩固连接,取得较好的效果。根据练习律,幼儿教师在教学中要应用练习法,使幼儿在学习新知识或新技能之后反复练习,以帮助幼儿巩固学到的新知识和新技能。运用练习法可以利用多种不同的形式来重复同一知识和技能,例如教师可以分别利用儿歌诵读法、游戏法和绘画法等来组织"我们是好朋友"的课程内容,使幼儿在反复活动中熟练掌握学习内容。当然,反复的次数和时间也是需要注意的。过多或过长的反复练习可能会增加幼儿学习的负担,打消幼儿学习的积极性。

3. 奖惩法

桑代克的效果律指学习最终出现满意的结果会增强学习行为的出现频率,而学习结果令学习者不满意则会消弱学习行为。学生学习取得成效,获得了满意的效果,就能促进其未来的学习;反之,则阻碍其未来的学习。根据效果律,幼儿教师在幼儿学习的过程中要给予相应反馈,运用适当的奖励和惩罚,强化幼儿的学习行为。运用奖惩法,教师应该明确奖励和惩罚都对幼儿学习有积极强化的作用,不论表扬或批评,只要运用得当,都能加强学习效果。在学习过程中使幼儿获得成功感也是一种有效的奖励方法。教育的本质就是帮助孩子成功,能力的转化是在成功的过程中实现的。让幼儿获得圆满的学习结果和成功体验正是桑代克学习效果律的最终体现。

(四)幼儿和教师的角色

1. 幼儿的角色

在桑代克预设的理想学习过程中,幼儿扮演着不同的角色。首先,幼儿是用动机推动行动的好奇者。动机是促进一个人进行学习的重要前提。在学习的最初阶段,幼儿扮演着好奇者的角色,用强烈的动机推动自己做出实际行动。只有幼儿对问题充满好奇心和求知欲才能真正扮演"我想知道,我就做!"的实际行动者。幼儿作为好奇者为其学习提供了一个良好的准备和开端。其次,幼儿是心存问题的不断尝试者。理想学习的中间阶段,幼儿从好奇者转变为具体行为者,不断尝试的结果就是越来越接近正确答案。最后,幼儿是最终成功体验的获得者。正确答案的最终出现是幼儿获得成功体验的重要时刻,在理想学习过程的最后阶段,幼儿可以充分体会到"我做成功了!"的喜悦。此时,幼儿已经建立起了学习的联结,达到了预设的成功目标。理想结果不仅可以满足幼儿的成就感,还可以增强幼儿的自信心,以强化下一次的"连接"。

2. 幼儿教师的角色

在桑代克预设的理想教学过程中,教师同样扮演着重要的角色。首先,教师是有意学习环境的预设者。教师是"桑代克实验谜箱"的设计者、提供者和安排者。在理想教学的最初阶段,教师要为幼儿提供学习的各种条件,有计划地设计学习情境,准备学习材料,做到"心中有数,一切尽在掌握之中"。其次,教师是观察者和适当引导者。幼儿在学习过程中,教师要做到"你做的时候,我看;你总是做不好,我就提示和指导你"。这在教学中十分重要,通过教师的观察和引导,幼儿能更快地进行学习,达到目标。最后,教师是提供激励者。在理想教学的最后阶段,幼儿的学习已经建立了应有的"连接"。为了加强连接,此时教师的教学强化是促进幼儿不断继续学习行为,巩固学习结果的有效手段。教师要利用"我有好东西给你,但你要先做好"的途径激发幼儿的学习动机和学习坚持性,以最终达到幼儿学习的最高目标。

表 1-1 理想教学过程中不同阶段师幼角色对比表

	最初阶段	中间阶段	最后阶段
幼儿角色	动机推动行动的好奇者	心存问题的不断尝试者	最终成功体验的获得者
教师角色	有意学习环境的预设者	观察者和适当引导者	提供激励者

第三节 操作条件学习理论与幼儿学习

一、斯金纳的操作条件学习理论

斯金纳(B. F. Skinner,1904—1990),美国著名的心理学家之一,新行为主义心理学的代表人物之一。斯金纳设计"斯金纳箱"并利用鸽子和老鼠进行实验,最终提出了操作性条件作用理论。这一理论被广泛应用于人的行为解释和控制。桑代克的研究为操作性条件作用理论奠定了基础,斯金纳在桑代克研究的基础上系统地发展了这一理论。操作性条件作用学习理论和程序教学思想对儿童教育有重要的启示和指导作用。

图1-4 斯金纳

斯金纳的经典实验是白鼠按压杠杆取食实验。具体内容为:斯金纳自行设计实验装置"斯金纳箱",箱内隔光、隔音,装有自动控制和记录的光、声系统并设有操纵杠杆,杠杆另一端与箱外提供食丸的装置相连。把一只饥饿的白鼠放于箱内,白鼠在箱内胡乱碰触,偶然按压操纵杆,提供食丸装置就会自动落下一颗食丸。白鼠经过多次尝试,便会不断按压操纵杆,直到吃饱为止。这时候,白鼠已经学会了按压操纵杆获取食物。在实验中,按压操纵杆变成了白鼠获取食物的手段或工具。斯金纳还对多只饥饿的鸽子做过类似的实验,鸽子在某些具体行为以及获取食物之间也建立了操作性条件作用。

通过实验,斯金纳提出了操作性条件作用理论。他认为行为有两种,即应答性行为和操作性行为。应答性行为是由已知刺激所引起,有机体对刺激做出被动反应;操作性行为是有机体的自发行为,这些行为得到强化而变成特定情境中随意的或有目的的操作。相对应,条件作用也有两类,即经典性条件作用和操作性条件作用。经典性条件作用是刺激-反应的联结,反应由刺激引起;操作性条件作用是操作-强化的过程,操作后的刺激就是对操作行为的强化。操作性条件作用有两个原则:一是任何反应如果紧跟强化刺激,这个反应就有重复出现的趋势;二是任何能够提高操作反应率的刺激都是强化刺激。

操作学习与反射学习是不同的,主要区别在于:

①过程不同。反射学习的过程是 S-R 的过程,操作学习是(S)-R-S 的过程,重点在最后的 S 上。

②性质不同。反射学习是通过外部刺激而获得的被动或本能的反应学习,操作学习是主动操作得到强化后的有目的反应学习。

③重点不同。反射学习强调最先的已知环境刺激,因为有了刺激有机体才会做出相应反应,操作性条件强调操作之后的刺激,因为操作后的刺激可以强化操作行为,增加操作反应率。(见表1-2)。

在幼儿园,教师进行常规训练通常会用到两种学习,如教师用弹钢琴的方法和幼儿在座位上坐好建立条件反射,每当幼儿听到教师弹起某一首曲子,幼儿就做出在座位上坐好的应答性反应;当幼儿做出合乎规范的行为时,教师给予微笑、赞许或物质奖励等强化刺激,强化幼儿的行为,使幼儿以后自觉做出教师认为正确的操作性反应。

表1-2 操作学习和反射学习的区别

	反射学习	操作学习
过程	S-R	R-S
性质	被动本能	主动操作
重点	反应前刺激	反应后刺激

斯金纳的强化理论是其学习理论中的重要组成部分。他认为行为的改变就在于得到了某种强化。强化是行为建立的关键,强化是增强某个反应发生概率的一种程序。当一个操作行为发生之后紧接着呈现一个强化刺激,则这个操作的强度或发生的概率就会增加。这里所增加的不是S-R的连接强度,而是使反应发生的一般倾向性的增强,即反应概率的增强。斯金纳指出在人的学习中,练习是重要的,但最关键的变量却是强化。

凡是能增强反应概率的刺激和事件都称为强化物。而在反应之后紧跟一个厌恶刺激导致反应概率下降的现象,可称之为惩罚。强化可分为正强化和负强化。正强化是通过呈现愉快刺激来增强反应概率;负强化是通过消除厌恶刺激来增强反应概率。惩罚则是通过呈现厌恶刺激或消除愉快刺激来降低反应概率。强化还可以分为一级强化和二级强化:一级强化(原始强化)满足有机体的基本生理需要;二级强化(继起强化)是中性刺激与一级强化反复联合后逐渐变成的强化物。普雷马克原理可以在应用强化时使用,即用高频活动作为低频活动的强化物,用孩子喜欢的事情去强化不喜欢的事情。

斯金纳提出了行为的塑造、消退、维持、分化和泛化等概念。

行为的塑造指通过小步反馈帮助学习者达到目标。教育就是塑造行为,通过连续接近的方法,对趋向所要塑造的行为方向不断给予强化,直到引出所需要的新行为。例如,训练孩子的站姿,不要当孩子出现标准的正确站姿时才给予强化,而是只要幼儿出现与正确站姿相似的行为就给予强化,直到孩子形成正确站姿,此时行为塑造便完成了。行为塑造技术包括连锁塑造和逆向连锁塑造。连锁塑造是将目标分成许多具体的小步子,当学习者每完成一步目标就予以强化的行为塑造过程;逆向连锁塑造是用"倒序"的方法教授复杂的知识技能,每一次练习学习者都可以看见总体目标,用填补总体目标缺漏的方式得以强化。

行为的消退指消除强化从而消除或降低某一行为。消除了对原有行为的强化,这一行为便会逐渐消失。例如,孩子的不礼貌行为出现之后教师的"冷处理"就是对孩子行为的一种消退。又如,教师对孩子的单独游戏不以强化而强化孩子的合作游戏,则单独游戏就会逐渐消退,合作游戏则会逐渐增多。

行为的维持就是行为的持续,一旦习得了某种行为,这一行为不需要特定强化就可以持续下去。如孩子喜欢读故事书,在不强化的时候,孩子读故事的学习行为还是会持续存在。

行为的分化是知觉刺激的差异并对这种差异作出反应,分化利用一些线索、信号或信息来提示学习者什么时候行为更容易得到强化,即在行为之前提供线索,暗示我们什么时候要改变行为、什么时候不改变行为。例如,在一位老师正忙的时候(干活忙为线索),孩子请求老师帮助的行为可能发生改变,而去求助另外一个不忙的老师。又如,孩子在学习"3"和"8"两个数的时候,要想分清楚两个数字,老师在学习之前提供"线索"是很有效的方法。

行为的泛化指将行为、技能、概念从一个情境移到另一个情境或任务中。两个情境相似则更容易发生泛化。然而,泛化在学习中并不能必然发生。例如,孩子在某一个句子中学到了一个词,而这个词是不是可以用到另一个类似的句子中,如果孩子做到了词语在不同句子中的转化便产生了行为泛化;如果没有做到,则泛化没有发生。其实行为的泛化就是看学习者能不能"触类旁通""举一反三"。

二、从操作条件学习理论分析幼儿学习

(一) 幼儿行为的获得和养成

斯金纳认为,幼儿学习的实质是建立操作性条件作用。幼儿是积极主动的学习者,通过自主操作、得到强化而获得行为。幼儿学习的目标和内容是明确的,但学习行为是通过一小步一小步的练习和强化最终获得的。斯金纳提出教学即行为的塑造,幼儿的学习就是要获得良好的学习行为。他还特别强调学习中行为的强化作用,通过强化理论原理来促进幼儿学习行为的养成。强化是行为塑造的关键,当幼儿获得所期望的行为反应时,是否进行强化可以影响幼儿期待行为的消退或维持,不同的强化方式可以影响幼儿学习行为的分化和泛化。

(二) 幼儿不良行为的矫正

幼儿行为获得是操作-强化的结果。充分和适当利用强化理论有助于培养和塑造幼儿的良好行为,而当幼儿出现不良行为时,强化理论同样有用武之地。幼儿的行为存在消退、维持、分化和泛化的特点。当幼儿习得了不良行为之后可以利用"冷处理",即不予强化来使

幼儿的不良行为消退。幼儿不良行为矫正的方法有很多,如代币奖励、行为塑造、全身放松、系统脱敏和厌恶制约等。例如,某幼儿经常向老师告状,而告状的理由和事件通常是微不足道的,教师每次对此幼儿的告状行为给予"冷处理",即不予理睬,经过一段时间之后,此幼儿的告状行为越来越少。又如,某幼儿有说谎的不良行为,教师为了矫正幼儿的说谎行为而建立了代币奖励。教师了解到这名幼儿非常喜欢贴图卡片,便用幼儿每次不说谎而获得一张小贴图,当累积不说谎10次就可以获得一张大贴图的方法来矫正幼儿的说谎行为。

 案例 1-2

> **自闭儿童行为矫正案例**
>
> 柔柔,某幼儿园小班自闭倾向女童。手眼协调能力差,不能独立吃饭、穿脱衣,对任何活动都不感兴趣,从不与人交流,入园以来至今未说一句话。其在园表现:活动时间,孩子们拿着玩具玩,柔柔一直蹲在角落里默默看着;吃点心时,没等老师把饼干递到手里,柔柔就吃起来。当老师将牛奶递给柔柔,她却激动地趴在桌上,将头埋进臂弯里不说话,直到老师把牛奶拿走。原来柔柔不喜欢喝牛奶。据此,教师决定采用强化治疗方法予以矫正。
>
> 矫正过程:第一阶段(矫正的第一个月),鼓励柔柔来园,她来园时老师主动迎接、打招呼和拥抱;每天与她聊天,一同玩她喜欢的玩具;严厉制止其怪叫行为或不予理睬,当她停止怪叫时予以正强化刺激,如精神上的(拥抱、抚摸、鼓励、表扬)以及物质上的(玩具、糖果等)。第二阶段(矫正的第二个月),练习简单的自理行为能力,如搬椅子、拿玩具等;当柔柔出现良性行为,如尝试搬椅子、玩玩具、吃点心时教师及时进行正强化刺激。第三阶段(矫正的第三个月),继续上述矫正外,鼓励柔柔开口说话并尝试进行简单的活动,如穿珠子、律动;当她取得一定的成功时,教师再次使用强化物。第四阶段(矫正的第四个月),除继续上述矫正外,尝试与他人交换玩具;鼓励其他幼儿和她进行适当的交流和交换玩具;当柔柔愿意进行交换时,教师予以及时的肯定。
>
> 矫正结果:近一个学期的强化矫正,柔柔有了明显的进步。她已经能自己搬动小椅子去想去的地方,会跟老师和小朋友一起玩喜欢的玩具,能和朋友交换玩具,怪叫声越来越少,喜欢来幼儿园,不再着急想回家。①

以上案例正是斯金纳强化理论的成功运用。

(三)幼儿学习可以小步完成

斯金纳的程序教学是为学习者设置了小步子目标并积极强化而完成的。斯金纳认为学习的内容可以划分成具体的小步子,幼儿的学习就是在完成这些小步子目标的过程中实现的。行为的学习是一个复杂、综合的过程,幼儿不能短时间内全部学会。每一复杂的学习行为都存在着一系列的简单因素。将复杂的行为按这些简单因素具体划分成许多的小步目标

---

① 林巧珍,等.运用集体游戏对缺乏社会交往技能儿童进行心理辅导的研究[EB/OL]http:www.docin.com/p-13641128.html&isPay=1,2016/5/27

有利于幼儿逐渐习得行为,即将总目标规定的复杂行为过程,分解成多个步骤和目标,每完成一个步骤或一个小目标就给予及时的强化,之后再进行下一个步骤和下一个小目标,由此达到有效控制和改变行为。

三、操作条件学习理论与幼儿学习指导

(一)幼儿学习指导目标

1. 目标必须明确提出

斯金纳认为幼儿的学习是建立操作性条件作用,在此过程中,设立适宜的目标是非常必要的。恰当的目标不仅可以激发幼儿学习的热情,明确幼儿学习的方向,还可以引发幼儿期待的学习行为最终出现。所以,斯金纳指出,幼儿的教学目标必须提前制定,而且越具体越好。

2. 目标指向幼儿正确的行为

斯金纳认为教学是塑造幼儿的行为,我们所做的任何教学活动都应该立足于培养幼儿的良好学习习惯。教学目标不仅要明确提出,而且要提出所期望的幼儿目标行为,这一行为即是幼儿在操作活动中选择保留和给予强化的行为。

3. 目标要适切

教学目标要与幼儿的发展水平相适宜,是幼儿感兴趣、能主动去进行操作,并能做到的行为。这是教学目标是否能够达成的必然条件。

(二)幼儿学习指导过程

1. 首先是一种操作的过程

操作性条件作用强调(S)-R-S的学习过程。"R"操作行为的出现是教学的一个关键环节。幼儿置身于教学环境中,要有主动探究的欲望才可能做出"R"的行为。教师要充分调动幼儿的主动性,为幼儿提供充分自由的探究机会,使其积极做出操作反应而获得学习。

2. 按小步程序进行

幼儿的学习是循序渐进的过程。教学中,总目标不能立刻达成,而是需要分解成许多小目标来一步一步达成。运用程序教学法更能体会小步骤教学的有效性。

3. 给予幼儿操作反应的积极反馈

在R-S的过程中,"R"的加强和巩固需要"S"的不断刺激和强化。所以,在教学活动中,幼儿每完成一个小步骤或一个小目标就应该给予积极反馈和及时强化。强化了前面的学习行为和目标之后,再继续进行下一个学习行为和目标。

4. 注意个体差异

斯金纳的程序教学强调学生自定步调进行学习,这就要求教师在教学过程中不应该整齐划一地教育幼儿,而是应该在了解幼儿的基础上讲究因材施教,针对不同学习进度的幼儿给予不同程度的强化和教学,使每个孩子都能够按照自己的步调安排学习。

(三)幼儿和教师角色

1. 幼儿角色

首先,幼儿是自由探索的操作者。幼儿学习不应该是被动的、消极的,而应该是积极的、主动的。幼儿不受活动的限制,拥有探究的"自由",在自由活动中进行有目的的操作行为。其次,幼儿是行为后果的惊叹者。当幼儿的某一操作行为达到了目标,伴随其操作行为之后便是一个尚未意识到的强化,幼儿为自己的行为而惊叹。如某幼儿自觉发起探究行为而受到老师的表扬,老师的表扬则是幼儿行为前未能知晓的强化。再次,幼儿是被强化后的重复行为者。R-S过程中,由于"S"的出现"R"得到了强化,则"R"的重复率会增高。幼儿的某操作行为得到了教师的物质或精神奖励(即强化),幼儿的此操作行为因为得到加强而重复出现。最后,幼儿是正确行为的最终获得者。幼儿经过了一系列的自主探究、达成目标后受到强化等,最终习得了正确的期待行为。幼儿是最终学习行为的获得者,由此达到了教学的最终目标。

2. 教师角色

首先,教师是主动学习氛围的设计者。要想使幼儿自由的探索,教师就要预设自由的学习环境和氛围。明确制定幼儿的行为目标有助于引发幼儿探究的动机和知晓行为的方向而使幼儿做出积极主动的操作动作。其次,教师是积极评价的鼓励者。幼儿每向目标靠近一步,教师就应该给予积极的反馈和评价,让幼儿学习的结果能够促进幼儿的学习行为。当幼儿在接近目标的过程中遇到障碍而表现出退缩时,教师应该鼓励幼儿,让幼儿有信心和勇气去继续探究和反应。再次,教师是运用多种强化的促进者。强化理论的原理为教师有效运用强化奠定了基础。教师可以因人而异选择积极强化或消极强化来促进幼儿行为的获得,也可以运用一级强化和二级强化的关联进行强化,或根据时间不同来进行连续强化和间隔强化。教师还可以运用普雷马克原理[①],用高频行为强化低频行为。最后,教师是幼儿行为塑造的控制者。教师的评价和强化的方向影响着幼儿会习得哪种行为。

(四)幼儿学习中的强化原则

1. 及时强化原则

此原则要求教师在幼儿行为反应之后给予及时的反馈以提高幼儿对强化行为的清晰认识。强化及时、具体,才能使幼儿通过强化增强行为反应,获得期待行为。

2. 一致强化原则

此原则要求班里的几位教师要给予幼儿一致的强化,教师和家长要给予幼儿一致的强化。不一致的强化会使幼儿无所适从,分不清是否该继续行为还是该减少行为。

3. 强化有效原则

此原则要求教师强化要讲究方式方法、注重强化的效果。教师应对幼儿的正确行为给

---

① [美]B.R. 赫根汉,马修·奥尔森著,崔光辉等译. 学习理论导论(第7版)[M]. 上海:上海教育出版社,2011(1):91.

予适当的强化,使强化能积极影响幼儿的行为反应。过度的消极强化可能造成幼儿的消极心理和退缩行为,而过度的积极强化可能会助长幼儿骄傲自满的情绪。

(五) 教师评价

1. 教师评价是幼儿行为获得的重要促动因素

在幼儿的行为反应后,教师应该告知其行为反应的结果并对幼儿的行为反应做出客观积极的评价。行为反应的后果和教师的评价是幼儿最终获得行为的促进因素,可以促进幼儿更乐于做出操作行为和重复强化行为的努力。

2. 幼儿小小的成功也应该得到教师的积极评价

斯金纳程序教学法中设计小步子目标并给予积极强化的观点充分说明了幼儿教师应该如何对待幼儿成功,即当幼儿获得小小的成功之时教师就应该给予积极的强化,由小积大。小小成功的强化是日后获得较大成功的基础和促进力量。幼儿在一步步成功得到强化的同时会"升级"到下一个成功。

3. 教师评价要恰到好处

不同的评价也会因时、因地、因人、因事而发挥不同的效能。教师对幼儿的评价过度则引起负面影响,不足则起不到应有作用。由此,教师的评价要讲究"度"的把握,做到恰到好处。

4. 教师评价要讲究多种形式

在教学中,教师可以运用多种强化形式来帮助幼儿习得行为。常用的有奖励和表扬,这些奖励可以是口头的或书面的,可以是物质的或精神的,也可以是连续的或间隔的。教师在评价幼儿行为时应运用多种形式强化,其效果会更明显。

第四节 社会学习理论与幼儿学习

一、班杜拉的社会学习理论

班杜拉(Albert Bandura,1925—),美国心理学家,社会学习理论的创始人。班杜拉通过实验提出了一套广为接受的模仿理论,即社会学习理论。班杜拉在心理学界的影响和贡献使他于1974年当选为美国心理学会主席。1977年他发表的《社会学习理论》一书标志着社会学习理论的诞生。1980年获美国心理学会颁发的杰出科学贡献奖。

(一) 班杜拉的经典实验——幼儿观察实验

具体实验为:先让幼儿观察成人对一个充气娃娃拳打脚踢,然后把幼儿带到放有充气娃娃的实验室,让其自由活动,观察他们的行为。结果幼儿在实验室里对充气娃娃也会拳打脚踢。

图 1-5 班杜拉

后来班杜拉扩展了他的实验,把幼儿分为三组,让三组幼儿观看电影中成人的攻击性行为后所得到的不同结果。第一组幼儿看到成人被表扬,第二组看到成人被批评,第三组既不表扬也不批评。然后三组幼儿分别进到放有成人攻击对象的实验室。结果发现,榜样受奖组幼儿的攻击性行为最多,受罚组最少,控制组居中。可见,幼儿可通过观察成人榜样的行为而习得新行为。榜样行为的后果是影响幼儿是否模仿行为的决定因素。

通过实验,班杜拉提出了三元交互决定论,他认为个体、环境和行为三者是相互影响的。他不仅关注了环境与行为的作用,而且比行为主义心理学家更强调个体内部认知的作用。

通过对幼儿的实验,班杜拉得出幼儿可通过观察成人榜样的行为而习得新行为,榜样行为的后果是影响幼儿是否自发模仿这种行为的重要因素。班杜拉认为人的学习不仅是外部行为的观察过程,而且是内部认知的过程。学习是内外因素共同作用的结果。人类学习社会行为的主要途径是观察,通过观察人可以学习到很多间接经验和行为。

(二) 将学习分为参与性学习和替代性学习两种

参与性学习是通过亲身参与和体验行为的后果而进行的学习,行为的后果是继续学习行为的强化,获得满意结果的行为被保留和增强,获得不满意结果的行为被舍弃和消弱。例如,幼儿在摆弄积木时,将小块积木放在大块积木上的行为可以使幼儿垒得更高更坚固,相反则不容易"盖成高楼",在亲自垒积木过程中幼儿学习到了有效垒高的办法,并保留和强化,最终学会塔式结构的垒法。

替代性学习是通过观察别人的学习行为而获得的学习。人的学习大多属于替代性学习,它使学习者不必亲身感受,而是通过观看或聆听榜样行为,间接获得行为经验的学习。例如,幼儿通过观察家长和教师的言行而获得相关行为,如果家长和教师待人真诚、乐于助人、拾金不昧、谦逊礼貌,则幼儿通过观察会学习这些好的行为;如果家长和教师为人狭隘、待人粗鲁、自私自立,则幼儿通过观察也可能会学到这些不好行为。由此,家长和教师应该为幼儿树立好的行为榜样,使幼儿观察到好的行为,习得好的行为。

观察学习包括四个学习过程,即注意过程、保持过程、复制过程和动机过程。注意过程是学习者发生注意和知觉到榜样情境各个方面的过程,这要求榜样是优秀的、显著的、有感染性的,而学习者对榜样要表现出注意的倾向或兴趣。保持过程是学习者在大脑中记住其所观察到的榜样行为,存储感觉表象并用言语编码记忆的过程。复制过程是学习者表现榜样行为,即将大脑存储的符号表征转换成适当行为的过程。在此过程中,学习者要选择和组织反应要素,并在信息反馈的基础上精炼自己的反应,即自我观察和矫正反馈。最后,动机过程是学习者因为表现所观察到的行为而受到激励的过程,学习者在表现行为之后受到强化而增强了学习者学习行为的动机。

(三) 替代性强化和自我强化的概念

替代性强化指观察者因看到榜样受强化而受到强化。例如,某一幼儿的主动合作行为受到了教师的表扬,则班里其他看到此行为-强化过程的幼儿也会更多地表现出主动合作行为。自我强化指学习者在行为表现符合甚至超过某一行为标准时对自己的一种自我奖励。例如,幼儿会以家长或教师眼中"好孩子"的标准来评价自己的行为,当自己的行为得到师长的认可和称赞时便会自我奖励,自己夸奖自己"我是一个好孩子"。相反,行为不被认可甚至遭到批评时,幼儿则可能会自我批评"我做错了,我要改正错误。"

班杜拉还提出了自我效能感的概念,认为个体对面临事件的自我信念影响其学习效果。个体的自我效能感来源于两个方面:一是自己在某一领域所取得的成就,成就的高低影响其从事相关活动的积极性;二是对他人活动效能的观察。通过观察与自己相似的人的行为及其结果,估计自己的行为结果,而后决定自己的学习行为。

二、从社会学习理论分析幼儿学习

(一) 幼儿的学习是多重因素交互作用的结果

班杜拉认为个体行为、外部环境和个体内部因素三者是相互影响的,提出了个体行为——外部环境——内部因素彼此作用的"三元交互决定论"。可见,幼儿的学习行为是其与外部环境影响和幼儿内部因素交互决定而最终产生的。首先,幼儿的学习行为和外部环境相互决定。环境作为刺激决定着幼儿学习行为的反应方向,而幼儿的学习行为也可以改变环境中的诸多因素。其次,幼儿的学习行为和幼儿内部因素相互决定。幼儿对行为的认知和期待情感决定着幼儿是否会为学习行为的最终出现而做出努力,幼儿学习行为的获得和结果又可以决定其对学习的认知和期待情感。最后,外部环境和幼儿的内部因素相互决定。环境影响着幼儿对自我的认知和评价,而不同的幼儿对环境所做出的反应也是不同的。综上,幼儿的学习不是一元单向的过程,而是三种因素交互决定的多向过程。

(二) 幼儿学习有多种途径

幼儿学习的途径主要有直接和间接两种。例如,幼儿通过操作而建立条件作用就是通过直接参与获得的学习。幼儿通过观察和模仿而习得社会行为的学习即是通过间接途径获得的学习。班杜拉指出人类的很多学习都不能通过直接学习获得,而是通过间接学习获得。比如,幼儿通过观察和模仿而学习到如何友好地对待同伴、如何尊敬老师等。幼儿的间接学习是通过观察和模仿榜样所表现的行为及其结果而发生的。幼儿观察到榜样的行为结果则根据行为结果选择模仿榜样行为而获得学习。

(三) 幼儿学习是一个有顺序的过程

幼儿的观察学习也一样包括注意、保持、复制、动机四个子过程。注意过程是幼儿集中注意学习对象的过程;保持过程是幼儿记住观察到的榜样行为过程;复制过程是幼儿将记住的榜样行为付诸实践,尝试错误的过程;动机过程是幼儿因表现榜样行为而受激励的过程。

三、社会学习理论与幼儿学习指导

(一)幼儿学习指导目标

在幼儿整个观察学习过程中,幼儿教师要明确三级教学目标:一级目标即幼儿通过观察和模仿习得行为。在教学的初级阶段,教师呈现榜样示范,使幼儿通过注意、观察和模仿而习得榜样行为。二级目标即幼儿通过结果强化行为反应。在幼儿完成行为目标之后,教师设置榜样行为的结果,使幼儿得到替代性强化,做出是否学习榜样行为的反应选择。三级目标即幼儿获得行为的价值选择、复制和巩固。在幼儿受替代性强化之后,教师设置类似情境使幼儿在实践活动中再现已选择的榜样行为并达到熟练巩固的效果。

(二)幼儿学习指导方法

1. 环境陶冶法

班杜拉认为,外部环境是决定幼儿获得行为的重要决定因素。环境陶冶法就是利用良好的自然环境、社会环境和学习环境促进幼儿学习的方法。优美的自然环境可以陶冶幼儿良好的心境和行为。为幼儿创设良好的家庭环境、幼儿园环境和社会环境也有助于环境优势对幼儿社会行为的学习和养成。例如,在幼儿园中营造一种宽松、自由、友爱的环境更有利于幼儿社会行为的习得和表现,相反,压抑、约束的环境不利于幼儿的学习,还可能对幼儿造成很多负面影响。

2. 榜样示范法

观察学习强调榜样的作用。幼儿爱模仿的天性也决定着幼儿身边的任何人都可能会成为幼儿观察、模仿和学习的对象。榜样示范法即是通过榜样的力量促进幼儿的学习。应用此法要注意:

首先,教师和家长要自觉树立榜样形象。幼儿最早和最多接触的就是老师和家长,他们会不自觉地模仿师长的言行举止,所以,教师和家长一定要注意自己的言行举止,起到表率作用。其次,为幼儿精选优秀榜样,去除不良榜样。幼儿身边的人都可能会成为幼儿观察和模仿的榜样。由此,教师要注意分辨榜样的合理性,为幼儿精选优秀的榜样,让幼儿远离那些具有不良行为的人。再次,可以利用同伴榜样激发幼儿的学习。教师通过奖励某一幼儿而使其他幼儿得到替代性强化,以此激发幼儿向同伴学习的动机和行为。最后,教师还可以利用电视电影、文学等形式为幼儿提供优秀榜样,促进幼儿有效学习和良好行为的养成。

3. 价值澄清法

价值澄清法指幼儿通过调节内部认知和愿望,对榜样行为做出价值选择而促进幼儿学习。幼儿对榜样行为的认知是影响其学习行为的重要因素之一,幼儿对榜样行为的期待情感亦是促进其习得榜样行为的因素之一。此方法重视利用幼儿的内部因素对幼儿学习的决定作用。例如,教师可以让幼儿讨论其对"表示友好行为"的认知和价值,有的幼儿对微笑、拉手等行为表示肯定,而对一些虽然代表友好但看似不友好的行为如拉衣服、拉头发、摸脸等表示否定。通过讨论及价值澄清,幼儿更倾向于选择微笑、拉手等行为的学习和表现。

4. 信心促进法

班杜拉曾提出了自我效能的概念,自我效能即幼儿对其是否能成功完成某件事情的信念。自我效能高的幼儿一般相信自己可以胜任某事,具有良好的自信,相反,自我效能低的幼儿一般对自己能否胜任某事而表示怀疑,缺乏自信。信心促进法就是通过培养幼儿的自信心,提高幼儿对学习的自我效能感,促进幼儿学习的方法。

思考与练习

1. 简要回答经典条件作用理论的基本观点及对幼儿教育教学的启示?
2. 桑代克连接理论对幼儿教育教学的启示有哪些?
3. 斯金纳的操作性条件作用理论的主要观点有哪些?请你谈一谈此理论中蕴含的幼儿学习特点及教学启示。
4. 班杜拉的社会学习理论观点有哪些?班杜拉的社会学习理论对幼儿的学习和教学有什么启示?
5. 思考如何应用行为主义理论观点进行幼儿教育的实际操作?

第二章 认知主义学习理论与幼儿学习

学习目标

1. 理解完形顿悟学习理论下的幼儿学习。
2. 能联系实际思考在完形顿悟理论下的幼儿学习指导。
3. 掌握符号学习理论下的幼儿学习的基本特点。
4. 理解符号学习理论下的教师对幼儿学习的指导。
5. 了解认知发现学习理论下的幼儿学习心理。
6. 理解认知发现学习理论下的幼儿教师角色。
7. 能联系幼儿学习实际理解认知同化理论下幼儿教师的作用。

关键词

◆ 完形顿悟学习理论　◆ 符号学习理论　◆ 认知发现理论　◆ 认知同化理论
◆ 幼儿学习

幼儿学习案例

案例2-1

> **问题情境教学**
>
> 教师通过讲故事设置有趣的情境来引起幼儿的注意和兴趣。"有一天,老鼠妈妈准备了一块奶酪,吩咐小老鼠波波带上奶酪去探望住在很远地方的奶奶……",这样的故事情境的引入很容易吸引幼儿的注意力,引起幼儿的兴趣。此时,教师预设问题,将问题呈现给幼儿:"小老鼠翻过了一座又一座山,这时候一条大河挡住了小老鼠的去路。小老鼠从来没见过这么宽的河,河边没有渡船,只有一片西瓜园。波波急坏了:'这可怎么办呢?'。小朋友们,你们有没有好的办法帮助小老鼠波波顺利过河呢?"通过故事情节的展开,小老鼠探亲的情境引起了幼儿的兴趣,并在兴趣正浓时,教师将问题抛出。这样幼儿更愿意为帮助小老鼠过河而开动脑筋去思考解决问题的办法。

上述案例中教师运用问题情境方法指导幼儿学习,通过在故事中设置问题情境,引发幼儿的思考,此方法与外在行为的训练的不同之处在于其更具有故事性和情境性,寓教于乐,更符合幼儿学习特点。

20世纪60年代中期,认知主义学习理论在认知科学理论的基础上逐渐发展起来,成为现代心理学三大理论流派之一——认知心理学的重要组成部分。与行为主义不同,认知主义学习理论认为学习不是刺激和反应之间的联结,而是学习者内在的心理学习过程。

认知主义认为幼儿是主动的学习者,他们的学习是通过参与学习活动,从而逐步在头脑中形成对学习客体的整体了解和认知,最后在头脑中形成自己的"认知地图"的过程。本章试图通过对认知主义学习理论的系统论述,分析幼儿学习过程的内在因子,探究幼儿学习的特点和规律。

第一节 完形顿悟学习理论与幼儿学习

一、科勒的完形顿悟说

科勒(Wolfgang köhlerl(1887—1967))是德国心理学家,格式塔心理学的创始人之一。1913年,他在特纳利夫岛专门进行了一系列实验,研究了黑猩猩的学习问题并得出学习的顿悟理论。1922年,他担任柏林大学心理学研究所主任,成为格式塔心理学的主要发言人,1956年获美国心理学会杰出科学贡献奖,1959年当选为美国心理学会主席。其主要著作有:《价值在事实世界中的地位》《心理学中的动力学》《格式塔心理学》《格式塔心理学的任务》等。

图2-1 科勒

科勒的理论观点主要通过其经典实验得出。1913年至1917年,科勒用黑猩猩做被试进行了一系列实验。如黑猩猩接棒取香蕉实验,具体实验内容是:在黑猩猩的笼外放有香蕉,笼内放有两根竹棒,竹棒长度均够不到笼外的香蕉。黑猩猩常将竹棒扔向香蕉,但都无济于事。经过长期玩耍竹棒,黑猩猩似乎"顿悟"出了竹棒的用途,竹棒可以作为延长手臂的工具来辅助目标的实现。一只黑猩猩在思考一段时间之后,便突然将两根棒子连接起来,这只黑猩猩用连起来的两根竹棒顺利够到了香蕉。黑猩猩"顿悟"出连接竹棒和远处香蕉的关系,从而获得了解决问题的办法。当这一情境或类似情境再次出现时,黑猩猩不再盲目尝试而是直接应用已经"顿悟出的经验"来解决问题。它一次又一次地将两根竹棒相接以够到香蕉。通过黑猩猩实验,科勒提出了完形顿悟说。顿悟过程之所以能解决问题,在于个体能在新情境中发现新的格式塔。① 科勒认为环境是一个变化的"形",有机体头脑中也存在与环境相应的"形",两个"形"

---

① 高觉敷,叶浩生.西方教育心理学发展史[M].福州:福建教育出版社,2005:201.

相同则有机体与环境保持相对平衡。当环境发生了变化,即环境的"形"改变了,有机体头脑中的"形"便与环境的"形"失去了平衡,产生了缺口。在此情况下,为了达到新的平衡,有机体就要重新组织头脑中的"形"并产生"新的形",即得到新的经验以与环境达到平衡。有机体组织新的完形的过程就是学习的过程。

科勒认为完形即整体,有机体往往知觉到整体的东西而不是零散的东西,并构建一个适宜的认知整体去适应环境的变化。格式塔理论提出知觉到的东西远大于眼睛所看到的东西,各部分相联系构成的整体远大于各部分相加的总和。

此外,他还指出有机体在遇到困难的时候,通过审视困难情境中已有条件的相关关系,思考解决问题的可能办法,会突然间产生领悟,领悟出工具的作用(即在实验中连接竹棒和叠高箱子),从而解决了困难和问题。而当类似情境出现时,顿悟的经验便可以应用于解决问题。

因此,科勒认为学习过程不是盲目尝试错误的渐进过程,而是有机体通过知觉环境而突然顿悟的过程。什么是顿悟呢?顿悟就是有机体领悟到自己的行为与情境,特别是和困难情境中要达到的目标的相关关系,可以通过有机体重新组织和构建头脑中的相应完形而"突然"实现。有机体顿悟的产生主要在于困难情境(环境)的整体性、结构性和有机体大脑认知完形的组织性、重建性。

科勒强调学习是通过顿悟在有机体内部构建完形实现的。学习是通过主动积极地分析和了解环境失衡(短竹棒够不到香蕉),继而进行认知重组(连接竹棒够香蕉),获得了新经验。任何学习都是靠完形的成功构建而获得的,其本质就是头脑中新完形的建立。

二、从完形顿悟学习理论分析幼儿学习

(一)幼儿学习的实质

完形顿悟学习理论强调在人类的学习活动中,心理顿悟的存在是人类学习必不可少的一步。众所周知,幼儿的学习是建立在认知基础上的学习,在学习过程中顿悟现象也时有发生。随幼儿年龄的增长和学习经验的积累,顿悟学习在其学习活动中变得更为常见。

好玩、好动、好奇心强是幼儿典型的特点,这一时期幼儿的学习也更多是在探索中实现的,幼儿在不同的环境和对问题进行思考的过程中,在头脑中形成了针对不同情境和问题的完形。可以说,这一时期幼儿的诸多自我探索学习都证明了科勒及其完形顿悟说的正确性。例如,幼儿将心爱的玩具掉在柜子下面的空隙里,为拿回玩具幼儿低下身用手去够柜子下的玩具,但手臂太短够不到。这时候,幼儿不再做无奈的尝试,而是观察周围的环境。幼儿看到了门后的一根晾衣杆,并迅速拿过晾衣杆来够玩具。幼儿知觉环境得到了环境中事物的相关关系,即晾衣杆的长度和够到玩具的距离之间的关系,便突然顿悟出用晾衣杆将玩具够出的办法。此后,幼儿建立了新的完形,即用晾衣杆够到了玩具,从而获得了新的经验。

（二）幼儿学习的影响因素

探讨幼儿的学习不仅需要明晰幼儿学习的发生机制，还需要认识到幼儿学习的影响因素，这对于更好地参与幼儿学习具有非常重要的意义。完形顿悟说认为影响幼儿学习的因素包括地理环境、行为环境、认知完形。地理环境即现实中的客观物质环境。行为环境是幼儿所知觉到的外部环境印象。它与地理环境不同之处在于，行为环境是在幼儿知觉心理的作用下，幼儿在头脑中产生的对客观物质环境"变形"的综合体。认知完形是幼儿头脑中的"形"，是幼儿已经具备的相关知识经验。幼儿的学习会受到具体问题情境、幼儿对问题情境的知觉以及幼儿头脑中已有经验的影响。具体问题情境为幼儿学习的开启提供了客观条件，没有问题情境，幼儿的学习就没有指向性。幼儿对问题情境的知觉影响着幼儿学习的类型和效果，决定着幼儿能否知觉情境中的相关关系。幼儿头脑中的认知完形促使幼儿对问题的思索，促使顿悟的出现和学习的最后获得。由此可见，地理环境、行为环境和认知完形是幼儿发生学习的必备条件。

（三）幼儿学习的规律

幼儿学习的规律是幼儿学习的重要组成部分，也是研究幼儿学习的重要目的。准确把握幼儿的学习规律，对于幼儿教育相关者（包括幼儿教育专家、幼儿教师、幼儿家长及其他相关人员）具有特殊的意义，一方面能提高教育实践的实效性，另一方面还有助于正确认识和评价幼儿的学习。根据格式塔学派的学习理论，幼儿知觉事物和成人一样遵循一定的规律，例如，接近律、相似律、闭合律、连续律。接近律指幼儿常会把接近的东西看成是一个整体。例如，当一双眼睛、一个鼻子和一张嘴的图片按人脸结构摆在一起时，虽然没有脸部的外部轮廓，幼儿也会把它们知觉为一张人脸而不是各自的部分。相似律指幼儿会把相似的东西看成一排。例如，幼儿园操场上的多个类似的小脚印就是完整的一排。闭合律指幼儿常会将开放的图形当成是闭合的图形。如，幼儿会把半开的圆形知觉为整个封闭的圆形。连续律指幼儿习惯将图形看成是连续性的。例如，幼儿的连环画读物虽然是由一个个独立的图画组成，但幼儿还是把它看作是一个连续性的故事。

案例 2-2

按群计数中的"接近律"

在一次中班的数学教学活动中，教师在幼儿已经掌握10以内逐一计数的基础上，设计了10以内按群计数的教学活动。教师分别将10颗鸡蛋、10个苹果和10捆面条放在3张桌子上，然后分发给每一个幼儿1张记录表，要求幼儿数清楚桌子上的鸡蛋、苹果、面条分别有多少份。由于之前幼儿已经很好地掌握了逐一计数的方法，因此，小家伙们很顺利地完成了任务，然后迫不及待地告诉老师："10，都是10。""都是10份吗？"老师假装疑惑地看着每一个孩子。"是的，我都数了两遍了。"一旁的乐乐肯定地告诉老师，其他小朋友也都点头表示赞同。"小朋友们都很棒,你们数得很对。那么谁能告诉老师你是怎么数的?"每一个孩子都踊跃地举起小手,教师随机选了几个孩子做了示范,结果发现孩子们都是用逐一计数的方法得出的结果。于是,老师打开了教学白板,"我们一起来看,这是什么?"教学白板上,错落有致地呈现出10个苹果图案见(图2-1)。"苹果",孩子们异口同声地回答,"那现在老师想让你们用和刚才不同的方法来数一下总共有几个苹果?"和往常不太一样,没有一个人举手,而是都盯着这一组摆放有些"奇特"的苹果,似乎在思考着什么。过一会,豆豆自言自语地说:"可以两个两个一起数的。"老师很敏锐地观察到了这一点:"豆豆,你来试试"。"我觉得可以两个两个一起数,因为图片上苹果是两个两个连在一起的。""好呀,那你试着数数。"教师用期待的眼神看着豆豆,"2,4,6,额……8,10"。尽管有一些吃力,但是豆豆还是成功地数出了白板上的苹果,而且速度似乎比一开始一个一个数快多了。"豆豆数得对不对呀?哪个小朋友愿意来再数一遍,看看到底是多少个苹果?"在教师的鼓励下和图片中苹果按照不同群组摆放的引导下,孩子们很快学会了以两个为一组数数的方法。(杨大伟,2014)

图2-2 苹果图片

在上述数学教学活动中,教师很好地遵循了幼儿认知的规律之———接近律。教师利用这一认知规律为幼儿学习10以内的按群计数提供帮助,减少了幼儿从逐一计数过渡到按群计数学习过程中的障碍,提高了整个教学活动的质量和有效性。因此,幼儿教师、家长及其他幼儿教育工作者应在掌握幼儿学习规律的基础上,巧妙地利用学习规律促进幼儿的认知发展和经验积累。

三、完形顿悟学习理论与幼儿学习指导

(一)明确教学目标和认识幼儿的学习过程

幼儿的学习是通过对问题情境的整体知觉,顿悟出事物的相关关系,构建认知完形完成的。所以,在幼儿的教学中,教师要提出明确的问题,创设适宜的情境,组织事物的关系,指导幼儿形成新的完形。在教学中要达到的目标包括:

1. 帮助幼儿认识到情境中的问题和事物,获得对已知条件和问题的认知

对情境中问题和事物的认知,是幼儿进行学习的前提和基础。幼儿的学习需要一定的学习条件和学习动力,而对已知条件和问题的认知能为幼儿的学习提供学习所必须的条件和动力。例如,幼儿在科学活动之沉浮的学习中,要使幼儿认知所要面临和解决的问题:"怎样才能使沉到水底的物体浮在水面上?"已知条件包括可浮在水面的纸张、木板等,会沉到水底的石头和铁块等。

2. 引导幼儿思考问题和已知条件,顿悟已知条件和问题的关系

在了解情境或问题的基础上,利用已有经验将面临的问题与情境条件相联系是学习发生的关键。幼儿的学习通常也是如此,将已有条件进行分析和处理后运用于所需要解决的问题。例如,幼儿面对沉变浮的问题和沉浮不同的物体,顿悟出将小块会沉的物体放在大块的会浮的物体上,可能会使沉的物体不再沉下去。

3. 鼓励幼儿改变认知完形,获得新经验

新的问题和情境为幼儿学习的发生提供激发机制,同时成功的顿悟也会改变幼儿头脑中已有的完形,从而形成新的经验积累,在头脑中构筑出新的完形。例如,幼儿要改变原先沉浮物体的认知并建立新的完形,即将会浮的物体(木板)承载会沉的物体(小石头),从而获得了新经验。

4. 使幼儿在类似情景出现时,能将新经验迁移应用

幼儿在顿悟学习中获得的新经验,将会以迁移的方式应用于类似情景,从而不断巩固和丰富幼儿的学习经验。例如,给幼儿一块塑料板,让其想办法解决如何使装满沙土的小瓶子不沉到水底。幼儿可以根据先前的经验,将装沙土的小瓶子放在大塑料板上来解决问题。

(二)采用多种学习指导方法

1. 问题情境法

问题情境法指教师在进行教学时为幼儿预设带有问题的情境,运用情境使幼儿明确所要解决的问题,促使幼儿思索学习的方法。由于幼儿认知发展所处阶段的特殊性,具体并能吸引幼儿的问题情境往往能够更好地激发幼儿的学习兴趣,保证其精力和注意力的相对集中,有利于幼儿取得较好的学习效果。

案例 2-3

问题情境中的数学学习

教师让幼儿看一个录像,录像中讲述这样一个故事:山羊拉着装满黄瓜、西红柿、茄子三种蔬菜的车在爬坡,拉着拉着,山羊拉不动了,车子从山坡上滑下来,蔬菜散落在地上,到处都是。这时,正好来了三个小动物,兔子、小狗和鸡,他们看到这种情景,决定帮助山羊捡蔬菜。每只小动物把自己捡到的蔬菜放在一堆,捡完后,互相议论谁捡得最多,但却不知道怎样才能知道谁捡得最多。幼儿看到这里,都为小动物们着急,叽叽喳喳地议论着应该如何来比较谁捡得蔬菜多。在这种情况下,对应比较或数数的必要性产生了。

幼儿在玩"娃娃家"游戏。当客人来时,"妈妈"请客人喝咖啡。这时,就要将咖啡盘、咖啡杯、咖啡匙准备好。如果此时咖啡杯、咖啡匙数量不够,"妈妈"就会想办法把它们配齐,或找教师想办法。如果幼儿来问教师,教师就可以问她:"为什么不够?""什么不够?"使幼儿明白如何去补足不够的东西。①

---

① 曹能秀,王黎. 当代日本幼儿数量形教育的特色[J]. 国外幼教. 2000(10).

上述案例中教师分别在故事中和游戏中为幼儿创设了不同的问题情境,以问题作为引导,激发幼儿数学学习的兴趣,将数学学习由简单直接的教师"灌输"变为幼儿主动地尝试和探索,提高了幼儿的数学学习的积极性和主动性,也为幼儿将数学经验用于解决实际问题搭建了平台。

2. 自由思索法

自由思索法中教师作为旁观者、引导者,不直接传授幼儿知识和解决问题的方法,而是利用宽松自由的环境,让幼儿自由联想和思考,充分发挥幼儿积极性和主动性。例如,教师将"如何帮小老鼠过河"的问题引出之后,不去提示幼儿解决问题的方法而是给幼儿充分思考和发言的机会,让幼儿自由大胆地说出自己的办法。有的幼儿说:"我去帮小老鼠买一艘船。"有的说:"小老鼠可以坐在树叶上划过河去。"当幼儿充分表达自己想法时,教师先不要给予对错的评价,而是要激励幼儿再想出更多的办法。

3. 引导观察法

引导观察法指教师要适当引导幼儿知觉周围的环境,仔细观察环境中的已知条件,促进幼儿利用环境中的已知条件去解决问题。幼儿提出的办法有的似乎很不合理,因为他们没有观察到情境中的已知条件。"买一艘船"不太实际,而河边小树上的叶子太小没办法当小船过河,这时候,教师应该引导幼儿仔细观察情境中给出的已知条件,河边有一片西瓜园。西瓜是情境中的已知条件,借一个西瓜咬掉西瓜瓤用西瓜皮做船是一个不错的方法。教师通过引导幼儿观察故事中的已有条件来帮助幼儿解决问题。

4. 整体作用法

人的知觉总是倾向于构建整体的,所以教师在教学时要注意教学内容的整体性、教学方式的综合性。整体作用法指教师为幼儿提供整体性学习材料,使幼儿在头脑中构建完整的知觉体系和认知完形的方法。如,故事有开头,有过程,亦应该有结局。小老鼠过河探亲的故事应该有一个好的结局,最终小老鼠将西瓜当船渡过了河,来到了奶奶家,将奶酪送给了奶奶,奶奶看到小老鼠贝贝来看望自己很高兴。在听了小老鼠过河的事之后,奶奶笑着说:"贝贝真是个爱动脑筋的好孩子。"

5. 触类旁通法

触类旁通法是教师通过创设不同的类似情境,为幼儿提供应用新知识和新技能的机会,使幼儿的学习顺利迁移的方法。例如,小老鼠探亲的故事讲完了,教师又创编了类似的几个故事:《西瓜船》《运食物》《小松鼠过河》等。教师在几个故事中分别预设了类似《小老鼠探亲》故事中"如何过河"的问题,让幼儿通过联想"西瓜船"来解决问题。

第二节 符号学习理论与幼儿学习

一、托尔曼的符号学习理论

托尔曼（Edward Tolman,1886—1959），美国心理学家。1915年获哈佛大学哲学博士学位,1937年任美国心理学会主席。他曾任加州大学教授,1950年任教哈佛大学,1953年任教芝加哥大学,从事教学研究达三十余年。1957年获美国心理学会杰出科学贡献奖,曾任第14届国际心理科学联合会主席。

图2-3 托尔曼

作为认知学派的重要代表人物之一,托尔曼的学习理论观点主要来源于其相关实验的结果。影响最大的两个实验分别是"白鼠走迷宫"实验和"潜伏学习"实验。

托尔曼的经典实验之一是白鼠走迷宫实验。具体实验如图2-4所示。在迷宫中从起点到达食物箱有三条不同的通道。通道1是直线,路程最短,通道2有一绕行弯道,路程较长一些,通道3有一较大绕行弯道,路程最长。将白鼠置于起点位置,让其在迷宫中自由探索,经过一段时间的探索和练习,白鼠学会了分别走三条通道到达食物箱,并且在三条通道都畅通的时候选择通道1到达食物箱。然后,托尔曼对三条通道分别设障碍观察白鼠的行为。如果将A点堵塞,白鼠会返回后选择通道2,如果将B点堵塞,白鼠则返回后选择通道3。这表明,白鼠过去的学习起到了作用,三条通道已经在白鼠头脑中形成了次序,当条件改变的时候,白鼠会依次按路程长短选择通道。托尔曼认为白鼠的学习不是刺激-反应的连接,而是形成了整个迷宫通道的模式。白鼠在头脑中建立了迷宫的"认知地图",用符号及其所代表的意义形成了迷宫符号模式。

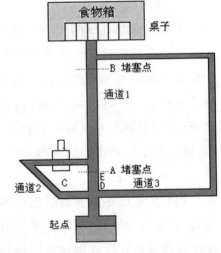

图2-4 白鼠走迷宫实验装置的平面图

托尔曼的另一个经典实验是在上述实验的基础上研究白鼠在走迷宫过程中食物(外部强化物)的作用。他将白鼠分为三组,第一组为强化组,实验期间,白鼠只要跑到目的地就给予食物强化;第二组为非强化组,白鼠始终没有食物的强化;第三组在实验的前十天不予强化,从第11天开始连续强化。实验结果:第一组白鼠操作水平一直提高;第二组白鼠操作水平一直较低;第三组白鼠在前十天操作水平类似第二组水平,从第11天起操作水平迅速提高,甚至超过第一组。托尔曼认为第二组白鼠未被强化,其学习结果不显著,属于"潜伏学习"。

他提出,未被强化白鼠的学习也是存在的。即学习不是通过强化获得的,强化只是使学习结果呈现显著的一种办法。

通过实验研究,托尔曼最终形成了符号学习理论。他否认桑代克的试误说,认为学习是有目的的行为,不是盲目的试误;强化并不能决定学习,其作用有限。他认为学习不是简单、机械的运动反应,而是在头脑中形成关于环境、目标、手段三者的相关知识,即形成"认知地图"。他用"符号"一词来表示有机体对环境的认知,而目标及手段则是对符号意义的认知。学习其实就是习得达到目的的符号及其所代表的意义的过程。

托尔曼是在坚持行为主义基本原则的前提下解释有机体内部心理过程的,他认为心理学应研究整体行为。整体行为是具有目的性和认知性的行为。整体行为是个体所表现的,如走迷宫、踢球等包含不同刺激组合的复杂反应。托尔曼认为整体行为的特征有:总是指向或离开目标对象;为实现目标对象,行为总是选择一定的途径或方式;为实现目标对象,行为所选择的途径和方式总是遵循最小努力原则;行为具有可教性,可以通过教育发生变化。

托尔曼反对把行为简单看做是刺激-反应的连接,认为介于刺激和反应之间还存在个体内部心理过程的"中介变量"。所以,为了解释有机体对情境做出的反应,托尔曼在 S-R 公式中加进了中介变量 O,改为 S-O-R 公式。① 托尔曼指出,中介变量不能直接观察,但它是引起反应的关键,是行为的决定因素。中介变量的表现形式有认知、期望、目的、假设和嗜好等。

托尔曼认为,有机体通过学习可以形成对未来事件的意义认识,表现出对未来事件的预先认知或期待。期待有三种类型:记忆性期待是指由于过去的经验而导致的对某一事件发生的可能性的期待;感知性期待是指由当前目标物的直接刺激而引起的期待;推理性期待是指由以往经验和目标物的当前刺激综合作用而产生的对未来事件的期待。托尔曼认为动物在达到目标之前对目标已有一种预先的期待。如果这种期待与现实结果不符合,就会造成动物行为的紊乱。

托尔曼根据潜伏学习实验提出了潜伏学习的概念,认为强化虽有助于学习但并非学习的决定因素。学习也可在无强化的情况下进行,只是结果不明显,是"潜伏"的。当学习受到强化,学习结果便呈现显著。

---

① 莫雷.教育心理学[M].广州:广东高等教育出版社,2005:98.

二、从符号学习理论分析幼儿学习

(一) 幼儿学习的目的性和主动性

幼儿的学习是带有一定目的性的,并且指向特定目标的,而不是盲目试误。在学习过程中,幼儿因为有了目标的指向而主动参与其中。例如,幼儿好奇"鸡蛋是如何孵出小鸡的",主动去询问身边的成人,尝试把鸡蛋放在自己的怀里孵小鸡等,其目的是为了弄明白自己心中的疑惑,其行为是主动积极的探究行为。

(二) 幼儿学习的期待性和认知性

幼儿对学习的期待和自身的认知特点都会对幼儿的学习产生影响。期待是幼儿对未来学习事件的一种假设或信念,是幼儿对学习行为意义的一种情感态度。由于幼儿的学习具有期待性,所以幼儿会对一些自己感兴趣的学习更具情感。例如,上星期幼儿园请来了消防叔叔为小朋友们做了一次消防演练,很多小朋友都很感兴趣。当老师告诉小朋友,这星期消防叔叔还会到幼儿园来为大家讲解消防知识和模拟演习时,很多小朋友都产生了记忆性期待。

幼儿的内部认知是影响其学习的重要因素。认知地图的适应性决定着问题解决的类型和难易程度。幼儿的学习是幼儿内部认知与环境从失衡到平衡的过程。学习过程需要幼儿内部认知的积极参与。例如,幼儿体育活动中,老师设障碍区,让幼儿从起点开始通过运用不同的动作到达目标。幼儿在障碍区行进是一个认知地图构建的过程:首先来到小河前,"跨"过小河;来到山洞前,"钻"过山洞;来到独木桥前,保持"平衡走"过桥……在这个过程中,幼儿要在头脑中认知各种障碍物,并做出反应。

(三) 幼儿学习的多途径和便捷性

幼儿学习必定有达成目标的途径和方式,而这些途径和方式像两点间的线路一样,有很多条,这是幼儿学习的多途径性。在所有途径和方案中,幼儿往往根据最小努力原则去选择最简捷、最方便的一种途径,这是幼儿学习的便捷性。例如,幼儿帮助老师将报纸送到园长办公室,这个任务是幼儿以前没有接触到的,是一种途径选择的学习。在幼儿所在地点到园长办公室有多条途径:一条是向左走下楼梯后再向右走,一条是向右走下楼梯后再向右走、一条是向右走下楼梯后先左走转弯再右走。在三条路径中,第二条路径最短、最便捷,所以幼儿会选择第二条路径到园长办公室完成任务。

(四) 幼儿学习的整体性和潜伏性

托尔曼认为学习本身是一个整体行为,幼儿学习的知识和技能也是彼此联系的。在幼儿时期,个体所学的知识和技能是系统的、综合的。幼儿的学习也具有潜伏性,在不经意间,幼儿可能就学到了他所见到的、听到的东西。在没有任何强化的作用下,幼儿依然会学习,幼儿在很多"无意间"便学会了很多东西,在适当的时候才会表现。

案例 2-4

啵

　　8个月大的婴儿华安一家三口旅行到澳洲一个小小的港口,港口中的水面上漂浮着一群相貌奇怪的鸟(澳洲塘鹅),张着大口等待游人喂食。爸爸把华安搂在怀里,指着水中的动物,干脆利落地说:"安安,它们是Bird,Bird,Bird,Bird……",可是小安安却不动声色,完全没有理会一旁的爸爸,而是扯了爸爸衣袖上的扣子,放在嘴里吃。

　　一个月后,在一个阳光明媚的早晨,当爸爸在厨房喝咖啡,妈妈倚着栏杆读报纸时。"啵,妈妈,啵,啵,啵!妈妈,啵!"华安朝着妈妈的方向爬过来,一边扯着妈妈的裙角,一边用胖胖的手指着草丛,嘴里不停地念叨着:"妈妈,啵!"妈妈仔细看了一下,原来在草丛杂错处,昂然站着一只大公鸡,鲜红的鸡冠衬着金绿的长尾,在阳光下闪闪发光。妈妈突然懂了,一身羽毛、两只瘦脚、一把尖嘴,这不正是 bird,是前几天爸爸一直在华安耳边说过的词。

　　妈妈狂热地拥吻华安,一边扯着喉咙大叫:"爸爸快来呀,安安说话了,说话了,他会说话了……"

　　符号学习理论认为学习缘于个体的内在动机,在没有任何外在奖励的情况下学习可能一直在发生,只是外在的奖励或相似情境的再现能够使得个体的学习成果被激发而转化为外显行为。案例 2-4 中,8个月大的华安在父母都以为他没有对爸爸说的一个英语单词用心学习时,却在一个月后的某一个偶然场合讲出了"啵——"(意指"bird"这个单词)。可见生活中幼儿的所见所闻都有可能成为幼儿学习的内容,只是很多时候这些学习是潜伏的,即只是在幼儿头脑中进行而非可以观察到的外显行为,但这并不代表学习从未发生。

（五）幼儿学习的过程和结果

　　幼儿学习的过程是 S-O-R 的过程。由此公式可以将幼儿学习的过程分为三个具体的步骤:首先,"S"——问题情境中刺激作用的过程。其次,"O"——幼儿内部认知心理变化的过程。最后,"R"——幼儿对情境中问题刺激产生学习反应的过程。幼儿的学习由新颖的学习材料、自由的学习环境和预设的目标问题等刺激物所引起。在环境的刺激下,幼儿内部认知地图与环境相作用而发生改变。在幼儿调整认知地图以适应外部环境的过程中,幼儿会做出相应的学习反应,以解决目标问题。

　　幼儿的学习结果是形成认知地图。即幼儿在头脑中形成关于环境、目标、手段三者的相关知识。幼儿知觉环境和目标刺激之后,便产生了环境目标和其内部认知的"对照",幼儿因此通过调节认知而构建新的认知地图,在头脑中形成解决问题的各种手段,并选择最佳手段来完成目标。目标的达成和问题的解决是幼儿学习的显性结果,而此时幼儿的头脑中所构建的新的认知地图是最终学习的隐性结果。这个结果不只针对建立认知地图所面临的具体情境问题,而且对类似的情境问题都具有同样的效果。

(六) 影响幼儿学习的因素

1. 能力

学习者的能力决定着其能够完成任务和解决问题的难易程度及类型。幼儿对环境的观察力、幼儿解决问题的思维力等认知能力是其达成目标的重要因素和获得成功的重要保障。虽然幼儿充满着好奇,他们都有一双渴望、探求外界事物的眼睛,但是他们注意力不易集中、意志不强、思维直观,而且,不同的幼儿其解决问题的能力也有明显差异。

2. 刺激特点

问题情境中所提供的材料和已知条件决定着学习者对问题中所涉及的事物相关关系和对解决问题帮助的领悟。幼儿学习的材料的特点以及问题情境中所设置的已知条件或工具的特点、属性都影响着幼儿对事物相关关系的领悟程度,继而影响幼儿最终获得解决问题的手段。

三、符号学习理论与幼儿学习指导

(一) 幼儿教学目标

1. 预设合适的学习目标

明确学习目标和所要解决的问题有助于幼儿有目的地学习。托尔曼为白鼠设置的食物箱是事先安排的,起点到终点的几种途径也是预设的,实验操作严格控制,一切尽在掌握之中。而教师亦应该预设教学目标,预设的目标是幼儿可以达到的,并在预设目标时对教学过程做严格控制,将所期待出现的幼儿学习行为掌握在"心"中。

2. 分层实现教学目标

首先,建立认知地图;其次,选择最佳路径;最后,呈现学习结果。幼儿学习的结果是形成认知地图,而教学目标就是让幼儿达到学习的结果,获得并巩固认知地图。根据学习的便捷性,教学目标应包括让幼儿学会选择最佳的路径解决问题,根据潜伏学习和强化的作用,教学目标还应包括通过强化手段而达到学习结果的显著呈现。

(二) 幼儿教学过程

幼儿的教学过程要适应 S-O-R 的学习过程,即在问题情境提供外在刺激的条件下,幼儿通过自主探索与发现,获得相应学习经验的过程。

首先,教师要预设问题情境、提供特征明显的学习材料、营造自由宽松的学习氛围以及明确目标和任务。要注意学习刺激物能引起幼儿的兴趣和注意,并促使幼儿通过观察和思考领悟事物的相关关系。

其次,教师要引导幼儿自由探索和发现,充分调动幼儿的积极性,发挥幼儿的主动性,促使幼儿构建认知地图,获得新的经验。要注意为幼儿创设自由探索的氛围,适当引导幼儿审视已知条件,让幼儿做学习的主人,自己去发现解决问题的方案。

最后，教师要鼓励幼儿选择最佳的解决路径，给予积极反馈，强化学习结果。要注意给幼儿学习结果的反馈，合理运用奖励与批评，善于总结和对比，使幼儿熟练掌握新知识和新技能。

（三）幼儿教学方法

1. 兴趣激励法

兴趣激励法指教师根据幼儿的发展水平和兴趣特点设置教学目标和情境问题，以激发幼儿的积极性和学习动机，激励幼儿探索学习。例如，夏天到了，教师注意到班里幼儿对蝴蝶很感兴趣。有一次，室外活动时幼儿园里飞来了好几只漂亮的蝴蝶，室外活动期间幼儿纷纷谈论着蝴蝶。教师可以抓住幼儿的这个兴趣点展开教学活动，预设多个关于蝴蝶的教学内容，包括蝴蝶的外形、蝴蝶的家、蝴蝶的生长等问题以引起幼儿的兴趣，激发幼儿的学习动机，促进幼儿的探索。

2. 目标设定法

目标设定法指教师预设教学目标和教学情境，引导幼儿明确目标物和目标事件，让幼儿自觉朝向目标而努力。预设问题情境和目标问题有助于幼儿明确自己的任务和目标，并根据目标的方向做出努力。例如，重阳节到了，教师在美工活动前告诉幼儿，这次美工活动的主题是制作重阳节卡片。那么怎么制作卡片呢？教师鼓励幼儿按照自己的兴趣和经验制作不同的卡片，并根据送卡片对象的不同来选择不同的卡片内容。有的幼儿为爷爷制作了"我给爷爷捶捶背"的贺卡，并在贺卡上画上了爷爷最爱吃的香蕉；有的幼儿为妈妈制作了"我的妈妈真勤劳"的贺卡，并在贺卡上画上了一把休息椅表达自己想让妈妈坐一坐的想法等。教师要在美工活动伊始明确制作的目标，鼓励幼儿做出符合节日特色和人物特色的贺卡。

3. 自由探究法

自由探究法作为幼儿学习的常用方法之一，指教师为幼儿创设自由宽松的探究环境，让幼儿自主探索和发现以获得学习。自由探究法不仅有助于促进幼儿在理解基础上建立有效学习，而且也激发了幼儿的学习兴趣，包括对事物的好奇心和对问题的探索欲等。

案例 2-5

花盆下的洞洞[①]

值日生慧慧跑来告诉我："小军又把浇花的水洒在地上了"。我跟着慧慧走过去一看，地上果然有一滩水，小军在一边委屈地说："我没有洒在地上，是花盆自己流出来的。"我捧起了花盆，咦！两个孩子都同时看见了花盆下有个洞洞。原来，水是从花盆下的洞洞里流出来的，一切都真相大白。可是，这个花盆下的洞洞却引起了孩子们一连串的问题："花盆底下为什么要有洞洞呢？""是不是每个花盆底下都要有洞洞？""没有

---
① 上海中小学课程教材改革委员会.学习活动(4~5岁)[M].上海：上海教育出版社，2003：241-242.

洞植物会死吗?"

　　我没有立刻回答,而是请孩子们自由结伴做个小"实验",任选一盆花,照顾一个星期,由他们自己决定或保留着洞洞,或把洞洞堵塞。每个小组都开始了自己的"实验",我发现他们即便是浇水也各有不同,有的浇很少的水,尽力不使水流出洞洞;有的浇的水虽然很多,但是,每次浇完水后,就把花盆里多余的水倒掉;有的仍旧保留在花盆里……看来他们对这个实验都十分在乎。

　　几天过去了,孩子们发现他们养的植物都有点问题,有的叶子开始干枯,有的叶子开始出现了黑斑,只有几棵植物依然郁郁葱葱。这是怎么一回事呢?孩子们很着急,我说:"看来有的办法有些问题,是不是改一改,向别的小朋友学习一下呢?"并请那些照顾得较好的小朋友做介绍,结果大家都发现,植物喜欢洞洞,而且喜欢水从洞洞里流出来。

　　为什么植物会喜欢洞洞呢?孩子们又产生了新的疑问,我和他们一起去询问幼儿园的园丁伯伯。园丁把植物从花盆里倒出来,向孩子们解释:要喝水的是植物的根须,但是根须不能长久地浸泡在水里,否则就会烂掉。孩子们第一次看见,植物在泥土里有这么多、这么长的根须,他们说:"原来要喝水的是它!""怪不得花盆下要有个洞洞,就是为了给根喂的水不多也不少。"

　　第二天,我看见很多孩子都打开了被堵塞的洞,在调整原来的方法;有的在花盆底下垫了一只盘子;有的浇了很多很多水,直到洞洞里流出水来……看来新的实验又开始了。

　　上述案例中,面对幼儿对花盆底部的洞洞产生的种种好奇与疑问,教师并没有直接给出答案,而是充分信任幼儿自己能发现问题、解决问题,创造机会让幼儿通过"实验",在自由探究中解开自己的疑惑,积累相关的生活学习经验。

　　4. 强化法

　　强化法即教师对幼儿的学习结果给予积极反馈,利用多种强化手段使幼儿的学习更加巩固和显著。教师的奖励话语是一种有效的强化。例如,"你想的方法真好!""你的计算全都对了,你真聪明!""你折的这只小青蛙跳得可真高啊,你好棒!"在幼儿完成期望的目标之后,教师要合理运用语言奖励来强化幼儿的学习结果。

　　5. 多种达成目标途径的教学

　　教师应该有效组织教学,通过多种达成目标的方案比较,指导幼儿选择解决问题的"最佳"方案。如案例 2-6。

案例 2-6

让蛋站起来①

　　在一次大班的科学活动中,教师首先出示了电线、积木、布条、米等材料,请幼儿猜想:哪种材料能让蛋站起来?幼儿众说纷纭,教师静静地倾听幼儿的想法,请幼儿动手试一试,并将结果记录下来。幼儿开始了

---

① 江敏.让科学活动伴随真实的探究——大班科学活动《让蛋站起来》教育案例[J].好家长,2014,37.

> 第一次尝试,当蛋站起来时,他们很高兴,教师提醒他们在材料图标下面的格子里进行记录。第一次操作结束后,教师请幼儿说说:你用了什么材料让蛋站起来?为什么蛋能站起来?很多幼儿介绍了自己的办法。教师统计了幼儿的操作结果,发现布条、米成功率最高,于是教师又问:"谁能用电线让蛋站起来?"一名幼儿上来,将电线弯出几道圆圈,再把蛋放在中间稳稳地站着,其他幼儿主动为她鼓掌。另一幼儿拿了两块积木上来挑战,试了几次都没有成功,还把蛋摔裂了。教师微笑着摸摸他的头说:"没关系,你再换一个鸡蛋去试试吧!"幼儿开始了第二次操作,刚才上来挑战失败的幼儿,不停地摆弄两块积木的间距,调整蛋的角度,过了一会儿,他高兴地叫起来:"老师,我成功了!""你真了不起,把你的好办法介绍给组里的小伙伴吧。"他高兴地开始讲解示范。其他幼儿不甘落后,有的摆弄电线,有的摆弄积木,有个小朋友用积木就想出了三种办法。最后,教师引导幼儿找出每一种方法的优缺点,让幼儿明白在不同条件下可以用不同的方法让蛋站得最"挺拔"。

案例2-6中,教师通过为幼儿提供不同的材料,让幼儿探索让蛋站起来的不同方法,并分析和总结几种方法的优缺点,让幼儿在面对不同条件时能够从多种方案中选择最佳的一种,为幼儿建立起多种新经验的同时,也使其在头脑中选择相对"便捷的认知地图"。

第三节 认知发现学习理论与幼儿学习

一、布鲁纳的发现学习

杰罗姆·布鲁纳(Jerome Bruner,1915—),美国教育心理学家和教育家,当代认知心理学派和结构主义教育思想的代表人物之一。生于纽约,1937年获杜克大学学士学位,次年于哈佛大学主修心理学。1960年协助建立哈佛大学认知研究中心,领导和指导美国教育改革工作。1965年被选为美国心理学会主席。

(一)学习的认知结构

布鲁纳提出认知结构的概念。认知结构指个体过去对外界事物进行感知、归类的一般方式或经验所组成的观念结构。① 其核心是类别及其编码系统,类别即类目指一组有关的对象或事件,可以是一个概念,亦可以是一个规则等。编码即将信息分类并使之与原有的信息建立联系的过程。编码系统指将有关类目按层次排列或组织所得到的系统。

布鲁纳认为,掌握事物的结构就是理解它与其他事物之间的有意义联系。他提出"学科基本结构"的思想,认为每门学科都存在一系列的基本结构,任何学科的内容都可

图 2-5 布鲁纳

---

① 方建移.大众传媒心理学[M].杭州:浙江大学出版社,2007:72.

以用更为经济和富有活力的简便方式表达出来。学科基本结构指某一门学科的基本知识（基本概念和原理）、基本方法（提出假设、实际调查、分析推论等）和基本态度等。学生掌握了学科的基本结构就能更好地掌握整个学科。

布鲁纳提出三条知识组织原则：适应性原则，指学科知识结构的呈现方式必须与不同年龄学生的认知学习模式相适应；经济性原则，指任何学科内容都应按最经济的原则排列，在利于学生认知学习的前提下合理地简约；有效性原则，指经过简约的学科知识结构应有利于学生的学习迁移。

布鲁纳认为学习过程包括三个环节：新知识的获得、知识的转化、知识的评价。新知识的获得，是指个体运用已有的认知经验，使新输入的信息与原有认知结构发生联系，理解新知识所描绘的事物或现象的意义，使其与已有知识建立多种联系。知识的转化，是指对新知识的进一步分析、概括和扩充，用获得的新知识对原有认知结构进行重构，运用外推、内推或转换等方法，推导出更多的信息以适应新任务。知识的评价，是指对获得的新知识的转化过程以及结果的简约、验证过程，即对新知识合理性判断的过程。

（二）发现学习

布鲁纳指出学习的最佳途径是发现。发现学习指学生利用教材或教师提供的条件自己独立思考，自行发现知识，掌握原理和规律。发现学习法能提高学生的智慧潜能，培养学生的直觉思维；有助于培养学生的内部动机和发现的技巧；有助于知识的记忆保持和提取等。发现学习有几个特点，即在幼儿时期便发生，时间较早；发现学习的内容是学习者独立思考获得的知识原理和规律而非现成的结论；发现学习面对的是无序不规则的材料，其过程较为复杂。在发现学习中，教师应鼓励学习者积极思考和探索；提醒学习者注意新旧知识的相容性和联系；培养学习者发现的技能。

布鲁纳根据发现学习法提出了发现法教学模式，其特点有：围绕一个问题情境展开；教学中以学生的发现为主，教师旁观引导；无固定的组织形式，最大限度地发挥学生的自主性。他提出发现法教学的步骤为：①提出和明确使学生感兴趣的问题；②让学生体验对问题的不确定以激发探究；③提供相关材料和线索；④协助学生分析、假设、审查和搜集资料；⑤引导学生得出结论并验证。

布鲁纳重视学习者内在动机的重要作用，强调学习是一个主动的过程，学习的最初刺激是对所学材料和内容的兴趣等内在动机，而不是奖励、奖赏等外部强化。他认为几乎所有的学习者都具有学习新知识和新技能的内在愿望，如好奇心、求知欲、成就感等。要使学生积极主动地参与学习就要从学生个体入手，激起他们对学习的内在动机。布鲁纳认为，最好的学习动机莫过于对所学知识的内在兴趣以及新发现的成就感和自信心。

二、从认知发现学习理论分析幼儿学习

(一) 幼儿学习的实质与特点

按照布鲁纳的理论,幼儿的学习实质是幼儿积极主动地进行认知加工活动而形成认知结构的过程。幼儿通过认知分类活动将新知识与原有的类目编码系统联系起来,形成或发展新的编码系统。例如,幼儿认知蔬菜的活动中,教师分别向幼儿呈现黄瓜、茄子、土豆、青菜、苹果和栗子等食物。幼儿调动原有认知结构对眼前的食物进行加工和分类,他们将黄瓜、茄子、土豆和青菜编码为"蔬菜"类,而将苹果编码为"水果"类,将栗子编码为"坚果"类。由此,幼儿将各种食物归为某一类目,形成了新的编码系统,获得学习。幼儿形成的这个新的编码系统即是头脑中新的认知结构,如图2-6。

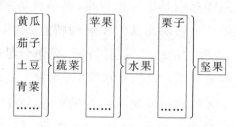

图 2-6 认知蔬菜的编码系统

(二) 幼儿学习的过程和结果

幼儿学习的过程也可以是类目化的过程,即将新旧知识进行分类并形成编码系统的过程。幼儿学习过程包括三个重要的环节:新知识的获得、知识的转化和知识的评价。幼儿的学习结果也是通过新旧知识的相互作用在头脑中形成或发展的新的认知结构。例如,幼儿认知几何图形的活动,幼儿已有经验中存在着长方形的知识体系,日常生活中的桌面、书面、玻璃、黑板等均属于长方形。当幼儿学习正方形时,幼儿调动头脑中已有的长方形知识与正方形知识相联系,获得新的知识。幼儿将正方形纳入长方形知识,对正方形形成新的认知结构而改变已有的长方形认知结构的过程就是幼儿学习的重要过程。最终形成的新的认知结构便是学习的结果或目标。

(三) 幼儿学习的内容和方法

幼儿的学习内容是学科的最基本知识。布鲁纳的"学科基本结构"理论说明每门学科都存在一系列的基本结构,而幼儿学习的内容就是学科中最简单的生活中的基本知识,包括基本知识(基本概念和原理)、基本方法(提出假设、实际操作、分析思考等)和基本态度等。幼儿要从某一学科最简单的基本内容学起。

布鲁纳提倡发现学习,幼儿最好的学习途径是发现式学习。他认为学习知识固然重要,但更为重要的是发现的态度,即探索新情境的态度:作出假设,推测关系,并应用自己的能

力,以发现新事物或解决新问题的态度。幼儿的学习不是被动的接受,而是自主去发现,要让幼儿开动脑筋通过一系列探究活动去发现其还未知晓的人类知识。发现学习强调幼儿已有的认知结构和经验,新旧知识的相互作用和联系,幼儿面临问题的内在动机和探究活动以及运用直觉思维顿悟的价值。

(四) 幼儿学习的促进条件

1. 幼儿学习的内在动机

教师要调动幼儿内在动机,如好奇心、求知欲、兴趣、成就感等,而不是奖赏、成绩等外部动机。学习伊始的动机激励很重要,学习结束时结果的反馈同样重要。反馈的时间、步调等是影响学习成功的重要因素,及时的反馈亦有利于激发幼儿探索的欲望和发现的渴求。

2. 幼儿学习材料的呈现方式

布鲁纳的三条知识组织原则分别是适应性原则、经济性原则和有效性原则。幼儿学习的知识也应该符合这三条原则。根据幼儿认知发展的特点,幼儿的学习材料亦应按此顺序进行有选择的提供。例如,一岁左右的幼儿可通过动作操作学习材料获得知识,三岁左右幼儿可通过直观的图画等形成视觉形象和映像获得学习,六岁左右幼儿可通过语言、文字等符号的学习来获得知识。幼儿学习的材料要符合学科的最基本内容和精简经济的原则,教师要将复杂的内容化繁为简后再呈现在幼儿面前。幼儿的学习不仅是某一具体问题的解决,在学习基本知识的基础上,幼儿"举一反三""触类旁通"的能力也得到加强。

三、认知发现学习理论与幼儿学习指导

(一) 幼儿教学目标

幼儿的学习是主动联结新旧知识并构建新的认知结构的过程,所以,幼儿教学的目标在于帮助幼儿实现学习,即帮助幼儿建立新旧知识的关联,形成新的认知结构。

首先,建立新旧知识的关联是幼儿教学的最初目标。教师要通过提供材料、创设环境、启发、引导、帮助幼儿学习新知识,并在已有的认知结构中寻求固定点,使新旧知识能够归类和编码。

其次,形成新的认知结构是幼儿教学的最重要目标。新的认知结构的形成标志着幼儿已经获得了新知识的学习。教师要通过引导幼儿,并帮助他们分析、协调,使幼儿将新知识纳入认知结构或改变已有的知识结构,形成新旧综合的认知结构。在幼儿获得学习后,还应进一步检验新认知结构的合理性,这是幼儿教学目标的延伸目标。新的认知结构应该是客观、真实、合理的,有助于幼儿未来的学习。

(二) 幼儿教学过程

幼儿发现教学过程的基本步骤有:①提出和明确使幼儿感兴趣的问题;②让幼儿体验对问题的不确定以激发探究;③提供相关材料和线索;④协助幼儿分析、假设、审查和搜集资

料;⑤引导幼儿得出结论并验证。

案例 2-7

> **安装干电池**①
>
> 　　在一次科学探索活动中,教师把收集的各种电动玩具、闹钟、遥控器、手电筒等,和各种型号的电池(5号电池、7号电池、2号电池)分别放在两个筐里,让幼儿自选安装。孩子们一听可以自己来安装电池,可开心了。他们便不加任何思索地随手拿了一样东西和电池便装了起来,结果有的孩子发现电池太大了,有的发现太小了,有的马上去筐里换了一种电池,有的换了几次都不相称,便想放弃或者想依赖老师,有的即便装对了,也没能顺利使玩具动起来。整个活动持续了二十几分钟,基本上没有一个幼儿是成功的。第一次的尝试,大家都失败了。
>
> 　　由于幼儿不能分清正负极,所以在第二次尝试活动前,教师做了一个知识准备,但也是一个尝试活动。给每个幼儿提供了一种材料:只装一节5号电池的工具(闹钟或者小手电)和一节5号电池。为了降低一点难度,所提供工具的电池槽都是一头为弹簧的。由于材料简单,部分孩子们比较利索地把电池装进了电池槽里,也有个别幼儿琢磨着应该如何卡进去。结果,很多幼儿都成功了,他们发现一按开关,电筒亮了;发现闹钟又开始走起来了,他们的喜悦劲儿别提有多高了,得意极了。
>
> 　　在幼儿总结出安装干电池的规律后,教师为每一组提供了两个框各种电动玩具、闹钟、遥控器、手电筒等(简单一些的是电池安装为平行的,有难度的是需要电池头尾相接的)和相配套的电池,每个幼儿一件。他们便又开始投入到尝试和探索中去了。由于有了上一次尝试的知识准备,这一次,大多数幼儿都能正确安装了,即便是要装两节电池的。在成功之后,孩子们摆弄、操作着自己的"成品",充分体验了成功的喜悦。

上述案例中,教师在科学探索活动的不同阶段发挥了不同的作用,首先是让幼儿自己安装干电池,激发幼儿参与活动的兴趣;在幼儿尝试失败后又开始为幼儿提供一定的线索和帮助;最后在教师的引导下,幼儿成功地习得了安装干电池的能力,也体验到了主动发现问题和在探索中解决问题的成就感。

(三)幼儿教学途径和方法

布鲁纳强调幼儿教学的途径是发现式教学,其指导思想是教师不应让幼儿处于被动接受知识的状态,而要为幼儿提供一定的材料,创设问题情境,引导幼儿独立自主地发现解决问题的方法,从中发现事物的联系和规律,获得新知识并形成或改变认知结构。发现教学要围绕某一兴趣问题展开。如"鸡蛋会不会浮在(盐)水中?""为什么大雁能飞而鸡不能飞?""下雨时为什么会先看到闪电后听到雷声?"等。发现教学中教师是引导者,幼儿才是自主学习、最终发现的主体。教师是一个旁观者,只在必要时介入指导,指导也是启发性的而不是直接告诉。教师要充分尊重幼儿自由探索的权利,放手让幼儿去自我发现;发现教学的组织

---

① 金晓芳.在科学活动中培养幼儿的科学精神——记一次科学探索活动"安装干电池"[J].幼教天地,2014(10).

形式没有固定的模式,而是灵活多样的;发现教学不拘泥于固定形式,而是追求最大限度地发挥幼儿学习的主体性和创造性。

(四) 幼儿教学原则

1. 动机原则

在教学过程中要注意幼儿学习的心向。"好奇心""胜任力"等内在动机促使幼儿学习时间更长、学习结果更有效。内在动机较"奖赏""竞争"等外在动机更重要。教师应该做到激发幼儿学习探索活动的最大热情;帮幼儿维持探索活动的热情;使幼儿对活动的目标有明确的认识;提供相关知识,使幼儿的探究活动有正确的方向。

2. 结构原则

布鲁纳认为,"任何概念或问题或知识都可以用一种极其简单的形式来表示,以便使任何一个学习者都可以用某种可认识的形式来理解"。教师应使幼儿掌握学科的基本知识及结构。

3. 程序原则

教学活动的程序会影响幼儿获得知识和发展能力,教师应设计和选择最佳教学程序。教师应考虑幼儿认知发展的特点,有步骤地陈述问题或知识,提高幼儿对知识掌握、变换和迁移的能力;应考虑学习的速度、抵制遗忘的作用、已习得的知识迁移到新情境的可能性;可得知识的经济性、有效性。

4. 强化原则

教师应告知幼儿学习结果,做到及时反馈,使幼儿逐步自我矫正、检查和强化,促进幼儿的有效学习。教师的反馈是否有用取决于何时、何地、在何种条件下以及用何种方式使儿童接受反馈信息。

第四节 认知同化学习理论与幼儿学习

一、奥苏贝尔的认知学习理论

戴维·奥苏贝尔(David P. Ausubel,1918—)?美国心理学家,认知学派教育心理学代表人物之一。奥苏贝尔关注学校学习理论的研究,曾在美国心理学会、美国教育协会、美国医学协会、全国科学院农业教育部、生物学课程研究委员会等组织里参与工作。1976年获美国心理学会桑代克教育心理学奖。

图2-7 奥苏贝尔

(一) 有意义学习

"如果我不得不把教育心理学的所有内容简约成一条原理的话,我会说:影响学习的最重要的因素是学生已知的内容。弄清了这一点后,进行相应的教学。"①可见,在奥苏贝尔看来,已有知识经验具有重要的意义。奥苏贝尔提出,有意义学习的实质就是符号所代表的新知识与学习者认知结构中的有关观念建立起非人为的、实质性的联系。

非人为的联系指符号所代表的新知识与学习者已有的认知结构中有关观念建立合理的或合乎逻辑的联系。实质性联系指符号所代表的新知识与学习者知识结构中已有的符号、表象、概念和命题等建立的联系。有意义学习的产生既受外部学习材料性质的影响,又受学习者内部因素的影响,因此有意义学习需要一定的条件才能够进行。

首先,有意义学习的材料本身要具有逻辑意义。学习材料的逻辑意义指材料本身在人类学习能力范围内与有关观念可以建立非人为的、实质性的联系。其次,学习者必须具有同化新知识的有关观念,即学习者认知结构中要有适当的知识便于和新知识联系。再次,学习者必须具有有意义学习的心向。有意义学习的心向指学习者积极主动地将新知识和自己认知结构中已有的相应知识加以联系的倾向性。最后,学习者要使新旧知识发生联系和相互作用,使已有的旧知识得以改造,新知识获得实际的意义。

有意义学习分为三种类型,即表征学习、概念学习和命题学习。表征学习,是指学习单个或一组符号的意义或者学习符号代表了什么,如"兔"代表的是兔子这种动物。概念学习,是指掌握同类事物或现象的共同关键特征或本质特征的学习,如通过对多种球形事物的实际接触和概括之后形成了"球"的概念。命题学习,是指学习以命题形式表达的观念的新意义,其分为两类:一类为非概括性命题,如"中国是一个有着悠久历史的国家"陈述的是具体事实;一类为概括性命题,如"加法与减法互为逆运算"陈述的是若干概念之间的相互关系。

奥苏贝尔认为有意义学习必须以学习者原有的认知结构为基础。即新知识的学习必须以学习者头脑中原有的知识为基础,没有一定知识基础的意义学习是不存在的。因此,在有意义学习中必然存在着原有知识对当前知识学习的影响。奥苏贝尔提出同化理论,认为同化就是在有意义学习中,新知识被学习者认知结构中合适的观念所吸收,从而获得了意义,所有起固定作用的已有观念发生了变化。新旧知识之间要存在固定点,这是指新知识和认知结构中原有的有关观念建立起联系。

根据新旧知识的概括水平及其联系方式的不同,奥苏贝尔将同化分为三种类型,即上位学习、下位学习和组合学习。

上位学习,是指新概念和新命题具有较高的概括水平和较广的包容范围,新知识通过把一系列已有观念中包含于其下而获得意义。下位学习又称为类属学习,是指将概括程度或包容范围较低的新概念和命题归属到认知结构中原有的概括程度或包容范围较高的适当概念和命题下,从而获得新的意义。并列学习,是指当新知识和认知结构中的原有知识之间存

---

① 施良方.学习论——学习心理学的理论与原理[M].北京:人民教育出版社,1994:232.

在的不是下位或上位关系,而是并列关系时,只能利用并列的关系来理解意义的学习。这种学习没有直接可利用的固定点,只能利用一般的知识关系起固定作用。

(二)影响学习认知结构的因素

1. 旧知识的可利用性

认知结构中对新知识起固定作用的旧知识的可利用性,是影响新知识学习的首要变量。如果学习者的认知结构中没有适当的可利用的旧知识来同化新知识,那么学习只能是机械的学习。旧知识的可利用性影响知识学习迁移量的大小。

2. 新知识与同化它的原有旧知识之间的可辨别性程度是影响学习迁移的重要变量

可辨别性低使新意义不稳固,很快减弱和丧失而被原来稳定的意义所代替,影响知识的有效迁移。

3. 认知结构中起固定作用的旧知识的稳定性和清晰性程度也影响新知识的获得

如果起固定作用的旧知识或旧观念很不稳定或模糊不清,那么它就不能为新知识的学习提供有效的固定点,也会使新旧知识之间的可辨别性下降,从而影响新知识的学习效果。

(三)先行组织者

为提高学习效果,促进学习迁移,奥苏贝尔提出了"先行组织者"教学策略。先行组织者是先于学习任务本身呈现的一种引导性材料。先行组织者教学策略就是在向学生传授新知识之前,给学生呈现一个材料使学生有固定点。

材料有两种。一种是说明性材料:概括性的说明或引导性材料用简单、清晰和概括的语言介绍新知识的内容和特点,并说明它与哪些旧知识有关,有什么样的关系。另一种是比较性材料:是为了使知识之间进行比较后,学生能更清楚获得知识的意义。

(四)学习动机

奥苏贝尔将学生的成就动机分为三个方面:认知内驱力指学生渴望认知、理解和掌握知识,以及陈述和解决问题的倾向。即一种求知的需要,是意义学习中最重要的一种动机。自我提高内驱力是一种通过自身努力,胜任一定的工作,取得一定的成就,从而赢得一定的社会地位的需要。附属内驱力指个体为保持长者或权威们的赞许或认可,而表现出来的一种把学习或工作做好的需要。在幼儿身上,附属的内驱力是成就动机的重要成分。

二、从认知同化理论分析幼儿学习

(一)幼儿学习的本质

奥苏贝尔强调有意义的接受学习,幼儿的知识(概念、命题和简单的原理)学习,也是有意义的学习,其实质在于符号所代表的新知识与幼儿认知结构中的有关观念建立非人为的、实质性的联系。例如,幼儿学习蔬菜的概念,幼儿已经掌握了某些蔬菜事物的关键特征,即头脑中存在原有的认知结构,而当学习新的蔬菜时,它具有的特征与原来掌握的特征有相似之处亦有不同之处。新蔬菜的知识和已有蔬菜的知识存在关联的固定点,幼儿通过分析比较将新旧进行综合,建立起符合逻辑的联系,而不是人为的联系,从而获得新的蔬菜的认知结构。

(二)幼儿学习的类型

对幼儿而言,他们更多是通过概念的发现来掌握概念学习,如从日常生活中,他们常常会接触到皮球、玻璃球、珠子等,在日常接触这些球形物体之后慢慢形成"球"的概念。幼儿的命题学习,如幼儿掌握了"电视机是一种家用电器""水能灭火"等命题。

幼儿的学习更多的是上位学习,先学习下位概念或命题,再学习上位的概念或命题。例如,幼儿在分别学习了"牡丹""荷花""百合""茉莉花"等这些概念之后,才逐渐理解和掌握"花卉"这个概念。又如,幼儿在分别掌握了"铁能导热""铝能导热""铜能导热"等命题后才会逐渐掌握和学习"金属能导热"的命题。

(三)幼儿学习的条件

幼儿的有意义学习受内外因素的影响。幼儿学习的条件包括:有意义学习的材料本身应具有逻辑意义,幼儿必须有同化新知识的有关观念,幼儿必须具有有意义学习的心向,幼儿要主动使新旧知识发生联系和相互作用并构建认知结构。只有具备了上述四个条件,幼儿才有可能进行意义学习。

(四)幼儿学习动机的特点

幼儿的年龄特征和发展水平决定着幼儿的学习动机具有独特性。幼儿的认知内驱力出现最早,以幼儿认知需要为基础,主要表现为好奇心和兴趣。幼儿的附属内驱力表现得最为突出,基于"争宠"的目的,表现出能坚持学习枯燥或不感兴趣的知识。如在某次活动时,老师表扬乐乐聪明,做得好,在乐乐旁边的小琪仿照乐乐的做法努力完成任务是为了老师能走过来表扬一下她。幼儿的自我提高内驱力具有年龄差异。随着年龄的增长,自尊和自我的形成,幼儿的自我提高内驱力逐渐明显。

总之,幼儿学习动机的特点是:幼儿的认知内驱力出现最早;附属内驱力表现最为突出;自我提高内驱力逐渐出现并在幼儿园后期逐步明显。

三、认知同化理论与幼儿学习指导

(一)幼儿的教学目标

奥苏贝尔和布鲁纳虽然在教学过程和方法上存在分歧,却都强调学科基础知识的学习。幼儿所学习的知识虽然是简单的生活中的,但仍然需要与原有知识发生联系。幼儿园不同领域的知识也是基础的,有逻辑联系的,所以,幼儿的教学目标也要注重幼儿具体概念和具体规则的获得。幼儿的教学目标可以制定为:①寻找新旧知识的固定点,建立新旧知识的关联。②能通过新旧知识的联系、图示、例证明确概念和特点。③能将知识演绎到具体的问题情境中尝试解决问题。

(二)幼儿的教学原则

1. 逐渐分化原则

逐渐分化原则指幼儿先学习最一般的、概括性最强的、包摄性最广的概念,然后再根据具体细节加以分化,学习特殊的、具体的概念和细节。也就是说要遵循从一般到特殊,从抽象到具体的学习方式。例如,幼儿通过"尊老"系列教育活动,习得了尊老的意义和基本知识。在实践中,针对自己身边不同的老人,幼儿分别采取了不同的帮助和安慰方法来尊敬老人。

2. 整合协调原则

整合协调原则指幼儿在分化学习时还要对新旧知识加以区别和联系,促进新旧知识的相互协调和整合,使已有认知结构的要素重新组合。例如,幼儿学会了圆形概念,而当学习球体概念的时候便会在圆形概念的基础上进行"圆形"和"球体"的区别和联系的分析,从而协调、整合,将圆形认知加以改造、重组,形成球形的新认知。

3. 序列组织原则

新旧知识可以使其序列化或程序化,前面出现的知识应该为后面出现的知识提供基础。例如,幼儿已经获得5、6、7的分解合成的知识,教师可以引导幼儿学习概括,进而掌握所有的10以内的数的分解合成规律。

4. 巩固性原则

巩固性原则指幼儿原有认知结构在新知识的学习中起着重要作用,要努力提高认知结构中原有观念的稳定性。幼儿原有认知结构中知识的稳定性和其与新知识的关联决定着学习的效果。通过反复练习、及时纠正和积极反馈等方式可以强化幼儿的学习,巩固幼儿的认知结构,有利于幼儿习得新知识。

(三)幼儿教学的方式

奥苏贝尔提倡讲授教学。幼儿教师的讲授教学是教师以一种有组织、有意义的方式将知识讲授给幼儿。虽然幼儿的主要学习方式是游戏和操作,但是适当的讲解也是幼儿教育不可缺少的教学方式。只是,幼儿教师的讲授教学,一定要注意:教师和幼儿之间进行更多的互动,利用大量的形象直观且有意义的例证、图画或图片,逐渐深化教学内容。

(四)幼儿教学的策略

1. 提供先行组织者

先行组织者是先于学习任务本身呈现的一种引导性材料。幼儿教师也要为幼儿学习提供相应的组织者。例如,幼儿要学习直角三角形的知识,先行组织者呈现幼儿已经掌握的三角形的概念知识,使直角三角形归于三角形的大类中。幼儿要学习直角三角形,先行组织者呈现幼儿已经掌握的非直角三角形的知识,通过直角与非直角的比较,从而提高两者之间的可辨别性。

2. 了解幼儿经验

由于已有经验对新知识经验的习得起到至关重要的作用,所以在幼儿教育的过程中首先要了解幼儿已有的经验。据此,幼儿的学习要建立在幼儿已有经验和已有认知结构的基础上。教师要注重教育增进幼儿经验的功能,为幼儿提供新的经验并整理和发展幼儿的经验体系。在幼儿获得经验的同时注意帮助幼儿进一步组织和提升各种经验。

3. 激发成就动机

幼儿成就动机的特点是幼儿的认知内驱力出现最早,附属内驱力表现最为突出,自我提高内驱力逐渐出现并在幼儿园后期逐步明显。教师要应用不同的动机策略来激发不同年龄阶段幼儿的成就动机。

(1) 教师要满足幼儿的需要和好奇心,培养幼儿的兴趣

教师要创设适宜的环境,满足幼儿安全和求知的需要,保证幼儿满足需要之后主动地探索和学习;要提供多种刺激来引发幼儿的好奇心,使幼儿带着极想解决的问题投入学习中去;要尊重幼儿的问题,对幼儿的好奇要进行合理解答,让幼儿的好奇自由发展;要根据幼儿的个体差异,寻找幼儿的关注点,努力培养幼儿的个别兴趣。

(2) 教师要公平对待幼儿,给予积极的反馈和评价

教师要公平对待班里每一个幼儿,不能忽视任何一个孩子;对幼儿的学习给予积极反馈,以强化幼儿的良好学习行为和增加学习频率;评价应该以表扬为主,不要吝啬对孩子的赞美。

(3) 教师要为不同年龄的幼儿布置适宜的学习任务

教师要根据不同年龄幼儿的特点,适当安排学习任务,使幼儿在完成任务的过程中获得他人的尊重和相应的地位;应注意布置适宜性任务,做到难度适中,因材而用;应使幼儿充分体验成功,避免习得性无助感的产生。

 案例 2—8

发现式教学[①]

一天,幼儿在搬运自然角物品时不小心将一些种子和干果混在了一起,大家纷纷讨论、尝试分离的方法:"呀,怎么办?""快捡起来。""用扫帚扫一扫,要快。""老师,怎么样才好呢?"……于是"筛子"的活动产生了。

片断一:城城和超超发现了新材料黄豆和沙的混合物、筛子、勺子、筷子等。我告诉他们:"我不小心把黄豆和沙混在一起,你们想办法把它们分开吗?"他们一开始很投入地用勺子、筷子一粒粒夹,速度很慢。我

---

① 中国教育文摘. http://www.eduzhai.net/youer/358/433/youer_149386.html(有删减和更改)。

想去提醒他们可以用筛子,但忍住了。一会儿,城城发现了筛子,用筛子去舀黄豆和沙,沙从筛子的孔中漏了出来。城城对这个发现很惊喜,马上告诉超超用筛子操作。我静静观察着,超超把混合物舀到筛子里,但沙漏到了桌上。我想去帮他,但还是忍住了。这时,超超用一个小脸盆接在筛子下面,再把混合物用勺舀到筛子中,这次总算没把沙弄到桌上。城城看到超超的好方法开始模仿起来。我微笑着走开了。

可见,教师要以极大的耐心和欣赏的态度来观察幼儿的言行,忍住想帮助的"冲动",让幼儿真正去自我发现。

片断二:随着一连串问题的产生,我组织了集体教学活动。幼儿很快掌握了分离两种混合物的方法。之后我提出要求——分离米、沙、黄豆三种物体的混合物。幼儿反复操作还是不能找到方法。我观察了一会儿,决定介入指导。我对枫说:"咦,你和栋栋分出的东西怎么不一样呢?"他们也觉得很奇怪,我把他们的筛子放在一起。枫看了一会儿,说:"呀,我们的筛子是不一样的。""有什么不一样?""我的筛子孔小,他的大。"我又问:"你的小孔筛子分出了什么?他的呢?"她边看边说:"我的小孔筛子分出了沙,他的大孔筛子分出了米。"我说:"筛子不一样,分出的东西就不一样,但一个筛子只能分出一样,那怎样才能把三样都分开呢?"枫和栋栋思考着。一会儿,枫跑来告诉我,他们把三种混合物分开了。我向他们了解了操作的方法和一些细节,并肯定了他们。

可见,当幼儿普遍存在问题时,教师应采用集体教学。教师将内容延伸,能促使幼儿更主动、深入地探索,利于培养幼儿的创造性。教师介入适时的指导有助于幼儿的发现。

片断三:我观察到山山将两个筛子重叠起来,再将混合物倒到上面的筛子中,两手握住两个筛子轻轻摇晃。三样东西一下子就分开了。他的方法让我很惊喜。集体讲评时,我告诉大家,山山能一次就把三种混合物分开,让大家也去试试。第二天,城城在边思考边摆弄,但很长时间不得要领,他开始收拾,大概准备放弃。这时我果断地决定介入指导。我自言自语:"我也来试试。这个小孔筛子只会分出沙,大孔筛子只会分出米,怎样才能让它们三样一起分开呢?"我边说边故意将两个筛子叠放在一起,看看,再分开。城城注意着我的动作,突然,他像是有了新发现马上操作了起来;他将两个筛子重叠放在一起,然后进行分离的操作,果然混合物一下子分开了。城城兴奋地把他的发现告诉我。我表扬了他,并引导他把新方法记录了下来。

可见,教师要善于发现幼儿的行为,并激励幼儿再次挑战新任务。教师及时地介入指导,可以将幼儿重新引向探索之路。教师可以有目的地运用暗示性动作来启发幼儿的创造性思维。

片断四:琳琳一不小心把一盒回形针撒在了冰冰放混合物的小脸盆里。两人起了争执。我赶过去说:"哎呀,这些混在了一起可怎么办,谁能把它们分开?"他们停止了争吵,将注意力转向分离混合物。琳琳说:"用筛子。"我让她试试,结果不行。冰冰看到了边上的磁铁,说:"用磁铁行吗?"我说:"你试试吧。"冰冰拿起磁铁先把回形针吸了出来,再用筛子分其他的混合物。琳琳和冰冰一起玩起了这个新游戏。

上述案例中幼儿教师成功扮演了支持者和引导者的角色,给予了幼儿充分的信任,坚持让幼儿自己在真实情境中发现问题和解决问题,在获得理想学习效果的同时也提高了幼儿的学习自信,不仅为幼儿主动发现问题和解决问题积累经验,同时也有利于幼儿形成主动探究、动手动脑等良好的学习品质。

思考与练习

1. 科勒完形顿悟说的主要理论观点有哪些?完形顿悟学习理论对幼儿学习和幼儿教学有哪些启示?
2. 简述托尔曼的经典实验和符号学习理论的主要观点,分析符号学习理论对幼儿学习和幼儿教学的启示。
3. 请回答布鲁纳认知结构理论包括哪些内容?认知学习理论有哪些教学启示?
4. 简述奥苏贝尔认知同化理论的主要内容及其教育启示。

第三章 建构主义学习理论与幼儿学习

学习目标

1. 理解皮亚杰个体建构学习理论的基本观点。
2. 解释维果茨基的社会建构学习理论的基本思想。
3. 掌握信息加工学习理论的基本观点。
4. 理解建构主义学习理论的共同思想。
5. 能分析并理解建构主义学习理论下的幼儿学习心理特点。
6. 联系实际思考教师应如何帮助幼儿实现自己的建构。

关键词

- ◆ 个体建构主义学习　◆ 社会建构主义学习　◆ 信息加工主义学习
- ◆ 幼儿的学习建构

幼儿学习案例

 案例 3-1

鱼就是鱼①

有一条鱼,它很想了解陆地上发生的事,却因为只能在水中呼吸而无法实现。它与一个小蝌蚪交上了朋友。小蝌蚪长成青蛙之后,便跳到陆地。几周后青蛙回到池塘,向鱼汇报它所看到的景象。青蛙描述了陆地上的各种东西:鸟、牛和人。鱼根据青蛙对每一样东西的描述,头脑中形成了这些东西的图画。每一样东西都带有鱼的形状,只是根据青蛙的描述稍作了调整——人被想象成了用鱼尾巴走路的鱼、鸟是长着翅膀的鱼、奶牛是长着乳房的鱼……

图 3-1　鱼心目中的陆地动物

---

① 肖玺.从"鱼就是鱼"想到的……——谈建构主义学习理论对幼儿英语教学的影响[J].英才高职论坛,2008(8).

案例 3-1 是个体建构的经典案例。

第一节 建构主义学习理论

建构主义是对认知主义的进一步发展,于 19 世纪 80 年代风靡欧美并迅速地渗透到各个学科和领域,建构主义思潮对教育学和心理学的冲击尤其强烈。作为教育学与心理学的交叉学科,教育心理学自然受到这一趋势的影响,今天,建构主义已经成为教育心理学中一支重要的学习理论流派,它独特的知识观、儿童观、学习观和教学观对幼儿的学习与教学具有重要的启发和指导意义。

一个人不可能超越自己的先前经验而解释新信息的意义,学习者正是基于自己的先前经验来建构对新知识的理解,建构主义的核心要义便隐含于《鱼就是鱼》这则生动有趣的德国寓言故事中。对于幼儿来说,新知识的学习也是在已有的知识经验的基础上以自己的独特方式主动生成的。

建构主义学习理论在批判先前学习理论的同时,吸收了杜威的经验主义学习理论、奥苏贝尔的认知同化学习理论以及认知心理学中的图式论等,对认知主义进行了一次大综合、大发展,形成了自己的学习理论。它主要阐述人类学习过程的认知规律,解释学习过程如何发生、意义如何建构、概念如何形成以及理想的学习环境应包含哪些主要因素等。在这里重点介绍以皮亚杰为代表的个体建构主义学习理论、维果茨基(Lev Vygotsky,1896—1934)为代表的社会建构主义学习理论和加涅(Robert Mills Gagne,1916—2002)的信息加工建构主义学习理论。

一、皮亚杰的个体建构主义学习理论

皮亚杰的认知发展理论是近几十年来对学前教育领域影响最大的心理学理论。皮亚杰认为儿童的学习是一个"自我建构"的过程,个体思维的发生与发展在很大程度上是随着儿童个体不断成熟的,是儿童在与外界环境的相互作用下获得物理经验、数理逻辑经验和社会性经验,从而使个体的原有知识经验不断地丰富和完善的过程。

(一)个体认知发展的过程

对建构主义学习理论产生影响最大的是皮亚杰的儿童认知发展理论,即活动内化论。皮亚杰认为,智慧的本质从生物学角度来说是一种适应,是主体与客体相互作用的产物。"智慧的适应与其他形态的适应一样,是由同化机制以及与之相辅相成的顺应机制间的不断向前推进的平衡。"[①]

个体是如何建构新知识,建构的过程中又经历了哪些过程?在皮亚杰看来,儿童在建构

[①] 左任侠,李其雄.皮亚杰发生认识论文选[M].上海:华东师范大学出版社,1991:2.

自己的知识世界时主要经历了以下几个过程：图式、同化、顺应、平衡。

图式(Schema)是用来组织知识的心理和行为表征，表现为儿童已有的知识经验，儿童在建构对世界认识的过程中，形成了自己的独特图式，图式是儿童对知识同化和顺应的基础。对于早期儿童特别是婴儿期的儿童来说，身体动作的行为图式是学习的基础，他们通过用嘴吮吸、用手去触摸、用眼睛注视等简单动作来建构自己对新事物的认识，稍大点儿的儿童的图式中会出现认知图式，比如中大班的幼儿在帮助老师分发和收拾碗筷的时候，会逐渐学会根据一一对应原则和按物体形状分类的原则来完成任务。知识的同化(assimilation)是"与先行结构整合，这种整合可以使先行结构保持不变，或者虽然发生不同程度的变化，但并不破坏先行状态的连续性"①。当儿童看到一个新事物时，他会从已有的图式中寻找类似的物体，并将新事物纳入到已有的相关图式中，如婴儿已经认识了苹果，偶尔看到一个梨，会将它说成是苹果，这就是婴儿将新事物同化至他原有认知结构的尝试。顺应(accommodation)是指有机体调整原有的图式，以适应特定刺激情境的过程。如当婴儿自己发现或被成人告知梨和苹果之间的差别后，他会主动调整自己关于苹果的印象，并在头脑中形成一种新的物体梨的印象。同化与顺应是儿童学习过程的两个方面，对于如何使已有认知结构适应环境，它们一起发挥作用，即"根据环境进行的每一个互相改变，我们用现有的信息结构来解释信息，同时也调整这些结构以更好地与经历相适应。"②同化与顺应共同使儿童对事物的认识达到更高水平。平衡(equilibrium)即同化与顺应之间的均衡，当新知识与已有知识经验之间不冲突时，同化大于顺应，儿童的认知结构变化不大。而当新知识与已有知识经验之间发生冲突时，同化与顺应之间呈现不均衡状态即不平衡，这时，顺应大于同化，儿童的原有认知结构需发生剧烈变化。不平衡激活了有机体的自我调节，促使不平衡向平衡转化，平衡的连续不断发展就是整个认知结构不断重构的过程。

(二) 个体认知发展的四个阶段

皮亚杰认为，发展是一个螺旋式上升的过程，个体认知结构的发展经历了平衡—不平衡—平衡的不断建构，形成了四个有着质的差异同时又带有相继性的发展阶段，每一阶段儿童有着独特的认知结构，这些认知结构决定了儿童的行为。

1. 感知运动阶段(0~2岁)

这一阶段的儿童主要运用动作探知世界，他们在推、拉、摇等具体感知动作中获取经验，建构自己对外在世界的认识。儿童作用于物体和人的动作有两个不同的端点：其一，儿童的注意力针对每个物体的特殊性，例如嘎嘎作响的玩具的声音；其二，儿童的注意力集中于物体的一般性，比如摇动一些其他的物体，并将它们与嘎嘎作响的玩具联系在一起。儿童初始

---

① 皮亚杰.生物学与认识[M].尚新建,等译.北京:三联书店,1989:4.
② 劳拉·E.贝克.儿童发展[M].吴颖,等译.南京:江苏教育出版社,2009:313.

动作经验的第一方面后来演化成了物理知识,而第二方面后来则逐渐深化为逻辑数理知识。这个阶段儿童一个巨大的成就是对物体恒常性(object permanent)的理解,这是婴儿最为重要的认知成就之一,皮亚杰认为8~12个月的婴儿开始能够"理解看不见的物体依然存在"这一现象。

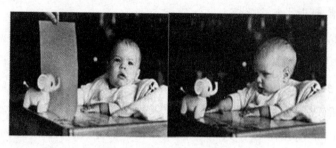

图 3-2 "物体恒常性"实验

2. 前运算阶段(2~7岁)

从感知运算阶段到前运算阶段,儿童的物体恒常性意识更加巩固,动作开始大量内化。他们对事物的理解也不再仅仅局限于动作,这时儿童的语言能力初步掌握,他们开始借助表象符号(语言符号与象征符号)来认识和理解外部世界,而不仅仅是局限于通过感知觉来认识事物。角色扮演(role play)是这一时期儿童的典型表现,皮亚杰认为,通过角色扮演,儿童实践并强化了新获得的知识经验。相比于感觉运动阶段,这一阶段儿童的进步非常明显,但皮亚杰也指出,这一阶段儿童的认知还不够灵活,他们的思维具有自我中心(egocentrism)特征,他们不能意识到其他人并不都以与他们自己相同的方法去观察和思考周围的世界,儿童的自我中心主义导致了他们思维的僵化和非逻辑问题,无法守恒(conservation)就是其中最具代表性的一种。大约在4~7岁时,儿童会对新事物开始使用简单的推理,他们会想要知道事物为什么会是这个样子,我们经常能够看到这样一个情境,孩子的父母或老师们总是疲于应付孩子们的"十万个为什么",实际上,这正表明孩子们对周围环境充满了好奇,这也是孩子早期探究意识的萌芽,需要成人加以保护。

图 3-3 守恒实验

如图3-3，两个同样形状的杯子中盛放了同样多的水，将其中一个杯子中的水倒进另外一个形状不同的杯子中，当提问两个杯子中的水是否一样多时，儿童在前一种情况下给出了相等的答案，而在后一种情况下却给出了不相等的答案，这说明他们还不能理解物体的守恒性。

3. 具体运算阶段和形式运算阶段

的儿童已经可以运用符号进行心理运算，但是从年龄阶段上看，这两个时期的儿童已经升入小学或中学，这里不再多做论述。

（三）影响儿童学习与发展的因素

正如绪论中所描述的皮亚杰认为影响儿童发展的四个因素是成熟、物理经验、社会经验以及个体自我调节的平衡化过程。其中，成熟起着不可或缺的作用，它为新的行为模式和思维方式的发生提供了生理条件。因此，皮亚杰认为儿童学习进程不能被任意加快，它必然受制于儿童自身的身心发展的成熟程度。在与物理环境相互作用的过程中，儿童对物体做出动作，同时在动作中习得经验。社会因素对儿童认知发展的影响体现为语言和教育的作用，即人与人之间的相互作用和社会文化的传递。学习者的社会经验可能会加速也可能会阻碍其认知图式的发展。

几乎所有学习理论和发展理论都认识到成熟和经验所起的作用，皮亚杰的独特之处是另外加了第四个非常重要的因素，即起自我调节作用的平衡过程。在影响儿童智慧发展的四个因素中，他认为学习的主体是主动的，应把重点放在自我调节上，放在同化上，放在主体自身的活动上。平衡过程调节个体（成熟）与环境（包括物理环境）之间的交互作用，从而引起认知图式的一种新建构。正是由于平衡过程，个体才有可能以一种有组织的方式，把接受到的信息联系起来，从而使原有的知识经验得以丰富和发展。正因为此，皮亚杰把平衡作为认知发展的基本过程。所以他给教师提出了三条建议：为儿童提供实物，让儿童自己动手去操作；帮助儿童发展提出问题的技能；懂得为什么运算对于儿童来说是困难的。

二、维果茨基的社会建构主义学习理论

维果茨基是苏联的社会文化历史学派的创始人，一生都在研究儿童发展和教育心理，着重探讨思维与语言、学习与发展的关系，他被公认为当今学习理论中社会建构主义和情境学习理论的先驱。

维果茨基也认为学习是一个积极主动的知识建构过程，但是和皮亚杰强调个体发展的生物性因素不同的是，维果茨基更强调社会性因素在知识建构中的作用。他认为，在个体心理发展过程中，融合了两类心理机能。低级心理机能和高级心理机能，低级心理机能（如感知觉、机械记忆等）是个体在心理发展过程中随着机体的发展而逐渐发展起来的，而高级心理机能（如思维、言语等）则是主要受社会文化因素制约所形成的心理机能。因而儿童学习

与发展不仅仅是伴随着个体成熟而自然实现,还受到环境与教育的影响,是在低级心理机能的基础上,逐渐向高级心理机能转化的过程。

(一)社会因素在儿童学习中的作用

在维果茨基看来,儿童的学习实际上就是一种"社会建构",他特别强调知识建构过程中个体所处的社会文化因素的影响作用。人的心理是通过活动在社会交往中逐渐发展起来的,学习也只有在社会交往中才能真正实现。就高级心理机能的发展而言,其主要受社会文化环境的影响,是在社会文化环境中积极建构起来的。在社会文化环境的影响下,在物质生产活动中,在与人的交往中,儿童才逐步发展起高级心理机能。人是社会文化的产物,这决定了人类的很多活动都是有目的的社会化活动,因此,每个个体所建构的知识都是带有一定社会意义的个人知识,不是简单的客观物理性知识,个体的学习也是在与同伴和师生的互动中获得的。总之,学习与社会文化密切相关,学习受文化环境的影响,同样学习也造就了新的文化,学习就是个体在社会文化背景下主动建构自己认知结构的过程。

(二)语言在儿童知识建构中的作用

语言是维果茨基关于儿童认知发展的核心,儿童不仅用语言来进行社会交流,还用语言来完成任务。他认为,语言在儿童认知建构的过程中起关键作用,儿童早年的心理活动是"直接的和不随意的、低级的、自然的",是以外部活动的形式存在的;只有在掌握语言后,才能转化为"间接的和随意的、高级的、社会历史的"心理机能,以内化的头脑中的内部活动的形式存在。

首先,作为思维的工具,语言为学习者提供了认知媒介。一方面,很多知识是以书面语言的形式保存下来,语言使儿童能够学习承载着思想的文字,另一方面,通过使用内部语言还能帮助儿童建构自己有关世界的知识,并能使他们对世界进行思考和进行问题解决。

其次,作为社会交往和活动的工具,语言能使儿童与他人进行交往,从而开始人与人之间的文化交流或观念交换,这也是文化得以分享和传递的原因,而且语言的使用还使儿童向他人寻求学习指导和帮助提供了可能。

再次,作为自我调控与反思的工具,维果茨基提出了"个人语言"这一术语,个人语言是引导个体思维与行为的自我谈话。这与皮亚杰在幼儿中观察到的幼儿独自言语的"自我中心式语言"不同。皮亚杰认为这种形式的语言只是思维的一种副产品,它还缺乏指向性,因此它是认知发展不成熟的一种表现。而维果茨基认为儿童使用个人语言是儿童在运用语言管理自己的行为,指导自己的实践活动,它也表明儿童能较早地进行更多的社会交流。皮亚杰和维果茨基的个人语言区别可以通过表3-1来表示。

表 3-1　皮亚杰的自我中心式语言理论与维果茨基的个人语言理论之对比①

	皮亚杰	维果茨基
意义解释	代表一种不能从他人角度出发,或无法进行相互交流的表现	代表外在的思想,其功能是与自己交流,旨在自我指导与自我指引
发展过程	随年龄增长而逐渐削弱	年幼时增加,然后慢慢变为听不见的、承载思想的内部语言,但不会消失,当任务较难时仍然出现以进行自我指导
与社会语言的关系	负相关;在社会性和认知上最不成熟的儿童,使用更多的自我中心语言	正相关;正是在与他人的社会交往过程中,个人语言才得以发展
与环境的关系	不受环境影响	任务越难,联系越密切。在需要较多认知努力来解决问题的情境中,个人语言可发挥良好的自我指导作用

(三)"最近发展区"与"支架式教学"

维果茨基认为,儿童存在两种发展水平:第一种水平是儿童现有的能够独立达到的解决问题的水平(儿童实际的发展水平);第二种水平是在成人的指导和帮助下所达到的解决问题的水平(儿童潜在的发展水平)。这两种水平之间的区域就是"最近发展区",维果茨基将其称为发展的"蓓蕾"或"花朵",以区别于儿童能够独立完成的发展的"果实"。最近发展区也存在个体差异和情境差异,不同个体由于发展水平的差异,其最近发展区也不同;在不同情境中,同一个体也可能有不同的最近发展区,也就是说儿童对不同模块知识学习的结果是存在差异的。同样,我们也应该看到不同的儿童由于其自身的先天因素及受到的后天环境和教育影响不同,他们的发展水平存在较大的差异,学习的速度自然也是存在差异的。教师应该顺应个体的现有发展水平,通过为不同的儿童提供不同难度的任务来决定对其进行指导的水平和方式。

基于最近发展区理论,维果茨基认为学习应该是在最近发展区之内,因而"教学先于发展",教师的作用实际上就是为儿童的学习提供支架。教师可以给那些试图解决超过其当前知识水平的问题的儿童以支持和指导,使其最终能独立完成任务,帮助其顺利通过最近发展区,这种教学方式就是支架式教学。支架式教学的类型很多,例如进行"出声思考",让儿童理解操作时的思维过程,并进而模仿;使用"提问",激发学生的思维,如向幼儿提示"什么动物的脖子又细又长",可以把"脖子"扩展到"鼻子""尾巴"等;提供书面或口头的"提示和线索"以引导幼儿操作,如用"火车过山洞"来配合教幼儿打结的动作学习。

三、加涅的信息加工学习理论

20 世纪 70 年代起,随着使用数学专业方法解决问题的复杂计算机的出现,为人们思考

---

① 吴庆麟.教育心理学:献给教师的书[M].上海:华东师范大学出版社.2003:45.

学习的发生提供了一种具体方式。

信息加工学习理论便是在此形势下诞生的一种新颖的研究儿童学习与发展的新理论。如图3-4所示,信息加工学习理论将人类学习者视为一个信息处理器,以与计算机极为相似的方式运作着。当学习发生时,新信息便从环境中输入,然后个体便对这些信息进行加工并储存在记忆中,最后以某种习得的性能形式输出。信息加工理论在自我批判和学习其他理论的基础上,逐渐地由认知主义走向了建构主义。

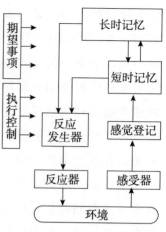

图3-4 学习的信息加工模式

信息加工学习理论认为学习是由加工系统、执行控制系统和期望系统三个系统组成,三者相互影响、相互作用、协同活动,共同负责学习者的学习活动。

(一)加工系统与学习

人的大脑并不是被动地吸取信息,相反,它是一个有组织、能动的体系,承担着主动地选择、注意、领悟,并且将信息进行编码、形成记忆的任务。信息从输入到记忆的过程可分为感觉记忆—短时记忆(又称工作记忆)—长时记忆三个阶段。感觉记忆所接受的信息几乎是无限的,但不同个体所接受的信息却是有选择性的;短时记忆的信息是处于活动状态的信息,是等待加工的信息;当个体对这些信息进一步进行加工存储到长时记忆中便形成了个体习得的知识,学习就是要将情境中的新知识不断加工以存储到长时记忆当中。

(二)执行控制系统与学习

新知识存储于长时记忆中并不是学习过程的完结,已经存储的知识还要不断地被重新练习或提取来加工新的知识。信息加工理论认为人类心理可以被视为信息流动的符号控制系统。学习是一个有始有终的过程,信息从感官接受输入到行为反应的输出过程中,信息被主动地编码、转化和组织。[①] 学习者对新知识的加工和编码过程与个体已有的认知方式和认知经验有关,学习者习惯性的认知方式决定了他们会采取什么样的方式加工新知识,而新知识最终以什么样的知识结构存储于个体头脑中则与学习者原有的知识经验密切相关。加涅将学习可以被分成八个阶段:动机阶段、领会阶段、习得阶段、保持阶段、回忆阶段、概括阶段、作业阶段、反馈阶段,每一阶段都需要进行不同的信息加工,在各个信息加工阶段发生的事件就是学习事件,是学习者内部加工的过程。

(三)期望系统与学习

期望系统主要起定向作用,是信息加工过程的动力系统,它通常不与信息加工过程直接联系,而是在学习开始之前便已建立起来,表现为学习者达到其学习目的的动机、学习过程

---

① 劳拉·E.贝克.儿童发展[M].吴颖,等译.南京:江苏教育出版社,2002:29.

中的情绪状态等。学习者的学习动机会影响到他们注意输入什么信息、如何对信息进行编码等过程,学习中的情绪状态会影响到学习结果保持的质量和稳固性。不同的学习动机下,面对同样的学习情境,学习者关注的焦点不一样,选择记忆的信息也存在差异,因而每个学习者获得的最终知识都是带有独特的个体建构的结果。如在活动区中,不同幼儿操作的材料或者选择的角色都带有个人偏好,又如当面对新事物时,他们会优先关注那些自己感兴趣的或者对自己有用的信息,我们也经常能看到平时活蹦乱跳、非常积极主动的孩子因为身体不适而在接下来几天的学习和游戏中都无精打采。

信息加工理论也把儿童看作信息的感受主体,在环境的作用下形成自己的思维模式,但与皮亚杰不同的是,信息加工理论认为儿童的发展不存在阶段性而是一个连续的过程。个体在信息加工过程中也受到自我意志的监督和调节,而整个信息加工的过程都要受到学习者自身的期望系统的调控,不同的学习者最终的学习结果都会因为个体不同的期望而存在差异性,由此可见,信息加工的建构主义也倾向于认为知识是个体不断建构的结果,而不是某种先有经验形式。

第二节 建构主义视野下的幼儿学习

建构主义从新认识论的视角对"客观主义认识论"进行反思的尝试也影响到了人们对幼儿学习特点的认识和理解。在建构主义看来,幼儿的学习是幼儿主动建构意义的活动过程,这一过程依赖于幼儿已有的认知经验,受制于已有认知发展水平,受社会交往和环境因素等影响也非常大,不同的幼儿在发展中又呈现出个性化和多样化的特征。

一、幼儿学习是主动建构的过程

建构主义学习理论认为学习的本质是个体积极主动的建构过程,学习者不是被动的知识接受者,而是在对外界信息进行主动的加工和理解,他们是知识经验的主动建构者。幼儿是主动的学习者,他们有与生俱来的学习愿望和学习冲动,这些愿望和冲动也促使他们对周围事物和现象产生浓厚的兴趣和好奇心,进而产生主动学习的需求。幼儿从出生之日起就生活在一个充满丰富刺激源的环境中,无论是有意识还是无意识的,至少从出生起,幼儿就开始频繁地与外界打交道,他们用身体去感受,用眼去观察,用手去触摸,施加他的动作以顺利适应周围的环境,在这过程中他们会形成早期的认知图式,因而早期婴幼儿的学习过程和适应过程是统一的。幼儿是积极主动的学习者还表现在他们好奇、好问、好探究、好模仿的天性上。尽管由于知识经验的匮乏,很多现象超出他们的理解范畴,但是这并不妨碍他们探究事物根源的欲望,在好奇心的驱使下,新颖事物总是能成为他们主动探究、主动学习的动力。他们总是试图通过同化的方式将新信息纳入已有认知图式中,若新事物与已有认知经验发生冲突时，他们也会主动调整原有的认知结构，使原有认知图式与外在环境达到一种平衡状态，从而适应和理解周围的环境，满足自己的好奇心。

从信息加工建构主义学习理论我们也可以看出，幼儿的学习不是一个单纯的知识吸收的过程，学习还要受到个体自身的期望系统的调控。幼儿对新知识的学习有自己的偏好，那些熟悉的或者是感兴趣的知识能最先进入幼儿的注意范围，并被储存到幼儿的感觉记忆中，幼儿也会通过在活动中反复的操作练习使新习得的知识不断巩固和强化。当面对新信息时，幼儿也会自觉地调用储存于长时记忆中的知识来同化和顺应新信息，获得自己对事物的理解。

幼儿的学习是一个积极主动的建构过程，他们总是以自己的方式去理解周围的环境和事物，早期的动作图式为幼儿建构新知识提供了支持工具，面对新事物，幼儿总是自觉或不自觉地调动已有的知识经验，将其与新事物进行相互作用，主动去改造、充实、丰富已有的认知经验，逐渐建构起自己独特的经验结构。因而，教师应注意尊重幼儿在活动中的主体地位。幼儿只有亲身参与各种活动，才能不断地建构自己独特而丰富的认知结构。

二、幼儿学习与已有认知水平相关

建构主义学习理论认为学习者并不是空着脑袋走进教室，不是被动地等待教师灌输现成的知识，相反，学习者在进入课堂之前就已经是一个具有丰富的"先前经验"的学习主体。任何新知识的学习都不可能完全脱离学生已有的认知经验和已有发展水平，而是必须建立在已有发展水平上并与现有经验相互作用。

根据皮亚杰的认知发展理论，幼儿的学习受到成熟因素的影响，不同年龄段的幼儿对新知识的学习都必然要考虑儿童现有发展水平。处于感知运动阶段的幼儿主要靠感觉和动作来认知周围世界，他们对新事物的认知通过早期的本能行为和感官动作来认识，当婴儿偶尔手碰到新物体时他们会本能地做出抓握的动作，当嘴碰到奶瓶时会习惯性地做出吸吮的反应，稍大点儿的婴儿会自己主动去通过各种感官动作去尝试认识新事物；处于前运算阶段的幼儿抽象思维尚未发展完全，需要通过表象和简单的语言符号来认识事物，他们对于不在眼前或者未经历过的事物和情景尚不能理解。因而，对于幼儿的学习活动来说，教师需要在为他们提供学习环境时更多地考虑到新事物与幼儿思维的具体形象性特点，要为他们提供具体的事物以供他们操作。总之，早期幼儿对周围世界的理解依靠具体的操作经验和表象认识，如果以超越这一时期幼儿已有认知水平的学习材料来要求他们，他们将难以胜任。

案例 3-2

> **七彩橡皮泥**①
>
> 最近,我准备组织班上的孩子进行一次橡皮泥造型活动,来锻炼孩子们的形象思维能力。由于材料有限,我们只有红、黄、蓝三色。班里有位活泼、好动的孩子,他喜爱美术。但令我不解的是这堂课他却一直呆坐在座位上,我走到他身边,他说:"不知该做什么?""没关系呀,你可以在教室走动,看看同学们都做了些什么,也许会带给你一些启发。"在看了一圈后,他对我说:"老师,我想看这本书可以么?"这是我的一本捏泥书,他拿到书桌上翻看,当他翻到介绍小汽车造型那一页后停下了。他拿出橡皮泥,准备照书上的样子捏汽车,却发现书上的汽车是绿色的。于是他对我说:"老师,我想捏一辆绿色的小汽车,可我没有绿色的橡皮泥,怎么办?"他的问题使我想起了前不久的蜡笔变色活动,那么能不能引导孩子把在蜡笔变色时获得的经验迁移到使用橡皮泥的活动中来呢?于是,我把他的问题提给了大家:"能不能用红、黄、蓝三色橡皮泥变出绿色的橡皮泥呢?"有的孩子说能,有的孩子说不能。一名参加过蜡笔变色活动的孩子说:"我觉得能,只要把黄色和蓝色的橡皮泥揉在一起就可以变出绿色的橡皮泥。"我马上说:"那让我们来试试吧。"孩子们纷纷取来黄、蓝两色的橡皮泥放在一起揉搓,一会就有孩子发现:"我的变绿了""我的也变绿了"先变出来的孩子像其他孩子介绍经验:"你使劲搓,把两种颜色揉在一起就变出来了。"当孩子们成功变成绿色后,我又问:"我们还可以变出什么颜色的橡皮泥?我们来变变看。"孩子们再次进行试验,很快,他们就用红色和蓝色的橡皮泥变出了紫色的橡皮泥,用红色和黄色的橡皮泥变出了橙色的橡皮泥,用红、黄、蓝三色的橡皮泥变出了棕色和黑色的橡皮泥。

从案例3-2中我们可以看到,幼儿对新知识的学习是建立在已有经验基础之上的,是对已有经验的重新组合。这次活动得以顺利进行,关键在于幼儿对已有经验的了解并加以自觉调用,进行主动探索,在活动中甚至还进行了创新。

三、幼儿学习的建构具有个性化特点

每个孩子都是独一无二的个体,他们有不同的认知和学习方式,会用不同的方式表达其认知和理解。因而,不同的个体与外界环境交互作用的方式、风格各异,进而其知识建构的过程自然也存在着一定的差异,这种差异既来源于幼儿不同的学习类型,同时也与幼儿性别差异等其他因素相关。学习类型是描述儿童在教育情境里最有可能出现的学习方式,它是指儿童如何学,而不是已经学到了什么。② 学习类型主要包括认知风格、学习策略、兴趣、态度等。学习类型的差异研究表明,幼儿在学习类型上存在某种偏好,比如,有的幼儿行事易冲动,有的则做事比较谨慎,有的喜欢通过触觉的动手操作来学习,有的则是视觉型学习者,

---

① 刘占兰,廖贻. 聚焦幼儿园教育教学的反思与评价[M]. 北京:北京师范大学出版社,2007.
② Hunt, D. E. Learning style and student needs: An introduction to conceptual level. In: NASSP, ed. Student learning style: diagnosing and programs. Reston, VA: Reston publishing company, 1979, 34-51.

有的则偏向于群体互动型学习。幼儿之间的性别角色差异更多的是社会建构的,尽管有研究者认为幼儿之间的性别差异远远不及他们之间的相似性,但是在日积月累的生活事件和文化环境中,性别差异也就形成了,比如男孩的数理逻辑能力和空间思维想象力比女孩更优,女孩则在阅读和写作上的表现更胜一筹。

幼儿学习过程的差异性,要求成人在教育中要关注到不同幼儿个体的不同发展需求,为不同发展需求的幼儿提供适宜的"支架";同时也要考虑到幼儿之间发展的差异是不可避免的,不能用单纯的"好"与"坏"或者能力的"强"与"弱"来评判孩子的学习与发展。

四、幼儿学习结果呈现多水平和多样化

建构主义学习理论认为知识由认知主体自我建构,并是区别于他人的。

不同的幼儿来自不同的家庭,受到不同的环境和教育等因素的影响,因而他们原有的知识结构存在较大差异。幼儿正是在新旧知识经验的整合中建构起自己对知识的理解,比如在娃娃家游戏中,小新当爸爸,游戏开始后他出去了一下,回来后看到妈妈在炒菜做饭,他很不满,气冲冲地走了。游戏分享时,老师才知道:小新认为炒菜做饭应该是爸爸来做的,妈妈不能做,因为在小新家就是爸爸做饭,妈妈从来不做饭。

不同幼儿身心发展的速度各不相同,在同一个学习活动中,不可能所有幼儿以同样的学习速度达到统一的学习要求。有的幼儿学习能力较强,只需简单的语言提示便能很好地完成任务,有的幼儿能力发展较弱,需要教师手把手地示范才能掌握学习要领。我们在幼儿园也经常能看到,同在大班,有的幼儿已经能够口算30以内的加减法,有的孩子在单独认识和书写"4"时也感到很吃力。如,在益智区,老师自制了一个小泥娃娃。从小到大一共7个,幼儿可以按娃娃身体的粗细给娃娃排队。当排好顺序后,娃娃也自然呈现出从矮到高的顺序排列。起先幼儿对材料很感兴趣,但随着幼儿对材料的熟悉,幼儿呈现出两种水平,一些幼儿排序时,常常将相邻的两个小人摆错位置,而不能自己发现错误;另一部分幼儿很快就能摆好,材料也很快对他们失去挑战性。[①]

由于影响幼儿发展因素具有差异性,幼儿学习过程中呈现出个性化的特征,所以其学习的最终结果,即每个幼儿头脑中所形成的认知结构会呈现出多样化和多水平的特点。作为教师,在教育中应多重视幼儿的发展差异性,在进行教学活动时要顺应不同幼儿的最近发展区,避免用整齐划一的标准去衡量所有的幼儿。

五、幼儿学习离不开社会交往

维果茨基的社会文化理论为我们理解幼儿的学习开拓了新的视野,他对社会环境和交

---

① 何艳萍.幼儿园区域活动的实践与探索[M].北京:北京师范大学出版社,2010:23.

往的强调表明了促进幼儿发展的更多可能性。研究也发现,社会相互作用对幼儿的认知发展有着不可忽视的重要作用。如贝伦德(Behrend)等人的研究发现,在幼儿早期,父母的积极引导和参与使得他们的孩子在解决挑战性的问题时,更多地使用个人语言进行自我指导,而且与其他的幼儿相比,在解决相同任务时,他们更容易成功。儿童的发展与其所处的社会背景不可分离,"儿童通过与更专业的同伴协作形成新的结构,这将导致发展向前进步。"①这些都涉及幼儿与他人的交往,说明幼儿在合作或与他人交往中学习的效果更佳。

交往使儿童获得多方面的学习与发展。幼儿社会交往主要集中于亲子交往、师幼交往和同伴交往。幼儿社会交往的作用在于:首先,交往有助于幼儿语言能力的发展,语言能力的形成离不开一定的语言环境,交往为幼儿提供了语言练习的自然环境,同时语言的发展也为幼儿更高水平的交往和学习提供了支持;其次,交往可以满足幼儿获得认可和支持的需要,幼儿的学习需要成人的支持和肯定,温馨和谐的氛围给幼儿带来安全感,也有助于幼儿更加积极主动地去探究;再次,交往使幼儿的自我意识得以发展,幼儿在交往中会发现原来他人和自己有不同的意识经验,意识到自己是一个独立的个体;最后,同伴之间的交往也是相互学习的过程,幼儿在操作中学习,在观察和模仿中学习,也在相互交往中学习。

第三节 支持幼儿的建构学习

建构主义视野下幼儿的学习特点启示着教育者:教育要促进幼儿的建构学习,必须尊重建构过程中幼儿的主体性,积极配合幼儿原有的认知水平,并提供支持性的社会条件。

一、尊重幼儿学习的主体地位

学习的主体性意味着学习应以幼儿为中心,从学习者个体出发,重视幼儿经验背景的丰富性和差异性,教师不能将知识作为绝对的真理传授给幼儿,而只能以辅导者和合作者的身份促进幼儿的知识建构。下面两个案例充分体现了教师对幼儿建构学习中主体性的尊重。

 案例 3-3

把学习的主动性还给幼儿②

离园前,几个小朋友在争抢吃鸡腿时剩下的骨头。文文说:"我先玩!"浩浩说:"我先拿到的!"琪琪大叫:"老师,我要玩!"看来,孩子们都喜欢这个"玩具"。怎样才能让孩子们在离园前都能玩一会儿呢?老师把问

---

① 劳拉·E.贝克.儿童发展[M].吴颖,等译.南京:江苏教育出版社,2002:369.
② 余燕.孩子们的新游戏——接着玩[J].早期教育(教师版),2009(10):52.

题抛给了孩子们。孩子们争先恐后地发表着自己的意见,并最终商量出一个玩法:一位小朋友拼摆一会儿,在10,9,8……3,2,1的倒计时后,换下一位小朋友接着拼摆,依此类推。大家都努力地拼摆同一个形象,并设法让这个形象更生动好看。最后老师问:"这是谁拼的作品?"孩子们七嘴八舌地回答着,最后恍然大悟。"它是所有小朋友一起拼的。我们给它起个名字吧,就叫——接着玩。"第二天,孩子们依然兴致勃勃,老师就给孩子们提了一个主题要求——拼个小人。孩子们认真地拼着,表现得不错,但是由于主题是老师预设的,孩子们玩得并不尽兴,显得比较机械,像是为了完成老师的任务而"玩"。于是老师把设定主题的权利交还给幼儿。孩子们的兴趣一直保持着。前后拼出了许多形象,像大树、蜗牛、房子,等等。

案例3-3中,教师以幼儿为中心,将学习的过程还给幼儿,让幼儿在具体情境中,自主生成真实的问题任务,在相互协商、共同合作中完成任务,自主构造符合情境的实践主体知识。

 案例3-4

争第一不如井然有序:幼儿来建构规则①

课间吃点心时,孩子们排队准备喝水,大家你挤我挤你,拥成一堆,虽然教师大声叫喊:"不要挤,排好队,慢慢来。"但是没人听,更有孩子像小火车一样冲撞到了第一,并且嘴里还嚷嚷着:"别挤,别挤!"面对这样的情境,教师没有像以前一样严厉喝止和惩罚,而是把它当做有意义的教育活动,把学习的机会留给孩子们。

再次吃点心活动时,教师不再喊叫,而是站在一旁静静地观察孩子们。几分钟以后,教师问:"以后咱们继续像今天这样排队好不好?"孩子们异口同声地说:"好!"上一次冲在最前面的那个孩子不高兴地说:"老师,刚才他还踩了我的脚呢。""老师,他还把我衣服都快挤破了"……看准时机,教师连忙提出问题:"那我们该怎么办呢?"于是孩子们你一言我一语讨论开来。最后孩子们达成了共识:每天选两个小朋友当小组长,男孩子一个,女孩子一个,小组长可以站第一,但是还要监督大家按秩序排队不要挤。由于规则是孩子们自己建立起来的,所以他们能很好地迁移和运用,现在全班幼儿逐渐地不止在吃点心活动中,甚至在其他集体活动中也不再拥挤,而是由小组长维持秩序,大家共同遵守规则。

案例3-4也体现了幼儿是建构规则和执行规则的主体。在现实生活中,教师要善于把发现问题和解决问题的机会留给幼儿,让幼儿通过讨论、角色互换、合作等方式不断地建构共同规则,树立个体在集体中的责任意识。

二、适应幼儿的经验和认知水平

幼儿积极主动地学习必须以已有的经验背景和认知结构为基础,因而在实际教学中,教师必须了解幼儿已有的经验背景和认知发展水平,教师为幼儿呈现的教学内容、教学方式要有利于幼儿积极主动地理解新知识。恰当的学习应该建立在幼儿已有的思维水平之上,教师们观察和倾听这些幼儿,引入能使他们去实践新方案,在幼儿表现出他们有兴趣或准备就

---

① 《排队喝水》,http://youer.28xl.com/bencandy-107-49198-1.htm(有删减和更改).

绪前,不要试图加快发展,因为这会导致对知识的肤浅认识而不是真正意义上的理解,幼儿自身心理发展的不成熟特点,决定了他们的学习进程比成人要"慢",而正是在这所谓的"慢"速学习中他们能够细心观察、细致品味,将新知识整合到已有的知识经验中。幼儿教育的内容不能超越幼儿的发展阶段,只有在符合思维发展特点的基础上才能加速思维的发展。

 案例3-5

> ### 他变得勇敢了①
>
> 夏熙博一直是班里比较受人瞩目的一个幼儿,因为他的动作发展不太好,所以在户外集体活动或游戏比赛时我总是降低对他的要求,小朋友也总在这个时候主动地照顾他、帮助他。
>
> 一次体育活动时走平衡木,其他小朋友能很迅速地走过平衡木,唯有他紧紧抓住我的手,慢慢地一步一步地向前挪,非常吃力。下午的户外活动时,我便叫他一起练习走平衡木。
>
> 开始时,只要有小朋友碰到或站在平衡木上,他就不敢走不敢动了。紧紧握住我的手,一步一步往前挪。"夏熙博,你要勇敢!别的小朋友能走,你也肯定能行!"我不断给他加油。几分钟后,他拉着我的手来回走了四五次之后,能慢慢地松开我的手了。尝试自己一个人走,虽然慢,但他在努力适应。在松开手走了三次之后,我开始纠正他的脚步。因为还是害怕,所以他的脚还是左脚找右脚,很慢。我提醒他将左右脚交替,并请李奕来示范。然后,他能用很小的步子,但还是需要老师的帮助。我扶着他左右脚交替走了几个来回,进行腿脚的练习,松开手后他能坚持走,虽然看上去还是很吃力,但比起刚开始时他已经进步了很多,而且他不怕累,一遍一遍地进行练习,没有说一句放弃的话。
>
> 有一次玩大型玩具时,我和他一起来到大型玩具的最高点。在攀爬的过程中,他的手一直紧紧握着我的手。上去之后我下来了想让他从上面滑下来。但他却跪在那里,手从栏杆里伸出来,叫着我,叫着他的妈妈。"夏熙博,加油!"站在我旁边的王紫怡向上面喊道,小朋友陆陆续续都过来了,"加油!""加油!夏熙博"……他不说话了,看着我们,考虑到有可能他会真的害怕或者出现其他状况,我找一个能力强的小朋友上去陪他,和他一起滑下来。他看上去很好,并没有太害怕的表现。我又让他在小朋友的陪伴下滑了几次,效果都比较好,他很高兴,并邀请我和他一起玩儿。

很明显,案例3-5中的夏熙博比同龄的其他幼儿动作发展相对迟缓一点,所以在集体体育活动中,很多在其他幼儿看来是轻而易举的动作他却很难完成。实际上在幼儿园同一个班级中,由于家庭教育背景及环境的不同,幼儿的先前经验存在较大的差异,能力有强有弱是不可避免的。作为教师应该了解幼儿的发展水平,了解每个幼儿的"最近发展区",而不是不顾孩子个体的现有发展水平,对所有的幼儿采用统一规划的发展要求,用"一刀切"的评价模式对待所有的孩子,这可能会导致能力强的幼儿越来越骄傲,能力差的幼儿越来越没有自信,不利于幼儿更好地发展。

---

① 经验——幼儿活动的基础,http://www.chnkid.com/show-12-23210-1.html(有删改)

案例 3-6

> **不会数数的大班孩子**①
>
> 个案观察：男孩泡泡刚从其他幼儿园转来，已经上大班了，还不会数数，对加减法没有概念。因为以前的幼儿园没有涉及数、计算的概念，因此他很排斥学习关于数的知识，没有一点兴趣。
>
> 个案分析：幼儿一般在三岁以后会产生数概念，理解数字代表的意义，继而慢慢学会加减法运算。但是，对数概念的认识是第一位的。泡泡在产生数概念的早期没有得到应有的教育，造成现在对数、加减法缺少兴趣和认识。
>
> 问题解决方案：
>
> （1）从最基本的开始，先让泡泡认识数字。把数字和实物结合起来，讲关于数字的故事，增添趣味性，并让泡泡明白其中的意义，让他在头脑中出现基本的数概念认识。兴趣是最好的老师，幼儿学习往往受多种兴趣的支配。如果有兴趣，他的精力集中，就能学得好、记得牢；反之，不但学不好，而且还会觉得新负担重，进而产生畏难情绪，结果挫伤了孩子学习的积极性。
>
> （2）通过实物排列、手指计算等方法，让泡泡学习基本的加减运算；通过数字游戏的方式，让他爱上数学。强调小步子教学，从3以内加法开始；直到熟练，再扩展到5以内的和8以内的加法；最后完成10以内的加法，再转向减法。其中，扩展的前提是熟练，没有熟练的话，可原地不动，不要过早进入下一阶段的学习。

案例 3-6 中的男孩泡泡在进该幼儿园之前没有数和计算的概念，他的已有知识经验中也缺乏相应数学知识基础，因而，按照本班目前的学习进度来要求泡泡是不可能的，他达不到要求。如果操之过急，反而给他增加不必要的负担，让他对数学知识的学习产生厌恶甚至畏惧之心。该教师在了解泡泡的学习现状之后，根据他的学习需求为他制定了相应的学习计划，从引起他对数学学习的兴趣入手，一步一步地引导他学习向前发展。

三、提供支持性的社会条件

按照建构主义的学习理论，学习是幼儿的自主建构，但是也需要外界环境的激发和支持。教师促进幼儿建构学习的方式有很多，例如，吸引幼儿的注意力；提前告诉幼儿学习的结果是什么；激发幼儿回忆先前的学习经验和生活经验；呈现促进因素；提供学习指导；促进幼儿把知识迁移到其他环境等。这些方法在具体的教学环境中可以灵活使用。

依托于建构主义学习理论而成的教学设计方法，其设计的教学流程可以给教师提供一定的理论和实践指导。具体流程是：情境→小组→桥梁→任务→展示→反思。

设置适当的教育情境是教育很关键的一步，学习环境中的情境必须有利于幼儿对所学内容的意义建构，能够对幼儿能力产生刺激的情境才能促进幼儿的求知欲，才能激发幼儿对

---

① 程跃.多元学习梯度发展[M].北京：北京师范大学出版社，2009：80-81.

自我的要求。合适的情境还包括丰富的材料和资源,能够随时满足幼儿实践想法的需要。

建立学习小组才能体现合作思考与共同操作的力量,并使幼儿养成与他人合作的习惯和提升合作能力。协作对学习资料的搜集与分析、假设的提出与验证、学习成果的评价直至意义的最终建构均有重要作用。

桥梁是指连接幼儿已有知识经验与现有学习任务的中介。要想学习新的知识,就必须能把它与已知的、已有的东西联系起来,形成自己对新内容的有意义的理解。对于同一事件,不同的人会根据他们不同的先前经验做出不同的解释,因此教师有必要去了解每个孩子是怎样建构自己的信息的,然后帮助他们以有意义的、令人信服的方式去接受新的经历。

一个任务就是一个尚待解决的问题。它会引出批判性的思维活动,能引起反思,也能激发创造力。

幼儿天生是喜欢社交的互动学习者,幼儿喜欢把自己的作品展示给他人看,教师还要注意引导学习者介绍自己的思维过程。

与情境的对话就是反思。教师要会收集资料,了解幼儿的想法,并鼓励幼儿审视自己的思维过程。

四、支持幼儿学习的个人建构

建构主义在承认知识获得的社会建构的同时也关注学习者的个人建构过程。同样,在幼儿学习中,我们也需要关注幼儿知识的个体建构,幼儿是如何自我建构知识的,幼儿自我建构中应该注意哪些问题,以及成人在幼儿个体建构中可以提供哪些方面的支持?

幼儿个体的先前经验与新知识的建构密切相关,因而作为教师要主意帮助幼儿丰富相关的学习经验。与中小学儿童不同,幼儿主要不是通过语言和符号文字来学习,幼儿的思维处于直觉行动思维和具体形象思维阶段,即对事物的直接感知和事物的直观形象特征是幼儿思维的重要支柱,对具体事物的操作、感知是儿童形成自己的经验结构和智慧结构的主要方式。因此,幼儿的学习更多的还是需要通过实践方式,需要在动手操作中、在真实情境的活动中丰富感性认识。在幼儿一日生活中,教师应更多地放手让幼儿去活动,不要盲目地为了杜绝安全隐患而牺牲本该属于幼儿的活动时间和活动机会;在教学活动中,教师也应注意给予幼儿动手操作、直接观察和实验的机会,让他们在参与的过程中获得直接的经验和体验,并能用语言和操作的方式表现出来;教师也应善于利用真实的日常生活情境,提出一些可能遇到的问题,鼓励幼儿去自主探索,解决特定情境中的问题。

 案例 3-7

科学区中的幼儿自主探究①

在新创设的科学活动区,我们为幼儿增添了5号电池、小灯泡和电线。区域活动的时候,小哲不知道从何玩起。于是他跑过来问我:"王老师,这些电池、小灯泡、电线是怎么玩的呀?""你觉得他们应该怎样玩啊?"我问。"我以前从来没有玩过,不知道。"他回答道。

于是我用一根线、一个电池和小灯泡串联起来,小灯泡亮了。小哲大声地叫出来:"亮了,噢,灯亮了。"这么一叫,又叫来一位小朋友,他们惊奇地叫:"灯亮了,灯怎么亮了?"

小哲问:"一个电池灯亮了,两个电池呢?"我说:"你来试试呀!"于是,小哲把两个电池摞在一起,灯更亮了。他又拿了一个电池放在上面,这次他将正负极放反了,结果电池不亮了,围在旁边的小朋友也着急了。

小哲叫道:"老师,老师,你看怎么不亮了?"我提醒他:"你检查检查哪儿出问题了?"

小哲说:"是不是灯泡坏了,该换了。"(说完他就换了一个灯泡,可是还是不亮。)看来不是灯泡的问题,那是怎么回事呢?哎,这两个电池的小包怎么对着呢,要是都朝一边会不会好?调整后,灯亮了,小哲和周围的小朋友都高兴地跳起来了。

上述案例中,教师在幼儿探究出现问题时,不是立刻告诉他们问题出在哪里,而是让幼儿自己探索,找出问题所在,而后自己解决问题。这种方法使幼儿的学习主动积极,并成功实现了幼儿自身的认知建构。游戏作为幼儿生活中的基本活动,也是幼儿最喜欢的活动,游戏中会涉及大量的幼儿自主探索、动手操作的机会,因而,幼儿教育中也应注重发挥游戏在幼儿学习中的作用。游戏不仅是幼儿练习已经掌握的知识技能的途径,同时也创造了幼儿的最近发展区,游戏也是幼儿调用已有经验解决新问题的途径。

不同幼儿学习过程呈现出不同的特点,作为教师首先应关注并尊重幼儿发展的个性化差异,也要注重为不同的幼儿搭建个性化学习的平台,如提供多样化的互动方式为不同学习类型的幼儿提供自主选择的机会,在活动中注重提供多样化的活动材料,为不同能力的幼儿提供多样化的选择和探索的机会。

思考与练习

1. 请说明皮亚杰的"自我中心式言语"理论与维果茨基的"个人言语"理论的区别。
2. 请利用建构主义学习理论分析幼儿的学习特点。
3. 请举例说明如何促进幼儿的个体建构学习。

---

① 黄珊.以儿童为本的教育研究与实践[M].北京:北京师范大学出版社,2010:99-100.

第四章　人本主义学习理论与幼儿学习

学习目标

1. 理解马斯洛的学习理论。
2. 理解罗杰斯的学习理论。
3. 能从罗杰斯学习理论分析幼儿学习心理。
4. 能联系幼儿学习实际理解马斯洛学习理论下的幼儿学习心理。
5. 在利用人本主义学习理论思想促进幼儿的学习方面形成自己的观点。

关键词

◆ 马斯洛的需求层次理论　◆ 罗杰斯的学习理论　◆ 幼儿学习心理　◆ 幼儿自主学习

幼儿学习案例

 案例 4—1

> **跃跃的需要**[①]
>
> 　　活动区里,李老师始终在观察指导一位叫跃跃的女孩玩调色游戏。跃跃不停地用手中的笔在盛有不同颜色的瓶子中蘸来蘸去,然后在纸上随意地涂抹着。李老师见此情景,拿出活动区中早已准备好的几幅画,请跃跃为画面上的青菜、西瓜、橘子涂色。可是跃跃似乎没有注意到图示的物品,依然沿用着自己的方法,在纸上"乱涂乱抹"。李老师便又换了一种指导策略,在欣赏孩子的涂抹中,引导孩子看一看画面上有什么,它们应该穿上什么颜色的衣服,不论李老师怎样引导,跃跃依然没有关注颜色与画面的关系,自始至终沉浸在自己的"乱涂乱抹"游戏中。
>
> 　　李老师说:"跃跃是这学期新转来的孩子,调色游戏应该是她第一次玩,考虑到跃跃缺少游戏的经验,才更多地关注和指导跃跃的游戏过程,但我的指导并没有影响到跃跃的行为,她只是在那'乱涂乱抹',我的指导并没有实现教育目标。"李老师带着失落的口气诉说着。

　　上述案例中,跃跃为什么对老师的引导无动于衷,而专心于自己的"乱涂乱抹"? 跃跃的

[①] 沈心燕.关注幼儿心理需要,把握与幼儿互动的节奏[J].学前教育:幼教版,2007(10):16—17.

需要究竟是什么？李老师应当怎么做呢？

第一节 人本主义学习理论概述

人本主义学习理论是建立在人本主义心理学研究的基础之上的。人本主义心理学（humanistic psychology）兴起于20世纪50年代的美国，对西方的教育思想、教育观念、教育目的、教育内容、教育方式等产生了极为深刻的影响。人本主义又称为人文主义（humanism），是指一种重视以人为中心的思想，强调人性、尊重人文价值、重视人伦关系以及人生责任的理念。人本主义心理学的主要观点是：①心理学的研究对象是"完整的健康的人"，倡导"全人化教育"；②强调潜能，认为生长与发展是人的本能；③人具有主动地、创造性地做出选择的权利；④人的本性中情感体验是极为重要的内容。人本主义心理学主要发起者是马斯洛（A. H. Maslow），影响较大的是罗杰斯（C. R. Rogers），此外，布根塔尔（J. F. T. Bugental）、罗洛·梅（R. May）、弗罗姆（E. Fromm）、库姆斯（A. Cobs）和奥尔波特（G. W. Allport）等人对人本主义心理学也有显著贡献，他们的学习观与教学观深刻地影响了世界范围内的教育改革，这一改革运动是与程序教学运动、学科结构运动齐名的20世纪三大教学运动之一。

美国心理学家雷伯（A. Reber）则认为，人本主义心理学是"一门探究高级的人类动机、自我发展、知识、理解与审美的科学"[①]。尽管人本主义心理学没有明确的定义，但是它强调"以人为本"，整体地研究人，因而得名。

一、马斯洛的学习理论

马斯洛（Abraham H. Maslow, 1908—1970），是美国社会心理学家、人格理论家和比较心理学家，人本主义心理学的主要发起者和理论家。曾任美国人格与社会心理学会主席和美国心理学会主席。

（一）内在学习论

马斯洛认为，外在学习（external learning）是单纯依赖强化和条件作用的学习。其着眼点在于灌输而不是理解，是一种被动、机械、传统的学习模式。他认为理想学校反对外在学习，倡导内在学习。所谓内在学习（internal learning），就是依靠学生内在驱动、充分开发潜能、达到自我实现的学习，这是一种自觉的、主动的、创造性的学习模式。这种内在的学习模式会促使学生主动地学习，充分发挥想象和创造性。

图4-1 马斯洛

---

① 车文博.人本主义心理学[M].杭州：浙江教育出版社，2003：3.

（二）需要层次论

马斯洛认为人类的动机由许多不同的需求所组成，在各需求之间又有顺序与高低层次之分，因此，该理论又称为需求层次理论(need-hierarchy theory)。马斯洛将人类动机分为以下七个需求层面：生理需求、安全需求、归属与爱的需求、尊重的需求、求知需求、审美需求和自我实现的需求。马斯洛把前四类需求定义为缺失需求，后三类为成长需求。缺失需求使人类得以生存，成长需求使我们能够更好地生活。两类需求根据对人的直接生存意义和生活意义的大小，呈阶梯状排列(见图4-2)。马斯洛认为这七种需求是从低级到高级排成一个层级，个体只有在低级需求得到部分满足后才会寻求高级需求的满足。

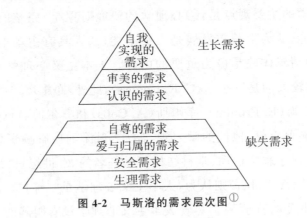

图4-2 马斯洛的需求层次图①

当较低层次的需求得到满足后，人最后要满足的是自我实现的需求。自我实现是使自己更加完备、完美，能够充分发挥自己能力，实现自己最大价值的需求。

人的学习也是高级需求，当人的低级需求得到满足之后，才可能积极主动地学习。

二、罗杰斯的学习理论

图4-3 罗杰斯

卡尔·兰塞姆·罗杰斯(Carl Ransom Rogers,1902—1987)，是当代美国人本主义心理学的主要代表"人物"之一。他"以学生为中心"的"非指导性"教学思想代表了在许多方面与传统教育相对立的新型教育模式。20世纪六七十年代在美国兴起的许多教育改革尝试，如"自由学校"、"开放课堂"、"个别化教育"以及80年代以来的"个性教育"、"情感教育"都与罗杰斯的人本主义教育思想的影响直接或间接相关。

（一）有意义学习论

罗杰斯也认为学习可以分为两类，它们分别处于意义连续体

---

① 蒋晓虹.教育心理学[M].济南：山东人民出版社,2014:198.

(continuum of meaning)的两端,即无意义学习和有意义学习。罗杰斯认为无意义学习类似于无意义音节的学习。学习者要记住这些无意义音节是一项困难的任务,因为它们是没有生气、枯燥乏味、无关紧要、很容易忘记的东西。它们一方面不容易学习,另一方面又容易遗忘。因此,这类学习只涉及心智(mind),是一种"在颈部以上"(from the neck up)的学习,即只涉及冷冰冰的认知发展,与个人的生活、情感、态度、经验无关,"现代教育的悲剧之一,就是认为惟有认知学习才是最重要的。"[①] 对此,他提出了意义学习的概念。所谓有意义学习(sinificant learning),是指一种使个体的行为、态度及个性发生重大变化的学习。这不仅是一种增长知识的学习,而且是一种与每个人各部分生活经验都融合在一起的学习。这种学习,对学习者本身具有意义并存在联系。

(二)自由学习

罗杰斯倡导的学习原则的核心是让学生自由学习。他认为只要教师信任学生的学习潜能,并愿意让学生自由学习,就会使学生在交往中形成适应自己风格的、促进学习的最佳方法。罗杰斯在《学习的自由》(Freedom to Learn)一书中对其进行了详细的介绍。基于自由学习的原则,罗杰斯认为教师的任务不是教给学生知识(这是行为主义强调的),也不是教学生学习的方法(这是认知学派强调的),而是要为学生提供学习的手段,由学生自己决定如何学习。教师是一个促进者,为学生提供各种学习资源以营造学习的气氛,使学生知道怎么学。罗杰斯曾列举了十种在他看来有助于促进幼儿学习的方法。

1. 问题情境现实化

如果要使幼儿全身心地投入学习活动,让幼儿成为一个自由和负责的个体,那就必须让幼儿面临对他们个人有意义的或有关的现实问题。但在许多学校教育中,意义学习最大的障碍就是幼儿与生活中所有的现实问题隔绝了。因此,教师应当善于发现那些对幼儿来说是现实的同时又与所教课程相关的问题。也就是说,由于幼儿每天生活在课堂中导致太脱离实际问题,所以必须让他们经历将来会成为他们真正问题的情境。

2. 学习资源和信息源丰富化

在人本主义心理学家看来,关注促进学习而不是教学功能的教师,在组织安排自己的时间和精力方面,不同于传统教师。教师是学习促进者,不应把大量时间放在组织教案和讲解上,而应放在为幼儿提供学习所需要的各种资源上,把精力集中在简化幼儿利用资源时必须经历的实际步骤上。幼儿的学习可采用不同方式,从不同的信息源来获取学习内容。

3. 社区资源

罗杰斯指出,在提供学习资源时,除了书籍、实验设备等外,人力资源也可能有助于幼儿学习,例如让幼儿了解一些医生的知识时,就可以请相关的医务工作者来幼儿园给幼儿直接

---

① 施良方.学习论[M].北京:人民教育出版社,1992:403.

讲解和演示。当然,教师也是最重要的资源,教师可以在不施加任何压力的情况下给学生以帮助。在社区中幼儿可以通过大自然学习,可以通过与专家交流学习,也可以通过各种媒介学习。从哪种信息源获取知识,应依照幼儿自己的意愿决定,这些社区的学习资源就是幼儿自由学习的另一条途径(见图4-4)。

图4-4 幼儿参观社区生活

4. 契约法

契约法又称公约制,是20世纪70年代在美国兴起的一种个别教学形式。人本主义心理学家认为,一种有助于幼儿在自由学习气氛内保证学有所得、并对学习承担责任的方式是使用契约法。它是鼓励幼儿与教师达成一个口头或书面的契约,约定好这一学期所要做的工作的种类和数量以及圆满完成这些工作所能得到的分数。在传统教学中,学习成绩的标准是由教师单方面决定的,学生对此无发言权。而在使用契约时,幼儿有机会参与确定评价的准则。想要得到较好成绩的幼儿,需要为自己制定能取得好成绩的个人工作计划,一旦工作完成后,就可以得到契约上的成绩等级。

5. 同伴教学

同伴教学是罗杰斯倡导的促进学习的一种有效方式,它对学生同伴双方都有好处。一项数学同伴教学实验结果表明,大多数被指导者的数学技能有所提高,只有约12%的人没有表现出或只表现出极小的进展。而更为重要的结果是,被指导者表现出更强的自信、更强的学习动机,以及对数学更好的态度,与此同时,指导者在自我确信和承担责任的意愿方面有所增强。

6. 差异分组学习

尽管人本主义心理学家竭力推崇自由学习,但他也认识到,如果把自由强加给那些不想要这种自由的人,同样是不合情理的。因此,当教师让幼儿自由学习,并对此承担起责任时,也应该为那些不想要这种自由、宁可要得到指教或指导的幼儿做出安排。一个简单而又有效的办法,是把幼儿分成两组:自我指导组和传统学习组。幼儿可以自由地选择、自由地进出,允许传统学习小组的幼儿参加自我指导组的讨论。罗杰斯认为,如果幼儿是自由的,那他们就应该有被动学习的自由以及自我发起学习的自由。

7. 探究训练

这个方法主要运用于近年来已引起人们日益重视的一种参与性和体验性学习中,就是科学探究活动。探究可以使幼儿体验到科学是一个不断变化的领域,而不是存在于封闭的、只有已发现事实的书籍之中。为了达到这个目的,教师应当为幼儿制定探究的步骤、创造探究的环境,为幼儿探究活动提供方便,尽可能使幼儿达到自主的发现,从而使幼儿在某种意义上成为科学家,寻找真正的问题答案,自己品尝科学家研究的艰辛和欢乐。例如学习认识蜗牛时,教师让幼儿去户外自己动手抓蜗牛,自己观察,自己总结蜗牛的外貌特点和生活习性,幼儿十分快乐地掌握了一些蜗牛的相关知识。幼儿可能学不到许多科学的"事实",但他们会形成一种"科学是永无止境"的探究精神,并认识到在任何真正的科学里都没有封闭性的结论。

8. 程序教学

尽管人本主义心理学家对程序教学所依赖的操作性条件作用的原理持否定态度,但他们却认为,程序教学这种强调小步子的学习,是促进学习的一种非常有用的工具。罗杰斯认为,一种编制合理、使用恰当的程序,可以有助于幼儿直接体验到满足感、掌握知识内容、理解学习过程,以及增强自信心,感到任何内容都是可以学会的。罗杰斯强调即时强化和奖励,而不是惩罚和评价,这是程序教学的有利因素。

9. 交友小组

交友小组(encounter group)最早是罗杰斯应用于心理治疗的方法,是通过集体活动的相互影响,来矫正一些不良行为及心理障碍。这种小组活动的目的,是要使每个参与者面临一种与人坦诚交流的情境,从而有助于解除各种戒备心理,以便在人与人之间形成一种自由的、直接的和自发的沟通。

10. 自我评价

尽管人本主义心理学家对分数的某些含义提出了批评,但他们并没有完全摒弃分数以及相关的评价,重点在于他们强调让幼儿自己决定他们的分数,因为学习者的自我评价,是使自我发起的学习成为一种负责学习的主要手段之一。罗杰斯认为,只有当学习者自己决定评价的准则、学习的目的以及达到的程度等时,他才是在真正地学习,才会对自己的学习真正地负责。所以,自我评价在促进学习中是极为重要的。如果教师对幼儿的评价和幼儿的自我评价差别太大,就要举行讨论会来解决,教师也允许幼儿自由地选择决定他们是否愿意获得一个教师评定的分数。

(三) 学生中心的教学观

罗杰斯提出了以学生为中心的教学思想,强调将学生视为教育的中心,学校为学生而设,教师为学生而教。学生有求知向上的潜在能力,只需为他们创设良好的学习环境,他们就会学到所需要的东西。"以学生为中心"既反对把学生视为"受本能支配的低能、弱智的生物",又反对把学生看作"较大的白鼠"和"较慢的电子计算机",实质上就是重视人、尊重人,强调学习中人的因素第一。罗杰斯在《一种存在的方式》一书中,曾对以学生为中心的教学做了全面的剖析。他将其非指导咨询的三个基本条件引入教育领域:一是真诚一致(congruence),即要求师生关系中要做到表里如一、真诚、完整而真实的人;二是无条件地积极关注

(unconditional positive regard),即看重、认可、欣赏学生的价值,并不以学生的某个特点、品质或者整体价值取舍为依据;三是同理心(empathy),即设身处地感同身受。罗杰斯认为积极的人际关系可以促进个人成长;教育具有整合的目的,是不断充实的、具有生活意义的成长历程;教师和学生一起成长,在学习中不断获得新的意义和启示。

第二节 人本主义学习理论下的幼儿学习

一、马斯洛学习理论下的幼儿学习

(一) 幼儿的学习以需求为基础

马斯洛提出的五大需求(生理、安全、爱与归属、尊重与自我实现)具有层次性并逐步深入,生理需求是一切需求的基础,如果幼儿处在饥寒交迫的情境之下,他们的缺失性需求尚得不到满足,那幼儿就没有足够的动力和心情去学习,去追求更高层次需求的满足。因此要最先并且更多关注幼儿的生理需求。

例如,一名幼儿需要发泄被压抑的精力(生理需求),可能在教室里会变得极度坐立不安,即便他的运动会遭到老师的责骂(而因此他要得到他人尊重的需求就无法得到满足)。而一名爱与归属的需要未得到满足的幼儿,她最喜欢的小朋友告诉她,她不想在鸭鸭餐厅活动区而是小天鹅医院活动区玩的时候,她可能选择放弃在鸭鸭餐厅玩,即便她很喜欢鸭鸭餐厅的游戏。

幼儿学习动机的产生是以生理、安全、爱与归属、尊重等需要的满足为基础,基本需要满足才能促进幼儿的学习与发展。

(二) 幼儿的学习具有"自我实现"的倾向

人本主义心理学家认为自我实现是个体成长的源泉,是人格形成发展、扩充、成熟的驱动力。马斯洛认为,"人对于自我发挥和完善的欲望,也就是一种使他的潜力得以实现的倾向。"即使是幼儿,也具有自我实现的倾向——一种逐渐领悟经验以追求完美地运用潜能的倾向、一种朝着独立成长方向前进的倾向。幼儿从3岁起就产生了上进的动机,他们通过"十万个为什么"了解更多领域,获得更大本领;他们希望得到老师更多的表扬,同伴更多的肯定,这些都是"自我实现"的倾向。也正是因为幼儿有自我实现的需求,才使得潜能得以实现、保持和增强。而幼儿人格的形成就是源于自我的这种倾向,它是人格形成和发展的关键。自我的正常发展需要两个基本条件:无条件的尊重和自尊。其中无条件的尊重是自尊产生的基础,因为只有别人尊重自己,自己才会尊重自己。如果自我正常发展的条件得以满足,那么幼儿就可以依据真实的自我行动和实践,进而促进自我潜能的发挥,成为自我实现者。自我实现作为最后的需求也是成长需求,它会促进幼儿的成长与发展。幼儿永远不会有完全满足的时候,幼儿的"自我实现"倾向促使其产生更高层次需求,要满足这些需求,幼儿必须不断学习。

(三)幼儿的学习具有内发性

马斯洛认为,外在学习(external learning)是单纯依赖强化和条件作用的学习,是一种被动又机械的学习方式,是教师一味灌输而不是让学习者通过理解学习,因此马斯洛提倡内在学习(internal learning)。内在学习是指依靠学生的内在驱动,充分发挥潜能,达到自我实现的学习,是一种自觉的、主动的创造性的学习方式,学习不能由外在条件作用,只能靠内发。幼儿本身就具有学习的潜能和自主学习能力。因此,幼儿的学习应该依靠幼儿与生俱来的成长潜能促进其自身主动地学习。幼儿教师要相信幼儿可以教育自己,不能强制幼儿的学习,学习的活动可以由幼儿自己选择和决定。

案例 4-2

> **孩子有自己学习的节奏**①
>
> 一次结构游戏中,教师让几位幼儿合作搭建一个见过的公园,教师没有去干涉他们,只是和其他幼儿在合作构造其他东西。活动结束时,教师惊奇地发现:在没有教师的帮助条件下,几个孩子共同合作搭建了一个有主题的公园,还给它起了一个好听的名字,大型游乐的设备,一应俱全。在这里孩子的想象力和创造力得到了充分的发展和体现。
>
> 又一次结构游戏活动,教师一而再,再而三地叮嘱这几个搭建公园的孩子:"一定要搭出来,要和上次一样漂亮!"孩子们开始动工了,这一次,教师对他们的工作给予了特别的关注,每看到幼儿停在那儿,或是搭得不合老师的意,教师就催促、干涉甚至让幼儿重来。活动结束了,公园还没有搭成功。

从案例 4-2 两个鲜明的事实中可以看出:幼儿具有搭建的内发性,在第一次搭建中自己思考,发挥想象力,主动搭建公园,可以自由确定选择搭建的内容,自主掌控搭建的进度等,因而能搭建出好的主题公园。第二次搭建中,教师忽略孩子的能力,而且教师过高的期望、过多的干预与指导,限制了他们想象创造能力的发挥。

二、罗杰斯学习理论下的幼儿学习

罗杰斯认为,对学习者有真正价值的是有意义学习,有意义学习的特征是"它使整个人沉浸在学习中——躯体的、情绪的和心智的;教学的方向来自学生;它导致学生不同的行为和态度;它由学生而不是教师对学习活动做出评价。"②有意义学习的四个特征在幼儿学习中也同样得到印证。

---

① 雷湘竹.学前儿童游戏[M].上海:华东师范大学出版社,2012:216.
② 杨鑫辉.新编心理学史[M].广州:暨南大学出版社,2004:385.

(一)幼儿的学习是以经验为中心的有意义学习

罗杰斯认为学生的学习有两种类型:认知学习和经验学习,其学习方式包括无意义学习和有意义学习。幼儿处于具体形象思维阶段,其学习很容易受生活经验的影响。因此幼儿的学习应以经验生长为中心,以幼儿的自发性和主动性为学习动力,把学习与幼儿的愿望、兴趣和需要有机结合起来形成有意义学习,进而有效促进个体的发展。

所谓以经验为中心的有意义学习,是指将幼儿各部分经验融合在一起的学习,以促进幼儿的行为、态度、个性不断完善的学习。也就是说幼儿以经验为中心的有意义学习是所学的知识能够促进幼儿的发展,全面渗入幼儿的人格和行动之中的学习。这种以经验为中心的有意义学习表现为四个特征:一是幼儿学习的专注性,即幼儿将自己的认知和情感全部投入学习活动中;二是幼儿学习的自发性,即幼儿基于内发的愿望主动进行探索、发现世界的意义;三是幼儿学习的全面性,即幼儿的学习是身心全面发展的学习,包括身体、认知和技能与情感、态度、能力等方面的全面发展;四是幼儿的自我评估性,即幼儿能在成人的指导下评估自己的学习需求与目标实现的情况以做进一步的学习计划。因此幼儿的学习能促进幼儿产生异议,并能纳入幼儿的学习经验系统之中。总之,幼儿以经验为中心的学习结合了幼儿情感、概念、需要、经验、观念和意义等,并在学习中促进幼儿成为完整的人。

 案例 4-3

> **流行中的教育契机**[①]
>
> 刚过完春节,我发现班上的小朋友天天都在唱《吉祥三宝》。他们有的扮唱妈妈的角色,有的演唱爸爸的角色,还有的唱小宝贝的角色,更有一些男生学着电视里的"小绵羊"在地上爬。
>
> 我问孩子们:"你们为什么这么喜欢《吉祥三宝》呢?"孩子们说:"好听。""那个小姐姐好乖哦。""小姐姐是个爱提问的学生,她好聪明哦。"我说:"是啊,小姐姐聪明好问,所以她能得到大家的喜欢啊!那我们再来听听另外一个小姑娘的问题,好吗?"于是我播放了法文歌曲《蝴蝶》。这也是一首由小女孩提问、老爷爷用歌唱回答的曲子。孩子们很快喜欢上了这首歌,都说这个小姑娘和《吉祥三宝》中的姐姐一样爱提问。我抓住机会问:"那今天周老师也让你们提问题,大家回家以后和爸爸妈妈一起上网、看书、查资料,一起找答案,每个小朋友都当解答问题的小博士,好吗?"孩子们的兴趣一下子被激发了起来,都积极地提问:"为什么海豚会救人?"等一大堆问题,我把孩子们的问题收集起来,让孩子们和爸爸妈妈一起上网、一起去购物中心看书查资料……答案公布的时间到了,孩子们都争先恐后地把答案告诉同学和老师。看着孩子们这么积极地参与到活动中来,我真得很开心。

上述案例中教师利用幼儿熟悉的流行音乐《吉祥三宝》作为契机,让幼儿在此经验基础上学习提问、学会自己解答问题或在大人的帮助下解决问题,是幼儿结合熟悉的生活经验进

[①] 邱兴.现代幼儿教育观念及实践[M].北京:高等教育出版社,2009:51-52.

行的有意义学习。

（二）幼儿的学习是内在潜能的发挥

罗杰斯认为人类具有学习的自然倾向或学习的内在潜能，幼儿也是一样。因此，幼儿的学习应是一种自发的、有目的、有选择的学习过程，幼儿在这一过程中得到满足和发展。但是，幼儿的内在学习潜能是需要激发的。

案例 4-4

每个孩子都可能是设计师①

"六一"一过，女孩子在美工区画纸上画了漂亮的裙子、彩色的手帕、各式的帽子等等。上课的时候，我让其中一个女生走到讲台上，给我们演示了用彩色笔在卫生纸上点上漂亮的五颜六色的小花点。他们发现，在卫生纸上轻轻地点上小花点，卫生纸就可以变成三张漂亮的手帕了。这样，孩子们的积极性更高了。男生好像是在和女生比赛一样，也不甘示弱。他们也要求展示作品。我一看，啊，真得很美！原来，他们拆开各种颜色水彩笔的塑料包装，把里面的海绵晒干，再用剪刀把海绵剪碎，贴出一只美丽的花孔雀。

周五的时候我在网上查有创意的一些作品给孩子们看，并引导性地问他们："看老师找的这些图片以后，你们有什么感想呢？"孩子们开始七嘴八舌地说："学校里的树叶、妈妈打毛衣的毛线、旧报纸、废纸盒，还有我们吃的开心果的壳、干花瓣……"顺着孩子的兴趣，我叫孩子们利用周末把可用的东西利用起来设计自己的作品。作品收上来的时候我发现：有的是用毛线粘贴、用蜡笔涂色的风景图；有的是把鸡蛋打碎后粘贴的小鸡宝宝……看着这些有创意的作品，我惊叹：每个孩子都可能是设计师！

上述案例中教师充分发挥孩子们的内在潜能，让幼儿根据自己的内在潜能来制作自己的作品，而幼儿内在潜能的发挥离不开幼儿教师的引导与教育。如果幼儿教师没有加以引导和教育，孩子们制作的潜能和创造性就会被抑制，停留于手帕的制作阶段。只要教师善于发现并给予指导，每个孩子都可以成为设计师，发挥自己的内在潜能。

（三）幼儿的学习是学会如何学习的过程

罗杰斯指出："只有学会如何学习和学会如何适应变化的人，只有意识到没有任何可靠的知识，唯有寻求知识和过程的人才是可靠的人，才是有教养的人。现代世界中，变化是唯一可以作为确立教育目标的依据，这种变化取决于过程而不取决于静止的知识。"②很多有意义的知识或经验不是从现成的知识中学到的，而是在活动的过程中获得的。幼儿通过实际参加学习活动，获得的不仅仅是知识，而是在学习过程中进行自我发现、自我评价和自我创造，从而获得有价值的、有意义的经验，获得如何进行学习的方法或经验。

（四）幼儿的学习是理解的过程

当代人本主义心理学的代表人物罗杰斯认为，学习不是机械的刺激和反应之间的连接

---

① 邱兴.现代幼儿教育观念及实践[M].北京：高等教育出版社，2009：53-54.
② 康永邦.学校也可以这样办[M].上海：华东师范大学出版社，2014：7.

的总和。个人的学习是个人对知觉的解释。具有不同经验的两个人在知觉同一事物时,往往会出现不一致的反应。罗杰斯认为这并不是所谓连接的不同,而是因为两个人对知觉的解释不同,所以他们所认识的世界以及对这个世界的反应也不同。例如,当两名幼儿同时被蒙住眼睛去触摸一只毛茸茸的兔子,一名幼儿摸到后觉得很兴奋,告诉老师摸起来很柔软很舒服,和他家里的毛绒玩具一样;而另一名幼儿摸到后急忙把手缩回,问老师是不是一只小狗,因为他曾被小狗咬到过,特别害怕毛茸茸的东西。因此,要了解一个人的学习过程,只了解外界情境或外界刺激显然是不够的,更重要的是要了解学习者对外界情境或刺激的解释。

第三节 依据人本主义学习理论促进幼儿学习

一、满足幼儿基本需要

人本主义强调幼儿需求的层次性。幼儿学习动机属于求知需求,而求知需求是建立在基本需求被满足的基础上的。因此,幼儿教师要关注幼儿的生理需求和安全需求,更要尊重幼儿自我实现与成就感的需求,同时兼顾幼儿游戏的需求。教师要根据各年龄阶段幼儿的生命成长需求、学习特点选择学习内容。生理需求和安全的满足是幼儿学习的基础和重要前提;安全需求(包括学习氛围、师幼良好互动等心理上的安全需求)的满足有利于提高幼儿学习的积极性和主动性;而爱与归属需求的满足(如教师的爱、幼儿班集体归属感等)则是影响幼儿积极学习的因素。

 案例 4-5

> **老师,我需要你**①
>
> 东东刚三岁,由于特殊的原因被安排到中班。他年龄小、乖巧、可爱、活泼开朗,每个老师都给予他特别的照顾。但是一段时间后,他总是不能安心学习,情绪十分低落并开始哭闹,对同伴有攻击性行为,并对老师说:"老师,我不喜欢你了。"
>
> 原来,东东在班上年龄最小,所以一直以来老师都给予他较多的关注。最近几天,班上新来了几个小朋友,老师整天忙于帮助新来的幼儿适应环境,照顾东东的时间自然少了。在这种情境下,东东就产生了一种失落情绪,以为老师不喜欢他了。他说:"老师,我不喜欢你了。"其实是想重新获得老师的关注。

从上述案例可以看出,归属和爱的需求是人类的基本需求,幼儿也一样,当归属和爱的需求得不到满足时,他们会产生很大的失落感、挫败感,当然也不能很好地从事其他学习活动。

---

① 郭丽华.幼儿被关注心理面面观[J].教育导刊:幼儿教育,2007(9):30—31.

二、了解幼儿不同需要

美国耶鲁大学克雷顿·奥尔德弗(Clayton Alderfer)根据马斯洛提出的需求层次理论,提出新的人本主义需求理论——"ERG"理论。该理论认为:"人们共存在三种核心需求:生存的需求、相互关系的需求和成长发展的需求。人在同一时间可能不止一种需求起作用;如果较高层次需求的满足受到抑制,人们对于较低层次的需求的渴望会变得更加强烈。"[①]在幼年时期,需求的顺序不是那么严格。把幼儿的需求作为一个整体来看,在成长的不同阶段、不同时期,其主导性需求的满足对幼儿的发展与学习起着关键作用。幼儿对学习价值的评价主要是看其学习是否能满足自己的需求。不同年龄段的幼儿会有不同的学习需求,并且每一个幼儿的学习需求都可能是不同的。幼儿向积极的方向发生改变或变化,往往是与幼儿的需求联系在一起的,发展的过程也是幼儿需求得到满足的过程,因此幼儿的学习内容应该指向他们的需求,学习内容的选择与实践是不断满足幼儿需求的过程,幼儿在满足需求的过程中不断实现自我价值。

三、尊重幼儿自主学习的权利

人本主义学习理论从幼儿自我实现和个人意义的角度出发,认为幼儿具有自发、自主的学习能力。因此要肯定幼儿学习的能力,尊重幼儿选择学习内容的权利,让幼儿根据自己的兴趣、需求和水平选择学习内容;同时尊重幼儿学习方式的选择,因为幼儿才是学习的主体。此外,应尊重幼儿游戏的权利。游戏是幼儿最好的学习方式,是最符合幼儿自由自在学习的方式,幼儿在游戏中交流、合作、解决问题其实就是幼儿的一种学习。

案例 4-6

> **尊重幼儿不同的学习方式**[②]
>
> 在一次关于汽车主题的探讨活动中,我让幼儿用各种方式描述他们看到的油罐车。他们有的在一起讨论,有的用笔将看到的油罐车画了下来,有的用橡皮泥进行造型,还有的去查阅相关的书籍。有一个平时很内向的小男孩,在美工区用各种各样的纸盒做了一辆车,通过他的介绍,大家才知道他做的是一辆多功能的油罐车。他为这辆车设计了一个降低温度的水箱,还设计了一个挡太阳的篷子。他丰富的想象力和动手操

---

① 唐玉萍主编.幼儿园课程研究丛书 经验课程在探索中生发[M].南京:南京师范大学出版社,2001:86.
② 屠长萍.经验课程:在探索中生长[M].南京:南京师范大学出版社,2011:9.

作能力不得不令我惊讶。从这一活动中可以看出,幼儿有自己的智能优势,而且各不相同,有的倾向于通过语言完成学习,有的却倾向于通过手工制作去完成。教师应理解尊重幼儿不同的学习方式,让幼儿在我们创设的环境中主动学习,将学习变成一种享受而不是负担。我想这是我们每个教师的责任。

案例4-6中尊重和理解了幼儿的不同学习方式,使幼儿在学习中自由而轻松。

四、尽力让幼儿有意义学习

幼儿的学习主要以行为实践为主,直接参与的经验是幼儿学习的要素,幼儿学习应该以其真实的经验和真实的事件为基础。人本主义强调幼儿以经验为中心的有意义学习,而贴近幼儿生活的学习实际上就是以幼儿生活经验为基础的有意义学习。因此幼儿学习应该与幼儿的生活息息相关,学习的内容来自幼儿身边真实的人、事、物等,教师应引领幼儿回归自己的生活世界提升自己的学习经验和生活经验,促使幼儿成为学习的主体。这一些生活经验可以来源于三个方面。一是家庭生活:家庭是幼儿出生后接触的第一个社会环境和第一所学校,是幼儿最熟悉、最亲切的环境,因而也是最贴近幼儿生活经验的内容,也更能促进幼儿的有意义学习。二是幼儿园生活:幼儿园是幼儿人生中的第二所学校,是幼儿独立面对社会的开端,幼儿入园后,白天主要在园度过,他们在幼儿园接触的事物、人、活动都是与他们在园生活息息相关,也是最贴近幼儿生活的学习内容。三是社会生活:社会生活是幼儿家庭和幼儿园生活的扩展,包括社区和社会环境,其中社区生活是幼儿直接接触的社会生活,如社区的游乐城、公园、餐厅、超市、邮局等等也可以成为幼儿学习的一部分。总之,幼儿的学习要结合生活经验以促进幼儿身心的发展,教师应有计划地、经常地组织幼儿参观成人的各种工作环境,丰富幼儿的经验。

案例4-7

忙碌的服装加工厂①

服装加工厂的制作师们正忙得不亦乐乎,他们根据顾客送来的订单图样设计、制作服装。加工好的服装被送货员陆续送到超市和其他地方。送货员(幼儿A)拿着一张订单告诉总经理(幼儿B):"时装表演队还要订购一件公主裙,是有亮片的。"总经理说:"好吧,你去量尺寸吧!"过了一会儿,总经理看看小钟,已经"走"了三格(教师拨的),他拿起小铃晃了晃,嘴里叫着:"下班了! 星星组的先下班。"说着,他拿起加工记录表给工人发工资。发完工资,总经理又招呼大家:"上车上车吧,我送你们回家!"工人们一个个都搭上了总经理的"职工接送专车"。下车后,制作师(幼儿C)蹦跳着跑向娃娃家:"我肚子好饿啦! 快煮好吃的给我!"幼儿D快乐地冲向超市:"我给宝宝买好吃的!"……加工厂里还剩下月亮组的工人们在继续加工服装。

---

① 林菁.幼儿园创造性游戏指导与实施[M].福州:福建人民出版社,2011:57-58.

从这个案例中可以看出游戏情节丰富而生动,幼儿角色扮演逼真。同时揭示了幼儿具有各种相关的社会生活经验,而他们这一种经验的学习和理解恰恰是幼儿自主学习的主要内容。如幼儿开展游戏和家长一起经历收集时装表演服装及服装加工VCD、参观服装店;幼儿园上的自然测量活动中学习量体裁衣、学习时钟、学习数量统计、学习手工制作等。幼儿生活和游戏经验支持幼儿学习,也进一步提升和巩固了他们的学习。

五、鼓励幼儿进行自我教育

自我教育的根本问题在于主观能动性的发挥,其产生的基础在于自我评价的能力。幼儿自我评价能力低下,一般不会进行自我教育。在家庭教育和幼儿园教育的过程中,我们可以利用幼儿有"自我实现"需求这一心理特点,引导幼儿学会"自我教育",如引导幼儿进行自我评价、自我批评、自我控制等。利用幼儿自我实现的需求,引导幼儿进行自我教育的方法很多。具体地说,我们可以从这样几个方面入手:在认知方面,引导他们产生更强的求知欲,激发他们主动地学习知识,掌握更多的本领;在情感方面,引导他们自觉主动地去关心人、同情人,做个品质好、受人称赞的好孩子;在意志方面,引导他们明确自我需求、进行自我行为控制,使他们能够逐渐做到按照自己或老师、父母等设计的目标、计划去行动,同时,提高自信心,增强经受挫折的能力。

六、促进幼儿学会适应和学习

人本主义理论认为学习的关键是学习者面对处于变迁中的世界时知道如何学习。变化是确立教育目标的根据。因此幼儿应学会如何学习,学会如何适应变化,以适应社会要求,充分发挥自己的作用。想要学会如何学习,幼儿必须认真地参与学习过程。如何让幼儿参与学习的过程呢?首先应让幼儿面临真正的问题,即幼儿自主选择的有价值的问题而不是教师灌输给幼儿的问题;其次,让幼儿选择自己的学习方式,主动地参与学习过程。基于这两个条件,教师需要尊重幼儿学习的潜力;平衡好师幼关系;及时了解幼儿内心反应;提供多种手段,包括材料的提供、及时的指导干预、布置环境等。

案例4-8

一位幼儿教师的日记[①]

今天我将做灯笼的每一个步骤仔细地用图示的形式画在了黑板上,把对折和剪贴的图案进行了放大,并为每个幼儿准备了很多彩纸。活动开始了,小朋友们激动地纷纷议论开了,我没有阻止他们。过了一阵子,孩子们的情绪渐渐平缓下来,开始剪了起来……此活动是在幼儿已具备了将纸对折、剪贴图案的经验上

---

① 我的反思. http://i.yunxiu.com/blog/9122940/46112572602443!cateId=0(有删改)

进行的。活动进行中,我始终观察着孩子们的活动。当李星雨碰到困难求助我时,我微笑着说:"你再仔细地看看、试试。"孩子们就在我的不断鼓励下一次次投入自己的探索中。一段时间后,小语、形形、乐乐等几个幼儿举着自己的作品兴冲冲跑到我面前,自豪地说:"我完成了!"我以赞许的口吻给予了肯定:"你们真能干,剪得也很漂亮。"他们回到座位后又开始了新一轮的创作。

正在这时我发现妍妍小朋友的桌上已有好几张剪破的彩纸,观察许久发现她根本没有动过,于是我又问她:"你怎么不剪呢?"妍妍有点为难,小声地说:"我不会。"我仔细地看了看剪坏的灯笼,发现她每一次都犯了同样的错误:把灯笼折的线剪反了。于是我观察了一下旁边,对她说:"形形做得很好,让她来帮你吧!"于是,在形形的帮助下,妍妍也完成了她的第一个灯笼。在成果展示交流会上,很多幼儿都高兴地介绍着自己的作品。

从上述案例中可以看出教师并没有直接给幼儿灌输制作的方法,而是让妍妍在同伴的帮助下学会了做灯笼,学会如何去学习,教育的真谛就在此。

七、激发幼儿的潜能

罗杰斯认为,人有高于一般动物的心理潜能。这种潜能是指人生来就具有的掌握知识、形成品德的可能性,每个人都具有优秀潜能,每个人都有使自己的潜能得到充分发挥的条件和权利。而后天的教育必须创造一种适宜的环境条件,使之得以发挥和实现。因而幼儿园教育的主要职能就在于在适应社会需要的过程中发掘人的潜能,教师的任务就是要帮助幼儿不断打开他获得经验的道路,促使幼儿成为一个充分发挥作用的人。如此,必然使幼儿产生"天生我材必有用"的自信,也势必使教师关心、爱护、尊重每个幼儿,同时产生巨大的期望效应。

思考与练习

1. 用自己的观点谈谈人本主义学习理论对理解幼儿学习的启示。
2. 根据人本主义的学习理论,你认为应如何促进幼儿学习。
3. 从人本主义学习理论分析应如何为幼儿创设学习环境。
4. 试用人本主义学习理论分析某一幼儿园某班幼儿的学习特点。
5. 案例分析:
结合罗杰斯的学习理论分析下面案例中幼儿的学习心理。

案例 4-9

加速度圆舞曲

在大班音乐欣赏活动"加速度圆舞曲"中,教师 B 身披黑色披风,指着一瓶无色纯净水,让瓶子做旋转绕圈动作,背景音乐就是《加速度圆舞曲》。在 20 名幼儿的注视下,"奇迹"发生了,纯净水慢慢变红了,最后变成了大红色,孩子们惊叹不已。原来教师B在做教具用的矿泉水瓶盖上涂了红色颜料,抖动瓶子里的水冲洗颜料,"奇迹"就发生了。教师B对孩子们说:"如果你们也学会了魔术,你们的水也会变色!"孩子们随之雀跃,开始随音乐舞动起来,但是当他们认真地对着自己的那瓶水"发功"时,奇迹并没有发生。孩子们脸露倦怠和失望,好像上当受骗一般。教师B无视孩子们的情感,继续她的教学,让孩子们欣赏表示乐曲的图谱,感受音乐的加速特征。

第五章　婴幼儿学习的一般特点

学习目标

1. 理解幼儿学习的概念。
2. 识记早期婴儿学习的主要表现。
3. 理解并分析婴儿学习的变化。
4. 理解并记忆幼儿学习的分类。
5. 掌握幼儿的几种主要学习。
6. 理解幼儿的操作学习。
7. 掌握婴幼儿学习的主要特点。

关键词

◆ 婴儿学习　◆ 幼儿学习方式　◆ 幼儿学习类型　◆ 幼儿学习特点

幼儿学习案例

案例 5-1

带　书

班上幼儿都喜欢将家里的书带来幼儿园与其他小朋友分享,但优优不愿意。一天,优优向老师告状:"老师,浩浩不给我书看。"老师问原因,浩浩回答:"优优不带书,还总抢我的。"老师问优优:"你喜欢看书,为什么不带书到幼儿园呢?"优优说:"我怕别人撕坏了。"老师说:"如果大家都不带书来,就没有书看了。如果大家都爱护书,也就不会撕坏了呀!"第二天,优优带书来了。

案例 5-2

观察小蚂蚁

一天,几个幼儿在活动地板上发现了一只金色的小蚂蚁,他们一边在那里观察,一边说"它为什么是金色的呢?""它的眼睛在哪里呢?""它有鼻子吗?""它和其他蚂蚁长得一样吗?""哎呀,太小了,看不清怎么办呢?"突然,一个幼儿想起班上有一个放大镜,于是,幼儿拿来放大镜对着小蚂蚁观看,"哦,它的头是这样的。""这是它的眼睛、嘴巴、还有……。"

案例 5-3

做卫生

今天是班上做卫生的时间,老师进行了安排,有的幼儿负责整理图书,有的幼儿负责整理玩具,有的幼儿负责整理娃娃家,孩子们干得热火朝天;他们一边干一边提出合理建议,将玩具框排成横排,看上去更整齐;将美工区的材料放在柜子上,拿起来更方便等。不一会,在老师的带领下教室里的东西被整理得整整齐齐。

以上案例是幼儿的学习活动。他们在其中学习了社会交往、自然科学和集体劳动。

研究幼儿的教育和发展,必须要研究幼儿的学习,因为个体的发展与学习息息相关,个体正是在学习中成长起来的。

第一节 学习与婴幼儿学习

要研究学习首先必须弄清楚什么是学习,确定学习的内涵和外延。婴幼儿处于人类最年幼的时期,虽然他们的学习一定具有人类学习的共同特征,但因为他们的身心发展特点,与成人的学习会有很大的差别。

一、学习的概念

什么是学习?关于学习的概念,心理学家依据自己的研究各持己见。行为主义者认为,学习是由经验引起的个体行为的相对持久的变化[1],是刺激与反应的连接,是强化的结果;认知主义者认为,学习是学习者内部认知结构的活动,是认知结构的形成与改变;建构主义者认为,学习是个体积极自我建构或与他人交往过程中共同建构的结果;人本主义者认为,学习是个体的自我需要,是自我选择和改变的过程。多种意见不断争论,最终形成了一个大多数人认可的概念:学习是人和动物所共有的心理现象,是在个体出生后的生活过程中获得经验的过程,即由经验引起个体相对持久的行为或行为潜能发生变化的过程。这一定义是学习的广义定义。

在这一定义下,学习必须具有下列几个基本特征:

(1)学习是一个过程。学习从开始发动到最后结束,有其自身发生发展的活动过程,这

---

[1] 皮连生.学与教的心理学[M].上海:华东师范大学出版社 2003:94.

个过程反映了个体与外界的相互作用,也就是说,学习是在个体与环境相互作用的过程中完成的。

(2) 学习过程的结果必然表现为变化。学习的变化可以是外显的行为,也可以是内部隐藏的心理活动,诸如情感、态度、兴趣等潜在的心理变化。

(3) 学习的变化只能是由经验引起的。学习过程中其他因素引起的变化不是学习的结果。即学习的变化是在学习者的观察、操作行为过程中引起,是后天所得而非先天赐予,是亲身经历和接触事物所引起,而非由药物、疲劳或其他生理因素所导致。

(4) 学习引起的变化相对持久。由于学习是一种活动,学习结果是因个体多次与客观事物相互作用而产生,因而其表现为变化的结果,保持时间相对比较持久。

所以,虽然读书、练习、训练与学习有直接的关系,有时它们就是学习活动本身,但是,如果只有这些活动的形式而没有变化的结果,这种活动严格意义上说不能称之为学习。

学生的学习是学习概念下的一种特殊学习,是指学生在学校要求下完成的有目的、有计划的系统学习,是教师引导下学生朝着社会所要求的方向发展的学习。这是学习的狭义定义。

人类个体最早期的学习,肯定不是在学校中,也不是在教师指导下完成的;而是在生活中,在与抚养者的相互作用中,自然而然地进行着的。只有当儿童进入了幼托机构以后,他们的学习才更多的是在教师的引导下、在与同伴的相互交往中完成。

二、婴幼儿学习

婴幼儿是人类最早的个体,其身体正在快速发育,心理处于发生和开始发展的最早时期,身体的活动能力有限,心理的发展水平很低。但是,他们从出生起就一直在不停地学习。他们的学习为后续的学习奠定了基础。

婴幼儿学习不仅仅局限于幼托机构,故取学习的广义定义比较合适。婴幼儿学习是指儿童诞生后在与环境相互作用的过程中获得某种经验,从而导致心理行为发生改变的过程。其学习既具有学习的基本特征,也有其特殊特征。

(一) 婴幼儿的学习是他们与生活环境相互作用以获得经验的过程

婴幼儿的学习同样也是在个体与环境相互作用中完成的,由于他们是人类最早的个体,受生理发展的局限,他们只能或主要在生活环境中学习,以便获得对世界的最初认识和最简单的生活本领。在婴儿时期,他们只能完全被动地接受成人提供的环境,自己不可能进行任何选择,所以,学习什么,不学习什么,如何学习,如何与他人进行互动,完全取决于环境条件。但是随着婴幼儿年龄的增加,他们可以自由活动,也开始发挥自己的主观能动性,能在自己可控的范围内,选择自己的学习内容,也会以自己独特的学习方式进行学习。所以,婴幼儿的学习与所提供的刺激环境密切相关,也与他们逐渐形成起来的独特的学习行为、学习倾向、学习态度、学习方式、学习能力密切相关。一个爱打人的婴幼儿,在环境中不断地与其他婴幼儿和成人发生作用。如果他被孤立,没有游戏伙伴,成人也批评并纠正其行为,他便会慢慢地学会如何与其他人相处。

婴幼儿年龄小,其最早的经验可能完全是依靠感知获得的,但随着年龄增长,记忆、注意、想象、思维、个性等心理特征都会相继出现并发展,学习能力不断增强,获得的经验数量增多,而且反映的内容既有事物的外部特征,也有事物的内部特征,还有事物与事物之间的联系,他们会不断地与外界进行具有独特特点的相互作用,学习便在这种相互作用中发生和进行。而且,随着婴幼儿的年龄增长,其心理活动的有意性逐渐出现和完善,学习也不再是停留在完全受刺激物的吸引和完全接受成人的影响上,他们可以是在完全无意识状态中进行学习,也可以是在自己的兴趣支配下学习,还可能是自己有意识的主动学习。

(二)婴幼儿的学习结果就是其心理和行为的变化

婴幼儿学习引起的变化同样有外显和内隐两种。最早的变化自然是可见的外显行为变化,如婴幼儿突然表现出喜欢看见人,会自觉地对人微笑,会对不同的人表现出不同的表情;婴幼儿会咿呀学语,逐渐地会发出与语音接近的声音,再过一段时间,婴幼儿又会说出词语和简单的句子;婴幼儿会走路、会跑步,攀登;婴幼儿会双手操作、摆弄玩具,婴幼儿会拿勺子吃饭,很快他们又会使用筷子等。总之,他们会学会很多的内容,甚至可以帮成人扫地、拿碗,收拾自己的玩具,自己穿脱衣服,做很多的自我服务劳动,也能帮成人做一些力所能及的事情,会解决一些生活中的问题。这些变化都是或人用眼睛可以看得见的,是外显的变化。

事实上,婴幼儿还有很多变化是成人的眼睛看不见但可以感觉到的,或者说可以分析和推断出来的。如婴幼儿会在出生后6个月左右产生依恋的情感,这种情感是通过婴儿对母亲的态度和行为表现分析出来的;婴幼儿会产生对某些事物的兴趣,这种兴趣是通过婴幼儿对某一事物的特别喜欢的行为,或者不断的选择倾向推断出来的;婴幼儿的智力发展,是通过婴幼儿经常解决问题时的表现,分析出来的。

婴幼儿的内部心理变化有时也会暂时不表现出来,但只要成人用心地观察和分析,还是会逐渐地发现婴幼儿的变化。

不论是外显的,还是内隐的变化都是婴幼儿成长所必须的,也是婴幼儿学习的结果。成人的作用就是引导婴幼儿的学习过程,使他们的学习结果,指向社会所需要的以及婴幼儿发展和幸福所需要的内容。

(三)婴幼儿由本能、成熟、药物、适应等引起的变化不是学习结果

随着年龄的增长,婴幼儿的身体和心理会发生变化,这些变化中有些可能是学习的结果,有些可能不是学习的结果。婴幼儿的生理变化有些是自然生长的结果,如身高、体重,甚至动作发展的基本顺序主要受先天遗传的影响,环境影响的作用相对较小。婴幼儿的气质也主要受先天的高级神经活动特点的影响,并且其特征会不断地在婴幼儿的活动中表现出

来,使每一个婴幼儿带有自己独特的心理活动动力特征,这种特征不是学来的。但人们会发现婴幼儿的相应变化,这种变化融合在婴幼儿的各种行为中,与婴幼儿的学习结果合为一体,很难区分。

研究婴幼儿的学习时一定要善于区分哪些是学习的结果,哪些是生理特征逐渐成熟或者生理功能的表现。

婴幼儿在成长过程中会生病吃药,有些药物会引起婴幼儿一段时间的行为变化,这些变化显然不是学习结果。还有,婴幼儿在长时间或经常的学习过程中,会逐渐适应学习过程本身,这种适应会表现在学习行为的变化之中,研究者也要善于区分这些变化,以免混淆学习的结果。

(四) 婴幼儿的学习完成是一个渐进的过程。

婴幼儿年龄小,经验少,学习常常需要更多的练习、观察、操作等与事物的不断交互作用,学习的结果不一定能立刻表现,需要一定的时间。

婴幼儿主要在生活中学习,学习的内容也是生活中的知识、技能、情感、兴趣、倾向等,很多学习内容成人看起来简单,但对于知识经验缺乏、身体发育有限、心理能力很低的婴幼儿来说,要获得学习结果却不是容易的事,存在不同程度的困难。如婴幼儿学习拿筷子吃饭,这件事对于成人来说轻而易举,但对于婴幼儿却很不容易。拿筷子的动作,需要婴幼儿手的小肌肉动作发展到一定的程度,需要几个手指的协调,还需要手和眼的配合,这三项基本条件缺一不可。满足了这三项条件之后,还需要反复练习,刚开始可能婴幼儿根本就不能拿稳筷子,而后可能筷子夹不住菜,或者夹住了却送不到嘴里,有一大半都掉到桌子上或衣服上。总之,掌握这一技能需要一段时间的操作练习,在练习过程中还要成人不断地指导和纠正。

所以,婴幼儿的学习可能需要更多的学习时间,需要成人制定更切合他们实际能力的目标,需要成人更加耐心的指导。

第二节 婴儿的学习

一、婴儿最早的学习表现

婴儿刚出生时有没有学习?如何判定其是否学习?如何学习?学会了什么?要弄清楚这些,就要对婴儿早期学习的基本状况进行较为全面的了解。在对这些问题的研究中发现,如何判定婴儿是否学习是问题的关键。因为,只有找到了判定的标准,才能通过观察了解并分析婴儿是否学习以及如何学习。通常,研究者是依据学习的定义来判定婴儿的学习的。由于早期婴儿没有语言,表情也十分简单,所以,基本上是依据其行为的变化来判定其是否学习,或者是学到了什么的。随着年龄的增长,婴儿口语能力和表现能力逐渐发展,他们的学习也会有更多的外部表现,这些表现的变化能反映出婴儿的学习状况。

(一)习惯化与去习惯化

婴儿在面对同一种刺激时反应发生了变化,这是婴儿早期学习的一种表现。习惯化与去习惯化便反映出婴儿在不同条件下面对相同刺激时的不同反应。

习惯化是因刺激物的不断重复出现而导致个体对其反应减少或强度降低的现象。去习惯化是指个体对熟悉刺激物的反应增加或加强的现象。

婴儿生而具有探究反射,对所有的新异刺激都会发生特别注意,朝向反射便是其中之一。但是,随着时间的延长和多次的注意,婴儿会识别该刺激物是否发生了变化,如果刺激物没有发生变化,婴儿的反应会减弱或反应次数减少,这便是习惯化。它反映了婴儿已经熟悉了该事物及其表面特征,该事物对其已经不再具有强烈的吸引力,新奇的东西变成了熟悉的,未知的东西变成了已知的。如果过了一段时间该刺激突然发生了某些新的变化,婴儿发现后会重新加以注意,这便是去习惯化。

这种现象在婴儿生活的早期表现得特别明显。研究者一般是通过婴儿的呼吸、心跳、注视时间、吸吮反射、眼动及大脑活动等反应,来判定婴儿的习惯化和去习惯化的。

一个正常的婴儿通常会在新异刺激第一次出现时,停止正在进行的吮吸,把注意力转向新的刺激,直到刺激消失才重新吮吸。同样的声音和图片一遍又一遍重复出现后,它们便失去了新异性,婴儿将不再停止吮吸了。①

实验:研究者先向婴儿呈现一幅婴儿的照片,让他注视,一段时间以后,再次向婴儿呈现这张照片,但同时并排呈现另一幅秃头男士的照片。结果发现,婴儿看男人照片时显得不习惯(花费很多的时间),表明他们记得了婴儿的照片,发现了那人的脸与婴儿脸的不同。

习惯化与去习惯化反映了婴儿最早的记忆能力,并且有人研究婴儿的表现情况,能预测其后来的智力发展。婴儿反应的速度与3~11岁儿童智商之间有一定程度的相关,它可以评估思考的敏捷性、聪明的特征,可能是智力的一个有效的早期指数。

婴儿出生后对外界的万千事物皆有兴趣,都想探究,但身体的发育和适应需要他们有更多的时间休息,习惯化可以帮助婴儿对外界刺激有选择地进行观察探究,以保证大脑有足够的休息时间。去习惯化又能使他们随时对外界保持警惕,发现新的变化。

(二)各种条件反射的建立

从巴甫洛夫创立条件反射学说开始,心理学家便认定,条件反射的建立就是一种学习,这种学习被称为条件学习。后来斯金纳发现了操作条件反射,条件反射便出现了两种:一种是巴甫洛夫的经典条件反射,一种是斯金纳的操作条件反射。于是,学习也分为了两种:一

---

① [美]戴安娜·帕帕拉,等.发展心理学[M].李西营,等译.北京:人民邮电出版社,2013:187.

种是经典条件学习,一种是操作条件学习。在婴儿时期,研究者观察发现,婴儿早期已经存在这两种学习。

1. 经典条件学习

经典条件反射的学习即信号学习。当婴儿能够将某一刺激物认定为另一刺激物出现的信号时,婴儿的经典条件反射便已经建立。

图 5-1 婴儿信号学习

实验1:每次给新生儿吮吸带有甜味的水之前轻敲一下他的头,很快他就学会在只轻敲一下他的头时转过头并开始吮吸。显然,婴儿一出生,经典条件学习便已经开始。

实验2:抚摸婴儿的脸引起婴儿转动头部,是无条件反应;如果在抚摸婴儿的脸之前,响起一段音乐,最终让他们学会不需要抚摸,只听音乐也会转头。还可以用音乐与吃奶结合,多次重复以后,婴儿也能学会音乐响起,不给奶头也引起吸吮反应。

实验3:将一个条件刺激与一个无条件刺激通过强化手段联系起来。给婴儿放一段音乐,随后婴儿转头,婴儿一转头,实验者便给以糖水强化。如果放音乐后,婴儿没有马上转头,实验者可以将婴儿的头转过来,再给以强化,训练婴儿一听到音乐就主动转头,当婴儿的反应稳定,训练停止。用同样的方法也可以训练婴儿听蜂鸣声将头转向某一个方向。①

图 5-2 幼儿学习夹弹珠

以上是人工条件反射的建立,说明生活中只要有相应的条件,婴儿便可以进行经典条件反射的学习。事实上,在自然的生活条件下,婴儿经典条件反射的建立一般明显表现在出生后一周左右,所建立的条件反射有哺乳姿势条件反射等。随后,婴儿会在生活中逐渐熟悉各种事物之间的关系,了解它们在时间上的接近与距离,很快会将那些时间上接近的事物看成具有某种信号意义,随之建立各种条件反射。

婴儿的经典条件反射最初是在无条件反射的基础上建立的,后期则可以在原有的条件反射基础上完成。形成条件反射的情境也是多样的,可以是自然的情境,也可能是人为的情境。通过信号学习,婴儿获得了外界事物之间在时间上的关系认识,也获得了对这种关系的意义认知,是最早的情感、态度、习惯的获得方式。

婴儿经典条件反射的建立表明,婴儿随时瞪大眼睛注视着这个世界。无论是自然界还是人类社会,无论是人的表情还是行为,他们都在观察并分析其中的关系与意义。虽然其年龄还很小,理解很有限,但是,能触及到的环境中的所有事物都会在他们眼中留下不同的印

---

① [美]蒂法妮·菲尔德. 婴儿世界[M]. 李维,译. 成都:四川教育出版社,2006:51.

象。所以,成人不可忽视生活中的细节,正是那些细节构成了对婴儿发生影响的各种环境因素。

2. 操作条件学习

斯金纳的操作条件学习就是促使个体为了达成某种目标而进行操作活动,当这种操作活动已经成为了熟练的动作,并与相似情境界紧密联系在一起,个体能使用这一操作去解决问题的时候,这种学习便已经完成,也就是说,个体在这种活动中,学会了操作,学会了运用此种操作解决相似情景中的问题。

新生儿由于动作的限制,成功的操作条件反射只限于转头和吮吸。

实验1:当新生儿将头扭向一边时提供其糖水作为强化,他们很快就能学会将头扭向一边这一动作,而且依据所提供液体的甜度,他们会改变吮吸的速度。另一研究发现,新生儿还能学会为了看到图案,听到声音或人的声音,吮吸得越来越快。

实验2:将一个特殊的可动装置放在2~6个月的婴儿床上,用一根长绳将婴儿的脚与装置连在一起,过了几分钟婴儿就会用力的踢动。婴儿踢腿,装置便会转动。2个月大的婴儿受训后,能学会如何踢动装置,并能将记忆保持2天,3个月大的婴儿可以保持一周,6个月大的婴儿可以保持2周。

婴儿的操作条件学习发生在经典条件学习之后,这是因其动作发展的限制,但是很快它便成了婴儿学习的普遍形式。凡是婴儿通过自己操作完成的学习都是操作学习,如动作学习、最早的探究学习、问题解决学习。通过此种方式的学习婴儿获得了一定的感知能力、动作协调能力、分析能力、运用动作解决问题的能力。

(三)模仿

模仿是个体按照别人的方式行动的一种学习。模仿学习有多种多样,有语言模仿,动作模仿、表情模仿、穿着模仿、声音模仿等。在成人生活中可以有各种各样的模仿,可以分布于生活的任何一个地方。模仿是一种学习,一般来说它属于机械学习,因为这种学习自身的创造性相对较少。当然,模仿也可以是全部完整的模仿,是完全机械的学习;也可以

图5-3 婴儿的模仿学习

是部分的模仿,还有一部分是创新的,是带有创造的学习。对于婴儿来说,他们的知识和经验都很少,不可能或很难创造,所以,早期的模仿基本上都是机械学习。这种机械学习正是婴儿成长中,获得基本生活能力所必需的学习。有人认为婴儿的模仿学习是先天的,即人类生而具有模仿的本能。也有人认为模仿是后天所形成的一种倾向,这一倾向有益于婴儿的社会适应。

无论婴儿的模仿是从何而来,他们很早便开始了对人类生活的模仿。他们模仿的对象

是多样的:可能是成人,也可能是儿童,还可能是动物;可以是动作,也可以是语言或者表情。人类生活中的一切行为,只要婴儿有兴趣都可能成为其模仿的对象。

有研究表明,2 天至数周的婴儿可以对大量的成人面部表情进行模仿,并且这种能力已经在很多文化和种族中得到了证实。

更大的婴儿在生活中有大量的模仿表现。如婴儿模仿成人的语音,当成人和他说话时,他也会用一定的语音回应,听起来回应的声音似乎与成人的声音差距太远,那是发音能力的局限,但已经能观察出模仿成人语音的倾向。有时,成人还能发现婴儿在吃饱喝足的情况下,一个人躺在小床上发出愉悦的声音,那既可能是自发的语音活动,也可能是对成人语音的模仿。

婴儿最初的模仿是无意识的,6 个月左右开始有意识模仿。婴儿的模仿有即时模仿和延时模仿。

婴儿的延时模仿明显表现得时间比较晚,大约在 1 岁左右。因为,延时模仿需要婴儿头脑中存有表象,且表象能保持一定的时间。婴儿对某一刺激没有即时模仿,可能与自身的动作能力、语音能力发展有关,也可能与当时的情景条件不合适有关。婴儿的模仿能力与多种因素相关,观察的仔细程度、动作的协调能力、语音器官的配合能力等。

尽管出生时婴儿的模仿能力有一定的局限性,但是模仿使得婴儿具有了一种十分有力量的学习方式。通过使用模仿,新生儿开始探索属于他们自己的社会,通过共享行为状态来了解人们。在这个过程中,婴儿注意到了他们自己的行为和他人行为之间的关系,并且开始发现自己。他们的模仿行为逐渐可以帮助他们表达意愿,他们的模仿也让成人感到高兴,是儿童与父母良好关系的开端。①

(四) 口语的产生

正常发育的婴儿不仅生来就能听清楚声音,确定声音的来源方向,而且具有很好的辨别声音品质的能力,能分辨声音的诸如音色、音高、声音的强弱变化,声音的快慢节奏变化等品质。新生儿对人的声音更为敏感,也能使自己的身体动作与成人说话的声音模式保持一致。婴儿生来会发出声音,最初的哭声便是证明。良好的听力和正常的发音能力是婴儿学习语言的基本条件和生理基础。

事实上,婴儿从出生开始,就通过听觉和视觉获得了大量的语言刺激,这些语言刺激成为了他学习语言的准备。婴儿首先通过听觉感知到语音的形象,听觉刺激又会与视觉刺激相联系,成人在说出语音时还常常会带有面部表情,长此以往,婴儿不仅知道了语音所代表的含义,而且理解了语音代表的语音发出者的某种情感,婴儿便在这种生活中逐渐地理解并

---

① [美]劳拉·E.贝克.儿童发展[M].吴颖,等译.第 5 版.南京:江苏教育出版社,2002:194.

学会了本民族的口语。如成人喂婴儿吃奶时会说"宝宝吃奶喽！"，成人反复地说这句话，婴儿每次吃奶时成人都会说，于是，婴儿会知道，这样的语音代表的是吃奶这件事情。同时，成人说这句话时，看见婴儿吃得很香，会在语言中表现出高兴的情绪，也会流露出高兴的面部表情，婴儿便会知道这样的语音和表情的配合，代表着成人的愉悦情绪。婴儿便是在这样一种混合着声音、情境、成人的面部表情的复合环境中，逐渐地理解并学习着语言。

婴儿先学会理解成人的语言，而后学会自己使用语言。婴儿会知道成人的语言表示的是高兴，还是生气，开始通过语言理解成人的情感，并以自己的方式与成人进行情感交流。成人如果对婴儿说出了生气的语言，婴儿弄懂了，虽然不会说话，但会大哭，以表示他已经理解，并且也不高兴。

有人研究，许多国家的成人对婴儿使用一种被称为"母亲式亲昵语言"的形式，它减少了婴儿早期学习语言的难度。在一项跨文化的研究中发现，美国、阿根廷、法国、日本的母亲倾向于用一种充满感情的方式与他们5个月的孩子讲话，强调问候、重复的声音以及一些表示亲密的术语。母亲的讲话充满了丰富的信息——给出指导、提出问题、描述此刻发生的事情。同时，为了适应婴儿的认知能力，母亲有意识地调整语言的长度和内容，甚至结构，以便于婴儿能够理解说出的语言。在这种语言背景下，婴儿逐渐理解并做出反应。而且发现，父母在第一年修改言语的复杂度越有效，他们的孩子在18个月时对语言的理解越好。

婴儿学会使用语言需要一个相对漫长的过程，需要他与成人之间不断地交互作用。婴儿在吃饱睡足之后，会发出各种声音，早期的声音与语音差距很大，但是，随着与成人交往的增多，成人不断地与婴儿讲话，不断地对婴儿的发声做出反馈，婴儿的发声便与语音越来越相似，直到1岁左右，婴儿发出第一个语音，婴儿学习语言便发生了质的飞跃，从此婴儿的语言学习快速发展。

婴儿与成人的言语交流开始于共同的注意，当婴儿注意某一事物的时候，成人会进行议论或评论。这种共同的注意力对早期儿童的语言学习具有重要价值。在游戏期间保持共同注意高水平的母亲，他们的孩子理解了更多的语言，更早地产生了有意义的手势和词语，并且表现出了更快的词汇发展，相比之下，那些侵扰性母亲——也就是那些经常打断、再三指点或者限制婴儿注意力和活动的母亲，她们的孩子有时候语言发展缓慢。

成人与婴儿的言语交流，还表现在语言的轮流模式。当婴儿会咿呀学语的时候，成人与婴儿的轮流言语便出现。婴儿发音，成人说话，等待婴儿回音，然后成人再说。最早成人对这种轮流负完全责任，而后，婴儿会主动进行，会与成人的语言和行为相配合，进行轮流游戏，于是婴儿更快地理解了语言的意义。有人认为，轮流游戏，既练习了人类会话的交流模式，又使婴儿听到了与所从事的行为相匹配的词语。通过婴儿在游戏中的玩耍成熟度和声音行为可以预测他们1~2岁的语言进步。

早期婴儿的语言表达是伴随着手势进行的。有人将婴儿的手势概括为两种：一种是原始陈述——即婴儿触摸一个物体,举起它或者指向它,直到确信其他人注意到为止;第二种是原始祈使——婴儿通过触摸,指向,并且同时也发出声音让另一个人做些什么。随着时间推移,手势越来越明确,手势交流让婴儿学到了语言的功能,即那些意思能被符号化,并且传递给别人。

所以,轮流交流和手势语言,以及成人的鼓励和参与,促进了婴儿的语言学习。

到3岁左右,婴儿的语音、词汇、语法的掌握,都已经达到了可以与成人正常交往的水平。婴儿的语言学习是一个奇迹,正是这样快速的语言学习,反映了人类婴儿非一般的语言学习能力,这也是语言学家和心理学家对婴儿语言学习有持久兴趣,并不懈探索其中奥妙的重要原因。

(五)最早的社会性

婴儿是自然人,更是社会人。他们一出生就被人所包围,人类社会中的一切活动:语言、动作、情感、规则都与他的生活融为一体,他自然而然地已经成为了社会的一员。在与各种人打交道的过程中,婴儿获得了各种相应的社会特性。

作为人类的弱小个体,婴儿从小就表现出对同类更多更特别的关注。发展心理学家的研究表明,婴儿生来喜欢看正常的人脸,听人的声音,观察人的活动。[①]

1. 婴儿对他人的认知

婴儿最早的社会性学习来自于对人的外部感知:对他人的面部特征、服饰、身材、表情、声音等的感知。而后开始体会他人对自己的态度、与自己的关系、他人的意义与作用,继而产生价值判断,相应情感,不同的对待行为。从婴儿的表情便可得知其社会学习的结果。婴儿的笑:由一般性微笑→差别性微笑→不同的表情;婴儿的哭:由一样的哭声→因人而异的哭声→威胁性哭声等。这些情绪表达的变化,反映了婴儿认知的变化。

婴儿情绪的获得,以及情绪表现的获得都是在自己的气质特征基础上,与成人之间发生相互作用的过程中逐渐形成的。

图 5-4 婴儿最早的社会交往

研究发现,婴儿6个月大时,父母对婴儿做出延迟反应能减轻其不安,这可能是由于婴儿学会了自己处理小烦恼。但是,如果父母等到婴儿痛苦的哭泣逐步升级为愤怒的尖叫声时才做出反应,那么婴儿就难以安慰了。如果这种模式多次重复,将会干扰婴儿调整或管理自己情绪状态能力的发展。所以,为了避免婴儿产生不必要的悲伤,要尽量及时安抚他们。

婴儿与他人的交流最早表现在微笑上。大约3周时,婴儿注意到照料者在点头或发出

[①] 孟昭兰.婴儿心理学[M].北京:北京大学出版社,1997:156.

声音时会开始微笑。大约1个月,婴儿的微笑会更频繁并更具有社会性。第2个月,由于视觉认知的发展,婴儿对视觉刺激的微笑会增多。

大约4个月大时,当亲吻婴儿的腹部或挠痒痒时,婴儿会大声地发笑,随着婴儿逐渐长大,他们会更加积极地参与到愉快的交流中。在母亲发出奇怪的声音或将毛巾盖在其脸上时,6个月大的婴儿会以咯咯大笑的方式回应,10个月大的婴儿会笑着将毛巾放回妈妈的脸上。这种变化反映了婴儿认知的变化,表明婴儿知道自己期望的是什么。通过转动椅子,表明婴儿意识到通过自己的行为可以使某种事情发生。

在与他人的相互交往过程中,婴儿逐渐形成了与不同人的亲密关系,6个月左右形成对抚养者的依恋情感,并逐渐形成对不同人的不同态度。婴儿都喜欢与同伴交往,并在相互作用中学习最初的社会交往。

婴儿大约在6个月左右开始有陌生人焦虑,原因就是婴儿的认知发展,婴儿能够将认识的和不认识的人区别开来,并能体会到不认识的人可能带来的恐惧。但是,陌生人焦虑有显著的差异,那些有着与陌生人交往经验的婴儿,倾向于较少的焦虑,而且并不是所有的陌生人都引起同样的焦虑。如婴儿对女性陌生人较少焦虑,对陌生儿童较少焦虑。儿童的这种选择性焦虑,说明他们有认知上的区别。

2. 婴儿逐渐产生自我意识

婴儿早期是不认识自己的。8个月大的艾尔莎(Elysa)趴着路过父母卧室门前的一个全身镜,在移动时很少注意自己在镜中的形象;而她2岁的姐姐布莱娜(Brianna)经过镜子的时候,凝视着镜中的自己,当注意到自己的前额上沾了少许果冻之后,她开心地笑了起来,然后伸手把它擦掉。①

婴儿在与人交往,特别是在与外界事物的相互作用过程中,逐渐认识到自己的力量,自己与其他事物的差异,认识到自己可以支配自己的身体,自己有意愿、情感,有属于自己的范围和领地等,他们在认识客体我的同时也认识到了主体我。有研究表明,当4～10个月的婴儿学会了伸手取东西,抓握和做一些事情时,他们经历了个体自理性,实现了对外部世界的控制。这种自理性的体验就是班杜拉所谓的自我效能——对自己有能力控制挑战和获得目标的一种感觉。②

在一岁半以后,婴儿能用"我"来称呼自己,表明婴儿已经有了明确的自我意识,将自己与他人严格区分开,这是婴儿自我意识发展的飞跃。随着年龄的增长,婴儿还具有了独立性倾向,事事都想自己来,虽然对自己的能力估计不充分,但那是一种"我能干""我要自己干"的可贵心理倾向。成人如果在此时重视鼓励,婴儿的独立性和自我服务意识及能力会较早

---

① [美]罗伯特·菲尔德曼. 发展心理学[M]. 苏彦杰,等译. 北京:世界图书出版公司,2013:213.
② [美]戴安娜·帕帕拉,等. 发展心理学[M]. 李西营,等译. 北京:人民邮电出版社,2013:236.

地发展起来。

3. 婴儿接触到社会活动和相应规则

婴儿的社会性学习是在与他人的交往过程中进行的,一方面在交往中接触到社会生活的方方面面,并在成人的指导下知道什么样的行为可以做,什么样的行为不被允许,有时还会导致惩罚;另一方面他们还会从与成人们交往的过程中看到和体会到各种社会规则及其运作的情况,逐渐领会那些规则并照章行事。此时的婴儿由于认知与控制的特点,不可能完全按照成人的要求行事,但成人的指点与行为本身会影响到儿童的社会性发展是不争的事实。

二、婴儿学习的变化

婴儿的学习从1岁到3岁是明显不同的,这与婴儿的身体能力和心理能力不断增强密切相关。1~3岁,婴儿的身体快速发育,脑细胞逐渐成熟,大脑的功能有了明确分工并相互联系,婴儿动作发展实现了由基本动作到精细动作的过渡,婴儿各种动作开始逐渐协调。婴儿的感知觉能力已经接近成人,其所有心理过程,包括思维、性格、社会性都相继发展,婴儿从一个字都不会说发展到已经掌握了母语的基本交往言语。这些发展都影响着婴儿的学习,使3岁左右婴儿的学习与新生儿的学习不可同日而语。婴儿的学习在三年的时间内发生着各种不同的变化。

(一) 学习意识性的变化

总地来说,婴儿的学习意识性不强,更多的是无意识学习。随着年龄的增长,学习的有意性有所加强。

婴儿早期的学习是在完全无意识状态下发生的,他们的心理有意性还没有出现,学习只能是在本能的驱使下进行,探究欲望和认识兴趣是学习的主要内部驱动力。大约6个月时,婴儿心理有意性开始出现,他们的学习便开始有了目的性指引,但婴儿的学习目的是完全指向学习活动本身的,对于学习的结果,婴儿并没有意识,或者说并不重视。

虽然婴儿大量的学习看起来是自己发动的,但是在学习过程中他们却常常没有明确的意识性和目的性,甚至会不断地变换自己的行动对象,这种变换多半是因外界的各种干扰引起,这些干扰有同伴的行为。成人的旨意、或刺激物的吸引。婴儿期真正的有意学习是在成人的不断要求下,婴儿清楚自己的学习将如何进行,学习将要得到什么样的结果,并为此结果而控制自己的行为。这种学习要到婴儿的末期才能出现,那是教育的结果。

有人研究,婴儿学习的意识性和有意控制自己行为的能力,已经表现出明显的差异性。这种差异性一定会影响他们学习的结果和质量。

考克斯卡及同事以103名26~41个月的婴儿和他们的母亲为被试,对其在家庭或者在与家庭相像的实验室环境下玩玩具的情景进行录像,时间为2~3小时。继自由玩耍之后,母亲给婴儿15分钟的时间将玩具放好。在实验室中,有一个放着其他玩具的架子,上面有不同寻常的吸引人的玩具,如泡泡糖机、无线电话机、音乐盒。母亲告诉婴儿不能碰上面的玩具。一个小时以后,实验者请母亲去相邻的房间,剩下婴儿一个人和那些玩具,让孩子与玩具单独待8分钟。结果发现婴儿的表现有明显的差异。

如果婴儿不需要提醒,自愿听从指令,不碰那些特殊的玩具,就认为其表现是约束性顺从;如果婴儿需要奖励才能听从,就认为这些婴儿是情境性顺从,即他们的顺从依赖于成人不间断的监控。有人研究发现,这两种顺从在儿童13个月大的时候就能够表现出差异,甚至更早。女孩更可能是约束性顺从,在8～10个月时就能够控制自己不去碰那些玩具。随年龄增长,婴儿约束性顺从增加,情境性顺从减少。

(二)学习内容和结果的变化

婴儿的学习内容与其生活的状态密切相关。婴儿早期以身体躺卧为主,其学习的内容极其有限,只能是感知觉可以涉及范围内的对象,学习的过程是完全被动的,环境中有什么刺激便感知着什么,成人提供什么便接触到什么,其学习内容的丰富与否完全取决于成人为其生活房间所进行的布置。随着婴儿身体的发育和动作的发展,婴儿可以坐、爬、站、走,可以使用手进行操作,婴儿生活的范围扩大,不再局限于其吃喝拉撒睡的某一个房间,可以自己努力或通过成人的引领去他们想去的任何一个地方,丰富的自然环境和社会环境中的任何刺激都成了他们的学习内容。

婴儿的学习内容和结果还取决于他的操作能力的发展。婴儿的手的操作使他们的学习更加主动积极,操作也帮助他们更具体地了解事物的特性。如婴儿不断地撕扯废纸的活动,使他们知道纸这种东西是可以被撕碎的,撕扯纸的过程中是会发出声音的,这种声音是一种很特别的声音,与其他声音不同,将纸撕碎后是可以扔出去的,然后纸会慢慢飘落,纸的落地与其他物体的落地也是不一样的。较大婴儿的操作更加复杂灵活,不仅是拍打、敲击、撕扯等,两手可以配合做更多的事情。如将东西放进盒子里,把东西从高处拿下来,玩一些拼搭简单结构的游戏等。正是这些操作使婴儿对事物的认识不断深入。

婴儿的认知发展本身也会制约和影响他们的学习内容与结果。婴儿期儿童在1岁左右的感知觉已接近成人水平,短时记忆和长时记忆的潜伏期都不断延长。表象从1岁左右产生以来越来越丰富,想象开始出现,2～3岁时直觉行动思维成为典型的思维形式,婴儿年龄越大其认知能力越强,在学习活动中所能得到的收获便越多。

关于婴儿学习结果的变化可以从下列的模仿实验中看到。

诱导模仿实验:实验者引导婴儿模仿一系列曾见过,但没有做过的动作。研究者初次演示时会给出简单的语言解释。一个月以后,在没有进一步的演示和解释的情况下,42%～45%的9个月大的婴儿能够模仿包含两个步骤的简单程序动作。例如,将玩具车沿着垂直坡落下,再用一支小杆推动玩具车,让它滚到轨道终点,并打开一盏灯。

随年龄增长,婴儿的模仿更加好。有近80%的13~20个月的婴儿能够把一年以前发生的、不熟悉的多步骤动作重复出来。这说明婴儿的学习结果受认知、动作等多因素的影响不断变化。

所以,随着婴儿年龄的增长,其学习内容与结果会发生较大的变化,这些变化主要表现为:

关注自己身边的事物——关注环境中的各种事物;

观察事物的静止状态——观察事物的变化状态;

注意单一的事物——注意事物之间的关系;

只注意事物的外部特征——开始注意事物的内部特征;

更多关注物质世界——关注人的生活;

关注人的外部行为变化——关注人的内部心理活动。

(三) 学习方式的变化

婴儿的学习方式变化主要是单一的学习方式向多样化学习方式的方向发展。其发展趋势表现为:

1. 感知学习——感知与操作结合学习——认知成分更多的综合方式

婴儿早期的学习是通过感知觉来实现的。通过感知觉,婴儿获得关于事物的基本特征认知,从而分辨事物之间的特征差异及其对自己的价值与意义;通过视觉,婴儿获得关于物体的颜色、大小、长短、形状等的认识;通过听觉,获得关于物体所发出声音的音色、音高、音强的认知;通过嗅觉,知道不同物体所散发气味的不同;通过触觉,知道不同物体有软硬、冷暖、光滑、粗糙的差异;通过味觉,获得物体的各种味道感觉;通过痛觉,知道有些物体可能会对自己构成伤害。

婴儿通过对同一物体的多种感觉,形成对此物体的综合认知。

婴儿在生活中逐渐能够操作,操作便与感知联系起来形成了婴儿学习的新方式。他们不满足于对生活中物体的静止状态的认识,而是用推、敲、打、揉、摔、扔、混合、拆卸、组装等方式,使物体发生某种改变,或让某些物体发生某种联系,他们要观察其中发生了什么。婴儿的操作和感知结合成为了更为主要的探究方式,此种方式的学习使婴儿较之以前对事物的认识更为全面和深入。

婴儿后期认知能力的发展使其在学习方式上更综合化。虽然学习的过程依然无法离开感知与操作,但是其中高级心理活动的作用越来越明显;婴儿的学习中能记忆的内容增多,思考成分越来越多,常常会想办法解决问题,而不像最初那样只知道用动作进行尝试错误;动作的概括性越来越强,会知道用相同的方法去解决相似的问题;还会进行诸如阅读等学习。

期望悖反实验证明,不同年龄的婴儿认识能力不同,因而解决问题的能力不同。

实验:婴儿会看到一个圆筒沿着斜坡滚到一面墙后面,墙上有并排的四个门,墙后还放置了一个突出并能被看见的障碍物,阻挡圆筒在某一个门后面停下来。当要求幼儿去找圆筒时,大多数的3岁幼儿打开了正确的门,但两岁半的幼儿却不能做到。

在成人的引导下,婴儿也可以进行一定的阅读,阅读可以使婴儿尝试脱离直接的感知和操作,进行间接学习,获得更多的表象。婴儿的早期阅读主要是倾听父母的阅读。

有人将父母的阅读分为三种:叙述型、理解型和成就取向型。叙述型阅读是集中描述图画里发生的事情,并让孩子进行复述;理解型阅读会鼓励孩子去深入理解故事的意思,并作出推断和预测;成就取向型的家长会直接把故事讲完,介绍故事的主要脉络,然后向孩子提出问题。这三种阅读的效果,叙述型阅读的儿童的词汇表达技巧最好,理解型和成就型阅读则对那些已经掌握有大量词汇的儿童最有效。

研究还表明,在1~3岁期间经常听父母朗读的孩子,在两岁半、4岁、5岁时有更加熟练的语言技巧,在7岁时有更好的语言理解能力。

语言的学习不仅可以使婴儿获得更多的信息,也使他们能更好地理解语言,并且运用语言帮助学习。

2. 机械学习⟶有中介的联合学习(中介缺失到语言中介)

婴儿早期的学习是感知到什么就学习什么,操作什么就学习什么,学习是以具体的感知、记忆、想象为其主要特征的,理解和概括的成分很少。随着思维和语言的发展,动作的概括性增强,婴儿的学习中有更多的思维活动和语言参与。思维活动使婴儿对学习的内容产生更多理解,能更加关注到事物之间的联系,婴儿语言的学习与使用将他们学习的内容确定在某一个范围。语言的抽象性和概括性,将婴儿学习的内容归类,学习不再完全是机械的记忆,理解性和概括性明显增强。虽然这只是人类理解学习和语言作为中介学习的开始,但也是婴儿学习的一大进步。

(四) 学习能力的变化

婴儿的学习能力在三年间发生了飞跃。婴儿最初的学习是极其简单原始的,没有语言,没有方法,不能操作,只有与种系遗传相联系的简单又无意识的学习。随后很快,婴儿心理有意性出现,又具有了一定的动作能力,语言也相继产生和发展,学习能力快速提高。婴儿学习能力的提高具体体现在:

1. 心理有意性发挥作用

婴儿心理有意性的发展,表明婴儿的学习不再是完全受刺激物的影响,而是可以自己选择学习的内容,可以自己选择学习的方式与方法,可以任意摆弄学习的对象,到婴儿后期他们还可以控制自己的其他欲望而坚持学习。心理有意性是婴儿学习质量保证的重要条件。婴儿心理有意性在6个月左右产生,随年龄增加而增强。在成人的教育训练下,婴儿后期还可以在成人要求下进行某种自己不喜欢的学习,虽然有意注意的时间不会太长,一般不超过5分钟,但对于他们来说,已经足够了。婴儿时期,婴儿心理有意性已表现出差异,不同的心理有意性和控制力会影响到学习的质量。

2. 表象活动增加

婴儿表象的出现无疑使婴儿的学习有了一片崭新的天地。表象是头脑中存储的客观事物形象,婴儿依靠表象可以脱离外界事物,对现实进行再造性和创造性的学习,可以重现已经出现过的情境,可以重新行动、模仿和体验,也可以表现那些目前没有出现或儿童希望出现的情境,这种学习是复制,是巩固,也是想象和创造。这样的学习是婴儿心理内化的开始,也是婴儿创造性发展的萌芽。

3. 语言参与学习过程

婴儿语言的发展使他们的学习有了新的办法,他们可以用语言标记所学习的内容,帮助学习内容在头脑中概括,进行学习交流,向成人和其他人寻求帮助,询问问题,获取现成的答案,语言使婴儿的条件反射建立更为复杂,可以建立以语言为信号的条件反射,语言也为婴儿的思维发展奠定了一定的基础。

4. 各种学习方式

婴儿学习方式的变化从另一方面反映了他们学习能力的提高。婴儿后期不仅有感知学习、操作学习、独自学习、与成人的合作学习等,更有集多种学习方式为一体的综合模式,不同的学习方式可以适合不同的学习内容,不同的学习场合和自己不同的学习需求,为婴儿的学习提供了更好的条件。

在大量的日常互动中,包括家务、卫生保健、游戏玩耍等,婴儿会强烈地希望与父母一起愉快合作,这种合作称为接受性合作。这种接受性合作使得婴儿主动参与到社会化过程中。

据一项以101名7个月大的婴儿为被试的纵向研究发现,那些易怒的婴儿,父母不敏感的婴儿,或者是在6个月没有形成安全依恋的婴儿,通常会在7个月时表现出较低的接受性合作,安全依恋的婴儿和在婴儿期母亲回应良好的婴儿更容易表现出较高的接受性合作。不同的合作学习方式,使婴儿有不同的发展。

5. 能进行不同难度内容的学习

到婴儿末期,婴儿能进行各种高难度内容的学习。由简单辨别学习——→分化明显的辨别学习——→概念学习——→问题解决学习——→迁移学习。虽然学习的具体内容都只能局限于他们的生活,但能进行这么多各种难度的内容学习,对于只有3岁的儿童来说已经相当不容易,反映出其学习能力相较于刚出生时已经发生了巨大的变化。

第三节 幼儿的学习

幼儿较之于婴儿,在身体和心理方面都有了长足的发展。

幼儿期,首先表现在身体的变化。幼儿身高体重的增加,表明幼儿身体各器官和系统都已经有了显著发展,身体各个系统的功能也会随之变化,身体抵御外界不良刺激的能力增强。幼儿的脑细胞继续发育,大脑的细胞数量不断上升,细胞之间的联系也增多。大脑的各区域逐渐成熟,像额叶这样成熟比较晚的脑区域也在6岁左右基本完成了其生长过程。幼儿的动作发展趋势表现为:由基本动作发展到精细动作,由单一动作发展到协同动作,由不熟练动作发展到动作技能。

幼儿的心理变化更是明显。幼儿的心理有意性逐渐增强,越来越多地进行着各种有意识活动。感知觉仍然在发展,感觉分辨精细差异的能力不断提高。记忆的潜伏期更长,由于经验的增加和语言的发展,记忆的理解性变化更大。游戏成为了幼儿的主导活动,他们畅游在想象的心理活动中。幼儿期儿童的思维有三种:初期的直觉行动思维、中期的具体形象思维、后期的抽象逻辑思维。整个幼儿期儿童主要是以具体形象思维为其典型思维,此思维使得其心理活动可以开始离开具体的客观外界事物,在头脑中进行,实现了思维活动的初期内化。幼儿期是儿童最初个性和社会性形成的关键时期,在6岁左右,儿童已经形成了最初的个性,社会性有了全方位的发展。

幼儿以上的发展既为幼儿学习准备了条件,也是他们学习的结果。

一、幼儿的学习分类

要想弄清楚幼儿是如何学习的,幼儿的学习究竟有什么特点,首先要弄清楚幼儿有哪些类型的学习。幼儿的学习类型是多样的,按照不同的学习分类标准,幼儿的学习可以分成不同的学习类型。

(一)按照学习结果划分幼儿的学习

加涅的学习分类是以学习者最终的学习结果为分类标准,事实上,幼儿的学习也已经包括了加涅学习分类系统中全部的学习种类。

1. 信号学习

这类学习是事物与事物之间建立信号意义的学习。幼儿在生活中学会的各种事物之间的信号联系学习皆属此类,如情绪学习、态度学习、生活习惯养成等。

2. 刺激反应学习

这类学习是建立刺激与反应连接的学习,如幼儿各种操作学习。

3. 动作连锁学习

这类学习是指一套动作的学习。幼儿的生活作息规律的形成、幼儿的体操学习、幼儿的各种舞蹈学习等。

4. 言语学习

这类学习是理解与使用言语的学习,幼儿主要是对口语的掌握和理解,幼儿对口语中的语音、词汇、句子结构意义理解的学习,幼儿对语音、词汇、语法结构掌握的学习,幼儿人际交往的言语的学习等。

5. 辨别学习

这类学习是分辨刺激物差异的学习,如幼儿的语言学习中的语音辨别学习,幼儿知觉中的刺激辨别学习、幼儿分辨概念特征的学习等。

6. 问题解决学习

这类学习是通过某种方法获得预想的结果,或者排除障碍达到某一目的的学习。相比婴儿,幼儿在生活中更多这样的学习。

7. 概念学习

这类学习是通过经验概括事物的本质特征,并用语言标记的学习。幼儿的概念学习需要事先获取比较丰富的感性经验,在幼儿的思维水平上实现概括,形成与其年龄特征相一致的概念。幼儿的概念学习,由于其概括水平低,最先是动作概括,而后是形象概括,最后才有语词概括,但其学习的过程与成人的学习过程一致。

8. 原理学习

这类学习是对由一系列概念构成的某一规律的学习。幼儿虽然年龄小,认知水平有限,但是,他们也能在其认识水平基础上进行某些原理的学习。5岁以后,在某些领域幼儿能进行一定的原理学习,能归纳相关的规律,也能正确使用这些规律。如幼儿的数学学习、幼儿的自然科学常识的学习、幼儿的语言学习等,这些学习中都会涉及某些规律和原理,幼儿可以在自己生活经验的基础上,通过成人的引导和自己的分析归纳,概括出某些规律,或理解某些原理,甚至有时还能够运用这些原理解决相关问题。

(二)按照学习方式划分幼儿学习

学习方式是指学习者在学习过程中所采取的形式。学习者学习方式的采用与诸多因素有关,既与学习内容、学习情景等外在因素有关,也与学习者本人的知识水平、经验习惯等个人因素有关。

幼儿的学习方式是多种多样的,按不同的分类标准,有下列方式。

1. 无意学习与有意学习(按学习的目的性划分)

学习确实有有意与无意之分。生活中很多学习都是在潜移默化中进行的,在无意识中我们获得了许多关于社会生活的、自然世界的各种知识,这种学习是通过无意识的感知、无意识的记忆、无意识的想象、无意识的思考、无意识的模仿等无意识的心理活动完成的。成人是如此,幼儿更是如此。幼儿的心理有意性本身比成人差,所以,幼儿大量的学习都是在无明确意识中完成,幼儿就是在自己无明确意识的状态下,认识着身边的各种事物并逐渐成长的。

幼儿有意学习可以分为两种类型:一类是因自己兴趣或某种目的而进行的有意学习。这种学习的质量比较好,学习的主动积极性强,注意集中程度高,记忆持续的时间长,有比较丰富的想象,思维活动也很活跃。另一类是在成人要求下进行的有意学习。这种学习如果与幼儿的兴趣相一致,学习的质量与前一种类型一致;如果这种学习的内容不与幼儿的兴趣相关,幼儿学习过程能持续的时间会比较短,学习的效果也会难以保证。

所以,幼儿学习是以无意学习为其主要特点的,有意学习还刚开始发展,教师应充分利用幼儿的兴趣,促进幼儿有意学习的发展。

2. 发现学习与接受学习(按学习的主动性划分)

发现学习是学习者通过自己的感知、操作等活动,自己发现问题,分析问题,尝试和探究问题的解决办法,最终解决问题,获得相应知识和技能的学习。幼儿在生活中的学习多半是发现学习。幼儿在生活中所获得的对事物的认知,一般都是通过自己在活动中实现的。幼儿的发现学习有两种:一种是幼儿自己独自进行的对某一问题的探索发现学习;这种学习幼儿可以在家庭生活中进行,也可以在托幼机构里,由教师提供条件,通过幼儿自己的操作活动进行;另一种是由成人引导而进行的目的性很强的发现活动。这种学习成人既可以借助幼儿的生活自然地完成,也可以在幼儿园里组织专门的探究活动,引导幼儿去发现。

案例 5-4

> **植物的茎是不一样的**
>
> 春天到了,中班的孩子与教师在自然角种下了豆子、黄瓜、西红柿、丝瓜,大家精心给它们浇水,让它们晒太阳。几天后,豆子的芽顶开了土,黄瓜、西红柿、丝瓜都长出了嫩芽。时间一天天过去了,小苗一天天长大,豆子开了紫花,而黄瓜、西红柿、丝瓜不紧不慢地长着叶子,连花苞都不见一个。有一天,一名幼儿发现了黄瓜的茎长得细细长长的,还有些弯曲,黄瓜的叶子边上长出了一根根小须须,不停地往上爬,越爬越高;而豆子、西红柿的茎是直挺挺地站立在那儿;又过了几天,丝瓜也生出了长长的茎,也向上爬去。哦,孩子们知道了,原来植物的茎是各不相同啊!①

上述案例中,幼儿通过自己的观察,了解到植物生长的过程,发现了不同植物生长的过程不同,生长的速度不同,开出的花不同,长出的茎不同等。幼儿的这种学习是积极主动且

---

① 刘占兰. 促进幼儿教师专业成长的理论与实践策略[M]. 北京:教育科学出版社,2006:334.

快乐的。

接受学习是主要通过他人的传授而获得知识与技能的学习。幼儿有一部分学习是接受学习。幼儿由于学习能力的局限,也由于有些学习内容生活中不是随处可见,而幼儿又应该掌握,成人便会通过专门传授的方式将学习的内容传递给幼儿,幼儿在这种学习情境中进行的学习就是接受学习。幼儿不论是在家里还是在幼儿园里,由家长和教师主要负责讲授,引导幼儿进行的学习皆属于此类学习。幼儿的接受学习是完全按成人的要求行事或由成人直接告知所学结果的学习。

虽然发现学习中幼儿的主动积极性体现得更加充分,接受学习时幼儿显得比较被动,但是,这两种学习都是幼儿不可或缺的学习形式,特别是当一种学习内容是幼儿必须掌握的,而仅仅依靠幼儿自己的学习又是难以完成的时候,便只能采用接受学习。所以,这两种方式在幼儿的学习中各有其特殊作用,缺一不可。运用哪种学习,因学习内容和幼儿的学习能力而定。

3. 操作学习与语言学习(按学习的依靠物划分)

操作学习是学习者主要借助于对事物的动手操作获取信息,然后发现问题、探究问题,从而理解某一现象或获取某种知识的学习。幼儿由于不能脱离对客观事物的直接感知认识事物,所以,操作是其学习主要的方式。幼儿的操作学习可以有很多分类,如可以分为尝试错误的操作、手把手的操作、模仿学习的操作、练习巩固的操作等。

语言学习是指借助于对语言信息的理解,或者主要在语言信息的帮助下完成的学习。幼儿的语言学习主要有两类:一是对语言本身的理解和掌握;二是通过语言帮助所进行的学习。如与他人的语言交流,运用语言作中介的学习,早期的简单阅读等。幼儿后期已经有一定的语言能力和语言理解能力,也具有一定的阅读能力,还获得了比较丰富的生活经验,对于一些知识的理解和掌握是可以离开操作活动,通过语言交流或阅读书籍完成的。

4. 日常生活学习与集体活动学习(按学习的场合划分)

日常生活学习是幼儿学习的重要方式和途径,是幼儿在完成自己生活任务的自然状态下完成的学习。其学习目标可以是明确的,也可以是潜在的、不明确的;学习内容是生活中的,也是全方位的;学习过程是自然的,有时有成人指导,更多的时候是潜移默化的;学习结果可能是预期的,也可能是意想不到的。

幼儿的集体活动学习通常是指在幼儿园里,幼儿教师有目的、有计划、运用多种方法,指导某一年龄班幼儿完成某一学习任务所进行的学习。在这种学习中,幼儿的学习目标是社会对幼儿的基本素质要求,既包括知识与技能,也有态度、情感、兴趣、能力和行为习惯等,是有组织的非自然状态下的学习,幼儿需要更多的有意注意和更多的心智努力。

5. 单独学习与交往学习(按学习的人际性划分)

单独学习是指一个人独自进行,没有他人帮助,不与他人合作的学习。幼儿的学习很多情况下需要他人的帮助,但是,在一定的条件下,还是可以自己独立完成一些学习任务的。这种学习是幼儿通过自己的观察、探索、思考、逐渐解决问题的学习,此种学习是锻炼幼儿独立学习能力,培养幼儿独立学习习惯的最佳学习方式。

交往学习是指学习者与他人通过交往进行的学习。这种学习中既有幼儿与成人的交往,也有幼儿与同伴的交往;既可能是幼儿在交往活动中不知不觉的学习,也可能是幼儿因为学习问题而与他人发生的交往活动。由于幼儿交往的对象各不相同,交往涉及的领域比较宽广,幼儿交往学习的内容是多方面的。在交往中,幼儿可以学习到交往态度、交往行为、相应的社会知识、社会规则,还能获得社会性品质,形成一定的交往习惯和交往技能。通过交往,幼儿之间学会商量,学会合作,学会困难时候的相互帮助,相互鼓励。在交往学习中,幼儿之间,幼儿与成人之间有多种学习的形式,如,问答、模仿、讨论、商量、争论、冲突、启发、合作等学习形式。

单独学习培养幼儿的独立学习能力与习惯,交往学习教会幼儿在学习过程中相互帮助,并且学会交往。

(三)按照学习途径划分幼儿学习

学习途径是达到学习目标所依靠的路径。幼儿的学习途径按照不同的划分方法可以划分出不同的学习。

1. 按照幼儿不同的学习场地来划分

按学习场地的不同,可以划分为家庭中的学习、幼儿教育机构中的学习、社区中的学习。

2. 按照幼儿具体的学习路径划分

(1) 成人专门传递的学习。由成人专门向儿童有目的地进行的各种信息传递的学习,包括家庭和幼教机构中幼儿的接受学习。

(2) 幼儿日常生活中的学习。幼儿在日常生活中通过观察所进行的各种自然而然的学习。如:通过感知觉获得信息,生活中潜移默化的学习,发现事物进行探究的学习等。

(3) 游戏中的学习。幼儿在游戏活动中,以模仿各种人物的行为,重新组合各种事物,实现自己的愿望,与同伴进行交往等方式获得各种经验的学习。

(4) 人际交往中的学习。幼儿在与成人和同伴的社会交往过程中,学会社会语言、社会行为,获得社会认知、社会情感、社会规则、社会适应的学习。

二、幼儿的几种主要学习

从以上描述可以看到,幼儿的学习是多种多样的,下面详细介绍几种。

(一)动作学习

1. 动作学习仍然是幼儿的主要学习内容之一的原因

第一,幼儿的基本动作需要完善。如,幼儿初期走路虽然基本稳当,但是,跑步、跳跃、攀登、钻爬等基本动作还不完全符合规范,动作的协调性也比较差,还需要进一步地练习,以巩固原有的动作基础,纠正动作的问题,使得做出的动作更加正确且熟练。

第二,生活中各种需要幼儿用动作完成的活动,幼儿还不能较好地胜任。如幼儿愿意并且可以做一些力所能及的自我服务劳动,类似于刷牙、扫地、端碗、吃饭、穿衣、脱鞋等,这些活动幼儿愿意做,但常常做不好。

图 5-5　学习铺毯子

第三,幼儿在生活和游戏中还需要学习一些用手的小肌肉完成的动作,如夹珠子、拿筷子等,由于幼儿手指小肌肉动作的发展需要一定的时间,更需要锻炼与练习。

第四,幼儿还要学习一些对其有益的、身体能力可以完成的动作连锁。如,游泳、滑冰、舞蹈、体操等,这些动作的学习必定会使幼儿的动作发展更加全面,全身的动作更加协调,也能锻炼幼儿的身体,使他们体格更加健壮,身体素质更好,更健康。

2. 幼儿的动作学习分类

(1) 完善身体基本动作的学习。如走、跑、跳跃、攀登、钻爬等动作的完善。

(2) 手的小肌肉动作的学习。如拿筷子、捡珠子、系带子、扣扣子等动作的学习。

图 5-6　幼儿学习滑冰

(3) 生活中自我服务劳动的动作学习。如刷牙、扫地、端碗、吃饭、穿衣、脱鞋、洗脸、洗手等动作的学习。

(4) 动作连锁的学习。如体操、舞蹈、游泳、滑冰、跳绳等一系列连续动作的学习。

幼儿对新的动作学习已经做好了准备。首先,幼儿本身具有爱动的行为特点,他们喜欢通过动作去认识事物,去探究事物的特点,所以,他们愿意学习动作,完善动作,以便更好地通过动作解决生活中的问题;其次,在婴儿期儿童已经产生了自己独立做事情的愿望和需求,幼儿期儿童的自我意识有了更进一步的发展,独立性表现更突出,更愿意自己完成动作任务;最后,幼儿已经具有婴儿时期的基本动作基础,学习更复杂的动作具备了一定的条件。所以,应该说,幼儿是很倾向动作学习的,动作学习的积极性高。

幼儿动作学习的主要途径有三个:日常生活、成人的专门传递、幼儿游戏活动。

幼儿在生活中要完成自我服务劳动,必须学习相应的动作,成人必须抓住这种机会,指导幼儿学习。成人应对幼儿提出自己动手动脚、自己行动、自己的事情自己做的要求,久而久之,这种要求成为他们自己的要求,成为他们生活的习惯。生活中的动作是复杂多样的,幼儿的前三类动作学习都可以在其中进行。成人的任务便是督促幼儿完成动作,或者纠正他们的动作,在适当的时候帮助他们完成。

成人对幼儿专门的动作学习指导,一般是在幼儿园,或者是专门的培训机构完成的。它需要对幼儿动作和身体发展特点有了解的教师执行指导任务。这种指导,主要的任务是指导幼儿学习一些动作连锁中的特殊动作,如舞蹈中的踏点步等;帮助幼儿将动作连锁中的各种动作连续起来,构成整体;纠正幼儿动作的错误或者不准确。

在游戏活动中,幼儿更多的是依据游戏内容的需要学习一些动作,或者是练习已经学会的动作和动作连锁。

通过这些动作的学习,幼儿的动作快速发展起来,到幼儿成长后期,其动作已经十分协调,形成了一些动作技能,能比较熟练地运用动作解决生活中的常见问题,为幼儿的进一步发展打下了基础。

(二) 语言学习

幼儿的语言学习仍然主要是口语学习。婴儿期儿童虽然已经基本掌握了母语的语音,获得了一些简单的词汇,能用语言表达其愿望、要求和情感,进行最简单的人际交流,但是,儿童发音的准确性还有待提高,儿童的词汇量还太少,能表达的句子有限,常常不能准确表达自己的意思,也难以理解他人稍微复杂的语言。所以,幼儿期儿童的语音学习仍要继续,还要获得更多的词汇,学习多种类型的句子,更好地掌握语法结构,逐渐提高对他人语言的理解,更准确地表达自己的意思。

幼儿学习语言不外乎三个途径:一是日常生活中的看、听、模仿;二是成人有意识的主动传递;三是与他人的语言交流。

1. 幼儿的语言学习首先来自于幼儿的生活,是在生活中进行的自然学习

应该说幼儿主要是在生活中学习语言的。幼儿所学习的语言是口语,生活中人们随时都使用着语言,幼儿在生活中听到别人的语音、词汇、句子,结合说话人当时的情景和说话人的表情、姿态,并试图去理解说话者所表达的意思。幼儿感知并记住了语言的场景、语音、词汇以及句子,记住了说话人的语言模式,包括语言的外部表现,如,音调、强弱、口气、面部表情等。幼儿很快就学会了生活中多次反复出现的语言,并且会在自己需要时拿出来使用。这种学习是以模仿为主要特征的学习,当然模仿使用的过程中,成人自然会对他们所使用语言的正确与否给予强化,肯定其正确的运用,纠正其不正确的部分。

幼儿语言中的语音、词汇和句子,以及语言表达的方式和特征,基本上是在儿童与成人接触的生活中自然获得的。学习途径决定了成人的语言范型对幼儿语言发展的重要价值,成人语言表达的清晰性、速度、风格、表情等都可能在幼儿身上得到完全的复制。

2. 幼儿语言学习的另一途径是成人的有意识传递

由于特殊的关系,父母自然成为了幼儿最早的语言教师。从出生开始父母便不停地与其进行语言交流,先是在其咿呀学语时与其对话,而后是不停地告诉他们这个物体叫什么名称,这个人应该如何称呼,这句话应该怎么说,在什么情况下,你应该用什么语言,在某种时候你不能大声讲话等等。他们再大些的时候,成人会教他们说完整流畅的语言,会给他们讲故事,并要求他们复述故事,有的家长还有计划地从幼儿较小时候开始教他们认识汉字,逐渐学会阅读一些幼儿读物,丰富幼儿的语言,也获得更多的间接知识。

这种有意识传递在家庭和幼儿园都会发生,只是家庭中的主要传递者是父母,幼儿园中的传递者是教师。进入幼儿园后,幼儿还会接受幼儿园专门的语言教育。

3. 幼儿语言学习的第三途径是在交往中学习

幼儿无论与成人还是与同伴交往,交往的基本工具首先是语言。幼儿通过自然学习和成人的有意识传递获得一定的语言之后,一定会在与他人交往时使用。幼儿使用语言的过程是自己语言进一步完善的过程。幼儿在与成人的交往中使用语言,会得到成人的指导,会学到一些新的语音、词汇和句子;与同伴交流会发现自己的语言表达是否清楚,从同伴的语言中也可以获得新词汇和新的表达形式。在与他人的语言交流过程中,幼儿才能真正体会到自己语言的能力,包括运用语言和理解语言的能力。

可见,幼儿的语言学习实际上是感知学习、模仿学习、接受学习和使用学习的结果,其中学习环境具有关键性作用,但幼儿本身学习的主动性和学习能力也是影响语言学习结果的重要因素。

幼儿的语言学习主要是口语学习。但由于汉字是象形文字,幼儿可以将汉字作为特殊形象来认识,所以,幼儿在成人的正确引导下是可以认识学习汉字的,从而可以阅读图书,获得一些间接知识,并形成阅读习惯。

(三) 态度学习

态度不是生而有之,是学习所得。态度是个体社会性的重要组成成分,一旦获得,便会在社会中,与相应的人、事、物发生相互作用,成为影响人发展的一个不容忽视的力量。而且,态度一旦形成,改变它十分困难。所以,幼儿最早形成的态度应该符合社会文化的要求,符合幼儿的发展需要,以保证幼儿与社会之间的良性互动,最终促使幼儿向健康的方向发展。

幼儿的态度学习是幼儿逐渐形成对环境中的人、事、物的价值认识并产生相应行为倾向的过程。幼儿对某一对象的态度,与幼儿对某一对象的认知有关,也与他人对这一对象的态度行为示范有关,更与幼儿自己的亲身实践紧密相联。幼儿在实际生活中,在周围成人的言传身教中逐渐获得最早的态度。

幼儿的态度学习,其内容包括对自己的态度、对他人的态度、对事情的态度、对物品的态度等,凡是幼儿能接触到的事物,幼儿都逐渐产生并形成自己的态度。

以幼儿对自己的态度为例。自尊是自己对自己评价基础上的自我肯定,是幼儿对自己的总的价值判断,一定程度上反映了幼儿对自己的态度。研究者通常是用自陈报告法、教师和父母报告法、观察幼儿玩木偶和玩具的游戏等方法来研究幼儿的自尊。研究结果表明,幼儿是通过行为证明自尊的,但是,幼儿虽然能够判定自己在活动中的能力,仍然倾向于接受成人对他们的评价,尤其是积极的评价。所以,他们倾向于较高地评价自己。

高自尊可以激励幼儿达到目标,但是如果自尊条件性地依赖成功,幼儿可能将失败或批评当成是对他们价值的否定,并可能对如何做得更好感到无助。大约33%～50%的学龄前儿童和小学一年级儿童表现出"无助模式",即自贬、自责、消极情绪、缺乏恒心、自我期望水平低。

在完成困难任务时,自尊不依赖于成功的儿童可能会尝试换一种方式去解决,而"无助"的儿童则会感到羞愧,会放弃任务或重新去解决已经解决过的比较容易的问题。他们不期望成功,所以不会去尝试。将自己的不好表现解释为"差劲",还相信是永久的。

可见,幼儿在生活中,在成人的影响下学会自尊,同时已经形成的自尊又影响着其他的学习。

影响幼儿态度学习的因素主要有家庭教育及幼儿园有目的、有计划的教育活动,还包括社会中幼儿可以观察到的他人的行为及其行为结果、幼儿自己的行为及其结果。

由于幼儿年龄小,幼儿的态度学习中,无论是认知、情感还是行为本身,会更多地受到他人的态度及其相应行为的影响,尤其是受到成人的影响,所以,成人要时刻表现出正确的态度,为幼儿做出表率,利于幼儿模仿。

(四)情感学习

情感是因个体对某一事物抱有某种认识,并在此基础上对该事物作出价值判断,或者认识到该事物与自己的关系,尤其是是否满足自己的需要,而后在内心产生的某种体验。认识是情感产生的根源,不同的认识便有不同的情感,符合自己的价值判断便产生肯定情感,反之便有否定情感。情感也会影响到认知,影响到认知的选择性、认知的理解性、认知过程的持久性,以及认知过程的愉悦性等。

1. 个体的情感如何获得?

个体与生理需要相联系的体验及其表现与生俱来,与社会需要相联系的情感是后天习得的。幼儿首先要获得社会认知、社会需要、社会评价标准,而后对社会中的事物进行评价,体会到与自己的认知、自己的需要存在的关系,在此基础上才能产生相应的情感。

以幼儿为什么会有羞愧感为例:是因为幼儿已经获得了关于自己应该做出某种行为的标准,即已经具有了相关的社会行为认知与评价知识。当发现自己的行为与头脑中的原有社会认知或行为标准不相吻合时,羞愧感便立刻产生。其他情感的产生也是如此。

2. 幼儿情感学习的内容概括为三类:

社会性情感的获得,如爱、同情心、自信心、自尊感、自豪感、羞愧感等情感的获得;社会性情感的表达,如不同场合、不同时间、不同对象,同一种情感的表达会有所不同;识别他人的情感和正确对待他人的情感,通过不断的引导幼儿观察他人的情绪表达,学习移情,逐渐让幼儿体会到别人在某种时候的内心体验,同时,还要教会幼儿如何对待别人的情绪。如当发现别人痛苦时,如何进行安慰和帮助。

3. 影响幼儿情感学习的因素

(1) 成人的情感和情感表达

情感虽然是人的内部心理现象,但它在一定条件下必然表现于外。成人表现于外的种种行为,实际上体现了自己内部的情感,幼儿正是通过成人的情感外在表现体会到成人的情感。他们最先学到的只是成人的行为,后来逐渐理解成人行为背后的认识与情感,并认为这种认知和情感是正确的,当相类似的情境出现时,幼儿便会产生相应认知与情感,并作出相应行为,成人有时不理解为什么幼儿有那样的情绪及情绪表现,殊不知那恰恰是幼儿向自己学习的结果。

(2) 成人的说教

情感的获得与认知有关,幼儿虽然认知能力有限,以行为学习为主,但如果成人给予他能理解的认识,他便能更好的形成情感和情感表达方式。事实上,幼儿在学习情感和情感表达方式的过程中,成人时常会给他们讲道理,虽然是简单的道理,但也能够使幼儿有正确的认识,导致他们内心体验发生变化,从而做出正确的情绪表达行为。

(3) 幼儿的实践

幼儿的情感和相应的行为在表现后一定会有反馈,反馈会促使其重新认识并调整行为。幼儿从成人那里学习到的情感行为表现、情感认知必然会表现在幼儿的生活行为中,成人再对幼儿的行为表现进行强化或者惩罚,幼儿的情感以及情感表达方式便在这样的实践过程中逐渐形成。

案例 5-5

不快乐的小孩

班上有个五岁半的小女孩,叫伦伦,动不动发脾气,一次在她发脾气的时候,老师问她:"伦伦,你怎么了?""我觉得我不幸福。"老师惊讶地问:"你知道什么是幸福吗?"她说:"知道,就是快乐,反正我不快乐,天天都不快乐。"老师说:"那你看别的小朋友快乐吗?"她点点头,老师又说:"你跟他们一起玩不就快乐了吗?"她摇摇头说:"她们都不跟我玩,我也不理她们。"五岁半的孩子为什么会说自己不幸福呢?教师找了她的家长谈话,终于知道了,她的不快乐来自于她的父母离异,妈妈情绪不好,又因为工作忙,很少照顾孩子,孩子由外公外婆照看,事事满足她的要求。如果孩子发脾气,妈妈也会发脾气或者对她置之不理。①

---

① 朱小娟.幼儿教师反思能力培养研究[M].北京:教育科学出版社,2008(4):69.

案例中幼儿的情感与其母亲的情感表达和幼儿的感受有密切关系。

（五）行为学习

幼儿的行为学习在此是指幼儿的社会性行为的学习，是幼儿通过环境逐渐地获得作为社会成员的社会公认行为的过程。社会性行为作为公民应有的行为，是个体与社会进行互动，与他人进行交往，遵守社会规范，保持社会和谐文明所必需的行为。

幼儿的社会性行为的学习内容是广泛的。主要包括：一日生活的健康卫生行为（如有规律地生活起居、讲卫生、平衡膳食等）；对人的礼貌行为（如礼貌言语、礼貌动作等）；与人交往过程中的互动行为（如何与人熟悉、如何进入游戏群体、如何解决交往中的纠纷）；亲社会行为（安慰他人、帮助他人、分享自己的物品、捐赠等）；公共道德行为（在公共场合不大声说话、不乱丢东西、看红绿灯过马路等）。

幼儿社会性行为学习的途径包括幼儿的一日生活各个环节、幼儿园的教育教学、游戏活动、家庭教育。学习的具体方法一般包括：实践法（即指导幼儿在生活的相关场合进行行为实践）；认知传递法（由成人向幼儿传递此行为的作用和行为应如何执行）；榜样法（由成人或者其他幼儿在某一情境作出相应行为，引导幼儿观察和模仿）；移情法（设计一定的人际情境，让幼儿体会别人的感受，引导幼儿作出亲社会行为）；故事法（引导幼儿阅读或者听讲故事，使幼儿从故事中获得社会性行为的执行条件、相应情感和行为结果）。总之，幼儿行为的学习方法是多种多样的，成人可以依据学习内容选择使用，有时也可以多种方法综合使用。

（六）科学学习

幼儿的科学学习是指幼儿的自然科学知识学习，包括数学知识和自然常识学习。幼儿在生活中自然地会接触到各种自然知识，他们通过观察能够认识到：物体有静态特征，有长宽高、大小、粗细、厚薄、多少、外表颜色等不同特征；物体还有动态特征，能否运动，运动时有何表现等。还会认识很多的动物与植物，认识到生活中有各种自然现象，风、雷、闪电、彩虹、雨、雪，各种树叶有不同的形状和颜色，四季有变化，昼夜有更替，动物要成长，植物会生长等。幼儿渴望了解并知道其中的奥妙，这是幼儿科学学习的基础。

幼儿科学学习不仅可以帮助幼儿更好地了解自然界，而且可以使幼儿对自然知识产生浓厚的认识兴趣，还能获得自然知识的探究方法。

幼儿的科学学习主要通过观察和操作完成。这种观察可以是成人引领幼儿在自然情境中完成，也可以由成人创造条件，使某一种自然现象出现在幼儿的面前，然后引导幼儿仔细观察，发现其中的特征和变化规律。除了充分利用幼儿的感知觉以外，幼儿的动手操作也至关重要，因为，幼儿的认知能力有限，自然现象的变化规律只有通过幼儿的操作才会观察得更加清楚。所以，幼儿的科学学习，一定要重视动手操作，让他们自己去探究、去发现，既培养了他们的探究习惯，又能使他们自己发现问题和获得知识。

三、操作学习是幼儿学习的主要方式

幼儿学习的方式多种多样,通常因内容的不同而选择不同的方式,但是总体来说,幼儿在认识客体时使用最多也最富有成效的学习方式是操作学习。

(一) 幼儿青睐操作学习的原因

尽管随着年龄的增加,幼儿的认知能力也逐渐发展,尤其是思维可以脱离具体事物而依靠表象进行,但是,幼儿的表象思维与成人的表象思维最大的不同在于,其头脑中的表象是具体的而非概括的。当依靠表象理解事物的特征和变化时,如果遇上表象正好与需要理解的内容吻合,幼儿的理解可能是正确的;如果需要理解的内容是幼儿没有见过的,或者与其头脑中的具体形象是不相同的,其理解便会有误,或者根本就不能理解。这也是日常生活中幼儿时常闹出笑话的根源所在。

所以,幼儿对事物特征的正确理解依然不能离开对具体事物的感知,依然需要亲自进行操作,操作使事物的特征和变化更加明确化、直观化。由此,幼儿获得了更多的表象,对在不同条件下事物会发生不同的变化有了更多认知,为其思维的概括性和思维理解的正确性发展准备了条件。

幼儿的操作学习是幼儿通过动手操作获得经验,实现学习目标的学习。幼儿的操作学习主要有两种:一种是通过操作活动获得操作技能;另一种是通过操作活动使事物特征发生某种变化,幼儿直接地感知到操作与变化的关系,或感知到某种条件下事物的变化,从而获得有关事物特征以及事物与事物之间关系的知识信息的过程。

1. 幼儿的操作学习特点

第一,学习者与学习对象直接接触,易于引起强烈的学习兴趣,调动学习者的主动性和积极性;

第二,操作过程中学习者能够将客观事物的变化直观化,易于发现问题、关注问题和理解变化;

第三,操作可以使学习者学会操作过程和操作方法,学会对这些事物的学习应该如何操作;

第四,操作本身可能就是学习者学习的目标,学习过程就是练习操作,学习结果就是获得操作技能;

第五,操作学习可以帮助学习者建立操作-认知的循环联系。

2. 操作学习可以建立多重的操作-认知循环联系

一级操作循环。个体对事物的初次感知和操作获得了对事物的具体认识,这一具体认识进而反馈指导操作并改进操作;

二级操作循环。在一级操作循环的基础上,个体通过象征性活动对物体进行操作,获得对事物的某种概括性认识,再回到实践指导操作;

三级操作循环。在二级循环基础上进行概念操作,在头脑中完成的认识,再通过操作进行检验,再反馈回去。

幼儿的操作学习主要集中在一级和二级的操作循环,三级循环是在概念水平上的学习,在幼儿晚期才有萌芽。

可见,操作学习的特征与幼儿的心理特征正相吻合,或者说幼儿的很多学习只能是在操作过程中进行。操作学习在学习方式上以内外动作共同进行操作获得经验,适合幼儿要通过动作活动认识事物的认知特点;操作学习的动作训练特点适合幼儿大量的动作技能学习;在操作学习中学习者主动积极地参与活动,适合幼儿爱活动、爱探究的特点;操作获得的经验是操作的过程和结果,幼儿易于理解;操作过程和结果易于让幼儿充分体验到成功的喜悦,使幼儿乐于学习。

案例 5-6

理解物体间的间隙

我将装满石头和沙子的瓶子摆在幼儿的面前,孩子们都被吸引过来了,把眼睛瞪得大大的。接着,我又将瓶子里的沙子和石头倒了出来。孩子们吃惊了:"老师,瓶子里能装这么多的石头和沙子!"随着孩子们的惊讶,我提出了问题:"你能将这些沙子和石头再装回去吗?"孩子们异口同声地说:"能!"于是,我让孩子们自己探究,要求他们记下自己的设想,然后每人给一份材料(装满石头和沙子的瓶子和一个筐子),自己开始试验。孩子们将材料倒了出来,迫不及待地操作起来。

过了一会儿,孩子们说出了自己的装瓶办法,一共有三种方法:第一种,先装石头,后装沙子,结果可以装完所有的东西;第二种,先装一些石头,装沙子,再装剩下的石头,也能装完;第三种,先装沙子,再装石头,所有的东西就装不完了。然后,我引导幼儿说说自己的发现,实际上就是引导幼儿找出原因,于是孩子们说:"我把沙子倒进瓶子时,沙子就跑到了石头的下面。""我发现石头中间有一个一个的洞,沙子会钻到洞里。"

讨论之后,幼儿达成了共识:①石头与石头之间有缝隙;②石头大,沙子小,如果先装石头,再装沙子,沙子就往石头的缝里钻。①

由案例 5-4 可见,由于幼儿的心理年龄特点,操作是幼儿学习的主要方式之一。

(二)操作学习的类型

幼儿操作学习可以按不同标准分出多种类别。

1. 依据学习目的划分

探究性操作学习。因兴趣引起,丰富感知、进行思考、锻炼思维的操作学习。

形成性操作学习。以掌握知识、形成技能、发展智力为学习目的的操作学习。

强化性操作学习。以巩固知识和技能为目的的操作学习。

---

① 刘占兰.促进幼儿教师专业成长的理论与实践策略[M].北京:教育科学出版社,2006:410.

模仿性操作学习。以学习模仿某种动作为目的的操作学习,有感知性模仿和象征性模仿。

创造性操作学习。幼儿依据想象,创造性地运用经验使事物发生变化的操作学习。

2. 依据操作学习过程中人际互动关系划分

示范性操作学习。教师示范规范的操作过程,幼儿观察模仿的操作学习。

指导性操作学习。教师在幼儿操作学习过程中,给予幼儿肯定、纠正、手把手指导的操作学习。

个体探究性操作学习。幼儿自己操作,在操作过程中思考、发现、纠错、理解、创造的操作学习。

群体协作性操作学习:幼儿在与同伴共同操作的过程中互相启发、探讨、商量、合作的操作学习。

(三)幼儿操作学习的指导原则

幼儿的操作学习如果能够得到成人的合理指导,其学习的质量将得以保证。

1. 保证幼儿独立操作时间的原则

在幼儿的操作学习中,操作活动过程最为关键的是无论幼儿自己的探索性操作,还是按教师的要求进行的规范性操作,教师都必须给幼儿足够的操作时间,让他们充分摆弄物体,或练习动作,达到以操作促进学习的目的。教师还要处理好幼儿主体的操作与教师指导性操作的关系,既让幼儿的操作不偏离规范的方向,又使幼儿的学习具有自己的理解性和特色。

指导幼儿操作学习,教师必须把握好自己的角色定位,即只能扮演旁观者、启发者、规范操作的维护者的角色,教师此时的真正价值蕴含在儿童的独立操作之中。教师的主要工作是提供材料、创设操作情境、灵活机智地指导,最终保证每个幼儿都能操作成功,都能看到应该看到的现象,学会应该学会的操作。

2. 坚持操作规范性的原则

幼儿操作学习中,教师时刻不能忘记,幼儿的发现和学习主要依赖于他们自己自由而灵活的操作,但是,教师也要牢记,除了那些幼儿无目的的自由探索式的操作学习以外,幼儿园教育中的操作学习,一般都是有操作规范要求的。规范操作的作用就是保证学习的内容能够及时出现,事物的变化能被再现,操作规范常常也是事物发生变化的条件,在动作技能的学习中,操作规范本身就是幼儿学习的内容。如果幼儿在操作学习中没有按照规范进行,而完全按他们自己的意愿随心所欲地操作,幼儿是自由了,快乐了,学习过程中事物的种种变化幼儿却不能感知到,学习过程偏离了教育目标,幼儿不能获得应有的学习结果。同时幼儿操作的不规范还会使学习的过程一片混乱,更不利于幼儿养成按规则行事的良好习惯。

因而，教师从幼儿开始学习操作时便要强调操作的规范，操作过程中坚持要求，直到学习结束。

3. 操作学习与语言学习相结合的原则

操作学习是幼儿认知学习的主要方式，它有利于幼儿对知识的理解和技能的掌握。但是，操作学习是具体化的直观性学习，如果幼儿长期过多的依赖操作学习，或者是完全不能脱离这种具体的操作学习，那么，幼儿心理的内隐性发展、概括性发展便会受到阻碍。所以，幼儿的学习，除了要充分利用操作使幼儿更好理解事物的特征与规律以外，还得将操作学习与幼儿语言学习结合起来，利用语言中介，提高操作学习的效率，帮助幼儿将操作获得的信息概括化，也通过操作学习促进幼儿对语言含义的理解。

苏联心理学者柳布林斯斯卡娅进行的实验，证明了语言活动能够帮助幼儿的学习，提高其学习效果。

实验分成两组，一组在幼儿进行实物操作时伴随语言；另一组没有语言参与。结果语言参与组的幼儿的动作巩固只需要 7～19 次，没有语言参与组则需要 70～90 次，而且，前面一组在没有训练的基础上能自动地进行学习迁移。

4. 充足自然的操作材料和一物多用的原则

充足的操作材料是指教师准备操作材料时，要保证幼儿至少人手一套。幼儿的操作必须是自己进行的，群体的操作不能保证每一个幼儿都能观察到事物的变化。同时，每一个幼儿的发展不同，其操作学习的时间与进程也会不同，其所犯错误也不尽相同，幼儿每人都进行独立操作，以便于教师发现幼儿的特点和问题，有针对性地进行教育。

自然的操作材料是指幼儿教师尽量地选择幼儿生活中的材料，这些材料是幼儿熟悉的、感到亲切的，操作学习后获得的学习结果，不仅能帮助幼儿理解生活中的物体特性和现象，而且也有利于幼儿更快地将所学的知识运用到生活中，解决生活中简单的问题。同时，自然的操作材料还节约教育成本，促使幼儿养成节约的习惯。

操作材料的一物多用是指教师要尽力开发操作材料的多种学习功能，使物尽其用，通过多种方法的使用，幼儿还能观察到同样的材料有不同的特征与功用。

第四节 婴幼儿学习的共同特点

婴儿和幼儿的学习因年龄所具有的身心特点差异而有明显不同的表现，但是他们的学习也存在许多共同特点。

一、学习具有主动积极性

学习是学习者自身完成的过程，没有学习者的积极主动参与，学习者要完成学习是绝不可能的,更谈不上学习的最佳质量。婴儿和幼儿在学习的全过程中,始终是积极主动的活动者,其主动积极性表现如下。

(一) 强烈的学习动机

儿童生来就有强烈的学习倾向,这是种系演化的结果。这一倾向的存在是为了个体的生存,是儿童成长不可缺少的重要条件。儿童最早的"是什么反射"便是证明。随着时间的延长,儿童的这种学习倾向更为突出,表现在对众多刺激物的浓厚兴趣,凡是新颖刺激皆可引起注意和探究。这种心理最集中的表现就是好奇、好问、好探索。

1. 好奇

婴幼儿对什么都有兴趣,都渴望了解,对于是什么、为什么、怎么样都想知道。他们通过看一看、摸一摸、敲一敲、闻一闻等途径来获得各种感知经验,也会将对该事物与其他事物的认识进行比较,发现其中有无差异。幼儿还会长期观察同一事物有无变化,或者在何种条件下会发生何种结果,有时会创造性地进行探究。

如:小天天已经知道奶粉是甜的,香水是香的,但是,他想喝又香又甜的水怎么办呢?可不可以将奶粉和香水放一起冲水喝呢?于是他很快付诸了行动。幸亏妈妈发现及时,好在天天喝得很少,香水倒得不多,否则就会有麻烦了。

2. 好问

婴幼儿从会说话时开始,永远有问不完的问题,不论是天上地下,还是现实古今,无论是感知的还是想象的,一切事物的来龙去脉都要弄个清清楚楚。

"月亮是圆的,过几天怎么又变成了弯弯的呢?""月亮为什么总是晚上上班呢?""大树为什么不怕淋雨呢,他不感冒吗?""为什么总要听你的话,你就不听我的话呢?"婴幼儿的问题层出不穷,常使成人应接不暇,觉得自己需要进一步学习才能解答他们的问题。有时候成人也会因为自己工作太忙而随意回答婴幼儿的问题,或厌烦婴幼儿不断地提问,压抑他们的求知欲。

3. 好探究

幼儿的主动学习更表现为亲自动手操作,去发现事物的变化或者自己思考一些问题。如观察小蚂蚁是如何搬家的,小植物是如何长大的,我说什么样的话奶奶会喜欢我,我做出什么事妈妈才会答应带我去动物园玩等。

由于喜欢探究,婴幼儿会经常在日常生活中做出一些给成人添麻烦的事情。如将某种东西敲坏了试试能不能打碎,把收音机拆开了看叔叔阿姨是怎么变小了钻进去的。有时这种探究也会为儿童引来危险,如摸一摸开水烫不烫,结果开水杯倒下来将儿童烫伤等。

(二) 主动积极的学习过程

婴幼儿的学习活动大多是主动自觉地进行的,他们在众多刺激中选取什么作为注意和探究的对象完全是自觉自愿的。婴幼儿注意多久,注意的紧张度如何,既受刺激物特点影响,更取决于婴幼儿的喜好。在探究的过程中,婴幼儿采用何种方法进行,是只看看、听听、还是要触摸触摸、摆弄摆弄、敲打敲打、拆卸观察全都取决于自己。婴幼儿最终持续探究还是放弃兴趣,也是成人不能强迫的,如果强迫,学习效果会大打折扣。

婴幼儿学习的这种主动积极性,有时可以使他们专注于某一活动而不受其他干扰,有时可以持续相当长的时间,有时还可以使他们克服一定的身心困难,延迟某种需要的满足。

婴幼儿在自己喜欢的学习活动中不知疲倦,随年龄增长,当某种活动变成自己的某项兴趣爱好时,这种学习的主动积极性会表现得更为突出。即使是成人要求他们完成的学习任务,一开始可能不是他们喜欢的,但只要教师引导有方,促使婴幼儿产生了兴趣,他们学习也一定是主动积极的。特别是当他们在学习中获得成功之后,学习的积极性会更加浓厚。

(三)自己建构的学习结果

婴幼儿虽然小,但其差异性也是客观存在的,生理差异自不必说,心理上也会因遗传与环境不断的相互作用,产生不同的经验和能力,这些差异是幼儿在主动积极的学习过程中,建构自己的认知结构,获得独特学习结果的关键因素。

婴幼儿在学习过程中,他们选择内容和采用方法的不同,持续时间及操作能力的差异,操作中的思考、判断、猜测、推理等特征都会影响其最终学习的结果,婴幼儿最终形成的认识、情感、态度、行为的差异都与他们的学习差异性和自己建构的独特性密切相关。

二、最佳的学习途径是游戏和日常生活

婴幼儿的学习途径很多,但他们偏好游戏和一日生活。因为他们在其中学习感到轻松和愉悦。

(一)游戏

对于婴幼儿来说,游戏是他们的主导活动,他们喜欢游戏,在游戏中重复模仿成人的生活,重复自己的生活,展开自己的想象,满足内心的愿望,创造性地使物体和情景发生变化,随心所欲,自由自在,轻松快乐,在游戏中婴幼儿就好像生活在天堂里。

皮亚杰将儿童的游戏分为四级水平:第一级是功能性游戏,由重复性的肌肉运动组成的游戏,如滚球或拍球。第二级是建构性游戏,指用物体或材料制作某些小东西,如堆积木房子或画蜡笔画。第三级是假装游戏,也称为戏剧游戏或想象游戏,是模仿他人或自己的生活,以扮演和想象为其特点。第四级是有规则的正式游戏,游戏中有程序和惩罚条件且有组织。

在这四种游戏中儿童进行着不同的学习。第一级游戏,儿童学习着动作,了解事物的特点,事物与事物之间的最表面的关系,了解着自己的能力。第二级游戏,儿童学习创造作品,将想象和记忆表象中的内容,在自己的活动中展示出来。第三级游戏,儿童在语言的帮助下,表征功能发展到高峰,进一步理解和体会生活中的各种角色的活动和情感,以及各种社

会关系。在一起扮演的过程中,儿童能够应对不良的情绪,理解他人观点,建构对外部世界的印象。在第四级游戏中,儿童学会了制定规则和遵守规则。

所以,在游戏中婴幼儿收获颇丰:首先收获了愉悦的情感。婴幼儿在游戏中收获了包括交往的快乐、想象的快乐、自由表达的快乐、创造的快乐、成功的快乐等。其次,收获了知识。他们在自由的游戏活动中,更深入地发现了物体的不同特点,软、硬、粗糙、光滑、大小、形状、轻重、平衡以及这些物体与物体之间的关系,特征的差异,物体的作用、功能等。再次,收获了社会性。婴幼儿在游戏中,懂得了游戏规则的制定和使用,学会了与同伴的协作、互助,建立了亲密的伙伴关系,获得了一些交往规则和交往技能。最后,收获了对自己的认识。在游戏中,婴幼儿逐渐认识了自我,自我的力量,自我的优点与不足,体验了自我情感,在与同伴的互动中,了解了自己与同伴的差异等。

案例 5-7

办超市游戏

老师要和孩子们一起办一个超市,开展角色游戏。老师先带幼儿去超市观察了超市的货物和超市买卖货物的情景,然后问幼儿,办超市要做哪些准备?因为有了感性经验,所以他们说出很多,要有商品,要有货架,要有营业员,要有收款台,要有超市的名字。于是,老师根据孩子们的兴趣和特长,分配了相应的角色,通过协商让他们分工合作,还充分利用家长的资源优势,为办超市收集材料。很快,超市准备就绪,老师还和幼儿一起举办小小的典礼,在典礼上颁布了与幼儿一起制定的经营规则和服务标准,孩子们终于开始在超市里营业了。在这个过程中,老师不断地提醒,你们要知道今天卖了多少钱,要知道卖了哪些商品,要知道哪些商品卖得快,还要求幼儿把它记下来。在一定的时间后,教师还跟幼儿一起评选超市工作的标兵,这些标兵有:最佳收银员、最佳采购员、热心导购员、文明小标兵。在这样的活动中,幼儿的发展是全方位的。①

由案例 5-5 可见,婴幼儿在游戏中学习,在游戏中成长,游戏的活力特性,决定了它是他们学习的理想途径。

(二) 日常生活

日常生活是幼儿每天重复的微环境,在这个环境中婴幼儿认识了生活中的种种物品,各种各样的人,了解了生活的基本规律,待人接物的方式,学会了自己的母语等。日常生活中经历的所有事都会是影响婴幼儿成长的重要经验,婴幼儿在环境潜移默化的影响中成长着。他们生活中的人和事无疑将成为其最早的记忆内容,他们会记住那些事,记住那些体验,模仿那些人,那些情景,成人自觉与不自觉地成为了他们童年记忆中的一部分。可见,婴幼儿日常生活的学习是渗透性学习,内容全面,方式自然。当然,不同的生活环境也会造就着具有不同心理特征和行为的儿童。

---

① 刘占兰.促进幼儿教师专业成长的理论与实践策略[M].北京:教育科学出版社,2006:306.

案例 5-8

抓住教育的契机

　　教师随时利用生活环节对幼儿进行教育。幼儿园下午的点心是小番茄，以前点心都是由教师发，今天教师让小朋友发。教师叫每个小朋友拿三个，自己去拿。于是教师点名，点到谁谁上来拿。教师在旁边观察，结果发现：有的小朋友一个一个数，有的两个两个拿，拿到之后放到自己的小餐盘里。点心发完了，小朋友都在数自己的小番茄，有的排成一排数，教师问："你们的小番茄都拿够了吗？有少拿的吗？有多拿的吗？"彬彬说："老师，我差一个。"老师说："你拿了几个呢？"冰冰说："我拿了2个"，"你还要拿几个呢？""我还要拿一个。"然后教师发现许多儿童都高兴地在数自己的小番茄，有的把大的放在左边，有的把小的放在左边。于是教师提议说，小番茄就像小兵一样，你们能不能把它们按大小排个队啊？小朋友马上行动起来，这个最大，我把它放在最前面；这个小点，我把它放在第二；这个最小，我把它放在最后。孩子们把小番茄按大小排列得很好。①

　　上面案例中的幼儿在这样的活动中学会了数数、排序、自我服务劳动。

三、学习在自觉与不自觉中完成

　　婴幼儿学习的自觉性即学习的有意性、目的性。婴幼儿心理的有意性，有一个逐渐发展的过程。婴儿所发动的学习，更多的是受刺激物新异性的吸引，而不是自己事先有目的、有计划进行的。大约4个月左右，婴儿才具有明显的心理行为的有意性。通过多次的观察和行动，婴儿逐渐知道了自己行为与事物变化之间的关系，于是，他们会主动做出一些行为。如主动蹬腿是为了看见气球的飘动，手舞足蹈是为了促使小摇车上的铃铛发出响声，主动拉动毯子是为了让玩具更能靠近身旁等。

　　从此，婴幼儿的学习就在自觉与不自觉中进行了。

　　婴幼儿的学习在不自觉中学习，是因为即使心理有意性的出现使他们已经开始有目的地学习，但婴幼儿时期，心理的有意性还是不强，更不懂得事先做好计划，不会思考如何学习，采用何种方法学习等。因此，学习中大量的还是无意学习，即学习的发动更多受刺激物和刺激情境的影响。

　　但是婴幼儿的学习有时也具有自觉性，一方面，因为婴幼儿虽然在学习开始时主要受外界刺激的指引，但在学习的过程中逐渐对学习内容产生了兴趣，学习又变成了有目的的行为；另一方面，随着年龄增长，幼儿心理活动的有意性增强，特别到了幼儿末期（5岁以后），幼儿的探究活动、游戏活动中常常能表现出明确的目的性和计划性。

　　婴幼儿学习的自觉性还与成人的教育与训练有关，通过成人的要求，幼儿会主动地进行

---

① 倪敏.幼儿教师最需要什么[M].南京：南京师范大学出版社，2011：140.

学习,学习那些成人要求的学习内容,整个学习过程是在成人要求下有计划完成的。成人对幼儿的有意学习要求,由于学习过程的有趣或学习的成功,也可能变成幼儿自身的学习要求,使幼儿的学习变成了自觉学习。

成人要努力使婴幼儿在轻松的氛围中,在不知不觉的过程中快乐学习。但也要适时地依据其身心特点,培养学习兴趣,传递学习方法,最终使他们学会有目的、有计划地自觉学习。

四、学习内容的融合性与学习结果的全方位性

婴幼儿学习有别于学龄儿童的学习,其学习更多是在生活和游戏中进行,其学习的内容也都是其生活中常见的简单内容。家庭中的学习更多集中于日常生活和游戏,幼教机构中虽然有五大领域的学习内容,在集体活动中会有所侧重,但总体来说学习内容是融合的,尤其在幼儿园的方案教学、主题教学中这种融合更加明显。幼教机构也同样重视游戏和日常生活的教育作用,将教育寓于其中。

婴幼儿的学习目标,国家以文件的形式在《幼儿园教育指导纲要(试行)》和《3～6岁儿童学习与发展指南》中有明确规定,主要包括良好体质、动作发展、良好的生活习惯、初浅知识、一定的生活经验、社会需要的情感和态度、美的感知和体验等。

可见,婴幼儿的学习结果是体、智、德、美全方位的,是认知、情感、态度、兴趣、能力的全面发展。

五、学习存在越来越明显的个别差异

儿童生来就存在差异,这种差异不仅是生理的,也有心理发展潜能的差异,只是早期这种差异表现不明显。随着年龄的增长,以及在有差别的环境中生活,儿童个体会逐渐显露出明显的发展差异。

婴儿刚生下来时,人们可能只能发现其身高、体重不同,长相差异,从哭声大小、长短,持续时间,猛烈程度,以及被抚慰表现等特点中看出其气质差异。但过了一两年,你会发现他们更多的差异:有的幼儿更爱笑,更好动、攀爬,更喜欢与人亲近;而有的幼儿更好哭,更安静、喜欢平静的活动,喜欢仔细观察物体的特点等。再后来,你会发现,有的幼儿动作速度更快,反应灵敏,有的幼儿动作迟缓;有的幼儿语言清晰,善于表达,有的幼儿口语句子常不完整;有的幼儿有良好的数学接受能力,有的幼儿长时间操作,仍然难以理解数学现象等。

随着年龄增长,婴幼儿在学习潜力、学习经验、知识储备、心理发展水平、学习倾向,学习风格等各方面都表现出差异,兴趣也渐渐显露出来。婴幼儿学习中的这些差异在不断地变化和发展。成人应该密切关注这些差异,并有针对性地创设环境条件,促进每个婴幼儿在自己的身心条件和基础上全面发展。

1. 婴幼儿学习的基本特征是什么?
2. 人类个体最早有哪些学习表现?
3. 婴儿的学习有哪些变化趋势?
4. 幼儿期儿童主要有哪几种学习?
5. 幼儿学习的最主要方式是什么?
6. 联系实际谈谈婴幼儿学习的特点?
7. 案例分析:

请结合本章学习内容,分析案例5-9中的幼儿学习有什么特点?

案例 5-9

搭桥游戏

最近我们班的孩子搭的桥越来越好了,能用小汽车在上面玩。可是新的问题再次困扰了孩子们:翻车现象时有发生。"为什么会翻车呢?"我又和孩子们一起研究起来。车速并不很快,不是车的问题,那就是路面的问题。"路面怎么会让车翻了呢?"通过反复操作,孩子们开始对桥的坡度产生质疑。他们用小块的长条积木垫高,最高处垒着两块积木,桥身高度从两块积木变成一块积木连接处常翻车。"因为这里太陡了。"苗苗终于发现翻车的原因,于是我们一起制作垫高纸盒,将它置于两块积木和一块积木之间,降低了桥身的坡度,汽车果然不再翻车了。①

---

① 刘占兰.促进幼儿教师专业成长的理论与实践策略[M].北京:教育科学出版社,2006:314.

第六章 幼儿的态度学习

学习目标

1. 结合生活中幼儿的行为理解幼儿态度的特点。
2. 理解态度学习理论的基本特点。
3. 理解幼儿态度学习的心理过程。
4. 掌握幼儿态度学习的条件。
5. 掌握幼儿态度学习的内容。
6. 理解影响幼儿态度学习的内外因素。

关键词

◆ 态度　◆ 幼儿态度　◆ 态度学习　◆ 幼儿态度学习

幼儿学习案例

案例 6-1

> **不听话的诺诺**①
>
> 　　小朋友学画画。每次画完后,李老师总是将画得好的小朋友的作品进行讲评,并贴在黑板上让大象学习欣赏。每次都是诺诺的作品第一个进行讲评,贴在第一个。而今天老师讲评过诺诺的作品后,对明明的画也格外赞赏,并将诺诺的画移贴到了明明画的后面。只听见诺诺叫起来:"我不要!"老师制止了她的胡闹,谁知诺诺趁大家不注意,将明明的画用勾线笔狠狠刮了好几道,老师发现后,对她进行了教育。可她却放肆地哭闹,边哭边喊:"他的画难看死了,我不要。"任凭老师怎么说理她都听不进去。

　　案例 6-1 中反映出幼儿对待教师表扬自己和他人的态度。幼儿这些态度的形成一定有其原因,如何对待,考验着成人的教育能力。

　　社会心理学家认为,一个人的态度对他的行为具有指导性的或动力性的影响。幼儿时期是个体态度最早形成的时期,那么,幼儿的态度是如何获得的?幼儿的态度学习有哪些内

---

① http://www.youjiaotv.com/2009/0527/1216.html

容？需要什么条件？幼儿的态度习得有什么样的规律？幼儿教师在教育教学活动中,应该如何培养幼儿的态度？这些正是本章要解决的问题。

第一节　态度与幼儿态度

一、态度的定义、特征与结构

（一）态度的定义

由于态度所表现出来的复杂性和多样性,至今仍没有一个定义能被所有研究者接受。

阿尔波特(G. W. Allport)认为,态度是一种心理的或神经的准备状态,对个人的反应具有指导性或动力性的影响。

克雷奇(D. Krech)和克拉奇菲尔德(R. S. Crutchfield)认为,态度是个体对自己所生活的世界中某些现象的动机过程、情感过程、知觉过程的持久组织。

谢里夫(M. sherif)认为,态度是个体对某一特定事物、观念或他人稳定的由认知、情感和行为倾向组成的心理倾向。

皮克(H. Peak)认为态度是一种假设结构,这一结构环绕着概念的或知觉的中心而组织起来,且带有情感性质。

一般来说,社会心理学将态度定义为个人以喜欢或不喜欢的方式去评价他所处环境的某些方面的心理倾向。如果我们知道一个人对物体的态度,我们就可以预测他对物体的反应。一个幼儿若喜欢另一个幼儿,会接近他,同他谈话,亲近他;若不喜欢他,会回避他。加涅(R. M. Gagne)将态度定义为通过学习形成的影响个体的行为选择的内部状态。

本章的态度指个人通过学习形成的对人、物、事件或问题的倾向性评价,由这种评价所具有的行为选择的内部准备状态。

（二）态度的特征

1. 态度是一种内在的心理倾向

态度总是显露在脸部的表情、谈吐与举动之中,例如发表肯定或否定等意见,表现出喜欢或厌恶等感情,做出接近或拒斥等行为。事实上,态度一般都会表现于外,被称为态度行为或表态;但也可以不以外显的形式表现出来成为未表的态。心理学研究的态度是一种既可以表现于外也可以藏于内的具有一定肯定或否定情感的潜在心理状态。

2. 态度具有对象性

态度总有一定的对象,如人(他人、自己)、物、事件、群体、制度、民族、国家以及代表各类事物的观念等。人与事物一旦成为态度的对象,就被称作态度客体。没有客体的态度是不存在的。任何一种态度都有针对性,总是针对一定的客体发生,所以它反映了主体与客体之间的关系。

3. 态度具有价值判断成分和感情色彩

任何态度都是对特定事物的意义性或重要性进行估量(即评价)后所产生的某种看法、体验或意向,如重视或轻视、肯定或否定、赞同或反对、喜爱或厌恶、趋向或回避、接受或拒绝,以及处于上述两极端之间的一种中性状态。态度,不管是通过直觉还是通过分步思维过程而产生,都是关于事物的一种价值判断或情绪评定的结果。

4. 态度具有一定的稳定性与持续性

态度一旦形成,就会持续一段时间,不会轻易改变。这个特点之所以出现,是由于态度的形成具有深层的原因,即它是客体的特性和主体已有的种种需要、习惯、经验、理念交互作用并建立起较稳固联系的结果。要改变一种态度就会涉及整个或部分联系系统的改造,它不是轻而易举的事。

5. 态度是在社会交往中习得的

态度并不是天生就有的,而是在后天的社会交往中不断习得的。态度是主客体的相互建构,即个体在社会的交往中,通过对客体不断地产生认识、情感和评价,逐渐建构了自己对客体的态度。

(三) 态度的构成

根据弗里德曼(J. L. Freedman)的理论,他将态度构成理解为认知、情感和行为倾向三个成分。

1. 认知成分

认知成分是指个人对某对象以及两者之间关系的认识和判断。

2. 情感成分

情感成分是指伴随观念产生的情绪或感情。它是一种内心的体验,主要表现为个体对某对象所持有的厌恶或喜好等反应。

3. 行为成分

行为成分是指个体对某对象明显的行为准备或行为倾向。

由于情境等因素的影响,态度和外部行为常常是不一致的,但是当态度强烈、稳定、突出、易提取、与行为明确相关,而且冲突的情景压力较小时,态度与行为的一致性较高。所以态度可以在一定程度上预测行为。

行为可以塑造态度。态度和信念可能因为行为的改变而间接地发生改变,而这又为进一步的行为改变或持续改变奠定了基础。所以当某一特定行为方式被认为是值得做的、必须的,或者是我们个性使然,那么在很长一段时间内,个体会继续以相同的方式行动。

二、幼儿态度的定义和特点

(一) 幼儿态度的定义

幼儿经常说"我喜欢跳舞""我讨厌吃葡萄""我想要给地震灾区的小朋友捐钱"之类的话,老师也经常说"这个幼儿认错态度好""她学习认真"等等,这些都是幼儿在表达自己的态度,或者教师在评价幼儿的态度。不管是幼儿还是成人,对于这个世界的人、事、物或者问题都会持有自己的态度。

幼儿的态度指幼儿以积极或消极的方式对周围环境中的人、事、物进行反应的内部准备状态。

(二) 幼儿态度的特点

幼儿态度的特点除了具有一般态度的特点之外,还具有自身的特点。因为个人态度的形成是有阶段的,且每一阶段态度的形成都具有不同的特点。态度的形成是一个逐渐扩大的过程,从具体到概括、从不稳定到稳定。幼儿最初是从家庭中获得很多待人接物的态度,到了幼儿园,在与教师和同伴的交往中习得待人接物、对待学习等各个方面的态度。幼儿态度的特殊特点如下:

1. 具体性

态度作为一种个体反应的准备状态,并不决定特定的行为,而是决定个体一定类型的行为,但是幼儿活动范围较小,经验有限,所以幼儿的态度对象非常具体,还没有进一步的概括。例如,学生乐学的态度是对课程、教师、授课、作业、考试等具体对象的态度的概括,而对于幼儿,其乐学的态度可能只涉及对某一个老师的喜欢。当问及幼儿喜不喜欢学习,幼儿可能就想到刚才某一个老师某一活动的有趣性,然后就会说自己喜欢学习。随着幼儿生活经验的丰富,活动范围的扩大,知识的增长,态度也随之概括化。

2. 可变性

幼儿的态度与成人的态度不同。成人的态度是客体的特性和主体已有的种种需要、习惯、经验、理念交互作用后建立的稳固联系。幼儿的态度只是一种简单的模仿,或者生活中的一次偶然经验,其态度是不稳定的,可能随着环境的变化而随之发生变化。

3. 可塑性

幼儿对人、对事都尚未形成稳定的认识,其态度是在成人的影响下逐渐形成的。所谓种瓜得瓜,种豆得豆,成人给予幼儿什么样的教育,幼儿就会形成什么样的态度。

第二节 态度学习理论

有关态度的学习理论,都是从不同的角度解释人们获得或改变态度的途径。虽然每个理论的观点不同,但是它们并不是冲突的,甚至在不同的条件下,需要用不同的理论对态度进行分析和解释。

一、条件反射学习

态度是可以通过条件反射的方式获得的,幼儿的态度也是一样。

(一) 经典条件作用的学习:连接学习

所谓连接学习就是两个或多个观念(概念)之间构成连接通道,由一个观念可引起另一个观念的活动表现。在巴甫洛夫的经典条件作用中,态度是通过将一个非条件刺激与一个中性刺激联系起来形成的。

这一观点在华生(J. B. Watson)和雷纳(R. A. Rayner)1920年对9个月大的婴儿阿尔伯特的研究中得到验证。在华生和雷纳实验中,他们将小白鼠(中性刺激)与锤子击打的巨大响声(非条件刺激)连接起来,使得阿尔伯特经过7次响声与小白鼠配对后,只呈现小白鼠时,阿尔伯特也会开始哭泣,阿尔伯特通过这种经典条件作用习得了对小白鼠的恐惧态度。在这个实验中,阿尔伯特对白鼠产生的恐惧态度具有明显的情感特质,但对小白鼠的认知成分与恐惧态度的形成并没有很大的关系。在幼儿获得态度的方式中,这种偶然的态度是一种非理性的态度,例如某些幼儿对蛇、对蜘蛛具有恐惧的态度,很多时候这种态度仅仅是由一种偶尔的条件刺激才形成的,但这种态度一般也会持续很多年,且难以改变。

经典条件作用对态度的形成具有重要的意义。一个富裕家庭的幼儿可能对贫穷家庭的幼儿或成员的外在特质(例如肤色、口音、行为举止、服饰)等持有中立的态度,他们并没有对这些群体进行分类。但是如果他看到他的母亲每次对这些穷人的幼儿以皱眉或者粗俗的语气等消极态度信号出现,穷人的口音、服饰总是与母亲消极负面情绪配对出现时,幼儿也就开始对这种群体产生消极的态度。这时,经典条件作用就发生了。如果经历一次事实的印证,这种连接便更加牢固,成为刻板印象或定型。

(二) 工具条件作用的学习:强化学习

态度也可以通过强化和惩罚发生。当问及幼儿对于撒谎行为的态度时,大多数的幼儿都会说:"撒谎是不对的,撒谎的孩子不是乖孩子!"这是因为大多数幼儿在撒谎时一般都会受到父母或老师的惩罚,而幼儿在承认错误时都会得到褒奖。因此,幼儿就认知了撒谎是错误的,逐渐也会形成相应的态度。显然,当行为结果令人满意或者令人愉快时,相应的行为就会不断地被重复,并最终可能成为一种习惯。而当主体的行为得到负面结果时,态度会被削弱。在工具性学习中,行为成为获得益处的"工具",而"这些益处"就是一种正强化;这里强化被定义为一种能够增加行为发生频率的刺激。

在日常生活或教学中,这种原则的运用很常见。例如,当幼儿因上课积极发言得到大红花时,幼儿便对上课产生了积极的态度。其实大多数的时候,工具性条件过程是很微妙的,大部分的奖励是一种心理上的接受。所以教师或父母可以通过笑容、称赞或者拥抱来奖励幼儿以帮助幼儿形成正确的态度。

二、观察学习

观察学习是指个体通过观察他人的行为与态度之后习得相应的行为和态度。在观察学习中，榜样模仿是关键性的。如果榜样是强有力的、重要的或亲近的人物，榜样引起模仿的作用更大，甚至在没有榜样言语教诲的情况下也是如此。观察学习中榜样不一定是身边的人物，也可以在许多其他情境中出现。例如，可以用图片、电影或电视的形式将榜样呈现给学习者。

英国伦敦一项实验研究，一群7～11岁工薪阶层的子女与一个作为榜样的成人共同参与一个保龄球游戏。在游戏中，孩子们将有机会赢得一些代币，这些代币能用来换取一些自己喜欢的奖品。在一种实验条件中，榜样充当第一个玩游戏的人，这个榜样总是把自己赢得的一些奖品放到"奖励儿童基金会"海报下的一个大碗中；而另一种实验条件下，榜样从不把自己赢得的奖品捐献出去。最后研究者观察发现，那些接触到慷慨榜样的儿童其捐献数量是另外一组捐献数量的8倍。

另一些研究表明，幼儿早期的一些态度大多来自对双亲的模仿。幼儿从父母那里获得诸如关心他人、完成任务和公正等合乎要求的态度。但随后进入青春期时，态度的形成更多来自对社会上各种人物（老师、同辈好友、英雄人物、名人等）的模仿。这时同伴的榜样作用便处于支配地位。如很多高中生虽然认为吸烟是不好的行为，但是因为身边伙伴都吸烟，并将吸烟视为一种时尚，高中生会改变自己对吸烟的态度。

人们不只模仿榜样态度的外部特征，如言谈、举止等，而且也吸取着榜样态度的内涵，如思想、情感、价值观念、人格等。父母对物质财富持自私的态度，儿童可能内化了这种态度，并会拒绝与伙伴共享玩具，甚至在其被父母告知不应这样时也还会如此待人。榜样模仿持续的时间很长直至儿童掌握了许多社会规范与形成评价系统时，这种模仿学习才逐渐让位给鉴别学习。

以上各理论是将学习者看作态度形成和改变过程中的被动者：接触刺激、通过连接、强化或模仿学习，这种学习过程决定了个体的态度。幼儿态度学习大多数就是连接、强化或模仿的结果。

三、认知一致性理论

事实上，即使有时给学习者提供很好的榜样，给予学习者正强化或者惩罚，学习者也很难改变自己的态度或者习得的态度。这是因为个体有自己的认知结构，个体作为行为的主体，通常情况下是自己选择符合自己总体认知结构的态度，来强化自己的态度以及寻求态度与行为之间的一致。这便是认知一致性理论的基本前提。

认知一致性理论(cognitive consistency theory)的基本观点:人们总是寻求认知上的一致性和意义。当他们面对一个会产生不一致的新认知时,他们会努力使这种不一致变得最小。他们有一种动力倾向推动其进行自我调整(或改变原信念、原态度,或否定其他观点和行为),以达到或恢复认知上的一致。

(一)平衡理论

海德(E. Heider)认为,人的心理活动是人在与社会因素(社会事件、他人、文化观念等)相互作用中实现动态平衡的过程。如甲喜欢跳舞,乙也喜欢跳舞,那么甲就会对乙产生好感和积极的情感态度,并有可能建立友好关系。

人们总是在追求和谐平衡的状态。当个人处于不平衡态时,他就会体验到不愉快,这种不愉快所引起的压力将驱使人将不平衡态转化成平衡态。海德的平衡论体现了个体形成态度时的主体作用以及在平衡态与不平衡态情况下引发的情感体验导致态度转变的可能性。

海德的平衡理论的关系中只有方向性指标,并没有强度指标。也就是说,当两者态度不一致时,无法预测或者不能说明在什么时候采取什么策略。此外,在现实生活中,只要两者态度并没有影响到实质性的关系,我们通常会容忍对方跟自己的态度不一致,我们会尊重对方的选择,而不是一定要改变自己对事物的态度或者疏远与对方的关系。人际关系和态度形成是非常复杂的,海德的平衡理论不能完全解释这其中的关系。

海德的平衡理论用来解释幼儿的态度转变是非常合理的,因为幼儿的态度不够稳定,并且带有很强的情感成分,所以当自己喜欢的人具有某一态度时,幼儿改变其态度相对容易些,或者当某人和幼儿具有相同的态度时,幼儿更容易对其产生喜欢或者积极的情绪。

(二)认知失调理论

认知失调理论最先是由费斯廷格(L. Festinger)提出的,专门探讨态度和行为不一致的情况下态度的形成和转变机制。认知失调是指当人们的行为与自己的认知不一致时出现的不舒适和紧张的现象。

费斯廷格认为,个体喜欢与自己认知一致的情境,当出现不一致时,个体就会产生心理紧张等消极情感。为了降低和消除这种不愉快的情绪,费斯廷格认为可以用三种方式来达到协调:

(1)撤销或改变我的认知(如"吸烟危及我的健康",那么"我应该放弃抽烟")。

(2)对我的认知进行强度的减弱(如"吸烟对我的健康影响并不是很大",那么"我少吸烟就好了")。

(3)增加新的认知,改变态度(如在"吸烟有害我的健康""我可以吸烟"中插入一个理由,"抽烟可以提高工作效率,个人安危是次要的"或想"世界上抽烟而长寿者不乏其例,我可能就属于这种人")。

那么当人们体验到冲突后采取哪种途径呢？研究者认为，总体规则是采取最小阻抗的途径，也就是说人们一般会改变那些最容易发生改变认知的途径。

四、期望价值理论

态度的期望价值理论是假定人们根据他们对利弊的权衡来决定自己的态度和行为。在各种诱因面前，人们会在其中权衡使自己利益最大化。比如，当一个儿童决定星期天去不去参加朋友的聚会，他会考虑作业、考试以及结交新朋友的不同的结果来决定自己去不去。如果考试很重要，并且自己又非常看重，这个儿童可能就对聚会呈现拒绝的态度；如果这个儿童更看重的是结交新朋友和其中的乐趣，他就会采取积极的态度。

第三节 幼儿的态度学习

根据加涅（Roberl Mills Gagne）的学习结果分类，态度学习是其他学习（智慧技能学习、认知策略学习、语言信息学习和动作技能学习）的支持性条件。支持性条件是指有助于学习条件发生或者说提高其他学习效率的条件[①]。幼儿期是个体态度萌芽并发展的关键时期，幼儿时期形成的一些态度将成为一种心理定势，构成幼儿个性结构的一部分，并将深刻影响着幼儿以后的生活和成长。

一、幼儿态度学习的心理过程

根据凯尔曼（H.C. Kelman）提出的态度形成及变化的三阶段论，人们习得一种态度要经历顺从、认同和内化三个阶段。幼儿的态度学习同样经历了这三个过程。

（一）顺从

顺从是指幼儿在社会影响下，被动地接受教育者的指令，但这种接受仅仅在外显行为上表现出与教育目标一致。所以，在这一阶段，幼儿对于教育者给出的指令并没有很深刻的认识或情绪成分。幼儿之所以学习，是因为尊敬和惧怕社会化执行者的威严、权利、害怕受到惩罚。另外，幼儿还因为依恋成人，并为了保护这种安全感而接受和服从规则。这种态度常常是表面的、外控的（受奖惩原则支配），一旦外因消失，它也就中止，因此是暂时的。在顺从阶段，教育者应该给予保护，尊重幼儿，促使幼儿建立自信。

（二）认同

认同指幼儿实际已经逐渐地理解了教育者所传递的态度的意义和作用，并记住了成年人的态度行为要求。在此基础上，幼儿表现出对某人、某群体或某件事的行为与教育者要求

[①] [美]R.M.加涅.学习的条件和教学论[M].皮连生，等译.上海：华东师范大学出版社，1999：222.

的行为保持一致。这时幼儿的态度带有较多的情绪、情感成分,虽然没有很深刻的认识基础,但已经表现出比较主动积极的学习状态。

(三) 内化

内化是指幼儿从内心深处接纳和认同成人所传递的态度,并将新的态度纳入其原有的价值体系之中。这个阶段的幼儿愿意把认同的情感成分跟自己已有的认知联系起来,给予理智上的辨认,作出是非判断。这是一种认知性成分占主导地位的态度学习,它将成为幼儿人格的一部分,态度便能持久地存在,不易改变。因此教育者在教育的过程中,要注意对幼儿提出要求时要由简到繁,逐步深化,并让幼儿经常练习、及时给予反馈,以帮助幼儿将新态度逐步内化。

每个幼儿的发展水平都是不一样的,有些幼儿发展较慢,在整个幼儿阶段都是处于顺从阶段,有些幼儿的发展速度快,有些重要的态度就可能被幼儿内化。所以对待不同的幼儿,教师应该给予不同的教育。

 案例 6-2

礼貌待人

今天快离园的时候,我和孩子们说:"今天,我们也要学习古时小朋友礼貌待人的态度,对他人给以的帮助,我们要说什么呀?"孩子们异口同声地说:"谢谢!""那如果你不小心伤害了其他小朋友了要说什么?""对不起。""放学回家了,要跟老师说什么?""老师再见!"听到孩子们的回答,我开心地笑了。可是没想到的是,家长们刚到教室门口,孩子们就迫不及待地往教室门口跑去,很少有孩子们记得跟老师说再见。更没想到的是,可乐一不小心撞到了轩轩,轩轩大声地哭了起来,可乐却当没看见,急切地跑入到爸爸的怀抱。看到此情景我很疑惑:今天孩子们不是都学得很好吗?怎么孩子们的行为却没有达到我的理想标准呢?

从案例 6-2 中可见,即使幼儿获得了态度认知,认同了态度,但是,还需要在实践中对态度加以巩固,以形成自觉的态度行为。

二、幼儿态度学习的条件

加涅认为,不同类型的学习结果需要不同的学习条件。学习的条件包括内部条件和外部条件。内部条件是指学习者本身具有的,影响习得新信息的变量[①]。内部条件可以细分为必要性的和支持性的条件。幼儿态度的学习需要内部条件和外部条件的共同支持。

(一) 内部条件

幼儿已经习得的一些重要概念、信息和原有态度是幼儿态度学习必要的内部条件,它的

---

① [美]R.M.加涅.学习的条件和教学论[M].皮连生,等译.上海:华东师范大学出版社.1999:237.

缺乏将使幼儿的学习无法顺利进行。

1. 幼儿具有与新态度相关的概念和信息

这里的概念既包括新态度所指向的客体、事件或人的概念,也包括一套关于行为与其情境关系的观念。

首先,幼儿指向的客体、事件或人的概念可以是前科学概念,不必要求幼儿具备严格的科学概念。比如,如果态度指向一种有害的药物,如可卡因,我们可以用图片为幼儿呈现可卡因这一物质,而不必要求幼儿懂得可卡因所包含的物质,只要幼儿具备这一具体的印象即可。因为受思维发展的限制,许多科学概念是幼儿难以掌握的,所以不能对幼儿做出详细要求。

其次,一套关于行为与其情境关系的观念对幼儿具有方向的指导性作用。比如对毒品的态度学习,幼儿已了解一套毒品可能出现的场所或情境(毒品常常在聚会、酒吧里出现),这是幼儿态度学习内化的一个重要的先决条件。

最后,幼儿具有将学习信息特征内化的条件。比如,给幼儿提供榜样的学习,幼儿需先习得对榜样人物的敬仰和尊重以及相信榜样人物。对于幼儿来说,在外形上,在人格上具有魅力的榜样人物一般都可以给幼儿带来高度可靠的信息特征。

2. 幼儿具有相关态度学习的动机和意向

即使幼儿具有相关态度的概念和信息,其态度学习的意向仍是一个重要的先决条件。如果幼儿拒绝学习,教师则很难对幼儿进行相关的态度教育。在幼儿园里,教师要进行态度学习动机的教学,不能只是教给幼儿态度学习的概念和信息。对于幼儿,这种概念本身就因为幼儿的态度学习带有很强的情感性。大多数的时候,我们发现教给幼儿大量概念和信息不能帮助幼儿建立相关态度,所以必要的情感、动机唤起也是非常重要的。

(二)外部条件

对幼儿教育而言,幼儿园的一切教学活动都是支持和帮助幼儿建立态度的外部条件。加涅认为幼儿态度学习最重要的外部条件是为幼儿提供最有效的榜样模仿对象。然而,除此之外,教师的期待、教学活动的环境设置、教师有效的教学方法及教学原则、正确的评价等都影响幼儿的态度学习。

1. 榜样

模仿、认同和观察学习是幼儿学习的主要方式,婴幼儿的行为大都是模仿而来的,他们把父母的人格特点、态度行为方式都进行了内化。随着社会交往的扩大,儿童通过观察认同教师和同伴或社会上其他人士的行为、行为情境以及行为结果,从而获得自身的态度和态度行为。

2. 教师期待

学前阶段的幼儿处于"好孩子"的时期。幼儿常常是依成人的标准选择自己的价值观和道德行为。教师的期待其实是一种间接的强化。幼儿通常希望自己能达到教师的要求,做教师眼中的乖孩子,得到教师的奖赏和认可。所以教师给予幼儿什么期待,通常幼儿就会按照教师的期待去建构自己的行为态度。

3. 教学活动的环境设置

教学活动的环境设置对幼儿的学习起着非常重要的作用。若幼儿园环境的建筑结构、空间设置、材料以及物品和设备配置等都是经过精心挑选和摆放的,这就会给幼儿带来愉快的心情,并使幼儿在这种环境中学会合作、友爱和关心他人的人际态度,还有愉悦的学习态度。

4. 有效的教学方法和教学原则

教师在态度教学中使用正确的教学方法和教学原则会达到事半功倍的效果。幼儿教育有其自身的规律,态度教育更是和其他的教育不一样。

5. 正确的评价

幼儿由于受自身心理发展水平的限制,还不能对自己进行客观的评价,他们往往根据教师或父母的评价来评价自己和他人的行为。因此教师在态度学习的教育活动中,正确的评价幼儿的态度和学习就显得尤为重要。正确的评价不仅能满足幼儿的成就感、被赞许的需要,还能巩固幼儿的正确行为,激发幼儿的学习动机,使幼儿获得自信心、安全感。

三、幼儿态度学习的主要内容

态度的种类很多,有对自己的态度,对他人的态度,对待学科知识的态度,对待消极事物的态度等。《幼儿园教育指导纲要》中多次提出关于幼儿态度培养的要求,如"在体育活动中培养幼儿主观、乐观、合作的态度""帮助幼儿正确认识自己和他人,养成对他人、社会亲近、合作的态度""感知人类文化的多样性和差异性,培养理解、尊重、平等的态度"等。在幼儿阶段培养这些重要的态度,对幼儿的发展是极其有利的。结合《3~6岁儿童学习与发展指南》,我们将幼儿阶段的态度学习分为以下几类:

(一) 对自己的态度——自尊、自信、自主

《3~6岁儿童学习与发展指南》中指出:鼓励幼儿自主决定,独立做事,增强其自尊心和自信心。自尊是个体对自我能力和自我价值的评价性情感体验[①]。自信指一种反映个体对自己是否有能力成功地完成某项活动的信任程度的心理特性,是一种积极、有效地表达自我价值、自我尊重、自我理解的意识特征和心理状态。自主是幼儿自己的事情自己学着拿主意。幼儿还很小,自己拿主意还很困难,因此,教师要从小培养他们的自主意识。

---

① [美]劳拉·E.贝克.儿童发展[M].吴颖,等译.南京:江苏教育出版社.2002:620.

（二）对他人的态度——爱、友好、真诚

在对待他人的态度中，教师主要培养幼儿形成容忍、尊重别人，诚实和助人为乐的态度。苏霍姆林斯基（B. A. Cyxiomjnhcknn）在他的教育三部曲中提到，那些完全不懂得关心别人的孩子，根本不懂得真正的人类的爱，他们往往成为难以教育的学生，成为冷酷自私的人。在培养幼儿"爱"的态度时，教师可以以爱父母为基础，逐渐培养幼儿爱朋友、爱祖国的态度。

1. 小班——爱父母

对3岁的幼儿来说主要还是依恋父母、依赖父母。在此阶段培养他们热爱自己的父母，要让他们知道父母为他们付出的艰辛。小班幼儿年龄小，理解能力较差，教师可主要通过观看照片、谈话及随机教育等途径，帮助幼儿感知父母对自己的爱，逐步学会去关心父母，做些力所能及的事，在平时的生活中学会对父母表达自己的爱。

2. 中班——爱集体

4～5岁的幼儿开始形成集体感、友谊感。此阶段主要培养幼儿喜欢并逐步习惯幼儿园集体生活，进而热爱幼儿园，与小朋友们友好相处；除此之外，可以适当培养幼儿关心别人，关心集体，愿意为集体做好事的态度。

3. 大班——爱祖国

爱祖国的教育应该从大班开始。此时的幼儿已经具备爱祖国情感的基础和准备。他们对身边的文化有了自己简单的认识和理解；他们也能感受现实生活中的大事，诸如奥运会、地震等信息；他们了解自己的家乡，认识一些革命先驱，也知道中国的首都等简单的知识。在大班的爱祖国的态度教学中，教师应了解幼儿已有的经验和态度，逐步深化幼儿对祖国的认识。

（三）对周围环境的态度——与环境共融

幼儿在与环境中的人、事、物互动中逐渐形成自己的认识，产生不同的态度。从小培养幼儿与环境友好的态度，有助于提升幼儿环境适应能力，养成爱护环境的行为习惯，为以后快乐幸福的人生打下基础。概括地说，培养幼儿对待周围环境的态度，即培养幼儿与环境共融的积极态度。在幼儿阶段，幼儿除了要以平等、善良、关爱的态度对待周围的人和事，也要开始有爱护自然、保护环境的意识和行为。

1. 小班

从幼儿小班开始，培养幼儿的环保意识与态度是十分重要的。小班的环保教育应该从幼儿身边的小事开始，并与幼儿的生活习惯训练紧密结合。

2. 中班

中班幼儿对外界的环境表现出更多的热情和智慧，对中班幼儿的环保教育以唤起幼儿的情感为主，带领幼儿走进自然，感受大自然的美。

3. 大班

大班幼儿认知能力进一步发展，能够理解一些难的概念和信息，教师在态度教学中，应着重进行态度认知方面的教育，帮助幼儿更加深刻地理解保护环境的重要性。随着幼儿动手、实践能力的提升，教师在环境保护的态度教学时，也可以让幼儿参加一些保护环境的社会实践活动，巩固幼儿爱护自然的态度。

（四）对待生活的态度——热爱生活、积极锻炼

幼儿阶段是幼儿身体发育和机能发展极为迅速的时期，也是形成安全感和乐观态度的重要阶段。教师在保证幼儿健康的生活条件的同时，更重要的是培养幼儿的自理能力，培养其积极自我锻炼、热爱生活的乐观态度。

（五）对各学科的态度——"科学"的态度

对待各学科的"科学"态度，即培养幼儿对各学科知识的好奇和探索、尊重事实、事实求实的态度。幼儿天生就是以一种"科学"的态度对待这个世界的，幼儿从生命的开始就对世界充满着好奇和探索的欲望，对各学科的知识也是充满着好奇的，教师要做的是挖掘并保持幼儿对待知识的"科学"态度。

四、幼儿态度学习的指导原则

教学原则对教学中的各项活动起着指导和制约的作用。幼儿期是一个充满活力蕴藏着巨大发展潜力和可塑性的发展阶段。在这个阶段，幼儿教师可根据幼儿态度学习的机制，以幼儿教育目标为方向，有效利用各种态度教育的教学原则来指导和制约教师的教育教学活动，促进幼儿的态度学习。

（一）认知、情感、行为齐头并进原则

态度的形成是认知、情感、行为三个成分共同作用的。在给幼儿进行"态度"教学的时候，"晓之以理，动之以情，诱发行为"三步曲是缺一不可的。比如在"培养幼儿遵守交通规则"的教学中，在"晓之以理"的环节，应该让幼儿了解有关交通及交通规则的知识；在"动之以情"的环节，可以视频播放一些"因不遵守交通规则而引发事故"案例，让他们在情绪上受到感染，充分认识到遵守交通规则的意义和价值；在"诱发行为"环节，可以采用情境模拟的方法，将他们置身于交通情境之中，观察幼儿是否遵守交通规则。当然，三步曲的顺序不一定是固定的，但通常的做法是将诱发行为环节安排在后面，并在此之后安排反思和总结活动，进一步巩固态度教学的效果。

（二）关注幼儿原有的相关态度原则

关注幼儿原有的相关态度，了解每一个独特的个体的原有特点。幼儿年龄虽小，但是他们也是带着先前经验走进幼儿园的学习者，他们总是带着一些结构或完善或残缺的态度。这些原有态度的持久性作用会影响到现有的态度教学。为了更高效地进行态度教学，关注

幼儿原有的相关态度是必须的。

那么,如何了解幼儿原有的相关态度呢?最常用的方法就是进行长期的、深入细致的行为观察,以及设置一些要求学习者做出行为选择的情境,再进行现场观察和询问。将原有态度与预期态度进行对比,可以梳理出教学的侧重点。比如,同样在"培养遵守交通规则"的教学中,幼儿可能已经意识到遵守交通规则的重要性,同时也愿意遵守交通规则,导致其未能表现出预期行为选择的原因可能是对交通规则的知识了解不够全面,不知道如何去遵守交通规则,那么,此时的态度教学侧重点就应该放在"晓之以理"和"诱发行为"这两个环节上。关注原有态度其实是进行学习者分析的重要内容之一,这使得态度教学更具有针对性。

(三)一致性原则

在幼儿教育的态度教学中,教师言行及教师之间、教师与父母之间对幼儿的教育要求应一致,不然会致使幼儿不知道哪一种态度是应该模仿和学习的。

1. 教师自身言行一致

幼儿教师应力求自己前后态度一致。教师如果对同一种行为的要求经常前后不一致,不仅会让幼儿迷惑、无所适从,而且正确的态度习得会得不到强化,消极态度得不到有效的抑制。教师的要求和态度前后不一致,更可能使幼儿潜意识里不知道态度可循还是不可循。这样,幼儿良好的态度就难以习得。

2. 教师之间的教育一致

幼儿园作为一个小环境,每一位老师的思想和行为甚至是幼儿园的物理环境都对幼儿的态度获得产生影响。对幼儿产生最直接的影响的是主班老师、配班老师和保育员,他们与幼儿天天生活在一起,他们之间的教育不一致,则会导致幼儿思想的混乱。所以,一个班里三位老师之间的一致性是至关重要的。如果一个老师重视幼儿态度的学习,而另一个老师不重视,不给予积极配合,甚至在自己与幼儿交往、教育中对幼儿存在相反、消极的影响,这就将直接影响到该班幼儿的态度学习整体发展水平与状况。

3. 家庭教育与学校教育的一致

幼儿态度学习是幼儿身处的各种社会环境综合效应的结果,其发展受社会环境、幼儿园环境和家庭环境的综合影响。家庭环境主要包括父母的教育观、教育态度以及行为方式等。家庭教育与幼儿园教育方向的一致性是决定教育效果的决定性因素,若两者方向不一致则会造成"1+1=0"的教育效果,甚至产生负面影响。但在目前教育实践中,家庭教育和幼儿园教育常常不一致,甚至存在很大差异,其客观原因主要是缺少沟通、协调等,也有两者的教育理念存在根本区别的主观因素。比如在幼儿园,教师对幼儿进行友爱、关心他人的态度学习,而家长却告诉孩子不能示弱,不能吃亏。这种家园教育不一致的现象,在相当大的程度上削弱乃至抵消了教师在幼儿态度学习上所做的努力。

(四) 行为实践与反馈原则

态度是通过学习和经验积累形成的,需要长时间的孕育以及实践经验来巩固和加强。幼儿态度的习得和采用经历了"情境化—去情境化—再情境化"的过程。即幼儿在某一特定的情境中获得某一态度,然后幼儿将这种态度从情境中抽象出来,当某一情境出现时,幼儿会再现态度。所以,态度教学的顺利开展需要为幼儿设置各种情境,不断给幼儿提供采用预期态度的机会。此外,教师还应该为幼儿的态度实践活动提供及时有效的反馈。正反馈可以强化巩固习得态度,可以增强幼儿态度结构的可激活性;负反馈可以使幼儿及时进行反思和调整,以保证态度教学的效果。应该注意的是:这种实践和反馈活动可以是直接的,也可以是间接的。可以安排幼儿亲身经历一些活动来培养某种态度,也可以设置榜样,使幼儿通过观察学习来习得某种态度。

(五) 随机教育原则

随机教育是指教师在幼儿日常生活、交往中随时随地抓住一定的时机对幼儿进行及时教育。也就是说,教师要充分利用幼儿日常生活、游戏、活动、交往中存在的偶发时间、情境中的教育机会,以发挥其潜在的教育意义。这是教学活动的一门艺术,需要教师有良好的教学机智和丰富的教学经验。

随机教育是幼儿教育必不可少的重要组成部分,在幼儿态度学习教育中具有特殊重要性。因为幼儿态度学习是一种特殊的学习,它不等同于某一方面认知的发展或知识的获得,不可能仅仅通过几次专门的教育活动而实现。幼儿态度学习是一个长期的、连续不断的过程。

五、幼儿态度学习的教学方法

教师可以综合运用一些方法来帮助幼儿形成某种态度。通常可用的方法有榜样法、游戏法、角色扮演法和强化法。

(一) 榜样法

3~6岁的幼儿尚不能对周围的世界进行准确的判断,他们的学习更多是模仿他人。榜样对幼儿态度的形成影响巨大。加涅认为,榜样的选择应按下列顺序进行:建立榜样的感染力和可信度;刺激学习者回忆态度的对象以及态度能够应用的情境;榜样示范和传递合乎需要的个人行为的选择;示范表明对榜样的强化。

(二) 游戏法

游戏是幼儿个体成长的一种需要,也是幼儿的基本活动。游戏能激发幼儿潜能,选择游戏活动训练幼儿的态度,符合幼儿心理发展特点和儿童发展的需要。幼儿在游戏中通过同伴的相互作用,开始学会互相理解,逐渐形成了对待他人的态度和行为。随着人们对幼儿游戏的重视,游戏已经成为了幼儿教育活动的基本组织方式。

(三)角色扮演法

幼儿时期,角色扮演占据了非常重要的地位。幼儿逐渐对这种规范有序的游戏变得感兴趣。角色扮演是指在一个主题明确而稳定的游戏过程中,让幼儿通过模仿某一角色,用情节构思、思维来调节活动的游戏。这种让幼儿承担不同角色的方法对幼儿理解他人的情感,验证社会经验,激发友好相处的行为方面有着独特的感染、强化作用。幼儿在自发的或教师安排的角色游戏中获得情感上的满足和扮演不同角色的体验。比如,让幼儿扮演妈妈迎接客人的角色扮演游戏,可以帮助幼儿练习礼貌待客的态度。每次角色扮演后,教师可以让幼儿围绕这种游戏进行分组讨论,这种集体评价的方法可以使幼儿开拓思路,明白自己行为的正确与错误,有利于良好态度在幼儿的日常生活中再现,巩固幼儿已经习得的态度。

指导幼儿角色扮演的具体操作如下:第一,向幼儿说明角色游戏规则;第二,根据幼儿的特点分配角色;第三,让幼儿尽情表演自己的角色;第四,引导集体讨论幼儿角色扮演的表现;第五,对正确的态度给予强化,错误的态度给予指证。

(四)强化法

表扬和奖励是幼儿教育中常用的强化手段。幼儿辨别是非和自我控制的能力较弱,对自己的行为和行为可能造成的后果,常常不能预先做出正确的估计。表扬、奖励是对行为及时反馈的好方法。表扬可以使幼儿获得愉快的情绪体验,这时幼儿的学习兴趣就会保持良好的状态,正确的态度就会保持和不断地巩固。奖励可以分为精神和物质奖励,前者如微笑、点头,温和愉快的眼光、亲切的声调,亲吻、抚摸,口头、图像或文字记录以表示称赞等;后者如给予红花、奖牌、书籍、玩具等。奖励方式很多,教育者可以变化奖励方式,变化多样的奖励方式能增强刺激的作用。奖励的强度也要随时间及行为方式巩固的情况而递增或递减。精神奖励与物质奖励应相互补充,适度使用。强化法通常与其他方法并用,会达到更好的效果。无目的的、无规则的随意强化只会适得其反。

第四节 影响幼儿态度改变的因素

态度不是生来就有的,而是在社会交往中,不断地接受来自父母、同伴和社会等多方面的信息而不断习得的。通常作为家庭生活的一种结果,年幼儿童获得了和别人分享东西、信守诺言、帮助别人、说实话等态度。在与其他伙伴进行交往时,儿童同样获得了合作、竞争、和解和"公平游戏"以及好斗和报复的态度。所以幼儿在进入幼儿园之前,就带有自身经验得来的诸多对人、对事的态度。年幼儿童在幼儿园学习和游戏时,经常会出现打闹、喧哗、注意力分散等行为,而幼儿教师在管理课堂和组织游戏时,需要对幼儿的行为进行控制,最重要的是要改变幼儿对学习、对其他幼儿、对积极事件或消极事件的不良态度。幼儿态度的改变指幼儿已经形成的态度在接受某一信息或意见的影响后而产生的变化。幼儿教师需要让幼儿主动的、积极地接受某一信息或意见而改变幼儿已有的不正确的态度。

一、教育活动中的因素

(一)教师

教师作为态度教学的主体,教师的外貌特征、体态等非语言信息、教师的心理特点和教师的威信影响着幼儿态度改变的效果。

1. 教师的外貌特征和姿势等非语言信息

有研究表明,教师的外表和体态会对幼儿产生影响。幼儿喜欢漂亮的老师,漂亮的、穿着得体的教师往往更具有吸引力。同时,教师的动作、姿势也反映了教师的情绪状态,这种情绪状态会影响到幼儿学习的积极性。另有研究表明,面部表情是信息的重要来源。教师在教学活动时经常微笑会使幼儿获得亲切感。案例6-3是一名教师自述的关于幼儿教室里发生的事例,这个事例反映了教师的面部表情给幼儿的态度和行为带来的影响。

案例 6-3①

> 儿童们刚刚从户外玩耍回来,我叫他们穿过教室时轻轻地走,然后坐在地毯上。他们成行地坐在地毯上,每个人都清楚自己该坐的位子。我这样要求是为了避免在地毯上发生争吵。
>
> 当我要开始上语音课时,坐在靠近地毯后面的三个男孩互相挑斗起来,并使坐在他们周围的孩子受到扰乱。我要求他们停下来,他们停了一会儿,于是我转向黑板,并解释黑板上的材料。这三个男孩又开始互相斗起来了。我转过身,并用非常严厉的声音要他们去把休息用的垫子取来放在教室的后面,并要求他们躺在上面。
>
> 地毯上的孩子非常安静,并注视着三个男孩取来垫子。就在这时,地毯上的一个小女孩看着我问,"这是不是表示你再也不爱他们了?"在那一瞬间我才意识到自己脸上有怒气。我低下头看看她,说:"我爱你们大家。我不喜欢好斗的孩子。"
>
> 直到那时我才明白儿童会对老师显露的面部表情做怎样解释。我不应该在向三个男孩下达我的指示时露出厌烦的表情。

2. 教师对幼儿的喜欢程度

社会心理的重要结论是,由于个体试图让自己的认知与情感保持一致,个体有可能改变我们的态度与个体喜欢的人保持一致。伍德(Wood)和卡尔格伦(Carlgren)用他们的实验证明这一点。他们对一名研究生的受喜爱程度加以操控,这名学生发表了一个演讲,他描述自己是最近刚转学到被试所在的大学,然后他把该大学的教员和学生与他原来的大学比较:第一个实验条件下他表扬他被试所在的大学,第二个条件下他说原来的学校更好。意料之中,

---

① [美]班尼·约翰逊.教育社会心理学[M].邵瑞珍,等译.昆明:云南教育出版社,1986:399-400.

他在前一种情况下更讨人喜欢;当后来他发表一个反对环境保护的演讲时,与他评新学校相比,这一演讲在听众中引起的态度改变更大。这种现象也常出现幼儿群体中。如果幼儿从讨厌种植花草到喜欢种植花草时,问及幼儿为什么会这样时,幼儿常常说因为某某老师喜欢他,他也非常喜欢某某老师,而老师又非常喜欢种花草的孩子,所以他希望引起老师更多的注意和喜爱。

3. 教师可信度

我们都更容易被可信度高的信息传达者说服以改变自己的态度。实验已多次证明,并且在心理学里不存在争议:可靠性高的信息源对态度的改变非常重要。对于幼儿更是如此,幼儿更愿意相信并采取老师的意见,而不是同龄人的,因为老师说的才是对的。老师在幼儿的印象里,可信度非常高。但是如果教师一旦在某一次失信于幼儿,可信度就会大大降低,幼儿则会对教师的行为耿耿于怀,而不再相信教师,很有可能还会迁移到其他的老师身上,甚至打上了终生的烙印。

(二) 幼儿本身

态度的改变是双向的,除了教师的非语言信息、喜欢程度和可信度外,也需要幼儿相信教师的可靠信息。这就与幼儿本身持有的态度系统、性别、智力、承诺和认知需要息息相关。

1. 态度系统特性

态度系统的特性包括态度的强度、深度、向中度。幼儿的某一特定态度倾向如果倾向于某一指向的态度非常强、对该态度对象上的卷入水平很高、而且相关的价值系统中接近核心价值,那么改变幼儿的态度则最难,反之则最易。

2. 性别

过去的研究认为,女人比男人对外界的影响更敏感,最近的研究结果显示男女在可说服性上的差异很小。差异性只是显示在不同的领域。幼儿态度的改变也是有性别差异的。比如,说服女童保持上课安静的态度,游戏时不要有攻击性行为会比较容易,而说服男童改变上课喧闹的态度则略难一点。

3. 智力

大部分人认为,智力高的人比智力低的人难以被说服,但迄今还缺乏证据说明智力水平与可说服性程度之间始终有关。对于幼儿来说,智力高意味着比较容易懂得教师的意思。这是否就说明了幼儿的智力高被说服的可能就大些,这个观点至今也没有证据证明。但一些局部的研究,如伊格利和沃伦(A. H. Eagly & R. Warren,1976)所进行的"智力、理解力和看法改变"研究表明,高智力者与低智力者相比,前者很少受到阐述不一致和无逻辑论点的影响,因为高智力者一眼就能看穿说服者论点中的漏洞而认为不可信,而智力低的人由于不理解对方的论述也不会予以重视。所以可以推断出,高智商的幼儿如果理解了对方的论述,但是又看出了漏洞就不那么容易被说服。另外,低智力者由于完全不理解对方的论述肯定不会给予理睬。一定的智力是基础,但是态度改变也与对方提供的论据的完整性和幼儿的警觉性有关。

4. 承诺

承诺强度的条件:当个体对某一事或者问题做出初始态度承诺时,个体的态度将朝着初始态度的方向移动。一般而言,承诺会降低态度改变的可能性。例如,当A幼儿对同伴做出公开的承诺不会和B幼儿玩游戏后,当B幼儿做出邀请时,即使A幼儿有意向去玩游戏,通常情况还是会保持自己的承诺而拒绝和B幼儿共同玩游戏。

5. 认知需要

认知需要是指个体参与认知活动的愿望。当幼儿有强烈的意愿参与到教师的态度学习和改变之中时,幼儿的态度则更容易受到影响。

(三)学习内容及教师的信息沟通

除了教师和幼儿本身,学习的内容及教师进行说服沟通的信息也很重要。

1. 恐惧唤醒

恐惧唤醒是试图改变幼儿态度的一种通用方式。母亲常对小儿子说:"你要再吃糖不刷牙,牙就会坏,拔牙可痛呀!"老师会说:"你要再不乖乖坐好,下次的游戏就不允许你参加了!"同伴说:"你要跟老师打小报告,我就叫其他同学都不跟你玩了!"等。这表明,幼儿的态度改变常常较普遍地受到恐惧唤起的影响,但唤起恐惧对于态度改变量是否都有效呢?

戴伯斯(J. M. Dabbs)与利文撒尔(H. Leventhal)赞同恐惧唤起改变态度这一观点,他们于1966年做过一项"在恐惧唤起沟通中不同劝告的效应"的实验。研究者让大学生来参加一次有关破伤风预防注射的劝说活动,其中包括指明这个病的严重性、致命性和易感染性,并告诉听众进行预防注射极为有效。同时把大学生被试分成三组,使他们分别处于三种条件下:在高恐惧条件下,这种病的描绘非常逼真,病状也看得很清楚,并使每件事都被制作成为一种尽可能吓人的情境;在第二种条件下,所唤起的是中等程度的恐惧,在第三种条件下,恐惧甚少。然后,让被试回答预防注射的重要性如何,和他们是否想做注射。附近的大学保健医院在此后一个月内登记有多少学生去做了预防注射(见表6-1)。

表6-1 恐惧唤起对态度与行为的效应

恐惧唤起对态度与行为的效应		
条件	做注射的意向*	做注射占比/(%)
高恐惧	5.17	22
低恐惧	4.73	13
控制组	4.12	6

注:这些数字是量表中从1(最低)到7(最高)等级评定的均数

结果表明,唤起的恐惧越大,想做注射的人数越多。恐惧唤起不仅产生了更多的态度变化,而对相关的行为也有较大作用。对于幼儿来说,在多数情况下,"恐惧唤起"也可提高劝说的功效,但太强的恐惧也可能使说服的效果适得其反;但任何效果都取决于"恐惧唤起"与其他变量的相互作用。因此,在进行劝说并运用恐惧唤起手段时,一般可采用中等强度的恐惧,同时应考虑其他变量的控制。

2. 重复

重复能否增加幼儿对信息的接受程度呢?可以想象电视不断重复的广告对幼儿的影响。很多儿童广告都不断重复某一信息内容,以增强幼儿对此信息的记忆,从而强化幼儿的态度。对成年人来说,超过某个限度的不断重复又可能增加人们的厌烦概率,从而造成消极反应。那么,重复的信息对幼儿会不会同样造成两个极端的结果:一是增加说服的概率,二是产生消极反应。实验结果证明,幼儿对重复的信息也会产生厌烦,只是这个限度比成年人要大很多,原因是幼儿对信息的接受能力差,需要更多的重复帮助幼儿理解信息并记住信息。

二、教育活动以外的因素

(一) 情境

幼儿会根据大人的角色和面部表情来改变自己的态度。比如当奶奶问幼儿最喜欢谁时,幼儿会说最喜欢奶奶;而当妈妈问幼儿最喜欢谁时,幼儿则会说最喜欢妈妈。幼儿的态度表达受到情境的影响。另外如当老师拿出大红花时,要幼儿吃饭时不要挑食,幼儿可能在这种有强化物的情况下可能就比较容易改变自己偏食的态度。而当在家没有这种强化物时,幼儿则不会改变自己的态度。

(二) 集体和同伴

在教学活动中,幼儿是否愿意改变行为或者是否愿意反对改变,在很大程度上取决于集体自身的性质。团结、和谐的班集体对成员施加的压力要大一些。在一个规则有序的集体中,幼儿更可能遵从集体的行为。在这种情况下,要改变幼儿的态度往往是无效的,教师如果尝试着以集体为媒介,对幼儿的态度改变可能会更有效。

集体是一个大的团体,在一个小的团体内,同伴对幼儿的影响是巨大的。同伴交往促进幼儿认知的发展和扩展幼儿的社会认识,并激励幼儿积极认识自己以外的客观世界,接纳别人的知识和经验。在与同伴交往过程中,幼儿也学会了移情、分享、互助等社会交往的技能。

而态度是具有社会性的,是人与社会交往中习得的。幼儿在与同伴交往时,态度也得以形成,并随着同伴发生改变。教师要重视幼儿的同伴交往,

（三）家庭

对于幼儿来说，父母很可能就是传递态度的主要榜样。有些幼儿受父母影响很深，到了幼儿园受到老师不同的榜样的影响，但是当幼儿回到家里时，幼儿在幼儿园所习得的态度则很容易被动摇。父母在幼儿眼里也是权威，幼儿的态度和行为既受到了父母的遗传影响，还受到父母教育的影响。案例6-4反映了不同国家的母亲面对孩子被桌子碰到时做出的不同反应。

 案例6-4①

> 民间一直流传着这样一个故事：有个小孩，不小心碰到了桌子大哭。中国的妈妈见到后，第一个动作就是伸手打桌子，然后哄小孩："乖！不哭！"而日本的妈妈则不是这样，她会要求小孩重新绕桌子走一遍，然后启发他："人之所以会撞上桌子，一般有三种情况。一是你跑得太快，刹不住脚；二是不注意看路；三是你心里在想别的事情。"
>
> 桌子是死的，它不会主动来撞人，所以人会撞上桌子，是人的错，而不是桌子的错。中国的妈妈伸手打桌子，就等于在教育孩子，那都是桌子的错，不是你的错，在这样的教育下成长的孩子，遇事情首先是推卸责任，千方百计为自己寻找脱身的理由，而一门心思挑别人的毛病。日本妈妈的做法，则是在教育孩子要勇敢的承担自己的责任，而不要去一味地指责别人。在这样的教育下成长起来的孩子，凡事总是先检讨自己的不足。

（四）文化

有一些态度很容易被说服，有些态度却很难，这实际上与文化差异有关。在特定的国家文化内涵内去说服学习者是更加具有说服力的。比如很多研究表明，个人主义和集体主义的文化差异就造成了不同的态度。在中国这个集体主义国家，幼儿从小就习得团结合作的态度比在美国这样重视独立的国家就会有不同的效果。

（五）媒体

当今社会是一个媒体充斥的社会，幼儿也不能幸免。幼儿在电视、网络中获得一些基本的社会知识，但是幼儿的理解力和价值观未成熟，容易错误地理解和模仿，大量的未过滤的信息也造成了幼儿思想的混乱，价值判断的迷失。但是电视、网络、杂志等作为一种媒介，本身并无错误和危害。正确的利用电视、网络等传达信息的重复性和生动性，可以有效的对幼儿的态度进行改变和管理。比如现在常见的教学节目、生动活泼的教学课件以及形象有趣的漫画等传达的信息都可以有效的管理幼儿的态度和行为。

---

① 杜犬宁.修行在当下,看人生百态[M].北京:中国妇女出版社,2011:203-204.(有删改)

思考与练习

1. 幼儿态度学习的特点有哪些?
2. 学习理论是如何解释幼儿态度的获得与改变的?
3. 幼儿教师在态度教学中应遵循哪些原则?
4. 结合案例分析幼儿态度学习的指导方法。

第七章 幼儿的社会性学习

学习目标

1. 了解幼儿社会性学习的概念和内容。
2. 理解幼儿的社会认知和社会规则学习特点。
3. 掌握幼儿归属感和羞愧感的学习特点。
4. 能分析影响幼儿自尊感形成的因素。
5. 理解幼儿社会性行为学习的原则。

关键词

◆ 幼儿社会性学习　◆ 幼儿社会认知获得　◆ 幼儿社会情感获得　◆ 幼儿社会行为学习

幼儿学习案例

 案例 7-1

> **分享？不分享？**[①]
>
> 大班的"学做小学生"主题活动中,小朋友可以像小学生一样,天天背书包来园。这天在做计算题时,只听洋洋大声叫喊:"老师,乐乐又不愿意借笔给我!"乐乐则手里握着一支自动铅笔,犹豫地伸出又缩回。老师看洋洋手中没有铅笔,就递给他一支铅笔。可洋洋说:"我和乐乐是好朋友,我要和她分享她的自动铅笔。"乐乐低下头轻声嘀咕:"经常用我的,自己不背书包,不带自动铅笔来!"老师问乐乐:"今天你愿意再和洋洋分享一次笔吗?下次他带来了你们再分享他的好不好?"

从这则案例中,我们可以看出乐乐对他人(洋洋)的行为有自己的认知、解释或理解,即认为洋洋常常因为自身原因不带自动铅笔,因此萌发了不太乐意借给他的想法。该案例还涉及一种亲社会行为——分享。通过与他人分享物品和感受,不仅能增进自己与他人的情感,而且能稳固彼此的社会关系。

---

① http://y.3edu.net/gafx/139469.html

第七章 幼儿的社会性学习

第一节 幼儿社会性学习概述

一、社会性与幼儿社会性学习

(一) 儿童社会性的概念

研究者对儿童的社会性有各种理解。贝根(Bergan)认为,"儿童的社会性是由其稳定的内部结构和通过遗传与环境因素相互作用而形成的那些特性。"[①]齐格勒(Zigler)等人则认为,社会性是个体通过社会知觉,觉察他人的想法,向他人表达行为的动机和目的;通过社会行为的学习,掌握约定俗成的举止方式、道德观念,从而能够更好地适应社会。[②]

陈会昌认为,广义的社会性指人在其所处社会生存条件下所形成的全部社会特性的总和(包括社会心理特性、政治特性、道德特性、经济特性、文化审美特性等),它是与人作为生物个体的生物性相对而言的。狭义的社会性指由于个体参与社会生活、与人交往,在其固有的生物特性基础上形成的那些独特的心理特性。它们使个体能够适应周围的社会环境,正常地与别人交往,接受别人的影响,也反过来影响别人,在努力实现自我完善的过程中积极地影响和改造周围环境。[③]

(二) 幼儿的社会性学习

幼儿从一个相对封闭的母体环境里呱呱坠地,来到丰富开放并变化着的人类世界,逐渐与周围的社会环境及社会关系紧密联系在一起。幼儿要由一个"自然人"转变为一个"社会人",要不断适应社会,必须时时刻刻与社会进行接触、交往,即与周围的人们交往,建立良好的情感联系;观察并探索客观世界,了解社会事物与现象;接受社会群体行为规范的约束,使个体行为符合社会要求等。这也意味着,幼儿只有不断地获得社会性发展,才能成为合格的社会成员。因此幼儿所处的社会环境和社会关系便构成了幼儿心理发展的重要场所,构成了幼儿社会性发展的社会条件。

在特定社会文化、教育背景下,幼儿通过与周围环境的交互作用而获得对自己、他人、社会群体及其关系的初步认知,形成一些良好的社会性情感和社会性行为的过程即为幼儿的社会性学习。幼儿社会性发展的历程,是幼儿在其生存的社会环境中逐渐摆脱原来单纯的自然人而成为具有社会性的社会个体的过程。在这一过程中,幼儿通过与他人的交往互动,逐渐学会认识自己、了解他人,获得如何待人接物、遵守社会规则、关心理解尊重他人等合乎

[①] Bergan,J. R. &Dunn. J. A. psychology and education: A science for instruction. New York: Wiley. 1976.
[②] 陈帼眉,姜勇.幼儿教育心理学[M].北京:北京师范大学出版社,2007:135.
[③] 陈会昌.儿童社会性发展的特点、影响因素及其测量——《中国3~9岁儿童的社会性发展》课题总报告[J].儿童发展与教育,1994(4).

社会规范的态度、观念与行为。

二、幼儿社会性学习的内容

重视和加强幼儿的社会性教育,已经成为世界各国政府的共识,几乎所有国家都把社会性教育列入本国幼儿教育的教育目标中,如日本的《幼儿园教育纲要》在幼儿园教育的基本目标中着重提出"培养对人的爱心和信赖感,培养初步的自立和协作的态度以及道德性",并把"人际关系"纳入五大教学领域(健康、人际关系、环境、语言、表现)之列。受到俄罗斯国家教育委员会肯定的"彩虹大纲"(已在俄联邦30个以上地区的学前机构实施)提出的五项教育目标中有四项与社会性教育有关:①培养有自主精神的、独立的、积极的儿童,拥有自己的观点、尊严和个人权利,在活动和交往中表现出积极性;②对别人的状况有积极的情绪反应,能感受周围世界和艺术作品的美;③为儿童与成人和同龄人之间的交往提供宽松的空间;④为儿童过渡到下一个"发展的社会环境"(即学校的学习和生活)做好准备。①

我国教育部于2001年7月颁布的《幼儿园教育指导纲要(试行)》(简称《纲要》)中将"社会性教育"纳入五大领域(健康、语言、社会、科学、艺术)中,要求幼儿园教育应增强幼儿的自尊自信,培养幼儿关心、友好的态度和行为,促进幼儿个性健康发展,并提出五个目标:①喜欢参加游戏和各种有益的活动,活动中快乐,自信;②乐意与人交往,礼貌,大方,对人友好;③知道对错,能按基本的社会行为规则行动;④乐于接受任务,努力做好力所能及的事;⑤爱父母、爱老师、爱同伴、爱家乡、爱祖国。② 教育部2012年10月又颁布《3~6岁儿童学习与发展指南》(简称《指南》),将幼儿的社会领域分为两个子领域——人际交往和社会适应:"人际交往"的学习与发展目标有:①愿意与人交往;②能与同伴友好相处;③具有自尊、自信、自主的表现;④关心尊重他人。"社会适应"的学习与发展目标有:①喜欢并适应群体生活;②遵守基本的行为规范;③具有初步的归属感。③

通过分析《纲要》和《指南》中社会领域的目标和内容要求,幼儿社会性学习的内容大致包括:①社会认知;②社会情感;③社会行为。其核心价值在于引导幼儿学会共同生活,形成和谐的社会关系,促进其"社会性不断完善并奠定健全人格基础"④。

第二节 幼儿社会认知的获得

社会认知是指个体对他人、自我、社会关系、社会规则等社会性客体和社会现象及其关

---

① 刘晓东、卢乐珍.学前教育学[M].南京:江苏教育出版社,2004:267.
② 教育部.幼儿园教育指导纲要(试行). http://www.gov.cn/gongbao/content/2002/content_61459.htm
③ 教育部.3~6岁儿童学习与发展指南. http://www.moe.edu.cn/publicfiles/business/htmlfiles/moe/s3327/201210/xxgk_143254.html
④ 李季湄、冯晓霞.3~6岁儿童学习与发展指南解读[M].北京:人民教育出版社,2013:94.

系的感知和理解的心理活动。社会认知的内容十分广泛,从其对象看,社会认知包括对自己、他人、社会关系(权威、友谊、公平等)、社会群体、社会角色、社会规范和社会生活事件等的认知;对人的认知又具体包括认识人的情感、态度、动机、行为等心理过程或特征。总之,正如著名心理学家(J. H. Flavell)所言,"社会认知课题可以是很综合或很广泛的。"[1]

对儿童社会认知发展的研究有着较长的历史。皮亚杰于1932年关于儿童对社会性游戏规则的认知,以及在假设情境中道德判断的研究,被认为是关于儿童社会认知发展的早期研究之一。但儿童社会认知独立于儿童自然认知,并与社会性发展相联系从而成为一个独立研究领域,则始于20世纪60年代末期,以弗拉韦尔与其同事共同撰写的《儿童角色采择及交流技能发展》一书为重要标志。从此以后,关于儿童社会认知的研究内容范围被大大扩展,到80年代后,该方面的研究已成为发展心理学领域里的一个研究热点。

幼儿社会认知的内容主要有三个方面,即对人(自我、他人、社会关系)的认知,对社会环境和社会群体的认知,以及对社会规则的认知。

一、对人的认知

婴儿出生不久就出现了社会认知的萌芽,如新生儿对人脸的偏爱表明婴儿能将人类这一社会客体从非人类客体中区分出来。4个月左右的婴儿能对抚养者与陌生人做出不同反应,进而在6个月时对抚养者产生依恋,这说明婴儿早期便能够识别出不同的社会个体。婴儿对自我的认知要晚于对他人的认知。9~10个月的婴儿能将自己看作一个不同于其他人的个体,认识自己的外形。

幼儿最初对自我和他人的认知是从辨别自我或他人的外形特征和外部动作行为表现开始的。例如,认识到自己与他人在外形、穿着打扮、嗓音等方面存在不同,知道名字代表一个人,了解不同的人有不同的行为举止。但人类作为社会性客体,除了具有外形特征和外部动作行为之外,更重要的是具有很多内在的深层的心理活动,同时,他人的外在行为往往是由其内在的动机、思想、态度等心理活动导致的。这些是幼儿很难体会和理解的,原因在于幼儿处于自我中心阶段,同时缺乏足够的社会交往经验。因此,幼儿会认为别人会跟自己一样去想事情,还易于以个人的喜恶去评价别人,缺乏客观、公正的态度,而观点采择能帮助幼儿更好地理解他人。

观点采择常常被形象地比喻为"从他人的眼中看世界"或是"站在他人的角度看问题"。观点采择是区分自己与他人的观点以及发现这些不同的观点之间的关系的能力。[2] 香茨(Shantz)认为,角色(观点)采择表现为一个过程。它是个体利用已有的关于人类行为的一

---

[1] 庞丽娟.儿童社会认知发展的特点[J].心理科学,2002(2).
[2] 顾明远,鲁清,等.中国教育大百科全书(第1卷)[M].上海:上海教育出版社,2012:245.

般经验,结合可以从直接的情境中获取的任何具体信息,对在一定情境中突出的角色特性的意义做出猜测的过程。①

塞尔曼(R. Selman)认为,儿童认识自己和他人的能力是以对其观点的假设或采择为前提的。要认识一个人,就必须理解他的观点并了解他的思想、情感、动机和意图等影响、决定其外部行为的内部因素。如果儿童没有获得这种观点采择的能力,那么他就只能依据他人的相貌、活动等外部特点对他人作出描述,也就不会在对他人作出推断或计划个人行动时,把他人的观点或视角考虑在内。观点采择在儿童的社会认知发展中处于核心地位,儿童对不同观点进行协调能力的发展标志着其认识社会关系方式的重新建构。通过观点采择可以预测儿童对友谊、权威、同伴以及对自我进行推理的概念水平,因而可以把儿童社会认知发展的不同方面联系在一起。②

从20世纪70年代起,塞尔曼及其同事采用人际关系两难故事法,对儿童在友谊、权威、亲子关系等不同社会交往情境中社会观点采择的发展进行了一系列的横向和纵向研究,并提出儿童社会观点采择的发展阶段理论。其社会观点采择的阶段③包括:

(1)自我中心或未分化的观点阶段(3~6岁)。幼儿只知道自己的观点,意识不到别人的观点。他们认为,不管自己怎么想,别人都会这样想。此阶段说明幼儿尚处于自我中心,没有观点采择能力。

(2)社会信息的观点采择(6~8岁)。儿童能认识到别人会有与自己不同的观点,但相信这是由于个人所接受到的信息的不同。这一阶段儿童仍然不能考虑别人的想法,并事先知道别人对某一事件会怎样反应。

随后,有学者提出,儿童达到观点采择的年龄要提前。香茨(Shatz)等人认为,儿童在四五岁时便能够达到认知上的去自我中心。我国发展心理学家方富熹与澳大利亚的齐茨(D. M. Keats)在中澳两国儿童社会观点采择能力的跨文化对比研究中同样发现,中国4~5岁幼儿已具备初步的观点采择能力,澳大利亚的儿童比中国同龄儿童至少要落后一两年。④张文新和郑金香采用标准化的观点采择测验任务考察了6~13岁儿童。结果发现,儿童观点采择的发展要经历一个较长的过程:6岁左右儿童开始初步克服认识上的自我中心,能够认知到个人对某一事件的观点取决于其所得到的特定信息,但在准确推断他人观点方面仍存在较大困难;6~10岁期间儿童社会观点采择能力快速发展阶段,10岁左右儿童已能根据环境信息对他人的观点作出准确推断。⑤

---

① 张文新.儿童社会性发展[M].北京:北京师范大学出版社,1999:237.
② 张文新.儿童社会性发展[M].北京:北京师范大学出版社,1999:236.
③ 张文新.儿童社会性发展[M].北京:北京师范大学出版社,1999:253-254.
④ 张文新,郑金香.儿童社会观点采择的发展及其子类型间的差异的研究[J].心理学报.1999,2(22):116—119.
⑤ 方富熹,齐茨.中澳两国儿童社会观点采择能力的跨文化对比研究[J].心理学报,1990,4:345—353.

二、对社会环境和社会群体的认知

幼儿所生活的社会环境除了较为熟悉的家庭和幼儿园以外,还包括其他许多丰富而复杂的社会环境,如社区(住宅小区、街道、村镇等)、医院、商店、公园、饭店、邮局、银行等社会设施、各种社会角色群体、节日习俗活动等社会现象。生活中,幼儿或亲眼见过或从各种媒体中看到过穿着不同制服的人物角色在对应的环境中工作或劳动的情形,由此希望了解不同职业的社会群体的工作,特别是对警察、解放军、科学家等角色感兴趣,渴望与之直接接触和谈话。此外,幼儿可能会问"面包从哪里来、玩具是怎么制作的、邮递员是干什么的?"等问题。因此,家长或幼儿教师应该有意识地扩大幼儿的社会交往圈,让他们愉快地了解各种社会设施及其作用,引导幼儿认识不同的社会角色对社会付出何种劳动、不同职业对社会对他人有何贡献,从小培养幼儿对不同劳动者的尊敬和感激之情,培养他们具有以劳动为光荣、乐于劳动(做力所能及的事)的情感、态度。在帮助幼儿有效认知社会环境和社会群体时,要注意以下几点。

(一)因地制宜选择内容

幼儿园首先应根据地理位置确定社会环境的内容来源,如城市有公园和高楼大厦、农村有其田野特色;各地有自己的风景名胜。从认识本地的社会环境出发,有利于幼儿熟悉生活的环境,便于萌发爱家乡、爱祖国的情感。

(二)结合节日和社会重大事件,通过实际活动以深化幼儿的社会环境认识

中大班幼儿动手能力和活动热情都较高,在初步了解节日的意义时,要引导他们用实际活动去表达认识,从而巩固加深认识。借助妇女节、教师节、重阳节等节日,可以要求幼儿通过画画、简易手工作品、表演节目等方式,给妈妈、教师、爷爷奶奶送来节日祝福、表达自己的情感;借助禁烟日、植树节等活动,组织幼儿通过自绘宣传单或横幅告诫身边的亲人抽烟的危害、减少抽烟,参与绿化植树保苗行动保护我们的绿色环境;借助北京奥运会和广州亚运会、神九升空等国家大事,及时向幼儿介绍这些事件的大致过程和我国取得的成就,提高幼儿对自己国家的认识,培养幼儿对祖国的自豪感。

(三)选择正面社会行为作为学习的榜样,教幼儿分辨是非

现实社会生活中,正面、反面社会行为交织在一起,如撒谎和说实话、排队和插队、文明用语和粗话脏话、爱护物品和破坏物品、保护环境卫生和随地扔垃圾等这些好坏现象在生活中是并存着。家长和幼儿教师要充分运用故事、诗歌、儿歌、游戏、情境表演等艺术手段,多渠道、多形式地向幼儿介绍正面的社会现象,帮助幼儿分辨是非好坏,引导幼儿以好的社会行为为学习榜样,形成正确的行为;同时幼儿出现模仿消极行为的行为时,成人不必过于紧张,适当处理,多进行引导与教育,否则将会强化幼儿消极模仿。

三、对社会规则的认知

幼儿在不同的社会环境中会遇到各种各样的社会规则,社会规则在社会生活中起着非常重要的作用。它要求人们的行为举止要符合社会的要求,阻止有不良后果的行为发生,以保障社会有规律的正常活动从而保证社会的和谐与安全。

(一) 社会规则的类型

幼儿要学习的社会规则主要有以下几种类型。

1. 道德规则

道德规则是人们的行为对他人权益造成伤害的约束规则,涉及行为的是与非、对与错的判断。它与公平、公正、权利密切相关,是非强制性的、可改变的,并适用于不同文化的国家和地区。

2. 习俗规则

习俗规则是社会系统内部约定俗成的统一的行为规范,对人们的社会互动起着结构性的作用。在不同的文化背景下,人们有不同的言语、穿着、饮食、性别角色、行为态度等习俗,习俗规则虽有文化差异性,但习俗规则有共同的功能,即它为同一文化背景或同一具体环境中的群体各成员的行为方式提供了共同的期望模式,并由此调整着人们的社会互动。如幼儿在幼儿园教学活动中想上厕所需要举手示意老师,如果幼儿直接站起来不作声而跑向厕所,将视为扰乱教学秩序。习俗规则具有情境性、相对性和可改变性的特点,受社会组织和权威的影响,常见的有学校纪律、幼儿园园规、企业规章制度、电影院守则、车站规章等。

3. 谨慎规则

谨慎规则是指以安全、舒适、健康为前提的社会规则。成人为防意外而对儿童的行为作出的要求,如"不许用手指或物品插电源""不准独自游泳""吃饭前要洗手""人行横道上绿灯亮了才能过马路,不要在公路上玩"等。这些规则是成人针对年幼儿童的经验不足、缺乏自我保护的特点,因时因地确定的,适用于儿童对自己身心有消极后果的行为。因此谨慎规则具有规则的效用性、普遍性和规则的偶然性。

(二) 幼儿社会规则学习的特点

丝米塔纳和布雷格斯(Smetana&Braeges)曾从允许性、严重性、普遍性和规则与权威的相关性四个维度来研究2~3岁儿童区分违背道德规则与习俗规则行为的能力,[①]结果表明:2岁儿童不能区分道德或习俗违规行为;近3岁的儿童认为道德违规行为从普遍性上来说比习俗违规行为更为错误;3.5岁(3岁半)的儿童则认为道德违规行为比习俗违规行为更不依赖规则和权威,从普遍性上讲更为不对,且程度更严重。也就是说,年幼的儿童已形成区别

---

① Smetanna JG,Braeges,JL. The development of toddlers' moral and conventional judgments. [J]Merrill Palmer Quarterly,1990,36(3):329-346.

道德规则与习俗规则的能力。

我国研究者冯天荃等研究3～5岁幼儿对社会规则的认知发展,也证实了上述研究,即幼儿对道德和习俗两种规则的认知存在显著差异,他们认为道德规则比习俗规则更不能违背、不可改变、更不依赖权威和规则规定。此外,冯天荃等人的研究中没有发现显著的角色效应,即幼儿认为成人和同伴一样都不能违反社会规则,而且这一认识不依赖于更高一级权威或规则的存在与否。[①]

提萨克(Tisak)及其同事的研究发现,儿童在考虑习俗行为时是规则定向的;考虑道德规则时,则主要注意行为对他人所造成的不良后果;学前儿童能清楚区分谨慎规则,但对其重要性认知差一些,而且违背谨慎规则要比违背道德规则在严重程度上要差一些。[②] 通过对我国研究者冯天荃等的研究数据进行分析得出,大龄幼儿对道德违规行为的归因主要是行为对他人所造成的不良后果和规则定向,并更倾向于规则定向。在违背道德规则的归因上,40.3%左右的5岁幼儿是规则定向的,即能说出规则内容,这一数值超过事件造成的伤害或影响的归因比例(34%)。这跟我国家长与幼儿教师的教育方式有关,如经常告知幼儿一些日常社会行为规则。

有人对20名4岁幼儿的日常违规行为进行了一个月的观察(每周观察两次,总计8次,每次观察约两个小时),结果发现,这些幼儿一共出现271.2次社会习俗违规、74.4次谨慎违规和45.7次道德违规。可见,社会习俗规则是幼儿最容易违反的,谨慎规则次之,道德规则最少。此外,违规行为存在性别差异,相比女孩,男孩更多违反谨慎规则和道德规则。在社会习俗违规方面,男孩与女孩之间不存在显著差异。[③]

(三)帮助幼儿习得社会规则

不可否认,较小的幼儿在认知、学习社会规则时,确实存在记住规则、顺从权威人物要求的倾向。然而促进幼儿社会规则意识发展的关键因素并非是单纯顺从或服从,而是逐渐摆脱成人的影响,将社会规则真正内化。规则内化强调让幼儿理解规则的意义和可能产生的后果,通过观察学习他人、自己模仿来体验遵守规则和违背规则的不同结果,在此基础上认同规则,最后形成正确的规则意识,愿意遵守社会规则。为了帮助幼儿内化规则,在对幼儿进行社会规则教育时应该注意以下方面。

1. 采用故事法帮助幼儿理解社会规则

通过向幼儿讲熟悉的卡通人物、同班同伴或邻居家的其他孩子遵守社会规则的榜样事件与违规事件,幼儿教师或父母要与幼儿一起讨论榜样是如何理解与遵守社会规则的,分析

[①] 冯天荃,刘国雄,龚少英.3～5岁幼儿对社会规则的认知发展研究[J].教育研究与实验,2010(1):79-83.
[②] 张文新.儿童社会性发展[M].北京:北京师范大学出版社,1999:274.
[③] Wang, X. L, Bernas, R, Eberhard, P. Responding to children's everyday transgressions in Chinese working class families[J]. Journal of Moral Education, 2008, 37(1).

违规行为对他人和自身造成的不良影响。采用真实而生动的故事法讲解社会规则,不仅容易激发幼儿的兴趣,而且容易让幼儿理解和接受,提高幼儿对社会规则的认识。

2. 及时适当地表扬、奖励幼儿遵守规则的行为

幼儿执行规则时,教育者应及时向其指明规则的意义,并适当给予物质上或精神上的奖励与表扬,以此强化幼儿规则意识,激励幼儿今后再遵守社会规则的愿望。

3. 在分析幼儿违规行为的基础上进行干预

由于幼儿自制力差、规则意识不强,因此违背社会规则的行为时有发生,也属于正常现象。违规行为并非都是坏事,它也有好处,成人可以借此对幼儿进行社会规则教育,体验违规后的消极后果,从而深化幼儿对社会规则的认识,提高幼儿的规则意识。因此,面对幼儿的违规行为时,不要先入为主地否定,对其训斥、辱骂、恐吓,伤害孩子的自尊和自信,不妨给予幼儿表达自己的想法观点的机会,了解违规背后的原因后再有针对性地进行干预与教育。若幼儿不理解社会规则而违规,则以说理方式讲解清楚社会规则;若幼儿知道社会规则但不遵守,则明确给予反对的态度并制止违规行为,尤其违背谨慎规则行为,成人要迅速反应并制止之,以免发生意外;若幼儿不认同成人制定的一些习俗规则(如幼儿园行为规则),那么成人应与幼儿共同讨论与论证规则的必要性和合理性,需要时做一定的修改。这样幼儿更能认同、内化习俗规则并会主动、自觉去遵守规则。

案例 7-2

做守规则的孩子①

积木区的孩子们想搭建一个城堡,但是要先拆掉原来搭建的建筑,由于他们拆的方法不当,一下就将原来的建筑推到了,积木散落一地。孩子们想推出一个地方来,可是积木太多太重,他们根本推不动。我观察到了,想利用此件事情,帮助他们知道遵守规则的重要性,并监督他们学会遵守规则。于是,我问他们:"你们怎么不搭城堡了呢?"他们回答:"因为积木都堆到一起了。"我又问:"怎么会这样呢?"孩子们回答:"是我们自己把积木推倒的,要是慢慢拆就好了。"

在孩子们体会到了没有规则的不愉快之后,我和孩子们一起商量了几条规则。比如:先搬什么,后搬什么;积木要轻拿轻放;从哪里拿的就要放回哪儿等。将这些规则定好之后要求孩子们一定要执行。在孩子们将弄倒的积木归位放好之后,孩子们开始搭建他们的城堡了。

为了帮助他们自觉遵守规则,我用了多种方式对他们的良好行为给予肯定。比如:游戏后的评价;小记者的新发现;用相机抓拍孩子们按规行动的情境,展示在墙上;给孩子们小红花等。同时还将遵守规则延伸到生活中,如:在盥洗室门口贴上表示进出方向的箭头,以解决碰撞和拥挤;在楼梯旁标明上下楼梯的方向,以确保安全;在楼道中贴上禁止吸烟的标志,向家长宣传爱护环境。通过这些活动,孩子们的规则意识得到了强化,促进了良好社会行为的发展。

---

① 刘占兰.促进幼儿教师专业成长的理论体验实践策略[M].北京:教育科学出版社,2006:376

在上述案例中,教师对幼儿行为进行了有效的干预。教师首先让幼儿在体会到规则的重要性(让幼儿自己有切身体会),然后与幼儿共同制定规则(让幼儿理解和认同规则,便于自觉执行规则),最后运用多种方法强化幼儿的规则意识和规则行为(实践巩固),其中知、情、意教育都有,因而教育干预很有效。

4. 保持家园社会规则教育的一致

因来自不同的家庭环境,幼儿对社会规则的认知存在个体差异,如有些家长比较宽松,幼儿对社会规则的认知较差,出现较多的违规行为。教师必须和家长互相商量,达成一致的教育态度,同时从实际出发,循序渐进地增加规则要求的难度,避免家园脱节给幼儿带来更大的心理压力。

第三节 幼儿社会性情感的习得

社会性情感是人们对社会生活中客观事物的态度体验,人的情感只有与社会的要求相一致,才能处于一种被社会所接纳的、和谐的主体感受之中,才能始终有一种高尚而幸福的体验,才能充分地体现和享受生命的价值。社会性情感对幼儿形成良好的品德具有积极的促进作用。幼儿期是社会性情感发展的重要时期。幼儿积极的社会性情感有很多,根据对象的不同可以分为对他人的、对自己的、对物体的、对集体的、对社会的等。具体而言如学习兴趣、求知欲、探究欲、依恋、爱、归属感、同情感、移情、自尊、自信、公平感、羞愧感、集体主义感等诸多情感。下面探讨几个重要的情感。

一、幼儿的归属感

人们只有对一个现象或事物产生了归属感,才会觉得舒适和幸福,归属感的满足对自我接纳、自我控制和责任感有积极的影响作用。归属感是一个属于社会文化心理范畴的概念,是一种"归于、属于某种事物的情感",是个人或集体的一种主观的体验。普拉格(Prager)和布尔梅斯特(Buhrmester)的研究发现,归属的满足与生活满意度之间具有很高的相关[①]。人类归属感的获得最早来源于母亲,婴儿脱离母体后开始成长,首先需要通过对家庭的归属感来填补这种失去母体的残缺匮乏感。

幼儿的归属感,是指幼儿对自己归属于某一个群体的情感。幼儿由于其生活环境所限,因此他们的归属感主要分为家庭归属感、幼儿园归属感。

(一)家庭归属感

幼儿的家庭归属感是指幼儿认同自己是家庭的一分子,自觉地认为自己要和其他家庭

[①] 曾守锤.流动儿童的幸福感研究[J].中国青年研究,2008,(9).

成员一起幸福生活的一种感情。有研究表明,幼儿所理解的家主要有房子、人物和家里的环境三部分内容所组成。① 房子既是一个地理位置,也是一栋建筑,人物主要是基本的家庭成员,家里的环境就包括家里的各种物品。幼儿对家的情感体验既有正面的,也有负面的。家能提供吃饭、睡觉、娱乐等活动,满足幼儿对安全和生理等的基本需要,同时家中父母等亲人的关爱与亲情还满足了他们对情感的需求。这些就是幼儿对家的正面的情感体验。但是,有的幼儿认为家就是惩罚自己的地方,例如农村留守儿童由于长期被忽视,对家的体验是孤独的、有压力的,这样一些负面的情感体验极大地阻碍了幼儿的家庭归属感的形成。

鲍威尔(Powell)等人研究幼儿家庭概念的发展,以 54 名 3~6 岁的学前儿童为对象,通过访谈法探讨幼儿对家庭组成、家庭定义及家庭角色的看法,并比较其结果是否会因幼儿的性别与家庭类型有所差异。研究结果显示:性别及原生家庭形态的差异对回答结果并无显著差异。但93%的幼儿认为具有双亲与一个小孩的组成,不论有无祖父母,就算是家庭。至于家庭概念的内涵,最常被提及的概念为家庭成员、家庭生活与情感功能。②

因此,幼儿家庭归属感的获得,着重要加强幼儿对家庭成员、家庭生活与情感功能的认可和认同。家是幼儿的主观体验形式,要加强家庭成员与幼儿之间的交流与沟通,让"家"成为一个有意义的地方,并且是一个幼儿离不开的领地。家庭不仅要给幼儿提供身体的支持,如吃饭、睡觉、学习、娱乐等与维持生存及与生存有关的活动,而且要让幼儿与家中的父母、亲友等建立起密切的联系,使幼儿对家自然而然产生强烈而持久的情感依恋,最主要是对家人的情感依恋。

然而,现实中有很多因素会妨碍幼儿形成合理的家庭归属感。例如,家庭暴力严重地影响到幼儿对家的认同程度。幼儿处于家庭权利关系中的弱势地位,很容易就成为成人情绪宣泄的牺牲品,成人对幼儿的语言、行为等提出过于严格与苛刻的要求,会导致幼儿对家庭的认知出现偏差从而不愿意归属于家庭这样一个群体。

(二)幼儿园归属感

幼儿的幼儿园归属感是指幼儿认识到自己是就读幼儿园的重要一员,并且在思想上和情感上积极地认同与投入。影响幼儿幼儿园归属感获得的因素有下列几个方面。

1. 同伴关系和师生关系

幼儿园归属感的获得,需要幼儿通过与他人交往并且融入幼儿园这个大集体。师生交往与同伴交往越愉快,归属感就越能成功地获得。基本上大多数幼儿在幼儿园,尤其是中班和大班里,都能拥有良好的同伴关系和师生关系。教师既要能够引导幼儿学会与同伴、与老

---

① 马丽娜.5~6岁幼儿对"家"的理解研究[D].南京师范大学硕士学位论文,2008.
② Powell,J. A,Wiltcher,B. J,Wedemeyer,N. V,et. al. (1981). The young child's developing concept of family. Home Economic Research Journal,10(2).

师相处，同时也要提供给孩子们自由活动的时间，有意识、有目的地让幼儿与同班或不同班的其他小朋友和老师多多接触，从而获得愉悦的情感。对于幼儿园归属感不强的孩子，要鼓励其与老师、小朋友进行更频繁的交流。

2. 幼儿园班级氛围

幼儿园班级氛围越温馨，幼儿的归属感就越强。幼儿园教育有其独特的科学原理，幼儿园班级的氛围既包括人文的精神氛围，也包括硬件环境的布置。氛围良好的幼儿园班级中，幼儿应该能够感受到教师满满的持久的爱和同伴的关怀，同样也能发现活动室里五彩缤纷的图画、各式各样的玩教具、图书等，这样趣味盎然又温暖的地方总是能吸引幼儿来此学习与生活。

3. 幼儿园生活环境

生活环境既是指教师、小朋友以及其他幼儿园工作人员所共同创造的幼儿园精神氛围，也是指物理的、硬件的环境。良好的幼儿园生活环境同样能够引起幼儿的兴趣和喜爱，从而幼儿才会投入并产生归属感。幼儿园的环境布置应该遵循相关的政策法规，同时最重要的是能够促进幼儿愉快地学习与生活。归属感体现着个人和团体之间的关系，是人的一种积极的情绪体验。所以，要充分给予幼儿与幼儿园产生联系的机会，例如幼儿可以在种植区培育自己的植物。幼儿可以与幼儿园的任何一个生物或非生物的物体产生情感联系，从而产生归属感。

二、幼儿爱的情感

爱，是人类永恒的话题，是人类文明的出发点和归宿，也是个体生命的动力源泉。在人一生的成长中，爱的情感起着重要的作用。人们懂得爱、感受爱并且能够表达爱，他们的生活才会充满温暖和有意义。幼儿的爱是其道德情感的核心，激发幼儿爱的情感是教育工作者的重要责任。《幼儿园教育指导纲要（试行）》中明确指出，幼儿园社会教育的目标之一就是培养幼儿"爱父母、长辈、老师和同伴，爱集体、爱家乡、爱祖国"的情感。

从研究成果来看，对幼儿爱的情感的表现和发展的研究很少，主要是通过观察了解幼儿的爱的情感。幼儿往往通过外部的行为来表达爱，如拥抱老师，亲近家人，亲一亲，抱一抱，就是他们爱的表达。幼儿阶段，关键是要引导幼儿体会爱和表达爱。

实践是爱的情感获得的基础。幼儿要能看到爱，理解爱，实践爱，才能形成完整的爱的情感。教育要有目的、有计划、有组织地引导幼儿参加各种实践活动，在活动中获得爱的情感。促进幼儿爱的情感的形成要注意下面几点。

（一）促进幼儿对他人爱的需求的认识

通过角色扮演法可以让幼儿在扮演他人的角色时体会他人的辛酸以及对爱与关怀的需求，从而可以引起幼儿对自身行为的反思，改善自己的行为去满足别人需要的爱。通过开展各种区域活动或游戏，幼儿可以扮演爸爸、妈妈、医生、教师、农民等角色，做每种角色平时需要做的大量工作,体会别人的辛苦。

(二)传递爱与浸润爱

情感具有感染性,教育者要懂得用各种方式方法来传递爱的情感,促使幼儿爱的情感的获得。首先,成人要以身作则,要尊重和关爱他人,如尊重和关爱孩子的祖父母、亲戚、朋友、同事、邻居等。其次,优秀的文学作品也能传递爱的情感。文学作品中有许多具有浓浓的爱意,如反映孝顺父母的《乌鸦反哺、羔羊跪乳》《沉香救母》等,尤其是绘本《猜猜我有多爱你》深受幼儿的喜欢。幼儿在阅读《猜猜我有多爱你》的过程中,了解了爱其实不是一件容易衡量的东西,同时也学会了表达对母亲的爱。

(三)让幼儿体验爱他人

要为幼儿创造条件,促使幼儿给予他人爱,表达自己的爱的情感。例如班上有一个小朋友生病了没有上学,可以组织几个家住得近的幼儿一起到他家去看望他。或者鼓励其他小朋友给他打电话,画一幅画送给他等。让幼儿通过做一些打扫卫生的小事来体验付出爱的快乐感觉。教师节,幼儿可以为教师表演诗歌朗诵、歌舞、小品等,表达其真实的感受。

 案例 7-3

爱妈妈①

班上都是独生子女,妈妈为孩子们的成长付出了很多努力,我试着让孩子们去体会爱,表达爱。

有一个名为《爱我有多深》的故事,我将这个故事讲述给孩子们听,萌发他们了解妈妈的爱的想法。当我讲到,小兔子伸直手臂说,自己爱妈妈那么多时,孩子们也纷纷学习。后来讲到,兔宝宝和妈妈都累了,躺在妈妈的怀里睡着了时,孩子们听得入神。故事讲完了,孩子们七嘴八舌地说起了妈妈对自己的爱。

于是,我在下一个活动里,让孩子们画自己的妈妈,但是我要求要画出自己妈妈的特点。第二天,我把孩子们的作品布置成了墙饰,孩子们可高兴了,抢着介绍自己的妈妈。有个孩子笑着说:"聪聪妈妈那么瘦。"聪聪说:"我妈妈原来不是这样的,是生了我以后才变那么瘦的。"我问:"妈妈为什么会变成这样呢?"孩子们抢着说:"妈妈照顾我们很累。"

为了让孩子们更多地了解和体会妈妈的爱,我请几位热心家长提供了孩子从小到大的照片,以及妈妈为抚养孩子所做的令人感动的往事,做成幻灯片放给小朋友们看。看过幻灯片后,孩子们感受到,妈妈抚养自己付出了很多心血。幻灯片中没有介绍到的孩子,都迫不及待要讲述自己妈妈说过的成长故事。孩子们都表示,妈妈把我养大那么辛苦,长大了我要对妈妈特别好。

在孩子们有了妈妈爱的体验之后,三八妇女节快到了。我请孩子们送给妈妈一个节日礼物,表达对妈妈的爱。明明说:"我妈妈喜欢做饭,我做一条花围裙送给妈妈。"佳佳说:"我妈妈老打电脑,我给她做一架小台灯,让她眼睛不累。"聪聪说:"我送妈妈一条花围巾,让妈妈更漂亮。"

三八节过后,妈妈们纷纷表示,孩子变懂事了。

---

① 刘占兰.促进幼儿教师专业成长的理论体验实践策略[M].北京:教育科学出版社,2006:384-358.

上述案例是教师对幼儿进行的爱母亲教育。教师是从情感体验入手,采用多种方法让幼儿逐渐体会到妈妈的爱,从而教育幼儿要爱妈妈。

(四) 引导幼儿爱家乡

成人应充分运用周围环境的有利条件,带领幼儿参观身边的历史建筑、自然景色,品尝身边的美食,使幼儿获得对家乡的美好印象,还可以运用绘画、舞蹈、音乐等活动形式巩固对家乡的认识,并且产生自豪感。

三、幼儿的自尊感

"自尊"这一概念是由 19 世纪末美国著名心理学家威廉·詹姆斯(William James)首先提出来的。自尊对个体社会适应起着较大的作用,自尊与儿童的学业成就、人际关系、攻击行为、幸福感以及健康等都存在较大的相关。有研究认为,自尊在预测个人日常生活应激、人际关系质量和抑郁体验方面,是一个相当有效的变量。[1] 儿童从出生到两三岁的时候,通过自己的体会和与他人的交流与互动,开始逐渐形成自我概念。当儿童有了"我"的概念以后,随之产生对自我价值的情感体验。三岁以后的幼儿能够评价自己,并从中体验到羞怯和自豪等感觉,例如他们会说"我很棒""我是一个乖孩子"等,便出现了自尊感的萌芽。

(一) 幼儿自尊感的形成

幼儿的自尊感,是指幼儿在对自我进行评价基础上产生的自我肯定并要求受到他人肯定的积极情感体验。自尊感属于自我体验,幼儿既要能够客观描述自我又能评价自我,它是与幼儿自我价值有关的一种情感体验。自尊有强弱之分,过强成为自负、虚荣,过弱则变成自卑,这两种极端对个体发展均有不利影响。

有研究表明,3~9岁儿童的自尊结构由重要感、自我胜任感和外表感构成。重要感是指儿童想获得他人关注及肯定的情感体验,儿童的重要感是自尊结构中最早发展起来的。自我胜任感是指儿童在各种活动中,通过表现出成功的行为和能力所获得的一种积极的自我价值感体验,外表感则是指从身体外表方面获得的一种自我价值体验。[2]

儿童自尊心于两三岁时开始出现,在现实生活中,幼儿非常喜欢得到别人的赞赏和认可,一定程度上这是幼儿自尊感的需要。他们可能在某件事情上做得很好而受到家长或老师的称赞,为此而感到特别愉悦,这种称赞和表扬有助于他们自尊感的确立。当幼儿不愿意与其他小朋友分享玩具,成人却强硬地要求幼儿与别人分享,这时幼儿的自尊感就容易受到伤害。幼儿对结果并不在意,他们在意的是是否受到了尊重。他们抗拒地大声哭闹,其实是想让别人承认他们的存在、地位和人格。随着对社会"我"的意识的进一步发展,幼儿开始追

---

[1] 申自力.自尊情感模型假设的检验[D].中南大学博士学位论文,2009.
[2] 杨丽珠,张丽华.3~9岁儿童自尊结构研究[J].心理科学,2005,28(1).

求在人际关系中获得一定的地位,对他人的指责或批评、侵犯感到不满或气愤,甚至会提出抗议、据理力争或告诉老师,这些都是自尊感的表现。

幼儿自尊感的缺失现象也是屡见不鲜的,例如其对自身的能力没有一个正确的认识、判断或体验。认为自己能力很差或者根本没有什么能力的幼儿往往比较自卑,自卑感的产生往往源于自尊感太弱。如在游戏活动、集体的教学活动、手工制作等活动中,一般而言幼儿都会表现出较强烈的竞争行为,都期望自己是团体中最成功的人,但自尊感较弱的幼儿则不愿意参与竞争,因为他们觉得自己不重要、没有能力与价值。

张丽华等研究者认为,3~8岁儿童的自尊存在显著的年龄差异,4岁和7岁可能是儿童自尊发展的转折年龄,并且3~8岁儿童自尊发展存在非常明显的性别差异,女生自尊发展水平显著高于男生。

(二) 影响幼儿自尊感形成的因素

1. 幼儿的成功体验

自尊感是个人在社会生活中,在对客体自我和主体自我的认知和评价基础上而产生的正向的情感体验,因此幼儿自尊感获得的关键途径就是通过活动。在活动中,幼儿学会自己尊重自己,学会如何得到别人的尊重。事实上,幼儿体验到了成功就会认为自己有价值、重要,因而接纳自己,喜欢自己。幼儿的成功既能愉悦自己,同时也能得到他人的关注与关怀。

在幼儿园里,教师可以安排不同的人担任小组长,帮助老师发玩教具、作业本等,而不是总选择那些自己喜欢或能干的幼儿。尤其要照顾到发展稍微落后的幼儿的自尊,发现他们哪怕很小的一个成功,要大力地表扬和鼓励他们,让他们体会到老师的关注和对他们的信任。在家庭里,幼儿体验成功的机会也很多,例如让幼儿自己洗澡、洗手帕。如果没洗干净,家长要给予幼儿信心并且教会他们技巧,幼儿最终总能体验到成功,并且认识到自己的能力。

2. 幼儿感受到被尊重

要让幼儿体验到他人对自己的思想、情感和价值的完全尊重。受到公正的对待,而不是受到强制与压迫。诸事可以与大人协商,幼儿有自己的权力去表达自己的意愿,父母要认真对待孩子的欲望和需求。另外,父母要让孩子意识到,父母是期望孩子有所成就的,并且这种期望要通过尊重、善意和舒心的方式表达出来。

3. 客观评价幼儿

在幼儿园的调查研究中发现,由自我胜任感获得的自尊在3~4岁之间发展显著,主要是因为幼儿园老师在对幼儿能力进行评价时采用了不同的比较方式。对小班和中班儿童主要以纵向比较为主,评价大班儿童时,老师或家长则以横向比较为主。横向比较的结果是成人会忽略幼儿自身的进步,只看到与别人的差距和不足。幼儿在这种氛围下获得的自尊体验及发展水平就会降低。所以,4岁是儿童自尊发展水平的最高峰,4~5岁可能是儿童自尊发展的第一个转折期。① 因此,客观地评价幼儿非常重要,过于贬低幼儿的行为会导致幼儿自尊感的缺失,进一步对他的生活产生负面的影响。

4."温暖与理解"的教养方式

心理学家通过研究认为,亲子关系对儿童自尊感的形成和发展有重要影响。其中心理学家库帕史密斯(S. Coopersmith)通过研究发现,影响儿童自尊感最重要的因素是孩子与他/她生活中起重要作用的成人的相互关系。② 对幼儿的生活起重要作用的人主要有家长、教师和幼儿的同伴。

从家长的角度来认识教养方式与自尊的关系的研究相对比较多。我国学者魏运华研究发现,父母的教养方式对少年儿童的自尊具有显著的影响。父母对儿童采取"温暖与理解"的教养方式会促进少年儿童自尊的发展,提高儿童的自尊水平。相反,父母对少年儿童采取"惩罚与严厉""拒绝与否认""过度保护"等教养方式,都会不同程度地阻碍少年儿童自尊的发展,降低儿童的自尊水平。③ 谷传华等人的研究认为,宽松型、支配干涉型、温暖型与严厉型母亲行为教养下的儿童自尊得分具有显著差异,其中宽松型母亲教养下的儿童自尊明显高于严厉型。④

教师对于幼儿来说是权威的,有时候这种权威性超越于家长之上,教师对儿童的关心、鼓励、评价和期望等都会影响儿童的自尊发展。

5.满意的同伴关系

同伴是幼儿园因素中影响儿童自尊发展的另一个重要因素。从幼儿园到小学,同伴或者说同辈群体对个体各方面发展的作用凸显出来:只有置身于同伴中,才能体验到自己是一个怎样的人;只有接近同伴,得到同伴的接纳,并与同伴进行积极的相互作用,儿童的自尊感才能得到有效的发展。国内外学者通过研究都发现,满意的同伴关系会促进儿童自尊感的发展。那些受同伴欢迎,并在同伴中具有"权威"和"地位"的儿童,其自尊水平相对较高;那些对同伴的失败和痛苦具有同情心,对同伴的成功和喜悦感到高兴的儿童,其自尊水平也较高;而那些对同伴具有攻击和破坏性的儿童,其自尊水平较低。⑤

四、幼儿的羞愧感

羞愧感又叫羞耻感、羞耻心,是人类的道德情感之一,它往往代表了一种自我检查和内在激励的能力,会促使积极的自我控制和亲社会行为。羞愧感是由个体的行为和相关的社

---

① 张丽华,杨丽珠.3~8岁儿童自尊发展特点的研究[J].心理与行为研究,2005,3(1).
② S. Coopersmith. *The Antecedents of Self-esteem*[M]. San Francisco: W. H: Freeman,1967:35-36.
③ 魏运华.父母教养方式对少年儿童自尊发展影响的研究[J].心理发展与教育.1999(03).
④ 程学超,谷传华.母亲行为与小学儿童自尊的关系[J].心理发展与教育,2001(4).
⑤ 华道金.儿童自尊感的人格教育价值及其保护与培养[D].南京师范大学硕士学位论文,2006.

会标准之间的矛盾及个人不受其他人重视所引起的。也就是说,羞愧感在道德情境和非道德情境中都能产生。"羞愧感代表了一种自我检查和内在激励的能力。"人如果没有羞耻感,就不会有悔过之心,也就不会改正自己的错误行为。反之,如果人具有羞耻感,就会追求自我完善,促使积极的自我控制和亲社会行为。

(一)幼儿羞愧感的习得

幼儿的羞愧感,是指幼儿自身的一种难为情、羞耻和痛苦的体验。当幼儿意识到自己的行为给自己或别人带来消极的影响,违背了社会道德或行为规范等情况下,都会产生一定的羞愧感。羞愧感是一种消极的情感,让幼儿有改正的动机,可见羞愧感在一定程度上可以让幼儿产生某种抵抗力,是阻止儿童不良行为、言语、愿望和动机出现的制动力。

我国学者陈守旗(1988)曾运用情境实验和问卷调查的方法,对我国学前儿童羞愧感进行实验研究。通过问卷调查了解学前儿童的气质和性格;实验是参照苏联库尔奇茨卡娅的实验设计并进行改编,在四种不同的游戏情境中指责学前儿童不遵守游戏规则等行为,观察记录他们的情绪反应。实验结果表明:

1. 羞愧感在幼儿期已经出现

研究表明3岁幼儿便产生了羞愧感,但是多数幼儿的羞愧体验并不是因他们真正认识到自己的过失而产生的,而是由于成人直接指责等刺激所引起的。

2. 幼儿的羞愧感存在明显的年龄特征

具体表现在,随着年龄的增长,幼儿越容易因自己的过失行为而产生羞愧感,同时越能控制并减少羞愧感的外部行为表现,但羞愧感的内心体验增强。

3. 羞愧感跟个性的关系十分密切,并与幼儿性格的好坏成正比

同时羞愧感与气质有关,多血质幼儿最容易产生羞愧感,胆汁质幼儿表现出强烈的情绪反应,黏液质幼儿难以观察到羞愧感的强度变化。

4. 情境对幼儿羞愧感的产生有显著影响

幼儿的羞愧感容易受情境影响,表现出很大的情境性。

5. 幼儿羞愧感跟其自我认识、评价能力有关

幼儿只有具有自我意识,判断自己的行为与道德或习俗规则是否相符,才会理解自己的过失行为为何引起别人的消极评价,从而感到羞愧。

还有些研究发现,幼儿羞愧感的具体表现:幼儿会表现出脸红、下意识的不安动作、行为的突然异常等。具体来说,小班儿童感到羞愧时,常用手捂住脸,想躲起来或逃之夭夭。大班儿童则试图以意志努力克制这些动作,他们可能原地不动地体验着这种不愉快的情感,但是内心是感到羞愧的。[①]

[①] 吕福松.对学前儿童羞愧感的实验研究[J].上饶师范学院学报,2005(25).

多数小班儿童只是在成人直接表示出他们的行为害羞的情况下,才表现出羞愧。大班儿童已不需成人刺激就能"独立"地表现出来了。这时候儿童产生羞愧感,是因为他们开始认识到自己的行为是不对的,应该为它承担责任。大班儿童已能独立地评价自己,开始从周围人们的要求的角度看待自己的行为,开始注意自己哪些行为会得到好评,哪些行为令人不满,如果他们没有做到应该做到的事情,就会感到羞愧。如果说小班和中班儿童都只是在成人面前才感到羞愧,那么大班儿童即使在同伴面前,特别是在本班小朋友面前,也会感到羞愧。①

(二)影响幼儿羞愧感的因素

羞愧感一定程度上是自我检查的能力的体现,它能推动幼儿做出符合成人、社会以及道德要求的行为。因此,要充分重视羞愧感在幼儿成长过程中所起的作用和力量,教养者要能适度地促进幼儿羞愧感的获得。适度,就意味着不能过分强调,羞愧感过强有可能引起幼儿的自卑和胆小等问题。只要孩子能够知羞并且愿意改变自己的行为,那么教育的目的也就达成了。教育者要懂得适当保护幼儿的自尊心和自信心,尤其是在他人面前不可过度地批评幼儿。

1. 集体舆论

羞愧感的强弱,往往取决于周围人们的态度。他人消极、负面的评价越严重,幼儿的羞愧感就越强。尤其是幼儿的主要教养人的态度与评价,例如他们尊敬的教师、亲近的家人等,到了大班的幼儿也会受到同伴评价的影响。总体上,幼儿是否知道自己的过失,要依靠别人的语言来判断。因此,比较适合利用舆论来进行教育。

2. 惩罚

要使惩罚真正达到触动和改造人的心灵并最终使其放弃恶行的目标,一个重要的前提条件是必须在惩罚时唤起羞愧感。② 要在惩罚情境中使幼儿能体验到羞愧,能够感受到自己的认知或行为是违背道德与规范的。但是惩罚的最终目的是要使其放弃恶行,而不是为了恐吓幼儿,即在惩罚过程中要尊重幼儿的人格和自尊心。

3. 他人的良好示范

他人的良好示范对幼儿羞愧感的形成具有一定的促进作用。尤其是幼儿信任与亲近的人的以身作则。幼儿的羞愧体验,大多还不是因为他们真正认识到自己的过失与行为的不当,而是受到他人的感染。例如,母亲自己每当犯下一个错误的时候就感到很羞愧并且自责,那么幼儿在母亲的影响下,当做出同样的错事或犯规行为时也会觉得羞愧。

社会性情感的学习应渗透在幼儿的全部生活中,因此教育应该辐射到幼儿园一日活动

---

① 吕福松.对学前儿童羞愧感的实验研究[J].上饶师范学院学报,2005(25).
② 刘德林.教育惩罚要唤起学生的羞愧感[J].思想理论教育,2008(14).

之中。如在教学活动、游戏、谈话、日常生活中,进行随机分散教育。

第四节 幼儿社会行为的学习

幼儿社会行为学习是指幼儿对社会中的规范行为的学习,其内容包括礼貌行为、生活卫生行为、亲社会行为、社会规则行为等一系列作为社会人所必须具备的行为。本章主要讨论幼儿亲社会行为的学习。

幼儿社会行为的学习会受到多种因素的影响。如成人的言语传授,成人的相互交往,成人遵守规则的行为,成人的角色行为,幼儿的观察学习,幼儿的认知理解,幼儿与同伴的相互交往,幼儿的实践锻炼等。因此,幼儿的社会行为学习是幼儿与环境相互作用的结果,尤其是成人的行为以及成人社会中人们的社会行为的影响结果。

一、幼儿亲社会行为的学习

亲社会行为是指在社会交往中,人们表现出对他人、集体或社会有积极影响的社会行为,如分享、助人、合作、同情、关心、安慰、谦让、捐赠等行为。国外很多研究表明,幼儿很小就表现出多种形式的亲社会行为,并且引发亲社会行为的动机也是多样的,如为了获得成人的认可和奖励、为了减轻自己消极的内部状态,也有由同情他人或受道德影响而表现出亲社会行为。

(一)幼儿亲社会行为的学习结果

赞·威克斯勒和瑞德克·亚罗(Zahn Waxler & Radke Yarrow)结合横向和纵向两种研究方法,观察研究24名12~30个月的儿童面对他人消极情感的事件所表现的行为反应。结果发现,约20个月大的幼儿能常注意他人的痛苦并且表现出哭喊、烦躁或啜泣,但很少做出亲社会行为;20~30个月的幼儿则表现更多的亲社会行为,除了触摸或轻拍受伤害者、递给物品外,还出现难过表情、言语安慰、替受欺负者攻打攻击者、分享食物、向第三者寻求帮助等亲社会行为。

瑞哥德(Rheingold)曾观察18个月和30个月的婴儿的助人行为。在父母和其他成人没有主动叫儿童来帮助做家务的情况下,超过一半的18个月婴儿和所有30个月的儿童帮助成人做了家务。瑞哥德认为这些助人行为是因为年幼儿童喜欢模仿成人活动,如摆桌子、扫地、整理书本,同时受到成人的赞许而得到维持。但是幼儿出现的亲社会行为不完全是为了获得外部奖励或赞许的补偿行为,也有出于道德考虑而做出的利他行为。赞·威克斯勒等人发现,出生第二年开始,儿童便出现关心他人,包括对他人痛苦的情感反应和试图帮助别人的利他行为①。

儿童亲社会行为随年龄增长而发展,不论是在何种文化背景下都是如此。乌里尔(Uurel)在1952年研究土耳其儿童与同龄同伴分享果子的情况时发现,儿童分享果子的人数比例是随年龄增长而提高的,4~6岁时33%,6~7岁是69%,7~9岁是81%,9~12岁是96%。将这一研究用于美国儿童,所得到的结果基本一致。后来很多人研究其他的亲社会行为,都反映出同样的发展趋势。

研究者还研究了儿童的各种亲社会行为的一致性和某一亲社会行为发展的连续性。其结果表明,儿童亲社会行为之间只存在弱到中等程度的相关,即相关不显著。如艾森伯格等人1979年的研究发现,学前儿童的分享与助人两类行为之间不存在显著相关。大多数研究还表明,儿童早期的亲社会行为与儿童后来的亲社会行为之间呈中等程度相关。如邓恩的一项研究表明,1~3岁儿童对别人友好和关心的行为与6年后的行为有一定的一致性②。

(二)艾森伯格的亲社会行为学习阶段

美国心理学家南希·艾森伯格(Nancy Eisenber)于20世纪80年代提出一种颇具特色的亲社会行为的理论模型。按艾森伯格的亲社会行为模型的观点,亲社会行为的学习需要经历三个阶段:

1. 对他人需要的注意阶段

注意到他人的需要是亲社会行为产生的初始阶段。艾森伯格认为,个体的先行状态、特质特征和个体对特定情境的解释是影响个体能否注意到他人需要的两个重要因素。个体的先行状态和特质特征是指个体的观点采择的能力、对他人的积极评价、对他人的定向等方面。个体对特定情境的解释是指个体对他人需要的清晰程度、需要的来源、他人的身份等方面的理解判断。

2. 确定助人意图阶段

当注意到了他人的需要后,潜在的助人者则要决定是否要助人,也就是进入亲社会行为意图的确定阶段。在情况紧急之下,情感因素(移情、内疚感、个人痛苦等)在助人决策过程中起主导作用;在非情况紧急之下,个体的认知因素和人格特质可能起着主导作用。

3. 意图和行为建立联系阶段

个体有了助人意图,还并不一定会实际作出亲社会行为。亲社会行为意图和行为之间的联系还受到个人的有关能力和人与情境变化两方面因素的影响。如一个人缺乏足够的助人的知识和能力,可能就会抑制自己作出助人行为;一个人正打算去帮助他人时,第三个人出现并提供了帮助,这样意图跟行为联系不上,助人行为自然就不会发生。

---

① 张文新.儿童社会性发展[M].北京:北京师范大学出版社,1999:304-307.
② 张莉.儿童发展心理学[M].武汉:华中师范大学出版社,2009:205-206.

(三) 幼儿亲社会行为的学习指导

幼儿亲社会行为的学习是在社会生活中完成的,成人的有效指导将会使幼儿的亲社会行为更好更快地发展。成人不论是在家庭还是幼儿园的教育中,都应注意下面三点。

1. 多为幼儿提供角色扮演机会

通过角色扮演,幼儿可以进一步内化一些角色所蕴含的社会规范,模仿良好的社会行为,潜在增加其亲社会行为发生的概率。角色扮演能增强幼儿以规则为中心、以道德为取向的亲社会行为动机。角色扮演能使幼儿站在他人的角度,亲身体验他人的角色,从而更好地理解他人的处境和需要,体验他人在同一情境中的内心感受。有了共同的经历或内心体验,幼儿在今后碰到类似的情境时,更容易理解别人需要帮助,产生帮助的意图,从而作出有益于别人的行为。

2. 营造轻松愉快的心理氛围

霍夫曼(Hoffman)和斯陶布(Staub)等研究发现,儿童与成人良好的情感联系和成人的榜样示范行为会增加儿童的亲社会行为[1]。榜样示范是以他人的高尚思想、模范行为和成就来影响个体品德和行为的一种方法。榜样的力量,尤其是父母和老师,对幼儿亲社会行为有不可言喻的积极作用。国内一些学者(如张莉)通过在幼儿园实施自设的实验,得出有这样一个结论——榜样训练可以有效促进幼儿分享行为的发展,从而也验证了上述研究成果。

3. 进行适当的移情训练

榜样训练和移情训练均能有效促进幼儿社会性发展,使他们表现出更多的亲社会行为。不同于榜样,移情则是通过引起幼儿与他人相似的情绪体验,在情感支配下自觉作出亲社会行为。如分享行为的移情训练,具体方法有讨论分享事件、体验分享情感、交换体验(角色互换体验),从而让幼儿知道分享的意义,在现实环境中真实地体验作为分享者和被分享者的内心情感,让不愿分享者更深刻地意识到等待分享和没有被分享时的消极感受,以纠正其行为。

4. 在讲道理的基础上进行行为实践

行为的学习效果最终都要看行为实践,只有在生活中经常作出相应的行为,良好的社会行为才算得上真正获得了。幼儿的社会行为获得更要及时在他们的生活中培养和巩固,同时,在幼儿的行为实践中,教师仍要不断巩固幼儿对行为意义的认识,使幼儿在明白道理的基础上,更加乐于作出相应行为。

---

[1] 张文新.儿童社会性发展[M].北京:北京师范大学出版社,1999:308-309.

案例7-4

乐群分享①

一天早饭后,区域活动开始了,孩子们都冲到自己喜欢的玩具筐前,取了玩具,开心地玩起来。不一会,从建筑区传来了争吵声,原来是敦敦和小新在争抢一筐玩具,"这是我先拿的""是我先摸到的"。两个人谁也不退让,吸引了很多孩子的注意。我看见了,心想正好可以利用这件事让他们学会如何分享和社会交往规则。

于是,我走了过去,两个孩子都说是他们自己先拿到,旁边的孩子们说:"我看见你们俩差不多一起拿到的,你们抢来抢去谁也玩不了。你们要是把玩具弄坏了,以后小朋友就都玩不成。"我走过去,一手一个拉住他俩,温和地说:"我知道你们都很委屈,可是你们俩一直忙着抢,忙着吵,别人都玩了好一会了,你们还没来得及玩吧?"两个小朋友很伤心,但又舍不得给别人。我说:"你们都有道理,你们都喜欢这些玩具,但是只有一筐玩具,都想玩怎么办呢?"旁边的小朋友帮着说:"要谦让。"有的说:"谁最急谁先用。"有的说:"那还是谁先拿的谁先玩。"还有的说:"就一起玩吧。"

我让敦敦和小新自己来选择解决的办法。他们俩说:"我们已经商量好了,我们猜拳,谁赢了谁玩。"看着孩子们,我笑着说:"你看看,我们可以有很多办法解决问题,争抢和吵架是最没用的。又玩不上,还生气难受,小朋友也不团结。好,你们就试试新办法吧。"问题解决了,孩子们也在这件事中学会了如何分享。

上述案例中,教师充分利用了幼儿游戏中的社会行为问题,及时对幼儿进行了亲社会行为的培养和教育。教师在其中注意了结合幼儿的亲身体会,向幼儿讲道理,引导幼儿自己讨论解决冲突的办法,最终在游戏中培养了幼儿的亲社会行为。

二、幼儿社会性行为学习的指导原则

国内学者庞丽娟依据幼儿社会性学习特点,为幼儿教师提出了几条重要的指导原则。

(一)情感支持性原则

情感支持性原则是指幼儿教师应积极地与幼儿建立双向接纳和爱的情感联系,以便于在教育过程中以情动人,感染幼儿。

要建立这种关系,教师要做到下列几个方面:第一,教师要让幼儿感知到教师的爱和温暖,使幼儿感到安全、愉悦。第二,教师要接纳、尊重幼儿,使幼儿产生一种被重视感、被接纳感。第三,教师要时时给予幼儿理解与支持,对于幼儿的困难行为都要坚持鼓励支持。不仅要给情感和心理上的支持,而且要给幼儿具体的方法和策略上的支持,要为幼儿的进步而高兴。第四,幼儿教师要以积极的情感投入教育活动过程,使自己积极地移情。以此感染带动幼儿,使幼儿产生相应的情感,做出符合社会要求的行为。

(二)行为实践原则

行为实践原则是指幼儿教师在对幼儿进行社会性教育中,不仅要重视传递正确的知识,而且要为幼儿提供更多的实践机会,促使幼儿形成正确的社会行为。

---

① 刘占兰.促进幼儿教师专业成长的理论体验实践策略[M].北京:教育科学出版社,2006:377-378.

贯彻这项原则,要求教师既要给幼儿灌输一定的社会知识,也要让他们形成一定的社会情感,这些认知与情感的巩固需要实践帮助。否则,幼儿会出现言行不一,认知与行为脱节的现象。所以,教师要给幼儿提供各种行为实践机会,并在实践中观察幼儿的行为,指导或纠正幼儿的行为。在幼儿进行行为实践时,教师既不能放任自流,也不能完全包办代替。要让幼儿有机会协商讨论,也允许幼儿犯错误。发生冲突时,尽量让幼儿自己解决。引导幼儿用学到的社会知识、行为规范来分析行为,找出解决问题的办法。

在幼儿的行为实践活动中,教师还要善于引导幼儿将学习到的社会行为迁移到日常生活情境中,并不断对幼儿的行为进行鼓励,使学到的行为成为幼儿行为习惯的一部分。

(三) 榜样作用原则

榜样作用原则是指教师通过自身和他人行为向幼儿提供行为榜样,让幼儿作出与榜样相同或相似的行为。

贯彻这一原则,教师要注意下列几项:第一,教师要重视自身的榜样作用。幼儿教师是幼儿的重要交往者,是幼儿学习的对象,所以教师的言谈举止、认知与情感、行为表现都必须是幼儿的正面榜样。第二,注意同伴的一言一行。幼儿教师要通过各种影响使班级中的大多数幼儿都具有正确的社会认知行为,同伴间相互的良性作用也促进幼儿社会性学习。第三,幼儿教师还可以通过故事的形式为幼儿树立正面榜样。讨论故事中人物的行为或进行角色扮演,以促进幼儿学习。

(四) 一致性原则

一致性原则是指幼儿的社会性学习过程中,不同的教育者之间教育内容和教育要求要保持一致,以保证教育的效果。

贯彻这一原则要做到三个一致:第一,教师自身的态度和行为的一致,具体表现为教师对幼儿的要求前后一致,教师自身的表现与对幼儿的要求保持一致。第二,幼儿园园内教师之间的教育要求要保持一致,即幼儿园园长、其他班的教师、配班教师、保育员以及其他工作人员在对待幼儿的社会性学习的要求上都应该保持一致。第三,幼儿园与家庭的教育要求要保持一致。家庭中父母的文化、职业、教育观念都会有差异,教师要尽量与他们保持联系,尽力沟通,以保证教育的一致性。

案例 7-5

小明的变化①

  小明是一个个性强又淘气的小男孩,在集体中他经常发出怪声作怪样,只要自己不高兴就发脾气,谁劝都不听。游戏时他总是与小朋友发生矛盾,大家都不愿和他玩。平时总有家长找他父母告状,他父母不得

---

① 刘占兰.促进幼儿教师专业成长的理论体验实践策略[M].北京:教育科学出版社,2006:374-375.

> 不常常给人家道歉,并向老师抱怨:"这孩子怎么这么叫人不省心啊。"显然他们对孩子束手无策。
>
> 　　我先了解了小明在家里的表现,然后,从改变父母对孩子的看法入手,建议他的父母平时多注意观察小明在家中有什么优点,并鼓励他。同时,我在幼儿园也多观察,加深对他的了解。在活动中我总是尽力支持他的想法,给他更多的成功机会,增强他的自信。慢慢地,小明的行为发生了变化,我及时给他奖励小红花,并当着其他家长和小朋友给予表扬。我又要求小明的父母收集他在家庭中良好行为表现的照片,我负责收集他在园中的照片。经过一段时间的准备,在楼道的家幼栏里展出了"小明专辑"。家长、小朋友和其他班的老师都围过来看,不时发出赞叹声。
>
> 　　从此,小明好像变了一个人,每天早早来到幼儿园,主动要求当值日生,把自己最心爱的书拿给大家看,和小朋友的关系也逐渐融洽了。

上述案例中,小明行为的变化正是家庭与幼儿园的密切配合,保持教育一致性的结果。

(五)随机教育原则

随机教育原则是指教师在幼儿日常生活中抓住机会,对幼儿进行社会性教育。

因为幼儿的社会性学习是一个长期的不断巩固过程,幼儿的日常生活、各种游戏活动、社会交往中随时会出现问题,因此随机教育在幼儿社会性教育中尤其重要。充分利用这样的时机,使幼儿原有的知识情感得到巩固,随机教育有时比专门的教育更有效。

教师贯彻这一原则要注意三个方面:第一,教师要善于发现教育时机,做随机教育的有心人。第二,教师要学习一定的教育方法,以保证随机教育的效果。第三,教师要认识到随机教育不是一种顺带教育,是有明确目的和意识的。

思考与练习

1. 谈谈幼儿社会性学习的主要内容。
2. 请简述幼儿社会认知的内容。
3. 幼儿应掌握的社会规则有哪些?
4. 幼儿的归属感包括哪几种?
5. 如何引导幼儿获得爱的情感?
6. 简述幼儿自尊感的影响因素。
7. 影响幼儿羞愧感的因素有哪些?
8. 联系实际思考幼儿亲社会行为学习的指导原则。

第八章 幼儿的艺术学习

学习目标

1. 了解幼儿艺术欣赏中的心理现象。
2. 理解幼儿的审美直觉特点。
3. 掌握幼儿在欣赏艺术时的艺术通感。
4. 理解幼儿的审美想象。
5. 能分析幼儿艺术欣赏的支持策略。
6. 了解幼儿艺术创作中的心理现象。
7. 能联系实际理解幼儿的艺术创造特点。

关键词

◆ 幼儿审美直觉　◆ 幼儿艺术通感　◆ 幼儿审美想象　◆ 幼儿艺术创造
◆ 支持策略

幼儿学习案例

案例 8-1

> **黑色的太阳**
>
> 　　在一次教学检查中,老师教孩子画太阳,很多孩子都按照老师教的完成绘画,可是有一位孩子交上的太阳是黑色的,当着众多人的面,老师不好发火,只是轻声质问孩子:"你看到哪里的太阳是黑色的?"孩子低头不语。老师走开后,刘园长走过去,轻轻问孩子,"你能告诉我为什么你要画黑色的太阳呢?"孩子抬头看看她,过了几秒,问道,"你是老师,还是园长?""我是园长,可以告诉我吗?""因为我的爸爸死了,我觉得天都是黑的。"顿时,刘园长眼里充满了泪水,她把孩子抱在怀里,轻柔地抚摸他的头,告诉孩子说:"老师知道了,我们一起来努力,让你的天空充满阳光,好吗?"
>
> 　　每个孩子心里都有自己的一片天空。作为老师,不能仅从自己的观点出发去教育孩子,而应从孩子出发,了解孩子内心真实的想法,只有这样,才能成为一名好的幼儿教育工作者和孩子信任的好老师。

上述案例反映了幼儿的艺术学习特点。幼儿的艺术创作是幼儿将自己的生活经验、情绪、感受等通过作品表现出来的过程。幼儿在作品中自由地以他们特有的方式表达对生活的理解,成人若想理解他们的作品就必须先了解他们的心理特点,不能仅从作品的外在特征,用成人的认识特点来理解。艺术是幼儿认识世界与把握世界的一种方式,也是他们记录生活、表达与交流思想和情感的一种手段。幼儿的艺术学习是幼儿在欣赏与感受、表现与创作美好事物及艺术作品时,通过与成人、同伴、观点及事件的互动,获得经验、建构理解的过程。幼儿的艺术学习主要包括艺术欣赏与艺术创作。其中,幼儿的艺术欣赏是幼儿充分调动他们的感知、想象、情感、理解等心理因素,对自然景物、社会环境中的美好事物及艺术作品的形式及意义进行体验与感受的过程。幼儿的艺术创作是幼儿利用各种工具与材料,对内在表象进行加工、改造,使其转化为艺术形象的过程。

幼儿的艺术学习有其独特之处,具有主体性、游戏性、生成性、互动性等特点。首先需要指出的是,幼儿的艺术学习突显主体性,这意味着幼儿是艺术学习的主体,幼儿以自己的思想、情感来统领整个艺术学习的过程,没有人能够代替幼儿去获得经验或者建构知识。其次,幼儿的艺术学习具有游戏性。如果幼儿的艺术学习没有了游戏性,那可以说这是被异化了的艺术学习,并不是真正的艺术学习。再次,幼儿的艺术学习具有生成性。幼儿在进行艺术学习时,往往并没有明确的目的,而是一个不断建构和生成的过程。最后,幼儿的艺术学习具有互动性。幼儿在艺术学习过程中,常常与同伴或者成人进行互动,从而获得灵感,学会解决问题。

幼儿在进行艺术欣赏或创作时常常会表现出独特的心理特点。在感受或欣赏艺术时,幼儿拥有敏锐的审美直觉和艺术通感,能够调动审美情感展开丰富的审美想象。同时,幼儿在表现或创作艺术时,同样会有一些独特的表现,如多感官参与、过程性思维、对话意识、艺术创造等。他们学习艺术的特点恰好与艺术评论家、艺术家极为相似,因此,相比于成人,在某种程度上可以说"幼儿都是艺术评论家""幼儿都是艺术家"。

第一节　幼儿的艺术欣赏

在面对艺术作品的时候,幼儿不仅能够欣赏和理解,而且擅长以他们特有的方式达成对艺术作品的欣赏和理解。他们能从静止的画面中感受到生命的运动,从流动的旋律中描绘出生动的场景。[①] 有别于一般成人的是,幼儿在艺术欣赏中会表现出一些独特的心理特点,如审美直觉、通感、审美想象、审美情感等。对于幼儿上述心理特点的了解,有利于成人在艺术活动中为幼儿提供适宜的支持策略。

---

① 边霞,刘丽玲.关于儿童艺术教育若干问题的对话[J].学前教育研究,2003(1).

一、幼儿艺术欣赏中的心理现象

（一）审美直觉

直觉是一种超感性的感觉，是一种不需要经过推理就可以达到对现实把握的特殊认识。一般成人在面对艺术作品时，不知从何入手，不知如何欣赏，因而常常走马观花、匆匆了事。相对于成人，幼儿更擅长于直觉的、感悟的、体验的方式，在面对艺术作品时，很少受外界的影响，很少受文化的制约，想说什么就说什么，能够更真实地表达自己对艺术作品的直觉感受和独到理解。

幼儿对艺术作品有着敏锐的审美直觉能力，他们有一种称之为"天真之眼"的品质，意思是眼睛还没有受到归纳或理智的思想的影响，能接受矛盾的相关关系，不受观察所支配的心象能自给自足。而且，幼儿拥有一双"绝缘的眼"，能够看到"事物的本体的'相'"。丰子恺认为："所谓绝缘，就是面对一种事物的时候，解除事物在世间的一切关系、因果而孤零地观看。使其事物之对于外物，像不良导体的玻璃对于电流，断绝关系，所以名为绝缘。绝缘的时候，所看见的是孤独的、纯粹的事物的本体的'相'。……孩子们涉世不深，眼睛明净，故容易看出，容易道破。"因此，"绝缘的眼，可以看出事物的本身的美，可以发现奇妙的比拟。"①譬如，幼儿能够超越功利和实用，以欣赏的态度看待"洋钱"，将其看作自然界的现象，看作艺术品。

幼儿拥有先天性的自然结构和图式，在其生命中先天地凝结着诸如和谐、节律、秩序、均衡、对称等美的因素。因此，幼儿拥有敏锐的艺术感受力，对艺术有一种天生的敏感性，往往无须成人指点，凭直觉就能够准确地感受到不同的色彩、线条、不同风格的音乐作品所传达的不同感觉。这就像不同的人对松树和柳树有着大致相同的感觉一样，无须谁来统一答案，没有人会觉得松树是柔弱的，也没有人会觉得柳树具有阳刚之美，这是为什么呢？这是因为松树所呈现出的挺拔向上的力的形式与柳枝所呈现的柔软下垂的力的形式可以分别刺激和对应人的大脑皮层中相应的电化学力场。于是在人的大脑中就产生了相应的心理对应物，也就使人自然产生了松树威武庄严、柳树婀娜婉约等基本一致的感受。这便是审美心理学上著名的"异质同构"理论所给出的解释。② 在格式塔学派看来，外部自然事物和艺术形式之所以具有人的情感性质，主要是外在的力（即物理的）和内在世界的力（心理的）在形式结构上的"同形同构"或"异质同构"。虽然这两种结构之间质料不同，但由于它们本质上都是力的结构，所以会在大脑生理电力场中达到合拍、一致或融合，当这两种结构在大脑力场中达到融合和契合时，外部事物（艺术形式）与人类情感之间的界限就模糊了，正是由于精神与物

---

① ［英］赫伯·里德.通过艺术的教育［M］.吕廷和，译.长沙：湖南美术出版社，1993：212.
② 滕守尧.审美心理描述［M］.成都：四川人民出版社，1998：66.

质之间的界限消失,才使外部事物看上去有了人的情感性质。① 这一理论实际上在一定程度上指出了学前儿童敏锐的艺术感受力是具有一定的遗传特质的,他们与生俱来拥有艺术欣赏潜能。也许,幼儿较少用上述优美、精练的词语表达出自己对松树、柳树的感受,但是,他们能用独特的语言来表达自己的直觉感受,如"柳树姑娘""柳树阿姨""松树爷爷""解放军叔叔"等,形象生动地表现了对柳树阴柔美、松树坚毅美的感受。

人类在自己世世代代对艺术的追求中获得丰富的艺术经验,这不仅积淀在民族或世界的艺术文化中,也积淀在了人类个体的深层心理结构中。人类源远流长的艺术实践,通过一代又一代的积淀,不断改造和调整着脑细胞的结构和功能,逐渐成为基因,遗传给下一代,使得下一代获得从事艺术欣赏与艺术创作的先天禀赋。②

案例 8-2 是美术教育活动"《格尔尼卡》的欣赏与表现"中的片断:

案例 8-2

《格尔尼卡》的欣赏与表现(一)

师:今天我们要欣赏一幅很特别的画。(出示《格尔尼卡》,图 8-1)

幼:啊!(很多儿童同时喊出)

幼:牛魔王!

师:看到这幅画你们都叫了起来,为什么会叫起来?看了这幅画你有什么感觉?

幼1:它不是彩色的,都是白色、银色和黑色,不好看。

幼2:我感觉很乱,没有身体,没有头。

幼3:旁边有个人给怪物吃掉了。

师:为什么被怪物吃掉了?

幼1:因为人只有一半身体,好像被怪物吃掉了。

幼2:人是斜的,我的心也斜了。

幼3:我感觉很害怕。③

图 8-1　格尔尼卡　(毕加索)

---

① 边霞,刘丽玲.关于幼儿艺术教育若干问题的对话[J].学前教育研究,2003(1).
② 边霞.论儿童艺术的发生[J].学前教育研究,2002(5).
③ 边霞.幼儿园生态式艺术教育理论与实践[M].长春:北方妇女儿童出版社,2004:191-192.

案例8-1中,在对作品进行初步感受时,幼儿敏锐的审美直觉能力就充分展现出来。画面一呈现,他们就牢牢抓住了其中所传达出的情绪情感,"人是斜的,我的心也斜了""很害怕",他们的第一印象是准确而真切的。另外,他们对作品特殊的色彩运用也给予了关注,"不是彩色的,都是白色、银色和黑色,不好看。"

案例 8-3

欣赏索拉瑞奥的《有绿色靠垫的圣母子》

师:看到这幅画,你有什么感觉?

幼1:我觉得妈妈很爱孩子。

幼2:我很激动。

师:很激动?说说你为什么激动。

幼:因为我觉得很漂亮,颜色很鲜艳。

师:哪些地方很鲜艳?

幼1:妈妈的衣服、小宝宝的身体和屁股。

幼2:小宝宝胖胖的,很可爱。

幼3:小宝宝的屁股很光滑,很舒服,我都想摸一摸了。

幼4:我感觉我想搂搂小宝宝。

幼5:小宝宝的头发是红色的,很好看。①

图 8-2　有绿色靠垫的圣母子　(索拉瑞奥)

幼儿在欣赏索拉瑞奥(Solario)的《有绿色靠垫的圣母子》(图8-2)时,凭着敏锐的审美直觉,立刻把握住了作品所传达的浓厚的母子之爱。而且,他们不仅能够准确地把握作品的内容,对作品的形式(如画面的颜色、质感)也很敏感,如"小宝宝的屁股很光滑,很舒服,我都想摸一摸了""小宝宝的头发是红色的,很好看"。

(二) 艺术通感

幼儿不仅可以通过视觉(看到了什么),而且可以通过听觉(听到了什么)、嗅觉(闻到了什么)等来感知和欣赏艺术作品。幼儿具有利用多种感官通道来感受艺术作品的能力,其审美知觉具有多通道性的特点。幼儿审美知觉的多通道性与其具有的艺术通感能力相关。通感(又称联觉)在心理学里是表示各种感觉间相互联系、相互沟通的一个概念。克雷奇(D. Krech)指出:"在联觉现象中,成长着一种惊奇的感觉相互作用:某种感觉感受器的刺激也能在不同感觉领域中产生经验。"②格式塔心理学认为,通感是因为"同形同构"或"异质同构"而在神经系统中产生某种相同的电脉冲、某种相同的效果。在加登纳(Gardener)看来:"联觉,

---

① 边霞.幼儿园生态式艺术教育理论与实践[M].长春:北方妇女儿童出版社,2004:31.
② [美]克雷奇,等.心理学纲要(下册)[M].周先庚,等译.北京:文化教育出版社,1981:49.

或者那种以好几种态式或感觉去知觉刺激物的能力,在儿童心中占着支配地位,它似乎是态式—向式知觉的表现。许多儿童报告了情感色彩,看见了音调,听到了视觉式样。"① 正因为学前儿童拥有的艺术通感能力,他们经常可以从画面中听到声音、闻到气味,听音乐时则可以产生视觉表象、触觉表象等。

学前儿童是一个整体性的存在,他们对世界的认识是通过一种"一体化的感受",既看又听,又有身体动作等。不管是在艺术欣赏还是在艺术创作过程中,他们都是通过多感官(如视觉、听觉、动觉等)共同参与来体验和表现艺术的。学前儿童这种对艺术的反应与成人艺术家对艺术的反应有着惊人的一致性。譬如,成人音乐家常说他们沉浸到音乐中之后便会产生剧烈的动觉反应——牵拉、收紧、紧张和有方向的奋进动作。② 在一般成人身上,这种动觉反应很少存在,但却普遍地出现在幼儿中。

格式塔心理学主张"整体大于部分之和",机体有一种最大限度地追求"内在平衡"的倾向,这种趋势突出地表现在艺术活动中。格式塔心理学所说的"形",是经由知觉活动组织成的经验中的整体,并不是客体本身的性质,而是知觉积极组织和建构的结果。阿恩海姆(R. Arnheim)认为:"人的各种心理能力中差不多都有心灵在发挥作用,因为人的诸个心理能力在任何时候都是作为一个整体活动着,一切知觉中都包含着思维,一切推理中都包含着直觉,一切观测中都包含着创造。"③ 不仅每一件艺术作品(如一首诗,一幅画,一首歌曲)都是一个"格式塔",一个"形",一个整体,而且在感知艺术作品的时候必然需要通过整体感知才能对其进行审美知觉。审美心理实际上就是一个整体心理运动的过程,感知、想象、情感、理解等诸种心理能力相互渗透、相互融合。因此,幼儿的艺术学习是一种整体行为,他们是以整体的方式,通过充分调动各种心理能力,运用多种感官来欣赏和表现艺术的。

案例8-4 以"《格尔尼卡》的欣赏与表现"活动中的片断为例:

案例 8-4

《格尔尼卡》的欣赏与表现(二)④

师:很多小朋友都感到马在呼叫。除了听到马的叫声,你还听到了什么声音?

幼:人叫。

师:人怎么叫?

幼1:救命啊!救命啊!

---

① [美]H.加登纳.艺术与人的发展[M].兰金仁,译.北京:光明日报出版社,1988:190.
② [美]H.加登纳.艺术与人的发展[M].兰金仁,译.北京:光明日报出版社,1988:199.
③ [美]阿恩海姆.艺术与视知觉——视觉艺术心理学[M].滕守尧,朱疆源,译.北京:中国社会科学出版社,1984:5.
④ 边霞.幼儿园生态式艺术教育理论与实践[M].长春:北方妇女儿童出版社,2004:194-195.

幼2:风叫。

幼3:风在呼呼地叫。

幼4:我还听到了战争的声音,打仗的枪炮声。

幼5:我还听到了刀子乒乒乓乓的声音。

幼6:有马蹄快走的声音。

幼7:锯子的声音。

幼8:断裂的声音。

师:再闻一闻,你闻到了什么味道没有?

幼1:我闻到了炮火的味道。

幼2:我闻到了流血的味道。

幼3:闻到了眼泪的味道。

师:你们听到了这么多声音,闻到了这么多味道,心里有什么感觉?

幼1:我很想帮他们打仗。

幼2:可能他们是坏人。

幼3:我感觉大部队都走了,只剩下很多死人。

幼4:还有风来了。

幼5:风可以把他们吹活。

幼6:风像送信来了,告诉他们大部队快要来了。

案例8-4中,幼儿充分发挥自己的想象力和感受力,静止的画面在孩子们的感知和欣赏中变得活动起来,幼儿听到了人的呼救声、风声、打仗的枪炮声、马蹄快走和断裂的声音等,闻到了炮火、流血、眼泪的气味等。孩子们强烈地感受到了战争的残酷、惨烈、无情,而且,作品唤起了孩子们的正义感,"帮他们打仗""风可以把他们吹活""风像送信来了,告诉他们大部队快要来了"。

图8-3 幼儿欣赏《二泉映月》后的作品

在音乐欣赏时,幼儿除了用言语来表达音乐,还会用故事、戏剧、诗歌、绘画、身体动作等多种方式来与音乐进行对话。如,欣赏了《二泉映月》后,幼儿能够用绘画的方式(图8-3)来表达自己对音乐的理解和感受,在听觉与视觉之间建立起很好的转换,表现出良好的艺术通感。孩子还解释道:

穷人家的小姐妹,光着脚丫在雨里走。人很穷很苦,没粮食。穷人的日子就是这样。[①]

[①] 刘洋. 儿童与音乐的对话——5~6岁儿童音乐欣赏特点研究[D]. 南京师范大学硕士学位论文,2006.

幼儿在欣赏《天鹅》时,他们对于音乐的感受是细腻的,他们通过听觉、触觉、视觉等多种通道来与音乐进行对话,"我感觉很软""有点弯""孤单"等,表达了对《天鹅》舒缓曲风及作品中蕴含的情感的感受:

美丽、温柔、漂亮、优美;

一片片雪花落下来,轻轻落在我的身上;

一个人在跳芭蕾舞;

我觉得这个音乐很柔和,可以当催眠曲;

我感觉很软;

有点弯;

很舒服;

孤单。①

下面是一位小男孩在欣赏《糖果仙女舞曲》时的动作和语言表现:

案例 8-5

> **欣赏《糖果仙女舞曲》**②
>
> 音乐节奏很快的时候,他踮起脚尖,弯腰,小碎步,他说:"像小老鼠很轻地跑";当音乐重音响起,他双脚腾空高高跳起,他说:"让我想起我最兴奋的时候,就跳起来!";音乐轻柔的时候,他双臂上下起伏,同时双腿一蹲一起,他说:"像小鸟飞!";有时他身体两边摆,双手在胸前做捧花状,说是"一个小女孩在跳舞";有时他还模仿乐队指挥,拿起研究者的笔作指挥棒,听到音乐的重音时,手里的笔用力顿,听到音乐柔和时,手很轻,表情很陶醉。

幼儿在欣赏音乐时,不像一般成人能够屏息静听,而是弥漫着强烈的身体感觉,这是他们表达对音乐的感受与体验的一种最为自然的方式。正如布约克沃尔德(J. R. Bjerkvold)所认为的,无论哪里的口语文化,一个普遍现象就是歌唱诱发了身体的动作,所以不可能将它们分离,这正是世界各地的年幼儿童所体验到的。③

(三)审美想象

想象是对已有表象进行加工改造、创造新形象的过程。审美想象可以分为知觉想象和创造性想象。知觉想象是一般审美活动中的想象,它不能完全脱离眼前的事物。例如,当我们的全部心理功能都活跃起来去拥抱美丽的自然或感受富有感染力的艺术作品时,当我们的心境与自然合拍时,当我们无法将眼前此景与往日生活中的情节或氛围区分开来时,那么

---

① 刘洋.儿童与音乐的对话——5~6岁儿童音乐欣赏特点研究[D].南京师范大学硕士学位论文,2006.
② 刘洋.儿童与音乐的对话——5~6岁儿童音乐欣赏特点研究[D].南京师范大学硕士学位论文,2006.
③ [挪威]让·罗尔·布约克沃尔德著.本能的缪斯——激活潜在的艺术灵性[M].王毅,孙小鸿,李明生,译.上海:上海人民出版社,1997:53.

想象活动便被激发起来了。创造性想象则是艺术家创作过程中的想象,它是脱离眼前的事物,在内在情感的驱动下对回忆起的种种形象进行彻底改造的想象。①

幼儿在欣赏艺术作品的时候,显然不是依靠概念、判断、推理来进行的,而是依靠开展丰富的审美想象来进行的。幼儿的审美想象主要是一种知觉想象。审美想象可以超越知觉对象的时空和心理限制而自由驰骋;当主体进入审美想象的极致状态时,可达到身临其境的境界;不仅伴随强烈的情感体验,而且渗透着对文本中心意义的理性认识。因而,幼儿在与艺术文本进行对话的过程中,常常可以全身心地融入艺术文本所描绘的场景之中,或将自己的情感、个性等投射到艺术文本之上,从而达到一种"你中有我,我中有你"的境界。苏霍姆林斯基(B. A. Cyxiomjnhckmn)举过这样一个例子:儿童在倾听爱德华·格里格(Edrard Grieg,挪威作曲家)的《培尔·金特》组曲第四乐章《在山魔的宫中》乐曲时,也在想象之中描绘着童话中的山洞、人迹罕至的森林、善良的或凶恶的生物。最沉默寡言的孩子也想开口说话了;他们把手伸向铅笔和画册,很想在纸上描绘出童话中的形象来。②

幼儿以具体形象思维为主,他们通过借助具体的形象或表象来进行思维,能够依靠形象或表象展开丰富的联想。"儿童在给周围世界增添各种幻想形象、虚构这些形象的时候,不仅能发现美,而且还能发现真理。没有童话,没有活跃的想象,孩子就无法生活。"③想象是幼儿认识世界、把握世界、抒发情感、表达思想的一种独特的方式。在进行艺术欣赏时,虽然幼儿无法通过抽象的、概括性的词汇表达自己的感受,却很擅长通过想象具体的情节和场景将自己的感觉和体验表达出来。这些具体的情节和场景,往往与艺术家的创作与表现意图有着令人吃惊的内在一致性,体现出幼儿敏锐的艺术感知、欣赏和理解能力。

图8-4 呐喊 (蒙克)

面对蒙克(Edvard Munch)的作品《呐喊》(图 8-4),成人通常会用"恐怖""绝望""挣扎""孤独""寂寞""动荡不安"等词语来描述自己的感受与体验,而幼儿则用以下关于情节、语言、场景的描述,围绕着"呐喊"的主题,表达出与成人、艺术评论家大致相同的感受。其中的某些感觉,甚至与艺术家蒙克本人的自述也有着惊人的相似。蒙克在谈到《呐喊》时曾说:"我和两位友人一起走在路上,太阳将要落山了。这时天空被染成了鲜血般的红色。我感到风刮得很厉害。忽然我像死了一样的疲倦不堪,一动不动地停立下来。蓝色的海湾和小镇上空的血的炎舌在

---

① 滕守尧. 审美心理描述[M]. 成都:四川人民出版社,1998:58.
② 苏霍姆林斯基著. 教育的艺术[M]. 肖勇,译. 长沙:湖南教育出版社,1983:176.
③ 苏霍姆林斯基著. 育人三部曲[M]. 毕淑芝,等译. 北京:人民教育出版社,1998:32-33.

蔓延。友人们先走了,就留下我一个人。这时我突然感到了不可名状的恐惧,我听到了自然的喧嚣声。"①在欣赏《呐喊》时,有一位小朋友说"他要回家,迷路了,后来就很害怕。旁边的人也不管他。"这种感受与蒙克本人的感受非常相似。

以下是幼儿关于《呐喊》的感受:

案例 8-6

欣赏蒙克的作品《呐喊》

让我不高兴;
鬼!
我感觉这个人像是给箭射中了;
他的脸是歪的,像狗一样;
他感觉桥要断掉了,就大喊:救命啊! 救命啊!
有一个鬼在追他,他就喊救命啊。
这个人走在桥上,就像断气了一样;
他好像要跌下来了,说:"喂,快来救救我呀!"他很害怕;
他很伤心、很难过、很害怕。后面有黑黑的东西;
天怎么这么怪呀。木桥怎么这么长呀,木桥一般到了河对岸就没有了;
他看到天怎么不是蓝色的,就说:快来救救我;
天上就像着火了一样。他说:救命呀! 天上着火了;
他要回家,迷路了,后来就很害怕。旁边的人也不管他。

这里,孩子们用与成人不同的方式表达了自己对作品的感受,他们通过诸如"他好像要跌下来了,说:'喂,快来救救我呀!'他很害怕。""天上就像着火了一样。他说:救命呀! 天上着火了。"等具体情节的想象和描述来表达对作品的感受。

再如,幼儿在欣赏米罗(Joan Miro)的《人投鸟一石子》(图 8-5)时,虽然没有像一般成人那样使用"夸张""变形""顽皮""幽默"等抽象的词汇,然而却展开了丰富的想象,通过具体情节的描述表达自己对作品的真切感受,这种感受既是生动活泼的,又是合法合理的。

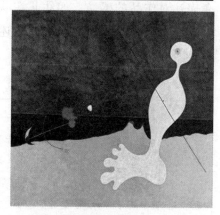

图 8-5 人投鸟一石子 (米罗)

---

① 边霞.幼儿园生态式艺术教育理论与实践[M].长春:北方妇女儿童出版社,2004:239.

案例 8-7

欣赏米罗的《人投鸟一石子》[①]

师：现在请小朋友闭上眼睛想一想,你对这幅画的感觉是什么？

幼 1：在沙滩上有一个人,这个人手在沙滩的后面,一只脚站在沙滩上。他一只眼睛睁一只眼睛闭着,看到一只小鸟唧唧喳喳叫,就投给他一个石子。

幼 2：我感觉是一个人在变魔术,把自己的一只眼睛、脚变没了,把小鸟的身体变成一条直线。

幼 3：我闭上眼睛感觉自己左右、上下、前后摇,因为这个人身体是歪的。

幼 4：一个人在沙滩上向小鸟投石子。

幼 5：老师,不能向小鸟投石子,会把小鸟砸到的。

师：乐翰说得很好,小鸟是我们的朋友,我们不能砸小鸟,伤害小鸟。不过我们来仔细看一看,米罗画上的人是在伤害小鸟吗？

幼：不是,他是在逗小鸟玩。

师：你是怎么看出来的？

幼 1：因为小鸟很可爱,人投石子是在跟小鸟玩。

幼 2：人在逗小鸟,小鸟也在跟人玩,他们很高兴。

幼 3：如果是砸小鸟,就会感觉很害怕,人很凶。他们很友好,一点也不凶。

师：是的,这幅画看上去很俏皮,有一种动的感觉,好像人和小鸟在互相逗乐,给我们一种很顽皮、很幽默的感觉。

幼儿在欣赏流动的音乐时,想象力往往也非常丰富,他们常常能够用具有情节性的故事来表达对作品的感受。如幼儿在欣赏《野蜂飞舞》时,随着音乐的变化,展开丰富的想象,创编出一个个生动有趣的故事来描述紧张激烈、惊心动魄的氛围。

案例 8-8

欣赏《野蜂飞舞》[②]

有一个很黑很黑的地方,小白兔进去了,在洞里跑,我站在另一头,它就从我这出来了,然后我就抱起它,搂着它,把它放在笼子里。噢,不是山洞,是很多叶子挡着它,周围很黑很黑,感觉好可怕哦,感觉它会叫……

车子里有坏蛋,坏蛋跑到车子里了,坏蛋准备打好人,(嘴里"呜呜")警车来抓他,上面还有一架飞机,它也在追,这里有子弹,准备发射了……

"音乐结构在时间中展开和发展,在速度、力度、色调上具有丰富的变化,是一个极富有

---

① 边霞.幼儿园生态式艺术教育理论与实践[M].长春:北方妇女儿童出版社,2004:222-223.
② 刘洋.儿童与音乐的对话——5~6岁儿童音乐欣赏特点研究[D].南京师范大学硕士学位论文,2006.

动力性的过程。"①而幼儿恰恰能够以自己的方式体验和追随音乐展开的这一"动力性"过程,虽然想象出的具体情节千变万化,但总的感觉和基调却能够与音乐的感觉和情绪非常合拍。如在欣赏音乐《天鹅》时,一位6岁的女孩能够借助对具体情节和场景的想象,敏锐地捕捉到优雅旋律背后隐藏着的淡淡的忧伤。她说:

 案例 8-9

欣赏音乐《天鹅》②

我觉得是一只猫很孤独,没人陪它玩了。

(研究者追问:为什么会想到一只孤单的小猫呢?)

我觉得这个音乐像一个孤单的什么什么东西,我也不知道是什么东西,我就说是一只小猫,《猫和老鼠》里就有一只猫。

一只猫很孤单,它在家里等啊等,等不到一个小朋友来跟它玩,有只小老鼠过来问它:小猫你为什么不开心啊?小猫说:没有一个小朋友跟我玩,没有一个人理我。

幼儿园小朋友都不和我玩。

后来我做了很多好事,有小朋友和我一起玩了。

我们到大海边,听着音乐,好温柔,好好听啊。

一方面,这个孩子用自己单纯的心与音乐真诚地对话,凭着天生敏感的直觉,迅速地领会到了优美旋律中隐藏的情绪:孤单。这种体会和作曲家的创作心境是贴近的。另一方面,她以自己特有的方式,将音乐转化为具体的故事,把情绪投射到一只小猫身上,其中又折射着自己的亲身体验。正如一位评论者所言,6~7岁的儿童能够"对音乐作令人吃惊的理性把握……儿童们能够理解音乐;找出节拍、旋律和节奏……他们大多把音乐看成是'关于某种东西'的,换言之,他们把音乐当成是讲故事、表达思想等。"③

又如,在听音乐《天鹅湖》时幼儿想到了非常美丽的意境,在听觉审美过程中引起了丰富的视觉想象,并用诗歌来加以表现。而且,他们的诗性语言描述与音乐作品是十分切合的。"蓝蓝的大海,优美的音乐,美丽的浪花,白云飘啊飘,小鱼游啊游,有人在沙滩上拉小提琴。"④

(四)审美情感

目前关于审美情感的学说主要有三种:移情说、客观性质说和结构同形说。移情说主张,移情是一种积极主动的投射。投射是在知觉中将自己的人格、感情等投射到(或转移到)

---

① 于润洋.音乐美学史学论稿[M].北京:北京人民音乐出版社,1986:32.
② 刘洋.儿童与音乐的对话——5~6岁儿童音乐欣赏特点研究[D].南京师范大学硕士学位论文,2006.
③ [美]H.加登纳.艺术与人的发展[M].兰金仁,译.北京:光明日报出版社,1988:254-255.
④ 刘洋.儿童与音乐的对话——5~6岁儿童音乐欣赏特点研究[D].南京师范大学硕士学位论文,2006.

对象中,和对象融为一体。事物的情感表现性是自我本身的一种活动,是自我面对外物采取的一种态度。与移情说相对的是客观性质说。在客观派看来,事物的情感表现性是由它们自身的结构性质所决定的,而不是由主体的移情或联想所决定的。

在格式塔学派看来,外部事物或艺术形式之所以具有人的情感性质,主要是外在世界的力(物理的)与内在世界的力(心理的)虽然质料不同,但在本质上都是力的结构,因而会在大脑生理电力场中达到合拍、一致或融合,使得外部事物或艺术形式与人类情感之间的界限变得模糊,从而使外部事物看上去具有人的情感性质。结构同形说不像移情说和客观说那样只看到主体情感或客体结构性质中的一方面,而是二者兼顾,以大脑生理电力场为中介,将外部世界和内部世界沟通起来。外部事物和内在心理结构之间的同形,不仅有"物理-生理"结构之间的同形,还有"生理-精神"之间的同形,而使生理与精神达到契合的"电路"或中介则是人的社会历史实践。

幼儿的审美情感主要是通过移情这种方式来获得的,他们将其情感、思想和无意识心理内容等投射到对象上,使其精神找到了寄托。审美情感的产生也离不开外部事物的结构性质,只有当外部事物与幼儿内在心理结构同形时,外部事物才能具有人的情感性质。如幼儿在欣赏《二泉映月》时凭直觉就能从音乐中获得初步的情感体验,他们能够理解音乐,能体验到音乐中的情感。他们所想到的死亡、衰老、落叶、穷苦等相关主题,与音乐中辛酸、凄苦、悲凉、哀怨的情感非常契合。

二、成人对幼儿艺术欣赏的支持

幼儿在欣赏和理解艺术作品时,表现出不同于成人的特点。幼儿能够凭直觉感受到艺术作品传递的情感和意义,擅长运用多种感官和方式来感受和理解艺术作品,倾向于通过具体情节的想象和描述来表达对作品的感受等。一句话,幼儿不仅能够欣赏和理解艺术作品,而且擅长以他们特有的艺术直觉、多通道感知、情节化转换等方式来达成他们对艺术的欣赏和理解。成人可以通过以下四个途径引导幼儿进行艺术欣赏。

(一)创设宽松而又自由的艺术活动氛围

幼儿能够通过审美直觉感受到艺术作品传递的情感和意义。在面对艺术作品时,幼儿能够大胆、自信地说出自己的感受。在某种程度上这也得益于教师为幼儿欣赏艺术创设的宽松自由的活动氛围。如果教师坚持认为对于作品的欣赏和理解有着唯一的正确答案,那么幼儿就会去努力揣摩隐藏在作品之中的标准答案,或者老师所认为的正确答案。相反,如果教师能够为幼儿欣赏和理解艺术作品创设一种宽松自由的活动氛围,那么幼儿潜在的艺术欣赏潜能就会被激发出来。而且,每一名幼儿基于自己的生活、经验,调动自己的情感、个性等因素,对艺术文本的理解和解释会构成一个个独特而又精彩的意义世界。

(二) 鼓励幼儿运用多种感官通道欣赏艺术

幼儿是一个有机的整体,擅长运用多种感官通道和方式来欣赏和理解艺术作品。正如加登纳所说:"一个听音乐和听故事的儿童,他是用自己的身体在听的。他也许入迷地、倾心地在听;他也许摇晃着身体,或行进着、保持节拍地在听;或者,这两种心态交替着出现。但不管是哪种情况,他对这种艺术对象的反应都是一种身体的反应,这种反应也许弥漫着身体感觉。"①

然而,在艺术活动中仍然可以看到如下现象:有些教师希望幼儿静静地坐在座位上用语言表达对作品的感受,在他们眼里,所谓的"秩序"或"纪律"是更为重要的。与成人不同的是,幼儿用语言并不足以表达自己的感受,充分运用各种感官通道和方式(如身体动作、表情、视觉、触觉等)是幼儿欣赏和理解艺术的一个重要特征。对于幼儿来说,这也是一种更为原初、更为自然的一种方式。正如《诗·大序》所描述的状态:"情动于中而行于言,言之不足,故嗟叹之,嗟叹之不足,故咏歌之,咏歌之不足,不如手之舞之、足之蹈之也。"因此,在艺术活动中,教师应尊重幼儿的心理特点,鼓励他们运用多种感官和方式来欣赏和理解艺术。

(三) 相信并激发幼儿的艺术欣赏潜能

每一名幼儿欣赏和理解艺术的潜能是与生俱来的。他们能通过对艺术作品的整体感知和要素分析,体验到其所传达的情感与美,并能利用多种感官,多通道(看、听、闻等)地去感受。在放松、没有紧张感的自然状态下,幼儿可以与艺术作品对话,且往往具有自信的态度和敏感的直觉,能用自己的方式来解读艺术作品的形式和内涵,并能创造出适宜的、独特的意义世界。

幼儿对于艺术作品的把握是敏感的,能够敏锐地把握到艺术文本的形式与内容中的诸多方面:他们可以感受到音乐中的节奏、速度与力度,绘画中的形状、色彩与构图,可以体验到其中蕴含的情感,可以生动地想象到其中的形象与情节等。因此,对于幼儿艺术欣赏教育来说,最适宜的方式并不是告诉、灌输、给予等,而是相信幼儿的艺术欣赏潜能,鼓励幼儿充分地进行感知,充分地发挥想象,自由地表达情感等。

教师不仅要相信幼儿的艺术欣赏潜能,还应激发幼儿的艺术欣赏潜能,鼓励他们大胆体验和表达。当幼儿说"我听不出什么""我看不懂""我不会听"时,教师应帮助幼儿树立自信,自由地感受和表现。幼儿在与艺术文本进行对话的时候,能够感受到其中的情感,能够将自己的情感与艺术文本达到同构,同时用自己的方式表达自己的内心感受,从而产生审美愉悦感,树立自我认同感。

(四) 引导幼儿与艺术文本进行对话

幼儿天生具有艺术欣赏的潜能,即使在没有教师引导的情形下,他们也会主动大胆地探

---

① [美]H.加登纳.艺术与人的发展[M].兰金仁,译.北京:光明日报出版社,1988:199.

索与表达。但是,如果教师能够有效地引导幼儿与艺术文本进行对话,那么幼儿能更有意识地形成审美期待,其审美能力也能得到增强。在引导幼儿与艺术文本进行对话的时候,教师不妨尝试运用下述问题来帮助幼儿欣赏和理解,调动他们的主动性与创造性。[1]

你喜欢这个音乐吗?为什么?

你在音乐里听到了什么样的声音?

你们猜一猜这个音乐是在什么时候放的?

听着这样的音乐你最想做什么?

你能给这个音乐起个名字吗?

毋庸置疑,教师不仅是幼儿与艺术文本之间的中介与桥梁,还是一个欣赏者或接受者。因而,在引导幼儿进行艺术欣赏之前,教师应先与艺术文本进行对话。作为一个主体,教师对艺术文本的理解与欣赏同样具有合法性。教师对艺术文本的理解与解释,不仅掺杂了教师的个性、情感,也受教师已有的知识经验、文化背景的影响。但是不管怎么样,这种理解或解释应能把握艺术文本的精髓,同时也应具有一定的开放性,在引导幼儿欣赏艺术文本的过程中不断调整。因此,艺术欣赏活动对教师提出了一定的要求,教师一方面要具有一定的艺术素养,如基本的艺术知识、欣赏与理解艺术的能力等,帮助幼儿在直觉感知的基础上逐步拓展和深化审美情感与体验;另一方面,教师应将审美的主动权交给孩子,鼓励幼儿不断探索与发现,生成更加丰富且精彩的意义世界。因此,教师应给予幼儿充分的时间来感知与体验,仔细聆听幼儿的感受与想法,在艺术欣赏的过程中尽量不要打断幼儿。

另外,教师作为平等的欣赏者或接受者,同样可以与幼儿一起欣赏艺术并分享其感受与体验。有时候,孩子们在表达了自己对艺术文本的感受之后,希望了解老师对艺术文本的一种理解或解释。在艺术面前,幼儿渴望与教师进行对话,渴望彼此间的分享。而且,在聆听幼儿的审美感受时,教师也可能是研究者。幼儿对艺术的欣赏和理解,往往可以反映幼儿的情感、个性等,可以说是幼儿内心世界的一面镜子。幼儿与艺术的对话,有助于教师更好地了解幼儿,并针对幼儿的心理特征提供适宜的支持。

第二节 幼儿的艺术创作

幼儿具有艺术表现与创作的潜能,而且非常喜欢艺术创作。幼儿在进行艺术表现与创作的时候,如同在欣赏和感受艺术时,一样的自信和大胆。幼儿的艺术表现与创作活动是多通道共同参与,不断建构和生成的过程。在艺术表现与创作过程中,幼儿能够基于自己的已有知识、经验与表象,充分调动自己的情感、想象与个性,进而创造具有独特魅力的艺术形象。

---

[1] 刘洋.儿童与音乐的对话——5～6岁儿童音乐欣赏特点研究[D].南京师范大学硕士学位论文,2006.

一、幼儿艺术创作中的心理现象

(一) 多感官参与

艺术与科学一样是人类认识世界、把握世界的一种方式。相对来说,科学的方式更重客观、理性、逻辑、分析等,艺术的方式更重主观、感性、自由、整体等。对于幼儿来说,也许他们不能像成人那样客观地、理性地认识外部世界,但却擅长用主观的、整体的、直觉的、体验的方式认识外部世界。在某种程度上可以说,幼儿更倾向于用艺术的方式认识和把握世界。

幼儿是一个整体性的存在,他们对世界的认识更多的是通过一种"一体化的感受",既看又听,又有身体动作等,是一种感性的、诗意的、整体的把握。在艺术创作中,幼儿如同在艺术欣赏中一样,也是通过多感官(如视觉、听觉、触觉等)共同参与来体验和感受艺术的。而且,他们在创作时时常伴随着语言、表情、身体动作等多种多样的表达方式。

案例 8-10 是悦悦在《过生日》绘画创作过程中的表现①:

案例 8-10

悦悦绘《过生日》

悦悦的画板上画了桌子,然后画上生日蛋糕,边画边说:"我要过生日了,这是我的生日蛋糕。"(语言交流)"插上生日蜡烛。"(作了一个"插蜡烛"的动作)"今天来了好多的小朋友,我们一起唱生日歌。"(边画边唱"生日快乐"歌)"我们还一起跳舞呢!"(一边画,一边用手做舞蹈的动作,脸上洋溢着快乐的表情。)

案例 8-10 中,小悦悦在创作《过生日》的过程中,在用语言表达的同时还配上了相应的动作。而且,她将自己已有的生活经验迁移到当时的创作情境,不由自主地唱起了"生日快乐"歌,跳起了舞。

幼儿在表现和创作音乐时,动觉的、视觉的、听觉的等多种感官是作为整体而存在的。在日常生活中,我们经常可以看到,幼儿在唱歌时总是伴随着强烈的身体感觉。布约克沃尔德(Bjorkveld)在考察幼儿的自发性歌唱时曾提到一个案例,一个女孩在玩纸飞机时,她的歌唱是长长的连续下滑音,用来模拟她手持纸飞机从天空冲到地面的动作。在这个一体化运动中,她将其思想、感情和形式完美地融合在一起。

(二) 过程性思维

构思对于成人的艺术创作而言是非常重要的,成人在进行艺术创作之前会有非常缜密的构思。郑板桥曾用"眼中之竹""胸中之竹"与"手中之竹"三个概念,对应艺术创作的三个阶段——观察、构思与实现。"眼中之竹"对应于艺术创作的第一阶段——观察,是主体与客

---

① 边霞.幼儿园美术教育与活动设计[M].北京:高等教育出版社,2009:14.

体相遇而产生的最初印象,但它并不是作为客观事物的"竹",因为已经包含了主体情感的参与,是主体主动体验的结果。"胸中之竹"对应于艺术创作的第二阶段——构思,是主体构思过程中形成的完整形象,是主体将自己的思想、情感融入客体,甚至将精神、情操等寄寓于客体,在此基础上对"眼中之竹"进行修改与补充而形成的艺术意象。"手中之竹"对应于艺术创作的第三阶段——实现,是主体通过特定的手段将胸中之意抒发出来的审美意象的物化。

上述的艺术创作三阶段对于成人的艺术创作心理也许是适用的,但是幼儿的艺术创作心理却并非如此。幼儿的艺术表现与创作与成人有着很大的差异,他们不会像成人那样在创作之前进行艺术构思,对整个作品效果做到"胸有成竹"。很小的孩子在进行艺术表现与创作时,往往没有明确的目的,其创作与表现具有自发性、即兴性、生成性等特点。当然,随着年龄的增长,幼儿的目的性会增强,而且教师也会对幼儿的艺术构思提出要求,但是尽管创作与表现之前有初步构思,幼儿的艺术表现与创作过程不是一成不变地遵循其先前的构思,而是一个不断建构和生成的过程。换言之,幼儿在艺术表现与创作中的构思并不像成人那样经过深思熟虑,包括色彩、构图、主题,抑或节奏、旋律、调式等因素,他们在艺术创作与表现过程中常常受到时间、场景、情绪等因素的影响,因而处于一种动态变化着的状态。

班格尔特(R. F. Bangert)曾提到这样一个案例:在我观察三岁半的女儿画一个盛开的、花儿一样的图形时,我非常高兴。总算可以看懂她在画什么啦!可是,她却以谴责的语气教导我说:"这不是花!这是甲虫,嗯,是一只刺猬,看起来也像是一串葡萄挂在圣诞树上!"我从这次错误中学会了许多。我开始明白,在孩子们刚开始画画时,不断地问他们"你画了什么?这个是什么?这个会变成什么样子"等问题是多余的,因为这个时期的孩子们正在经历一种过程性的思维,他们的想法是多变的。他们的画源于"对心目中的图形的想象",尤其是幼儿园阶段的孩子,他们正在经历一种动态的、神奇的思维过程。① 幼儿画的形成事先没有确定的主题,而是自发地从一种想象转换到另一种想象。幼儿的音乐表现与创作更是一个不断建构和生成的过程。例如,许多孩子在自发性歌唱时压根就没有明确的创作意图,而且在其创作完成之后让其再唱一遍,他也很难原原本本地重复。

下面是文文在画《漂亮的幼儿园》时的表现②:

案例 8—11

文文画《漂亮的幼儿园》

文文首先在画面上画了一个大大的房子表示美工室,然后望着美工室的窗户,数了数"一、二、三"后再

---

① [德]弗莱克·班格尔特.孩子的画告诉我们什么:儿童画与儿童心理解读[M].程巍,许玉梅,译.北京:北京师范大学出版社,2010:43.
② 边霞.幼儿园美术教育与活动设计[M].北京:高等教育出版社,2009:15.

> 画上美工室的窗户,接着又画了幼儿园的教学楼,边画边借助语言来说明:"一共有五层,这是我们上课的地方,我们在二楼,这是大(五)班,这是窗户。"然后停下来,看了看自己的画,说道:"没想到一楼的窗户比五楼的还多。"
>
> 画了一会儿,她对其他的小朋友说:"我画完了。"正当她停下来准备交自己的作品时,听到其他的小朋友在讨论着:"这是我们的多功能厅,里面有个老师,正在看小朋友做操。""这是幼儿园的大门,这个是门卫。"……听到这些讨论之后,她又看看自己的作品,自言自语道:"哦,我忘记画我们的多功能厅了,可是画哪里呢,没地方了,画右边吧!"于是低下头开始画上他们经常去的多功能厅,最后又画上了门卫。

从案例 8-11 可见,文文虽然在创作之前有一个大致的创作意图,但是,她的表现与创作是一个不断建构的过程。后来,在听了同伴们的讨论之后,她在原有的美工室和教学楼基础之上又画上了多功能厅、门卫等,整个画面的内容因此更加丰富和精彩。

(三)艺术创造

在艺术表现与创作活动中,幼儿从来就不是客观地再现外部事物。因此,如果用"像不像"的标准来衡量幼儿的表现与创作,在某种程度上幼儿着实是一个"蹩脚的写实主义者",但却是一个"优秀的表现主义者"。幼儿在艺术表现与创作中,表达了自己的观念、情感、需求、愿望等,从幼儿的作品中,我们甚至可以看到他们内心世界的一种真实流露。因而,幼儿常常会不自觉地将自己认为最重要、自己最关心或者印象最深刻的事物或事情表现得很突出、很详细,忽略事物或事情的整体形象及自己觉得不太重要的部分。例如,为了表达对"小花狗"的喜爱,幼儿可以把小花狗画得很大,占据整个画面,而小花狗底下和周围的小朋友则显得很渺小。为了更好地表现"吃西瓜",幼儿可以把嘴巴画得很大,把牙齿画得很尖锐等。

在美术表现与创作方面,不同于一般成人的反复临摹,幼儿更倾向于自由表现与创造。同样,在音乐表现与创作方面,幼儿也不同于一般成人的按谱唱歌,幼儿更倾向于自由洒脱、即兴创作。塞茨(Seitz)认为,对儿童绘画语言的发展起决定性作用的并不是在周围环境中存在的形状,而是孩子们在涂鸦过程中自己发现的那些形状。孩子们不是在临摹,而是在创造,其创造的内容要远远大于其模仿的内容。孩子们画画的出发点并不是他们看到了什么,而是他们如何看待"外面的世界"。孩子曾经经历过哪些事情,对他们的创作起着很重要的作用。他们将意义赋予所画的对象,而且这个意义是按照自己的经历来赋予的,孩子们对现实进行"翻译",而不是"复制"。他们只画对自己来说很重要的那部分事实,并试着通过画画这个手段将周围的环境形象化。[①]

从个体发展角度看,音乐表现与创造的潜能是与生俱来的。音乐创造从婴儿的咿呀之声开始,这是说话的前奏,也是无拘无束歌唱、作曲的开始。研究表明,1 岁多的宝宝就可以

---

① [德]弗莱克·班格尔特.孩子的画告诉我们什么:儿童画与儿童心理解读[M].程巍,许玉梅,译.北京:北京师范大学出版社,2010:26.

自发地、本能地创作和歌唱。许卓娅认为:"运用歌唱的方式进行创造性表现,对于学前儿童来说并不神秘。早在婴儿时期的嗓音游戏中,创造性表现的尝试就开始了……婴儿 3 个月左右时,他们就会开始进行嗓音游戏,并会很快地'意识到'这种游戏所能带来的快乐。""2 岁前后,许多儿童开始进入'近似歌唱的阶段……有时他们故意地(要将歌曲)变一变花样(唱)'。"3 岁的幼儿"能学会为短小、多重复的歌曲填写新的歌词"。4 岁的幼儿已经初步懂得创作"应该与别人不同"。4~6 岁的幼儿在良好的教育影响下"能创编歌词""甚至有的儿童还能独立地即兴哼唱出相对完整的新曲调。"①

图 8-6　棒棒糖房子

另外,需要提到的是,幼儿在进行艺术表现与创作时,总是充分发挥自己的想象力、创造力,调动自己的已有认识、经验、情感、个性等诸因素,因而,幼儿的表现与创作是一个充满创造的过程。如图 8-6 所示,猜猜这个小男孩画得是什么呢?也许我们会想到项链、棒棒糖等,但我们很难想到他画的居然是一座奇特的房子——"棒棒糖房子"。基于孩子的已有知识经验,在想象力和创造力的推动下,孩子的表现与创作给我们带来了很多惊奇和美。

那么,幼儿为什么能够进行艺术创造呢?每个幼儿都有自己的个性,而个性主要通过气质、性格、能力、兴趣、需要等体现出来。幼儿的表现与创作可以反映幼儿的个性,他们在运用线条、色彩、造型、构图等绘画语言和节奏、旋律、速度、力度等音乐语言时,都会带有自己的特色。此外,幼儿的生活经验、文化背景等因素也会为其创造力的发挥创造相应的条件。例如,幼儿在随乐运动或乐器演奏活动中常常情不自禁地根据自己的想象充分发挥音乐的情感表现力。

(四) 对话意识

鲁迅曾经指出:"孩子的世界,与成人的截然不同。""孩子是可以敬服的,他常常想到星月以上的境界,想到地面下的情形,想到花卉的用处,想到昆虫的言语;他想飞上天空,他想潜入蛇穴……"列宁也说过:"儿童的本性是爱听美妙的童话的。……如果你给孩子们所讲的童话,其中的公鸡和猫不是说人的话,那儿童就不会对它发生兴趣。"在幼儿看来,万事万物,不管是有生命的还是无生命的,均是像人一般有生命的存在。幼儿将人的各种特点赋予事物,使他们都带上了人格化的色彩。因此,学前儿童被称为"泛灵论者"。幼儿从自己的角度看待事物、思考问题,并将自己的感觉、情感、想象、理解等投射到万事万物身上,认为它们

---

① 许卓娅.学前儿童音乐教育[M].北京:人民教育出版社,1996:37-39.

同人一样有人格、有思想、有感情。因而,在日常生活中经常可以看到,幼儿总是自然而然地同动植物、日月星辰、桌椅板凳、布娃娃等进行对话。

在幼儿的艺术表现与创作中同样可以看到其"泛灵心理"的体现。幼儿具有一种浓厚的对话意识,他们不仅进行人与人之间的对话,还擅长人与物之间的对话,甚至在内心展开丰富的物与物之间的对话。例如,幼儿画的"太阳公公""花娃娃""大树爷爷"等总是有眼睛,有嘴巴的。在某种程度上可以说,幼儿的表现与创作是他与自己所创造的艺术形象进行对话的过程。幼儿常常可以自然而然地进出对象,时而"进入"对象,与对象进行对话产生情感共鸣;时而"走出"对象,视对象为独立于自我的欣赏对象。幼儿在艺术表现与创作中常常处于一种忘我的境界,情不自禁地融入其中,像艺术家一样创作,沉浸于艺术想象与创造所带来的审美体验之中。

另外,幼儿也善于在其内心世界中展开精彩的物物对话,他们常常将一些成人认为风马牛不相及的事物组合在一起。在美术表现与创作中,幼儿往往喜欢把自己熟悉的各种符号和形象组合在一起,创造出独特的艺术形象。例如,幼儿有时候会将动物的头和人的身子组合在一起,赋予他们人格色彩,简直可以和埃及的"狮身人面像"媲美。其实,幼儿在歌唱、随乐运动、乐器演奏等音乐表现与创作中亦是如此。

二、成人对幼儿艺术创作的支持

在艺术创作活动中幼儿所表现出来的特征,如多通道参与、过程性思维、对话意识、艺术想象与创造等,使其艺术创作充满着独特的魅力。成人不仅应创设安全的心理氛围,提供充分的机会和条件,鼓励幼儿用自己的方式表现和创造美,还应尊重幼儿的表现与创造并给予适当的支持。

(一)创设一个具有艺术气息的学习环境

对于幼儿来说,一个具有艺术气息且安全的学习环境是非常重要的。因此,艺术活动应该融入幼儿的一日生活之中。例如,在不同的生活活动环节,为孩子们播放适宜的音乐,允许孩子们自由地表现与创造。总而言之,应该有这样一个环境,幼儿一进入其中,就被其所吸引,不由自主地投入艺术表现与创作之中,像艺术家一样创造。

在某种程度上幼儿的艺术表现与创作是幼儿不断深入探索物质材料并与其对话的过程。因此,教师可以为幼儿提供一系列丰富多彩且具表现力的工具与材料。如果教师提供的材料是单一的、呆板的,那么在很大程度上孩子们难以创造出富有表现力的作品。反之,如果教师提供的材料是丰富的、具有表现力的,那么在某种程度上将有助于孩子们大胆地想象与创造,他们所创作出来的作品将更具表现力。当然,教师还应为孩子们提供足够的空间让他们可以自由地画画、唱歌、跳舞,而不是囿于空间的狭小而无法充分表现。另外,为孩子们的深度探索提供充分的时间是必不可少的。在艺术活动中,有些教师为了在规定的时间内完成教学任务,总是忍不住催促孩子们加快速度,因而导致一些孩子对工具、材料或方法的探索不够深入。

值得一提的是,教师应该重视孩子们的艺术作品,让孩子们感受到老师对他们的认可与关注。教师不妨将孩子们的艺术作品进行装裱,展示在幼儿园的走廊、教室的墙壁或者专门的儿童作品展览室。对于孩子们自发创作的音乐作品,如果有条件的话,教师可以录音或者录像,在适当的时候展示给大家。

(二)鼓励幼儿用自己的方式表现和创造美

幼儿在艺术表现与创作活动中,都不是像成人那样静静地坐着,而是运用多种感官采用多种方式去表现和创造。因此,教师应鼓励幼儿用自己的方式表现和创造美。在传统的艺术活动中,教师为了维持教学秩序或者工作的方便等,都期望幼儿能够坐着不动安静地进行艺术学习。基于幼儿的艺术学习心理特征,我们建议让孩子"动起来",不仅可以运用视觉、听觉、触觉等各种感官,而且可以采用语言、动作、表情等多种方式。

其实,国外一些音乐教育教学体系,如达尔克洛兹(J·DalcroZe·E)的"体态律动"、奥尔夫(Carl Orff)音乐教学法等都强调结合儿童已有生活经验,从节奏入手,用身体动作解释和再现音乐。在奥尔夫看来,"原本的音乐绝不只是单纯的音乐,它是和动作、舞蹈、语言紧密结合在一起的;它是一种人们必须自己参与的音乐,即人们不是作为听众,而是作为演奏者参与其间。"①奥尔夫音乐教育思想强调儿童的参与,即兴演奏,内心与音乐的交流,重视儿童交流、分享、合作的愉悦体验,倡导歌舞乐三位一体、创作表演欣赏三位一体的综合教学。达尔克罗兹认为,音乐教育是审美情感教育,首先要通过节奏运动唤醒儿童的音乐本能,培养音乐感受力和敏锐的反应能力,继而获得体验和表现音乐的能力,最终实现身心和谐发展。他在其论文《节奏运动、听觉训练和即兴》中强调"体态律动的目标是:在本课程结束时,不是能使学生说'我知道'而是'我体验到'。以此引起学生的表现欲望,激活他们的情感世界,扩大他们的本能力量,并能迁移到生活中去。"②在绘画活动中,教师同样应鼓励幼儿用自己的方式表现和创造美。

(三)充分理解和尊重幼儿的艺术表现与创作

艺术是儿童在学会语言之前就能有力地表达自己的情感、态度,表现自己作为人的存在的最原初、最本真也最为自然的方式。由于幼儿独特的身心发展特征,其艺术表现与创作具有不同于成人的地方。可是,成人往往不能理解和尊重幼儿的艺术表现与创作,常常在他们沉浸于创作中时打断他们,常常在他们不需要指导的时候进行干预等。另外,有的教师或父母常常也会以成人的标准来衡量幼儿的艺术表现与创作,像不像、比例是否协调、涂色是否

---

① 转引自李姐娜,修海林,尹爱青.奥尔夫音乐教育思想与实践[M].上海:上海教育出版社,2002:39-40.
② 转引自蔡觉民,杨立梅.达尔克罗兹音乐教育理论与实践[M].上海:上海教育出版社,1999:16.

均匀、动作是否优美、声音是否好听、有没有跑调等。

在艺术教育活动中,一些教师经常扮演"指导者"的角色,迫不及待地想把自己知道的艺术知识技能教给孩子,好像不告诉孩子就是不负责任。例如,在大班绘画活动"奇特的房子"中,有个小朋友设计的"糖葫芦房子",可是他画的糖葫芦中间的棍子看得见。老师走过来告诉他,"我们平常看到的糖葫芦,棍子是看不到的。"课后我对这位教师进行追问,她认为教师应该告诉孩子事实,不管孩子会不会接受她的看法。这个案例体现了教师的"过度责任"现象。其实孩子不一定不知道糖葫芦中间的棍子是看不到的,只是其绘画发展阶段(处于图式期)决定了他的绘画水平还不能达到写实水平,老师现在告诉他,孩子下次画可能还是一样。

毋庸置疑,不管幼儿的主体地位突显到何种程度,都不能否认教师的作用。尊重幼儿既不意味着教师手把手地教,也不意味着教师"撒手不管",而是仔细观察幼儿,当他们处于专注、投入的状态时,教师可以做一个默默的"欣赏者",了解幼儿的发展水平,以后可以挑战、超越的程度;当他们遇到困难、遭受挫折时,教师可以适时提供适宜的指导和支持,启发他们思考、探究并解决问题。针对幼儿的个体差异,教师可以采取不同的方式,如暗示、提供材料、共同探讨等。

(四)支持和拓展幼儿的艺术探索

在艺术活动中,不少教师对于如何平衡儿童发起的活动与成人发起的活动感到比较困惑。极端的儿童中心方法认为,儿童的艺术发展是一个自然过程。这意味着:教师不需要为儿童的艺术学习花费什么气力。然而,生活经验实实在在地证明,艺术学习不是个体自然成熟的必然结果。艺术教育中使用非干预方法的结果是,个体在艺术表现活动中令人遗憾地表现出洞察力、理解力与能力的缺失。这样,个体在人类体验的一个基础领域中会感到无知与缺憾。①

完全放任幼儿自我发展的方法固然存在着一定的缺陷,但绝对的成人主导的方法可能使幼儿丧失艺术兴趣、审美情趣等。因而,需要在二者之间寻求一个平衡点。虽说我们要尊重幼儿的兴趣和需要,但教师在支持和拓展幼儿的艺术学习,引导幼儿从多角度探索材料、工具及方法等方面发挥着极其重要的作用。就像汤普森(Thompson)总结的那样:艺术创作是童年期的一个自然现象。在没有成人鼓励的情况下,幼儿也会自发地开启并推进艺术活动。然而,我们越来越清楚地看到,幼儿艺术体验的实质在很大程度上依赖于成人。成人有责任通过设计或旁观来指导幼儿的艺术发展与艺术学习。对于年幼的儿童来讲更是如此。成人不仅需要为他们提供基本的使用可操作材料的机会,还要鼓励他们使用这些材料。②

---

① [美]爱泼斯坦,特里米斯.我是儿童艺术家:学前儿童视觉艺术的发展[M].冯婉帧,等译.北京:教育科学出版社,2012:74-75.
② [美]爱泼斯坦,特里米斯.我是儿童艺术家:学前儿童视觉艺术的发展[M].冯婉帧,等译.北京:教育科学出版社,2012:76.

思考与练习

1. 学前儿童具有艺术欣赏与艺术创作潜能吗？为什么？
2. 幼儿在艺术感受与欣赏过程中会表现出哪些特征？教师该如何对待？
3. 幼儿在艺术表现与创作过程中会表现出哪些特征？教师该如何对待？
4. 在艺术活动中，教师如何处理艺术知识技能与自由表现创造之间的关系？
5. 在艺术欣赏活动中，教师如何做好幼儿和作品之间的中介和桥梁？
6. 案例分析：

请根据下列材料内容分析幼儿的绘画行为，谈谈老师该如何做。

3岁的蒙蒙指着自己的杰作说："老师，你看看我画的小狗！""这也是小狗呀！"老师打断了蒙蒙的话语。4岁的浩浩画了一盆美丽的鲜花，红红的颜色很漂亮。可是他的鲜花比下面的花盆不知道大了多少倍。6岁的贝贝画了一座美丽的房子，可是烟囱是倾斜于地面的，与倾斜的房顶倒是垂直的。

第九章 幼儿的问题解决学习

学习目标

1. 掌握问题、问题解决的概念。
2. 能联系实际理解问题解决的几种模式。
3. 能够举例说明幼儿问题解决的特点。
4. 学会分析幼儿问题解决的过程。
5. 了解影响幼儿问题解决的因素。
6. 能结合实际思考幼儿问题解决能力的培养。

关键词

◆ 问题解决　◆ 问题解决模式　◆ 问题解决过程　◆ 幼儿问题解决特点　◆ 影响因素

幼儿学习案例

案例9-1

> **解决问题**
>
> 几个幼儿在玩老鹰捉小鸡的游戏。雅静说:"我不想一直当老鹰了。"当鸡宝宝的雯雯说:"我来当吧!"说着雯雯跑了出来,一直当鸡妈妈的筱芙仍想当鸡妈妈,她又跑到雯雯的前面,让雯雯帮她,继续做鸡妈妈。雅静着急地对筱芙说:"你一直在当鸡妈妈,你不能再当鸡妈妈了!"这时,三个人的角色发生变化,雅静当了鸡妈妈,雯雯当了老鹰,筱芙当了鸡宝宝,继续玩起了游戏。之后,有两个幼儿加入到她们的游戏中,被抓住的鸡宝宝当起了老鹰……
>
> "老师,峻安脱我的鞋。"小苏穿了一双新鞋,鞋底是砖形的图案,峻安特想把小苏的鞋脱下来看看。小苏不肯,非常生气,使劲儿地推峻安。这时候,鸣鸣抱住了小苏,峻安终于把小苏的一只鞋给脱了下来。小苏向峻安要鞋,峻安就把小苏的鞋扔向鸣鸣。如此扔了几个回合,小苏要不到鞋,便跑过去向教师告状:"老师,峻安脱了我的鞋,不还给我。"教师走过来制止了峻安和鸣鸣的行为……
>
> 教师看到德明用食指擦写错了的数字2,便问道:"德明你怎么不用橡皮来擦?"欣欣说:"晨晨拿着橡皮

> 不让大家用。"教师发现晨晨的右手里攥着橡皮。"晨晨,橡皮要让大家一起用,你把橡皮放到中间好吗?"他这才慢悠悠地把橡皮一点一点地放到桌子中间。嘉颖把一个数字3写错了,拿起橡皮去擦。还没有擦完,晨晨一把夺过嘉颖手里的橡皮,来擦自己写错了的数字。

上述案例中,幼儿分别以协商、告状、抢夺的方式解决各自与小伙伴交往中产生的问题。为什么不同的幼儿解决问题的方式会有这么大的区别?原因在哪里?

第一节 问题解决概述

解决问题的过程就是探索知识的过程。人们对知识的探索主要是从问题开始,通过不断地发现问题、解决问题,达到提高认识、获取知识、积累经验的目的。要解决问题,首先就要弄清楚问题是什么,这样才能进一步操作来解决问题。

一、问题

对问题的界定与解释有很多。早期的完形心理学家认为,问题就是完形上的缺口,而问题解决就是利用已有知识经验弥补问题"缺口"并获得整体意义的过程;而早期的行为主义心理学家则认为问题是机体缺乏现成反应可利用的刺激情境,问题解决是获得对新的刺激情境做出适当反应的过程。

随着60年代认知革命的到来,心理学家们的注意力又回到对心理过程的关注。加涅(Gagne)认为,问题"必须是个体首次遇到的,且无现成的可回忆的经验加以解决的那种情境"[①]。在此定义中,加涅强调问题的个体性、首次性和非提取性。根据加涅的观点,日常生活中的有些问题不能算作心理学上讲的问题。比如说,有人问你:"你叫什么名字?"这是一个问题,有问号。但是回答这个问题只是一个回忆过程,信息是可提取的。虽然有的时候回忆也会发生困难,也需要冥思苦想一番,但是由于最终回忆出的还是从头脑中直接提取的信息,所以还是不能算作问题。当然,在不同的人面前,同一个问题有时是真正的问题,而有时则不是,这主要取决于个人知识经验的积累状况。比如,"2+3=?"这一个问题,如果你问的是一个没有任何数学经验的幼儿,它显然就是一个真正的问题;而如果你问的是一个小学生或成年人,很显然那就不是真正的问题。只有人在运用已有知识推断出其他信息的时候,我们才能说他处于一个问题情境中,即面临着一个问题。

尽管心理学家们对问题作出了解释,但目前大多数教育学家和心理学家更赞同纽尔和西蒙(Newell & Simon)的观点:问题(problem)是一种情境,在这个情境中,个体想做某件

---

① 转引自林泳海.幼儿教育心理学[M].北京:高等教育出版社,2011(6):373.

事,但不能马上知晓完成这件事所需要采取的一系列行动。① 如图9-1,每一个问题都必然包含以下三个基本成分:①给定状态,即问题初始状态的一系列描述;②目标状态,指问题结果状态的描述,即问题要求的答案或目标;③障碍,是在解决问题的过程中遇到的各种亟待解决的因素。另外,在问题解决的过程中还有一个不可或缺的组成部分:方法,即可以用来解决问题的程序和步骤。在具体的问题情境中,可使用的方法常常会受到某些方面的限制,如资金、工具、经验等。

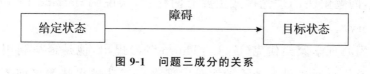

图 9-1　问题三成分的关系

二、问题解决

对问题解决的研究一直是心理学研究领域中的传统课题。目前,对其含义的理解众说纷纭:有人认为问题解决是一种能力;有人认为问题解决是认知过程;也有人认为问题解决是一种创造性的活动。

美国很多心理学家对问题解决过程进行了研究。美国心理学之父詹姆斯(W. James)将问题解决描述成通向结局的一种探索。心理学家纽厄尔和西蒙(Newell & Simon)则把问题解决看作对问题空间的搜索,并可以用计算机来模拟人的问题解决过程。而安德森(Anderson)认为,问题解决是任何指向目标的认知操作程序。斯滕伯格(Stemberg)认为,问题解决是从一个待解决的情境转移到解决方案的情境的过程,在这个过程中克服了遇到的所有问题。加涅在对学习进行分类时,将问题解决看作高级规则的学习,强调问题解决是规则的组合,其结果是产生了新的规则,即高级规则。梅耶(Mayer)认为,由已知情境转移到目标情境的过程就是问题解决。我国学者张大均认为,问题解决是一种高级智力活动过程,是运用自己已有的知识去成功地寻找达到目标的手段或途径的过程。

综上所述,我们可以将问题解决定义为,由一定的问题情境引起,经过一系列具有目标指向性的认知操作,使问题得以解决的心理过程。

问题解决包含以下三个特征:

(1)目标的指向性。问题解决的过程就是寻找和达到目标的过程。问题解决的过程可以通过直觉与猜测,也可以通过分析与推理,还可以通过联想与想象,但无论采取哪种途径都必须受到目标的引导。如果没有目标指向性,就失去了问题解决的方向。

---

① 韩仁生,苗军芙,李传银.教育心理学[M].济南:山东人民出版社.2013:234.

(2) 操作的系列性。问题解决的活动包含一系列认知操作,这种操作是成序列、有系统的。序列出现错误,问题就无法解决。

(3) 操作的认知性。问题解决的活动必须有认知成分参与,单纯的身体动作系列不能成功解决问题,认知操作是解决问题的最基本成分。

三、问题解决的理论模式

(一) 传统的观点

传统研究中,问题解决的理论模式主要有两种:试误说(Trial and Error Theory)和顿悟说(In Sight Theory)。

试误说由美国心理学家桑代克(E. L. Thorndike)提出,他是最早利用动物研究问题解决的心理学家。桑代克通过猫走迷笼的实验发现猫在成功逃出迷笼之前要进行一系列杂乱的行为,即不断地尝试各种可能逃出迷笼的方法,并在这个过程中慢慢放弃和淘汰无效的尝试行为,最终逃出迷笼。据此,桑代克认为问题解决是由刺激情境与适当反应之间形成的连接构成,而这种连接是通过尝试错误而逐渐形成的。然而,虽然试误说重视问题解决过程和系列操作,但它认为尝试错误的过程是盲目的,忽视了人的认知因素在问题解决过程中的重要作用。

顿悟说由格式塔学派心理学家科勒(W. Kohler)提出。通过黑猩猩摘取香蕉经典实验,科勒发现被圈在栅栏里的大猩猩在试图获取栅栏外的香蕉时,并没有太多的尝试行为,而是在充分分析了问题情境之后,将栅栏内的几根竹竿连接起来作为工具,去获得栅栏外的香蕉。由此,科勒认为问题解决依赖于问题解决者对问题情境和各种事物之间关系的理解和顿悟,而非试误的结果。和试误说一样,顿悟说在问题解决的研究上有积极的贡献,但也有不足。它注意到了重组情境的认知成分(即对问题的理解和表征),但它把这种认知成分看成是先验的,并且还片面强调顿悟,忽视了对问题解决过程的研究。

案例 9-2

手工制作中的顿悟①

6岁的朵朵在制作娃娃时,选了一个圆柱形敞口大听桶(类似于八宝粥桶),套上袜子,做娃娃的身体。接着,想做娃娃的头。幼儿又在材料中选了一个比原来的听桶更小的听桶,并想把两个听桶连接在一起。幼儿手里拿着小听桶,在娃娃的身体上端(大听桶)上下来回地比划,忽然一松手,小听桶掉到了大听桶里面,而且由于原来的听桶上套着袜子,直接把小听桶擎住了,这样,两个听桶自然连接在了一起。幼儿看了看,又用手按了按小听桶,突然发现小听桶可以上下自由弹动,又不会掉下去,就特别高兴,顺势把小听桶当成了娃娃的头,这样,娃娃的头和身子就连在了一起,而且还可以上下活动。

---

① 于开莲. 手工制作活动中的材料运用及教师指导[J]. 学前教育,2008(Z1).

在案例 9-2 中,幼儿在制作娃娃的过程中,在将大小两个听桶连接在一起时,由于小听桶掉进大听桶里并被袜子擎住,结果成功地创造了可以"摇头的娃娃"。这并非幼儿完整的认知,但也并非幼儿多次试误的结果,而是在对已有条件的理解基础上产生的突然间的理解。

(二) 信息加工的观点

信息加工论者把问题解决看作是信息加工系统(大脑或计算机)对信息的加工,把最初的信息转换成最终状态的信息。许多心理学工作者企图利用计算机来模拟人的问题解决的过程,其中最有名的是纽厄尔和西蒙等人于 1958 年设计的"通用问题解决程序"(General Problem Solver)。这一程序揭示出问题解决的过程是通过一系列的操作达到目标的过程,在这一过程中问题解决者会遇到各种问题情境,这些问题情境的综合就构成了问题状态(即初始状态、中间状态和目标状态)。而这一过程中的一系列将问题的初始状态改变成目标状态的操作则被称为算子(operator)。由一系列问题状态和转变问题的算子就组成了"问题空间"(Problem Space)[1]。

信息加工论者从信息加工的角度来理解问题解决的实质是有意义的,但是人类的信息加工毕竟不同于计算机的信息加工,在某些方面有着本质的区别。因此,用计算机模拟人类解决问题的过程来探讨实际的问题解决,是有缺陷的。

(三) 现代认知心理学的观点

皮亚杰(Jean Piaget)认知理论面世以及现代认知心理学产生以后,人们开始以认知的角度去探讨问题解决的过程。他们在吸收并借鉴前人提出的上述几种学说的基础上利用"认知结构""图式激活""问题表征"等术语对问题解决的各阶段进行更深入的描述,是传统阶段论的一个螺旋式上升,并且更加注重各阶段之间的动态联系,更真实地描述了人类解决问题的动态过程。现代认知学派认为,问题解决就是把问题划分为诸多成分,从记忆中激活旧有信息,或寻找新的信息。如果失败了,就有可能退回到最初的问题去另找方法,或者重新定义问题或寻求解决问题的方法。这种问题解决不是线性的,问题解决者可能跳来跳去,跨步或者联合一些步骤。

1. 奥苏贝尔等人的问题解决模式

该模式是美国心理学家奥苏贝尔和鲁宾逊(Ausubel & Robonson)以几何问题为原型,于 1969 年提出的。他们认为问题解决要经历四个阶段(见图 9-2)。

(1) 呈现问题情境命题,这是问题表征的字面理解。

(2) 明确问题目标与已知条件,这是问题表征的深层理解。学生利用有关的知识背景使问题情境命题与他的认知结构联系起来,从而理解问题的性质和条件。

---

[1] 韦洪涛,艾振刚. 学习心理学[M]. 南京:江苏人民出版社,2004:179.

(3) 填补空隙过程。这里的空隙指已知条件与目标之间的差距。填补空隙的过程是设计解题计划并在个人意识的监控下执行解题计划的过程,也是解决问题的核心,显然这个过程需要个体元认知的参与。

(4) 解答之后的检验。问题得到解决后,一般会出现一定形式的检验,主要作用在于查明是否有推理错误,或填补空隙的途径是否最为简捷等。

奥苏贝尔和鲁宾逊提出的问题解决模式描述了解题的一般阶段,也指出了原有认知结构中各种成分在问题解决过程中的作用,对问题解决能力的培养具有启发作用。但是,这一模式仅以数学中的问题解决为原型,并不全部适用于其他学科的问题解决,不具有普适性。

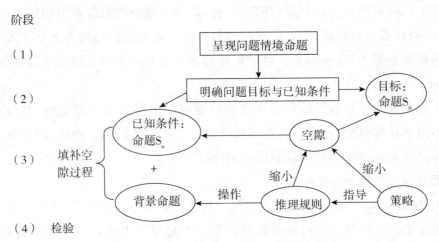

图 9-2 奥苏贝尔和鲁宾逊的问题解决模式

2. 格拉斯的问题解决模式

美国心理学家格拉斯(Glass)于 1985 年提出了他关于问题解决过程的模型。他把问题解决的过程分成了四个阶段:

(1) 形成问题的初始表征,即对问题的理解;
(2) 制定解决问题的计划,即寻找问题解决的方法;
(3) 重构问题表征,即对问题的进一步理解或对以前理解的修订;
(4) 执行计划和检验结果。

将四个阶段有机地联系起来,形成问题解决的整个过程。另外,在问题解决的每一阶段都有可能产生新的问题,因此,问题解决的过程大多是迂回曲折的(见图 9-3)。

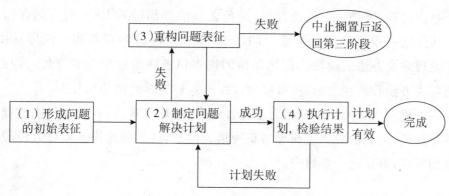

图 9-3 格拉斯的问题解决模式

3. 基克等人的问题解决模式

20世纪80年代末90年代初,加拿大心理学家基克等人(M. L. Gick,Derry,Muphy)根据对问题解决策略的研究,提出了问题解决的四阶段:

(1) 理解与表征问题;

(2) 寻求解答(选择或设计解决方案);

(3) 尝试解答(实施计划);

(4) 评价结果。

该模式强调了对问题解决的理解与表征,学生已有认知结构或已有知识经验对问题的重要作用,进一步说明了问题解决的过程不是线性关系(见图9-4)。

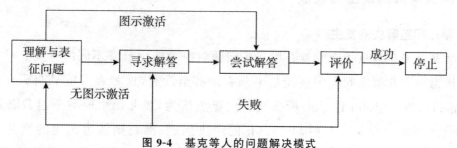

图 9-4 基克等人的问题解决模式

4. 吉尔福特的智力结构解决问题的模式

美国心理学家吉尔福特(J. P. Guilford)假定人的智力由内容、操作和产品三个维度构成。其中内容包括视觉、听觉、符号、语义和行为;操作包括求同思维、求异思维、评价、记忆保持、记忆记录和认知;产品则指单元、类别、关系、系统、转换和蕴涵。吉尔福特认为人的任何操作都要针对一定的内容,从而导致一定产品的产出。他把人的智力结构细分为180种(即5个内容和6个操作以及6个产品的乘积),并以这种智力结构为基础于1986年提出了智力结构问题解决模式(structure of intellect problem solving model,简称为SoipS)。

问题解决的过程,开始于来自环境和身体内部的输入。输入进入这个流通系统后,首先要经过一个过渡过程,这是一个筛选过程,避免无效信息都进入大脑,而记忆存储也会参与这一过程。认知这一步要涉及两个重要的活动:认识到问题的存在和对问题性质的认识。接着就到了发现解决办法的阶段。记忆存储的许多信息在沿途中受到评价。因此,在获得理想的问题解决方法和途径之前,很可能会发生一系列这样的循环往复。

吉尔福特的模式以智力结构模型为基础,结合信息加工观点,对问题解决过程在更微观的层次上进行描述,为我们提供了研究的新视角。但是,这一理论模式对已有经验的作用并未给予足够的重视,有待进一步研究。

第二节 幼儿问题解决

一、幼儿问题解决的定义

幼儿的问题,即指幼儿在认知世界的过程中需要面对的以他们自身已有的知识水平和经验所不能直接解决或跨越的各种障碍,包括学习问题、同伴交往问题等成长过程中的各个方面。幼儿的问题解决即指跨越或解决这些成长过程中出现的各种障碍的心理过程。

毫无疑问,解决问题是一个艰苦的过程。对于年幼儿童来说,更是如此。他们能够解决的问题范围很小,而且往往需要付出加倍的努力才能达成目标。

二、幼儿问题解决的发生与发展

(一)婴儿问题解决的发生

心理学家对于儿童从什么时候开始具备问题解决的能力具有不同的看法。早期的心理学家一直认为新生儿解决问题的技能是十分有限甚至没有,这种观点被早期研究者皮亚杰(Jean Piaget)和洛克(John Locke)所强化。皮亚杰认为,婴儿出生时只不过具备简单的反射,不是真正的解决问题;洛克则认为出生的婴儿不过是张白纸(或白板),需要靠后天的教育与训练才能逐步掌握解决问题的技巧。而后续研究证实,新生儿从生命一开始就具备一系列令人惊叹的技能。亚奎士·梅勒(Mailer)和他的助手研究发现,婴儿在出生后的 12 小时内就能区分语音和其他声音的差别,4 天后就能区分两种语言之间的差别。伊丽莎白·斯佩克(Elizabeth Spelke)的研究发现,4 个月大小的婴儿就能对运动物体做推理,而在另一项实验中她让婴儿推断方块后面的木棍是否能与露出的两端一起来回运动(如图 9-

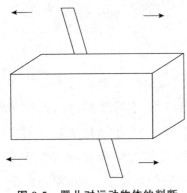

图 9-5 婴儿对运动物体的判断

5),结果显示7个月左右的婴儿就能够像成年人那样作出正确判断。相关研究还发现,刚出生时,婴儿就能够辨认当前事物与记忆中事物之间的相似性,这种能力涉及十分复杂的心理过程。缺少这些基本技能,婴儿将无法学习和发展;而拥有这些技能,婴儿就获得了推理所需要的通用性工具。面对问题情境,婴儿可以利用这些先天技能进行表征、分析和推理。

国内研究也证实了儿童很小的时候就已经具备了一定的问题解决能力。董奇等人(2002)通过让儿童解决从开口盒子里拿玩具的问题研究了8~11个月婴儿的问题解决能力。结果证明8个月左右的婴儿解决问题的能力全部处于无效尝试阶段,即虽经尝试但无法成功;10个月的婴儿已经出现有效尝试,即在尝试中成功解决了问题;11个月的婴儿虽还存在无效尝试,但是概率已经很低,有些发展较好的婴儿甚至能够不经过尝试轻松解决问题(见图9-6)。

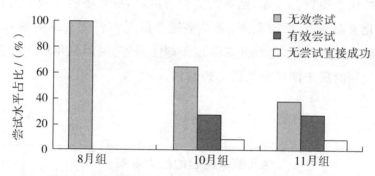

图9-6 各年龄组婴儿在三种尝试水平上分布的百分比

(二)幼儿问题解决的发展特点

1. 幼儿解决问题的能力随年龄增长而提高

佘翠花对儿童同伴冲突问题解决策略进行研究发现,幼儿对各种同伴冲突问题提出解决策略的能力均随年龄增长而增强(见表9-1)。

表9-1 幼儿对各同伴冲突问题解决策略的累计次数分布(括号中为标准差)[①]

	3岁			4岁			5岁		
	男	女	总	男	女	总	男	女	总
物品或空间冲突	2.68 (0.92)	2.88 (0.92)	2.77 (0.92)	3.06 (0.66)	2.91 (1.03)	2.99 (0.86)	3.29 (0.99)	3.31 (0.81)	3.30 (0.91)
游戏冲突	2.40 (1.01)	2.47 (1.16)	2.43 (1.07)	2.79 (0.92)	2.59 (1.33)	2.69 (1.14)	3.21 (1.03)	3.34 (1.29)	3.27 (1.15)

---

① 佘翠花.幼儿同伴冲突问题解决策略的发展及其与父母教养方式关系的研究[D].山东师范大学硕士学位论文,2007.

续表

	3岁			4岁			5岁		
	男	女	总	男	女	总	男	女	总
干涉控制冲突	2.41	2.41	2.41	3.09	2.80	2.94	3.24	3.22	3.23
	(1.38)	(1.19)	(1.29)	(0.oi)	(1.11)	(1.05)	(1.63)	(1.34)	(1.50)
故意挑衅冲突	2.71	2.59	2.66	2.91	2.83	2.87	3.29	3.09	3.20
	(1.12)	(1.19)	(1.15)	(0.89)	(1.04)	(0.96)	(1.11)	(1.09)	(1.10)

皮亚杰从数理逻辑的角度研究了儿童从出生到青春期的发展。他认为,贯穿整个发展时期问题解决能力变化的根本动因,在于其逻辑思维和技能的渐进式发展。并且他提出了大量研究证据支持这个观点。比如,经典的类包含问题:皮亚杰将3朵小黄花和4朵小红花排成一列呈现在儿童面前,然后问儿童"是花多还是红花多?"测验结果显示,七八岁以下的孩子还不能正确回答这个问题,而八九岁的孩子却能回答,原因是年级小的孩子还没有获得理解一种事物可以同时属于两种分类的心理结构。

案例 9-3

幼儿解决问题的能力发展①

这是一位妈妈在幼儿2~3岁、3~5岁、5~6岁三个成长阶段对其解决问题的能力记录。

2~3岁 不知所措

手记一:中午在楼下广场玩,我让宝宝和其他小男孩儿一起玩。突然,宝宝哭起来了,边哭边说:"车车。"后来才明白原来是小男孩带了辆小汽车,宝宝想玩,就去抢,小男孩不愿给,宝宝就哭了。

手记二:今天家里来了客人,宝宝高兴极了,客人叔叔带来了他最喜欢吃的饼干。宝宝直接拿了一块就要吃,可是,由于有包装,宝宝怎么也弄不开,吃不到嘴里。叔叔过来帮他撕开包装,宝宝开心地吃起来。

3~5岁 请人帮忙

手记:爸爸带着宝宝去一个叔叔家做客,吃完饭,宝宝和叔叔家的小朋友一起去玩,过了一会儿,宝宝不高兴地出来说:"爸爸,我们回家吧,我不想在这儿了。"爸爸问:"怎么了?"宝宝说:"他不让我玩他的坦克车。"这时,叔叔就把他家孩子叫出来,告诉他要跟宝宝一起玩,让宝宝玩一下坦克车。两个孩子又一起到房间玩去了。

5~6岁 自己解决

手记一:宝宝在玩书上一个"小猫回家"的游戏,要帮助迷路的小猫找到回家的路。过了一会儿,宝宝跟我说:"小花猫能走好几条路回家。"并在书上给我画了出来。

手记二:宝宝和几个小朋友在公园里的沙池里玩,其中一个小朋友在建一座大桥,由于挖的河比较宽,

---

① 张伟利.请让我来解决——幼儿的问题解决能力发展[J].家庭教育:幼儿家长,2010(9).

试了好几次都没有成功。这时宝宝看了一眼,说:"找一块木板做桥吧,上次我在海边用一个贝壳做了一个桥。"

案例9-3中,幼儿母亲运用手记的方式很好地展示了幼儿在解决生活中的各类问题中能力的发展,由最初的不知所措到后来的主动请人帮忙,再到完全可以自己解决遇到的一些问题。这也说明,幼儿随着年龄的增长和生活学习经验的积累,在解决问题中的信心和能力都得到了很大的提升。

2. 幼儿在问题解决的过程中会主动参考环境中与问题相关的信息

克拉尔(Klahr)在其研究中发现幼儿是个主动的问题解决者,幼儿若能认知解题的目的,了解当前的解题障碍,便能尝试使用策略克服障碍,达成解决问题的目标。而他也提及在解决问题的历程中,幼儿会参考环境中的相关信息,一步一步地计划如何可以有效地达成目标。

黄幸美(2004)通过研究也认为,幼儿知识建构的来源,除了幼儿园学习之外,生活问题解决经验亦为重要来源,熟悉的事物与问题联络对于思考是很有意义的。

罗伯特·西格勒(Siegler)关于幼儿解决天平衡重问题的研究证实了这一点。当问到"这个天平会平衡,还是会有一边下沉"时,不同年龄段幼儿的回答呈现显著差异:5岁孩子因为知道了重量在平衡中的作用,他们能正确判断A和C(如图9-7),是因为这两个问题只需要考虑重量因素。在问题B和D上,他们做出错误的判断,是因为在这里除了需要考虑重量

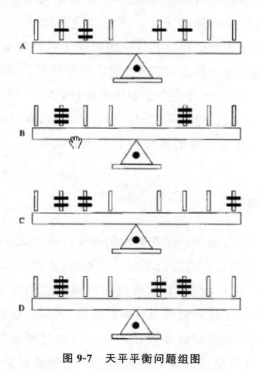

图9-7 天平平衡问题组图

外,还需要考虑位置因素。9岁的孩子发现砝码的位置和重量都与平衡有关,但他们还不知道怎样把位置和重量结合起来考虑,只是有选择地运用位置信息,他们首先考虑重量,如果重量不相等他们会忽略位置,所以他们能成功解决5岁孩子解决的问题和那些重量相等而位置不相等的问题B,但他们仍会在问题D上出错,因为他们在这里只考虑了重量。14岁的孩子知道位置和重量都需要同时考虑,但他们不知道怎样操作。他们比其他孩子多知道的关于位置的知识实际上使他们处于不利地位,即在解决重量与位置可以分别把握问题A和B的时候,能够给出相同答案,但是在解决两种线索相互冲突的问题C和D的时候会不知所措,只好猜测。由于猜测,他们就只有50%的正确概率,所以在问题C中他们可能比起5岁和9岁孩子的成功率更低。只有17岁以上的孩子,才会同时将重量和位置纳入考虑去解决问题。

3. 幼儿在解决问题的过程中不断发现和创新问题解决的策略

在不断解决问题的过程中,幼儿学会了许多具体的知识,而具体知识的获得能够让幼儿重构可能用到的概念,从而提升或改变解决问题的技能。苏珊·凯丽(Susan Kelly)研究了儿童理解生命概念的发展,研究证明即使幼小的婴儿也能区分有生命的和非生命的事物,但是不同年龄段的儿童认识生命现象的方式是不一样的。凯丽发现3岁的幼儿一般都能像成人那样识别有生命的事物,但他们并不真正认为他们的洋娃娃会像有生命的物体那样吃喝和行动;4~7岁的儿童不知道生物体究竟是什么,也不知道它如何发挥功能的,他们判别某类生物中成员的唯一依据是相似性;而绝大多数10岁的儿童则会有相当多的有关生物的信息,更多的知识帮助他们理解生物体的定义。从相似性概念到定义性概念的转化改变了儿童对类别重要性的觉察,从而为他们解决其他问题提供了新的解决策略。例如,对于幼儿来说,依靠相似性来理解"婴儿"这个概念,"细小"就是关键特征。当幼儿一旦发现婴儿是"新生的后代",他们则会发现大小只不过是一个表浅的特征,因为一个生物体可能会很大,但仍然是一个"婴儿",例如鲸鱼宝宝。随着儿童理解能力的增强,在理解过程中处于核心地位的要素则逐渐转向边沿,而原先处于边沿地位的要素则转向核心,问题解决也变得更加得心应手。

三、幼儿问题解决的过程

关于问题解决过程的研究,最早且最有影响的便是杜威(John Dewey)的五阶段论,尽管后来的心理学家对问题解决的过程都提出了自己的观点,但都大同小异,大都继承了杜威的阶段论思想,从研究方法到划分阶段基本没有跳出杜威模式的框架。从一般的问题解决程序和步骤来看,幼儿的问题解决过程也符合杜威的阶段论思想,要历经以下几个阶段。

首先,利用已有的技能和经验理解和表征问题。成功的理解和表征问题需要幼儿识别问题情境中的有效信息并理解信息的含义。只有当幼儿达成对整个问题的准确理解,才有可能在自身已具备的技能和经验中寻找出解决该问题的有效方法。

其次,寻求解决问题的具体策略。幼儿阶段常用的解决问题的方法为尝试错误法和类比思维方法。当幼儿在遇到问题情境时,首先会在大脑中搜寻既往解决问题的经验,看看是否解决过类似的问题,如果提取的信息告诉他曾解决过类似问题,那么他将运用类比思维将以前的经验运用到当前问题情境,从而解决问题。如果提取的信息中从没有与当前问题类似的情况,幼儿通常都会采取尝试错误的方式。

再次,执行计划或尝试某种解答。当表征某个问题并选好某种解决方法后,接下来就要执行计划,实施方案尝试解答。

最后,评价结果。对执行结果的评价和审查对幼儿来说是至关重要的。因为结果是否成功直接验证了幼儿先前采取的策略是否合适。当幼儿发现问题解决的效果并不如先前预计的那么理想或是没有达到解决问题的目的时,他就会主动采取另一个策略以求达成目标。这一过程正好可以促进幼儿在问题解决过程中逐步提升自己的相关技能,丰富相关知识经验。

第三节 幼儿问题解决与教育

近年来,随着学前教育领域研究的不断深入,关于幼儿问题解决能力的教育也越来越受到重视。我国2001年颁布的《幼儿园教育指导纲要(试行)》中也明确提出了要培养儿童实际探究解决问题的能力,并且在科学领域的教育目标当中更进一步强调要让幼儿亲历解决问题的过程,从而促使幼儿学会学习,学会生活。而幼儿问题解决能力的提升是伴随着幼儿成长的漫长过程,期间会受到各种因素的影响,包括幼儿自身、幼儿家长、社会环境等。

一、幼儿问题解决的意义

幼儿期是儿童成长与发展的关键期,是人生的奠基时期,这一时期重视其问题解决的能力具有重要意义。

(一)有利于幼儿知识经验的积累

问题解决的过程实际上就是幼儿探索和学习知识并掌握相应方法的过程。幼儿对知识的探索和学习主要是从问题开始的,通过不断地发现问题与解决问题,达到提高认识、获取知识的目的。

(二)有助于提高幼儿的创新意识

幼儿对生活充满向往与好奇,他们具有强烈的求知欲,喜欢接触和探索他们感兴趣的新鲜事物。在探索解决问题的过程中,幼儿可以独立的运用自己已有的知识和智慧去发现问题、分析问题,并围绕问题采取各种措施解决问题,克服所遇到的困难。在这一整个独立解决问题的过程中,幼儿能够获得多种满足,不仅获得了新的知识,而且能进一步认识自己,看到自己的力量,获得成功感,这样就能进一步激励他去积极探索、乐于进取和开拓创新。

(三) 有助于幼儿交往能力的发展

在许多问题解决的情境中,免不了要涉及与他人的交往。这种问题情境可能是与他人共同合作,也有可能是与他人产生冲突。不管是冲突还是合作,幼儿在利用交往策略解决人际交往问题的过程中,也逐渐发展了他们的社会交往能力。

(四) 有利于幼儿的身心健康

许多父母认为,自己的孩子小,根本谈不上什么问题解决的能力。实际上,即使是很小的孩子,也会运用一些策略和办法来解决问题。随着幼儿园教育作为正规教育的介入,幼儿也习得了一些独立解决问题的知识和技能。同时3～6岁的幼儿身心的发展以自我为中心,具有主观能动性,遇到问题时,他们愿意自己去"解决"。虽然这种"解决"问题的目标指向并不明确,方法也不一定符合逻辑科学,但是此年龄段的幼儿已经具有独立解决问题的意愿。因此,对于幼儿而言,其问题解决能力培养与任何年龄段的人具有同样重要的意义。

二、影响幼儿问题解决的因素

(一) 知识经验

新研究发现,问题解决更多的依赖对真实信息的掌握。一个人在婴儿期、儿童期、青春期的知识变化,在促成问题解决能力的发展变化中起着决定作用。由于幼儿探索和认识那些大龄儿童或成年人习以为常的信息的时间较少,他们不可避免地在大多数领域内缺少经验,而经验的相对缺乏使得在解决问题时幼儿的成功率远远低于大龄幼儿或成人。安德里安·德·格鲁特(DeGroot)对棋手的研究对此提供了很好的证明:经验丰富的棋类高手能够识别新手根本看不出来的套路,当新手苦苦考虑32个各自分离的棋子如何摆布时,高手可能正在考虑三种可用的套路。对于高手来说,运棋的问题比新手感觉的要简单得多。此外,高手在多次比赛中积累了丰富的运棋经验,因此能够预见棋局的发展趋势,而新手则不能分析;与新手相比,高手记忆存贮的信息量大,存贮熟悉的棋子局模式多,这些差别决定了高手与新手技艺水平的差别。

(二) 情绪状态

幼儿在问题解决活动中的情绪状态对活动的效果有直接影响。已有研究发现,高焦虑障碍对儿童在人际问题解决任务和学习任务中的成绩具有破坏性影响。赵金霞研究了4～6岁焦虑儿童的社交恐惧水平与人际认知问题解决之间的关系(见表9-2),结果发现儿童的社交恐惧水平越高,生成替代性问题解决策略的数量越少;策略的有效性、适当性越低;理解行为原因的能力越差。这与已有研究较为一致。

(三) 个性特征

从事问题解决活动的主体是人,人的气质性格等个性特征也会影响问题的解决。一个有远大理想、有自信、有创新精神、勤奋乐观、顽强、坚韧、果断、勇于进取和探索的人,比鼠目寸光、畏缩、懒惰、自负、拘谨、自卑、遇事动摇不定的人更能克服困难去成功解决疑难问题。罗伯特·哈特利(Robert Hartley)研究了自信心对儿童问题解决的影响。他的研究发现儿童对自己的消极看法会削弱儿童问题解决的能力(见案例9-4)。

案例 9-4

自信心与问题解决之间的关系

罗伯特·哈特利观察一组成绩落后的儿童问题解决的过程,发现他们容易冲动,不会有效地计划或监控事情的发展,且不会总结也不会改正自己的错误。哈特利在试验中要求这些儿童重新解决相同的问题,但这次他要求儿童假设自己是班上最聪明的孩子,并按照聪明孩子处理问题的方式来解决问题。儿童立刻变得不那么冲动,有了更多的计划性,并开始注意和纠正自己的错误。他们在解决问题时大获成功。哈特利后来和儿童一起讨论该项测试,并对一个儿童做了如下采访。

主试:通常你比你所模仿的人做得更好还是更差?

被试:更差。

主试:为什么?

被试:因为我是保罗·汉沃斯。

这个儿童并没有正确的应用他拥有的技能,因为他并不认为自己能很好地解决这类问题。他对自己缺乏自信,主观上觉得自己不如他的同伴能干。

(四) 解决问题的策略

解决问题的策略是指个体在信息加工过程中采用的解决问题的方式、方法。策略是影响问题解决过程的最直接的因素,影响着问题解决的速度和效率。皮亚杰认为,儿童是科学的问题解决者,他们有着一定的科学思维和逻辑推理能力,在问题解决中会运用一定的思维策略。幼儿面对一个问题情境时可以采取多种策略,但选择的策略正确与否是问题能否得以解决的决定性因素之一。费广洪、汪文娟等人通过创设情境考查 69 名 5 岁幼儿的提问类型与策略对其问题解决的影响,结果发现幼儿运用提问解决问题的正确率显著高于不提问直接猜测的正确率(见表 9-2)。并且由表 9-3 可知,在直接猜测的 160 次任务中,答对 41 次,答错 119 次,答对的比率显著低于答错的比率($X^2=35.38$, $P<0.001$),即正确率显著低于错误率;而运用两阶段整体和逐一排除策略的任务中,答对的比率均显著高于答错的比率,$X^2=49.00$, $P<0.001$ 和 $X^2=6.00$, $P<0.05$,均表现为正确率显著高于错误率;不完全整体策略和混乱型策略在答对与答错的比率上无显著性差异。

可以认为,在本研究中幼儿运用两阶段整体和逐一排除策略对问题解决的效果比直接猜测的效果好。幼儿提出混合类问题和外在感知类问题来帮助其解决猜测物体问题的效果好于提出内在属性类问题(见表9-4)。① 由表9-4可见,幼儿在问题解决过程中所问的问题以外在感知类最多,占问题总数的59.50%;其次,是混合类问题,占23.20%;内在属性类问题最少,占17.30%。

表9-2 幼儿有无提问与问题解决的情况

	答错频次(百分比)	答对频次(百分比)	X^2	P
无提问($n=160$)	119(74.40%)	41(25.60%)	38.03	0.000**
有提问($n=185$)	49(26.50%)	136(73.50%)	40.91	0.000**

表9-3 幼儿提问策略运用及问题解决情况

提问策略	答错频次(百分比)	答对频次(百分比)	X^2	P
直接猜,不提问($n=160$)	119(74.40%)	41(25.60%)	35.38	0.000**
逐一排除型提问($n=17$)	2(11.80%)	15(88.20%)	6.00	0.014**
两阶段整体型提问($n=80$)	9(11.20%)	71(88.80%)	49.00	0.000**
不完全整体型提问($n=77$)	32(41.60%)	45(58.40%)	2.20	0.138
混乱型提问($n=11$)	7(63.60%)	4(36.40%)	1.33	0.248

表9-4 幼儿提出的问题类型及问题解决情况

	答错频次(百分比)	答对频次(百分比)	X^2	P
外在感知类($n=110$)	31(28.20%)	79(71.80%)	20.95	0.000**
内在属性类($n=32$)	15(46.90%)	17(53.10%)	0.13	0.724
混合型($n=43$)	3(7%)	40(93%)	31.84	.000**

在提出外在感知类问题的110次任务中,答对79次,答错31次,答对的比率显著高于答错的比率($X^2=20.95, P<0.001$);提出混合类问题的任务中,正确率达93%,答对的比率也显著高于答错的比率($X^2=31.84, P<0.001$);而提问类型为内在属性类时,正确率达到50%,答对与答错的比率之间无显著性差异($X^2=0.13, P>0.05$)可以认为,在猜测物体时,幼儿提出的混合类问题和外在感知类问题对问题解决的效果好于内在属性类问题。

由费广洪、汪文娟等人的实验可知,策略影响着问题的解决。同样,在实际教学中,选择的策略正确与否是幼儿能否成功解决问题的决定性因素之一。

---

① 费广洪,汪文娟,王淑娟.幼儿提问类型策略对其问题解决的影响[J].心理学探析,2012(6).

案例9-5

聪明的乐乐①

6岁的乐乐在制作汽车时,用大的苹果箱子做汽车的车身,然后想给汽车做轴和轮,为此他找来一根筷子,然后用筷子使劲在车身两侧扎洞,之后把筷子插进去。做完这步后,幼儿看了看车身,和车身比了比,发现筷子不够长(发现问题的真正原因:材料长短比例不适宜,和车身相比,筷子材料过短)。于是幼儿又拿来一根筷子,然后一手一根筷子,分别从车身两侧插进车身,两根筷子在车身里对接。之后,幼儿请老师帮忙,用手把住两根筷子连接的地方,自己去拿透明胶布,在两根筷子对接的地方绕着粘了几圈,这样,两根筷子便连接在了一起,车轴长度也适宜了。

在案例9-5中,幼儿用箱子做好汽车车身后,面临着如何用不够长的筷子做汽车的车轴,在用筷子与车身进行比对后发现,需要两支筷子才能够满足车轴的长度要求。之后,他又很好地利用了透明胶布的黏合作用将两根筷子对接起来,成功地完成了汽车车轴的制作。在活动中,幼儿很好地运用了内在认知的感知思考作用,采用了最为适当的策略使问题得以解决。

三、幼儿问题解决能力的培养

(一)家园合作,创设解决问题的机会和条件,丰富幼儿知识经验

有关的研究成果表明:孩子能否成功解决问题,更多地取决于他们的经历而非聪明程度。幼儿由于其年龄特点,知识经验不够丰富,看事物往往简单片面,因此在遇到某些问题时,需要成人给以一定的知识和技能支持,以满足幼儿的需要,从而使幼儿能更好地独立解决问题。另外,在实际的教育过程中,幼儿问题解决能力的培养并不能只靠幼儿园中老师的教育,还要靠家庭的配合。因为,孩子生活中很大一部分时间都是呆在家里的,如果家长不重视培养他们独立解决问题的能力,可想而知孩子的问题解决能力不会得到很大提高。因此,教师与家长应密切配合,经常沟通,保证家园教育的一致性。在教育中结合幼儿园五大领域的内容,充分利用家庭、幼儿园及社区资源,合理进行训练和提高。对于一些特定领域的问题解决,幼儿教师、家长要为孩子创造适当的探索和学习的氛围,让他们多参与、多经历,积累相关经验,促进问题解决。

(二)培养幼儿稳定健康的个性心理,为问题解决提供心理保障

注重幼儿意志品质培养,帮助幼儿学会坚持,培养解决问题的耐心和毅力。良好的意志品质包括专注、自律、自信和坚持,不好的意志品质包括任性、胆怯、懒惰和放弃,幼儿在学习

---

① 于开莲.手工制作活动中的材料运用及教师指导[J].学前教育,2008(Z1).

独立解决碰到的问题和困难时,良好的意志品质是开启问题的第一把金钥匙。要想达到解决问题的目的,获得最后的成功,还需要一些坚持和毅力。在观察幼儿的行为时,我们经常发现,幼儿对某件事物的好奇往往只是"三分钟热度"。特别是当他们碰到不称心、不如意的事情时就激动不安,如热锅上的蚂蚁,没做好准备就开始行动,急于求成,最后往往不能成功。因此,要想提高幼儿的问题解决能力,培养幼儿坚持不懈、持之以恒的精神是十分必要的。成人可以从幼儿的兴趣着手,选择幼儿感兴趣而又能适应的活动,做深入持久的培养,例如可以为幼儿制定与其年龄相适应的、相对严格的生活作息制度,借助成人的督促,培养幼儿的耐心,让幼儿学会坚持。

培养幼儿自信,使其认定问题可以解决。自信心是人生不竭的动力,它能帮助人们战胜自卑和恐惧,以积极的心态面对问题。有的时候,解决不了的问题,并不是问题有多难,而是由于人们缺乏自信,人为地加大了问题难度。其实,只要放下包袱,积极面对,再难的问题也会被攻克。坚定的信心是做事取得成功的关键。幼儿只有信心十足,才能走向真正的独立。作为成人,应该时时鼓励、支持孩子,帮助他们建立自信,让他们觉得自己能行,这样他们才会有尝试独立解决问题的意向。另外,在幼儿进行问题解决的尝试后,不论结果如何,成人都应该给予鼓励。即使孩子尝试失败或者犯了错误,也不应该一味指责批评,打击其自信,而应对其独立解决问题的精神予以肯定并鼓励他再次进行尝试,培养他们探索问题、解决问题的兴趣和自信。

(三)提升幼儿思维策略,提高幼儿问题解决效率

1. 帮助幼儿正确表征问题

孩子用已经学过的知识解决问题,比如画草图、列表等,对于回忆相关信息有很好的作用。库珀和施威勒(Cooper & Sweller)于1987年研究表明,试图将解决问题的计划以及选择这个计划的理由说出来或写下来,可帮助成功地解决问题。幼儿教师在教给孩子相关知识经验的时候,要注意用正确的表征形式,帮助孩子进行理解,这样在以后遇到类似问题时,孩子可以根据已学过的知识来解决。

2. 辅导幼儿从记忆中提取信息

因为解决问题需要对原有的知识、原则进行重新整合,所以教师要帮助幼儿从记忆中迅速提取与问题解决有关的信息,并很快找出可以利用的信息,明确问题情境与欲达目标,迅速作出判断。教师一般采用类比的方法帮助孩子回忆以前的相关知识与经验。

3. 鼓励幼儿陈述自己的假设及其解决步骤

教师要培养幼儿从引来别人的言语指导到自行指导思考,然后再让他们用自己的言语表达出来。一般都是教师先给点提示,然后由幼儿自己陈述,以此达到自行强化的目的。需要注意的是,在让幼儿进行解答时,教师要给幼儿充分的时间。实践证明,在时间紧迫的情况下让幼儿做难题效果是不好的,会使幼儿草率了事。另外,教师还要鼓励幼儿验证解答,

以免以偏概全,可以做类比练习,加以巩固。

4. 鼓励幼儿主动质疑

教师对幼儿提出问题,相对幼儿来说比较被动。要尽量从教师提问过渡到幼儿的主动质疑,从而激发幼儿提出问题、解决问题的内在动机。因此,要鼓励幼儿主动提出问题,减少限制,形成一种自由探究的气氛。

5. 培养孩子"多解"的思维

"多解"就是指在思考问题、解决问题时,善于变换思维的角度,进行多方位、多层次的思索,灵活、变通地寻找多种解决问题的方法。"多解"的思维方法更具有发散性,当使用一种方法不能解决问题时,可以采用另外的方法来解决。幼儿教师要注意引导幼儿采用不同的方式、方法解决问题,打破思维定势的影响。例如,在幼儿学习分类的活动中,教师给幼儿示范"可以按照性别来分,分为男孩和女孩,也可以按照衣服的颜色分等",然后要求幼儿用与教师不同的方法分,最后总结出了十几种分类方法,比如按照头发长短、按照穿的是裤子还是裙子、按照是扣子还是拉链……

思考与练习

1. 问题与问题解决的含义是什么?
2. 问题解决的现代认知学派理论模式有哪些?
3. 简述一般问题解决的过程。
4. 影响幼儿问题解决的因素有哪些?
5. 如何培养幼儿问题解决的能力?

第十章　幼儿的学习差异

学习目标

1. 能描述幼儿的智力差异。
2. 理解智力对幼儿学习的影响。
3. 掌握几种常见的学习风格理论及其对幼儿学习的影响。
4. 理解幼儿的人格与其学习差异的关系。
5. 理解性别、家庭与幼儿学习差异的关系。
6. 能分析发展适宜性教学的策略与方式。

关键词

◆ 幼儿的学习差异　◆ 幼儿的智力差异　◆ 幼儿学习风格差异　◆ 幼儿的人格差异
◆ 发展适宜性教育

幼儿学习案例

案例 10-1

> **明明和皮皮**
>
> 　　明明今年6岁半了,活泼机灵,但在学习上却让人特别头疼,做10以内的加减法,他需要掰着手指头一个一个数,还不一定数得正确;写拼音数字,每次都是最后一个完成,而且极其不美观;对于课上老师提出的问题,他倒是能够积极举手,可总是答非所问。
>
> 　　皮皮是班中最让人头疼的孩子。开学已经一个月了,大多数幼儿已经适应了幼儿园的生活,可皮皮却还是刚来园的样子。无论是在任何地点,任何场合,只要他的情绪稍有波动,他便躺在地上哇哇大哭,滚来滚去。

　　上述案例反映出,幼儿的发展和学习存在差异。明明在生活中活泼机灵,在学习中却进步缓慢。皮皮的情绪表现激烈,而且对环境变化的适应比别的幼儿需要更长的时间。所以,教师需要对不同幼儿进行有针对性的指导。

　　德国哲学家莱布尼茨(Gottfried Wilhelm leibniz,1646—1716)曾经说过:"世界上没有完

全相同的两片树叶。"由于先天遗传和后天成长环境的不同,幼儿在智力、认知方式、人格、文化背景等方面都不尽相同,这使得每个幼儿在学习方面也有其独特性和差异性。如果不尊重幼儿本身存在的学习差异,不坚持因材施教的原则,而是仅仅采用统一的教学内容、相同的教学目标和单一的教学手段,只会压抑幼儿的个性和创造力,影响幼儿教育质量的提升。2001年教育部颁布的《幼儿园教育指导纲要(试行)》明确指出:承认和关注幼儿的个体差异;避免用划一的标准评价不同的幼儿;在幼儿面前慎用横向比较。只有承认和尊重每个幼儿的学习差异,才能有针对性地选择教学内容、制定教学目标和组织教学活动,从而促进幼儿全面和谐的发展。

教育心理学上认为个体差异既包括智力、人格特质、学习风格和创造力等方面的个体差异,也包括个体所属社会群体的不同而带有的差异,如社会经济地位、种族、性别和语言方面的差异。既然幼儿教育应该尊重幼儿的学习差异,那么,对幼儿学习差异的科学认识也就变得意义重大。幼儿的学习差异表现在哪些方面?在每一方面又存在哪些不同呢?本章主要从智力、学习风格、人格、性别、家庭和文化等方面,论述幼儿学习的个体差异性及其相应的教学策略。

第一节 幼儿的智力与学习差异

关于智力的定义,不同的学者从不同的研究角度给出了不同的界定,例如桑代克(E. L. Thorndilce)就提出"智力是从真理和事实的观点出发,在正确反应中所获得的影响";推孟(L. M. Terman,1877—1956)认为"智力是适应生活和新环境的能力";斯滕伯格则认为,可以从获取知识的能力、抽象思维和推理能力、解决新问题的能力三个方面来界定一个人的智力;我国学者林崇德认为,智力的核心成分是思维,其基本特征是概括,智力是由思维、感知、记忆、想象、言语与操作技能组成的。虽然对智力的内涵和外延的理解存在争议,但是大多数学者都认为智力包括观察力、记忆力、思维能力等因素,而这些因素无疑会对个体的学习产生重要影响。幼儿阶段是个体智力形成和发展的重要阶段,众多的研究都证实了如下观点:幼儿在智力发展水平和智力结构类型两个方面存在明显的差异,而且其智力差异与其学习差异密切相关,即幼儿的智力发展状况在很大程度上为幼儿的学习提供了可能的条件和必要的基础。

一、幼儿的智力水平与学习差异

智力水平是指个体智力发展的程度。研究者普遍认为人的智力水平取决于先天遗传和后天发展,根据个体智力测试的结果,可以将人的智力划分为不同的等级(见表10-1)。从表10-1可以看出,人的智力水平大致呈正态分布:大约80%的人属于常态智力(包括中上、中等、中下三级),大约15%的人属于较高或较低的智力水平(包括优秀和低能边缘),另有5%

左右的人属于智力超常或智力落后。通过数据可以看出,尽管大多数人的智力属于常态水平,但是个体之间确实存在着智力的高、低差异。尽管幼儿年龄尚小,智力仍在不断发展当中,但是不可否认这种差异性在幼儿阶段已经开始出现,比较典型的是智力落后幼儿和智力超常幼儿的对比。这种客观存在的智力水平差异,使得幼儿在学习的速度、学习内容的复杂程度方面都有不同层次的需求,这就要求幼儿教育应该满足幼儿智力水平的客观需要,针对不同智力水平的幼儿采用不同难度的教学内容,制定适当的教育目标和灵活选择教育手段,这样才能在智力可塑性极大的阶段施加有利于幼儿学习和发展的教育影响。

表10-1 智力等级的分布①(IQ为韦氏分数)

IQ	智力等级	占比/(%)
130以上	极优秀	2.3
120~129	优秀(上智)	7.4
110~119	中上(聪颖)	16.3
90~109	中等	49.6
80~89	中下(迟钝)	16.2
70~79	低能边缘	6.0
69以下	智力缺陷	2.2

二、幼儿的智力结构与学习差异

除了在智力发展的水平上有所不同之外,幼儿在智力结构上同样存在差异。例如在幼儿园中有些幼儿具备很好的语言天赋,而有些幼儿虽然在语言表达能力方面表现平平,但是音乐学习方面的能力却远远超过其他幼儿。对于智力内在结构存在的差异,国内外已经进行了很多理论和实践研究,它们从不同的维度阐述了个体能力结构存在的显著差异。

(一)智力二因素说

英国心理学家查尔斯·斯皮尔曼(Charles Edward Spearman,1836—1945)提出了著名的智力二因素论。这种理论认为,智力包括两种潜在的因素。一种是一般因素,简称G因素,它是指完成不同种类的活动中普遍需要具备并表现出来的共同能力,包括观察力、注意力、记忆力、想象力等。G因素是一种普遍存在的智力能力,影响个体在几乎所有智力测验中的表现。另一种是特殊因素,简称S因素,它是指从事某种专业活动时所需要并表现出来的能力,如数学能力、语言能力、音乐能力、运动能力等。

卡特尔(R. B. Cattell,1905—1998)将人的智力分为两类:流体智力和晶体智力。流体智

---

① 竺培梁.智力心理学探新[M].合肥:中国科学技术大学出版社.2006:104.

力(fluid intelligence)指基本与文化无关的、非语言的心智能力,如空间关系认知、反应速度、记忆力以及计算能力。流体智力需要较少的专业知识,在青少年时期一直增长,在30岁左右达到顶峰,随后逐渐衰退。晶体智力(crystallized intelligence)指从社会文化中习得的解决问题方法的能力,是在实践(学习、生活和劳动)中形成的能力。晶体智力包括了习得的技能和知识,例如词汇、一般信息和审美等,这种智力在人的一生中都在增长。

无论是一般智力和特殊智力,还是流体智力和晶体智力,无疑都存在于每一个幼儿的智力结构当中。然而,由于各种因素的影响,幼儿无论在观察力、注意力、记忆力等一般智力,还是在数学、音乐、运动等特殊智力方面都存在着明显的差异。例如,有的幼儿注意力容易集中且持续时间较久,可以在一段时间内认真思考或观察某一事物,而有些幼儿则极易受各种环境因素的影响而出现注意力分散的现象。在特殊智力方面,有的幼儿身体灵活、平衡性好,在体育活动中出类拔萃,有的幼儿则对数字特别敏感,具备很好的数、量、形的感觉和认知能力。同样,幼儿在空间认识、反映敏捷度等流体智力和知识、经验积累等晶体智力方面也各有不同。流体智力的发展主要受生理发展和遗传因素的影响,幼儿很小便表现出在空间感知、记忆力等方面的差异;晶体智力则与幼儿所处的学习生活环境密切相关,由于幼儿所经历的实践活动各不相同,晶体智力的习得和积累也相应地存在差异。

以上两个关于智力的理论在对传统单一智力观进行总结的基础上有了一定程度突破,为人类智力的研究引入了一个新的视角。从幼儿教育的视角来看,不同智力因素的客观存在也提醒每一个幼儿教育工作者:在教育活动中,要在关注幼儿智力发展年龄特点的基础上,关注幼儿智力的内部差异性,重视幼儿观察力、注意力、思维能力等学习必备能力的培养,同时为幼儿特殊才能的学习和发展提供支持,实现幼儿全面发展基础上的个性化发展。

(二)三元智力理论

三元智力理论的提出源自斯滕伯格对于智力内在成分的认识,斯滕伯格认为一个完备的智力理论必须要说明智力的三个方面:元成分、操作成分和获取知识成分。

元成分是一种高级的决策过程,主要用于计划做什么,同时监督执行的过程,评估任务完成的质量。例如,一个学生要完成数学课题,首先要确定选择哪个数学课题,同时计划解决问题的步骤和策略,这样才能保证任务的完成。操作成分是对元成分所发出命令的执行过程。例如为了完成数学课题,在计划制定之后,需要查阅相关书籍,收集各种资料并细心组织内容。获取知识的成分是学习如何解决问题的首要过程。如学生为了完成所选的数学课题,必须要学习如何通过各种途径查阅资料,学习如何组织、完成课题任务。不难看出,这三种智力成分是相互关联,元成分帮助我们决策做什么,并激活操作成分和知识获取成分,操作成分和知识获取成分反过来又为元成分提供反馈,使元成分及时作出决策调整。

上面所讲到的三种成分构成三元智力理论中的分析性能力、创造性能力和实践性能力这三种相对独立的能力(见表10-2)。分析性能力指用于分析、评价问题的能力;创造性能力则是指创造、发明、发现和想象的能力;实践性能力更侧重现实世界中应用、实施和实现某一想法和观点的能力。斯滕伯格认为多数人在这三种能力上存在着不均衡,个体的智力差异主要表现在这三种能力的不同组合上。

表 10-2　斯滕伯格的三元智力理论

内容	分析能力	创造能力	实践能力
定义	抽象思维、信息处理的能力;语言能力	阐明新思想、联合非相关事实的能力;处理新异情境以及自动提出新的解决方案的创新能力	适应改变了的环境的能力;改造环境以最大限度利用机会的能力;在特殊情境中解决问题的能力
举例	类推或演绎,学习词汇	诊断汽车发动机的问题;为一项新方案找到资源	将电话筒从电话机上取掉或在门上贴上一个"请勿打扰"的条子,在学习时避免或减少干扰

幼儿已经具备了一定的分析能力、创造能力和实践能力,但是这些能力在每一个幼儿身上的组合各不相同。例如,有的幼儿善于思考老师提出的问题,在思考的基础上作出细致的分析,有的幼儿则在创造性任务和游戏上表现突出,经常会有很多新颖的想法,而有的幼儿则动手能力强,善于解决实际问题。按照斯滕伯格的观点,这源于幼儿三种智力成分构成的组合不同,而且可以肯定的是幼儿阶段这三种智力差异客观存在。另外,尽管这三种智力是相对独立存在,但是在幼儿解决学习和生活问题时,每一种智力都同时发挥着重要的作用,可以说每一种智力在解决问题中都是环环相扣的,这就意味着每一种智力的欠缺都会影响到幼儿学习的流畅性和效果。从这个角度来看,幼儿在分析性智力、创造性智力和实践性智力三方面的差异更值得我们注意。

斯滕伯格的三元智力理论影响深远,特别是在教育方面具有重要的启示价值。一方面,幼儿教师需要关注幼儿每一种学习行为对发展智力的三个方面的作用,使所有幼儿的智力全面发展。教师不仅要强调幼儿分析能力的发展,也要重视其实践能力的提高,为幼儿提供不同的实践情境,发展幼儿动手和适应新环境的能力;另一方面,教师要帮助幼儿认识、利用并发挥自己的智力优势,对智力发展相对落后的方面采取相应的教育对策进行弥补,从而促进幼儿全面发展。

(三) 多元智能理论

多元智能理论是美国著名教育心理学家加德纳(Howard Gardner,1942—　)所提出的,他根据哈佛教育研究所多年来对于认知科学、神经科学和不同文化知识发展以及人类潜能开发研究所得的结果,提出了"智力应该是个体在某一特定文化情境或社群中所展现出来的解决实际问题和生产有价值的社会产品的能力"的观点。

加德纳提出,人类至少存在八种智力(见表 10-3),这八种智力分别是言语-语言智力、逻辑-数理智力、视觉-空间智力、身体-动觉智力、音乐-节奏智力、人际智力、内省智力,以及他后来补充的自然观察智力。

表 10-3 多元智力理论[①]

智力类型	核心成分	典型人群
言语-语言智力	对声音、韵律和词的意义敏感,理解语言的不同功能	诗人、记者
逻辑-数理智力	对识别逻辑或者数学模式敏感,能够进行比较长的逻辑链条的推理	科学家、数学家
视觉-空间智力	能够准确地感知视觉-空间世界,并能够进行直觉转换	航海家、雕刻家
身体-动觉智力	控制身体的运动和灵活操作物体的能力	舞蹈演员、运动员
音乐-节奏智力	能够谱写和欣赏节奏、音调和节拍,鉴赏各种形式的音乐	作曲家、小提琴家
内省智力	了解自己的情绪,能够辨别这些情绪,并能够根据这些情绪指导自己的行为;了解自己的长处、不足、动机和智力	演员、小说家
人际智力	对人的各种情绪、气质、动机和需要作出正确判断和反映的能力	治疗师、售货员
自然观察智力	能够发现并理解自然界的模式	地理学家、探险家

(1) 言语-语言智力。是指运用语言达到各自目的的能力,以及对声音、韵律、语意、语序的敏感和灵活操纵语言的能力,包括听、说、读和写的能力。

(2) 逻辑-数理智力。是指运算和推理等在科学或数学方面的一般能力,以及处理较长推理、识别秩序、发现模型和建立因果模型的能力。

(3) 视觉-空间智力。是指准确感受视觉-空间世界的能力,包括感受、辨别、记忆、再造、转换以及修改物体的空间关系,并借此表达思想和情感的能力。

(4) 身体-运动智力。是指控制自己身体运动和技术性地处理目标的能力。

(5) 音乐-节奏智力是指感受、辨别、记忆、理解、评价、改变和表达音乐的能力。

(6) 人际智力是指与人相处和交往的能力,表现为察觉体验他人情绪、情感、气质、意图和需求的能力,以及据此作出适当反应的能力。

(7) 内省智力。是指认识、洞察和反省自身的能力,并在正确的自我意识和自我评价的基础上形成自尊、自律和自控的能力。

(8) 自然观察智力。是指认识物质世界的相似和相异,以及动物、植物和自然环境中的其他事物(如云、岩石)的能力。

根据多元智力理论,每一种智力代表着区别于其他智力的独特能力,但这些智力之间又相互依赖、相互补充,共同组成了个体完整的智力结构。受遗传和环境的影响,这些智力在

---

① [美]Robert J. Sternberg Wendy, M. Williams. 教育心理学[M]. 张厚粲,译. 北京:中国轻工业出版社,2003:118.

不同个体智力结构中的分布存在差异。幼儿虽然尚处于成长和发展的初期,但是已有明显的智力独特性表现。比如有的幼儿天生对音乐表现出了极大兴趣和良好天赋,有的幼儿则善于进行美术创作。

加德纳认为传统智力测量单纯依靠标准化测试来判断儿童智力的高低,甚至以此来预言他们未来的成就和贡献是片面的。传统的智力测量方法过分强调了言语-语言智力和逻辑-数理智力,而忽视了其他同样具有创造价值并为社会所需要的智力。

 案例10-2

幼儿多彩的智力

5岁的欢欢由于身体协调性不好,经常害怕参加体育活动,每一次班级组织体育活动她都躲在一旁不愿加入。然而,每当参加有关数学的活动时,她却表现非常活跃,而且总能赶在其他小朋友之前得出正确答案。

亮亮今年5岁,从小就表现出了语言表达能力上的天赋,能够很好地运用自己的语言交流能力与周围的小朋友建立起良好的关系,得到很多小朋友的喜爱。

案例中所介绍的欢欢,尽管在运动方面的能力不足,但是却有着良好的数学学习能力。而亮亮则在与人交往中表现出了他特有的语言天赋。每个幼儿的身上都既有其优势和长处,同时也存在着劣势和不足。幼儿教育的根本目的在于发现每个幼儿的长处,挖掘每个幼儿特有的潜力,同时弥补其在学习上的劣势和不足,切实促进符合幼儿特点的适宜性学习,更好地实现幼儿的全面发展。

在多元智力理论导下,在探索幼儿教育改革发展方向的"多彩光谱"项目中,加德纳认为每个幼儿都犹如美丽的光谱一样,有着五彩斑斓的智力组合。基于此,加德纳提出了一种新的教育观:"以个人为中心的教育"。以下是其提出的针对幼儿智力发展进行指导的教学策略。

1. 言语-语言智力

给幼儿读故事,也让他们把书上的内容念给你听;和幼儿讨论书籍作者;和幼儿一起上图书馆,逛书店;让幼儿将重要的事件记录下来;让幼儿总结并复述读过的故事。

2. 逻辑-数学智力

和幼儿一起玩逻辑游戏;留意可以启迪幼儿思维并认识数字的情境;带幼儿参观计算机实验室、科学博物馆、电子产品展览会;和幼儿一起开展数学活动。

3. 视觉-空间智力

准备各种供幼儿使用的创造性材料;让幼儿穿行迷宫,制作图表;带幼儿参观艺术博物馆和可以亲身操作的儿童博物馆;和幼儿一块散步,返回途中,让他们回忆去过的地方,然后绘制游历图。

4. 身体-动觉智力

为幼儿提供身体运动的机会,并鼓励他们参与活动;为幼儿提供室内和室外活动的场地,如果无法做到,带他们去公园;带幼儿看运动赛事或芭蕾舞演出;鼓励幼儿参加舞蹈活动。

5. 音乐-节奏智力

为幼儿提供可供他们使用的录音机或播放器;为幼儿提供弹奏乐器的机会;创造机会让幼儿利用声音和简单的乐器创作音乐和节奏;带幼儿听音乐会;鼓励幼儿自己创作歌曲。

6. 内省智力

鼓励幼儿培养兴趣爱好;倾听幼儿的感受,并作出感觉敏锐的反馈;鼓励幼儿运用想象力;让幼儿以日记或杂记的形式记录自己的想法和经历。

7. 人际智力

鼓励幼儿参加团体活动;帮助幼儿培养沟通技巧;提供幼儿玩耍的团体游戏;鼓励幼儿加入俱乐部。

8. 自然观察智力

带幼儿参观自然科学博物馆;在教室里建立自然观察学习中心;鼓励幼儿参与户外自然观察活动;让幼儿收集植物资料或动物资料,并将其分类。

多元智力理论带来的新教育内涵,证实和肯定了每个幼儿都存在不同智力组合成的独特智力结构,他们都具有独特的优势和客观的不足,成人要提供个性化的教育内容和创设多样化的教育方式,发掘每个幼儿的潜力,并为每个幼儿的优势发展创造有利条件。这些观点极大地冲击了以单一、片面的智力观来评价和教育幼儿的传统幼儿教育,对树立正确的幼儿观和教育观,实施因材施教,进行素质教育,推动教育改革的发展有重要的启示。

第二节 幼儿的学习风格与学习差异

学习风格是除智力因素之外,对幼儿学习影响最大的因素之一。学习风格通过影响幼儿的情绪、积极性、持久性等方面来制约幼儿的学习,幼儿的学习风格千差万别,良好的教育需要尊重并尽可能适应幼儿的学习风格。

一、学习风格的定义和特点

学习风格又叫学习类型或学习方式,是学习者在学习过程中经常采用的学习方式,包括对学习内容所采取的稳定的学习策略,对教学刺激的偏爱以及学习倾向,它主要包括学习的情绪、态度、动机、持久性等。

学习风格具有区别于学习中其他因素的突出特点。首先,学习风格是学习者在学习过程中逐渐形成的习惯和倾向,具有持久性和稳定性,较少因学习内容、学习环境的改变而改变;其次,学习风格的形成受到个体气质、家庭环境、社会文化的影响,不同的学习者表现出明显的学习风格差异。例如有的幼儿易冲动,而有的幼儿较为谨慎;有的幼儿喜欢自己做决定,有的依赖教师或同伴帮助;有的幼儿喜欢通过听来学习,有的则喜欢通过摆弄操作来学习;最后,不同于个性、能力等间接影响学习的因素,学习风格会直接影响学习活动,并贯穿于学习者学习的整个过程。

二、学习风格理论

由于划分维度和对于学习风格的认识不同,关于学习风格的分类繁多,这其中邓恩的学习风格理论较有说服力。邓恩夫妇是较早研究学习风格的学者,经过在多年对学习风格的研究中,他们发现:学习风格受到周围环境、自身情绪、社会需要、生理特征和心理倾向五类因素的影响。在此基础之上,他们将学习风格分为以下五类。

(一) 环境要素

环境要素包括幼儿对学习环境安静或热闹的偏爱,对光线强弱的偏爱,对温度高低的偏爱,对坐姿正规或随便的偏爱。如有的幼儿需要安静地学习,有的幼儿却能容忍声音的干扰,甚至需要一定的声音刺激。

(二) 情绪类要素

情绪类要素包括自我激发动机,家长激发动机,教师激发动机,缺乏学习动机,学习坚持性强弱,学习责任感强弱,对学习内容组织程度的偏爱等。如有些幼儿在学习上需要家长更多的鼓励才能有动力,而有的幼儿却在学习上有很强的内在动机,在学习上表现得独立而积极。

(三) 社会性要素

社会性要素包括幼儿是否喜欢独立学习,喜欢结伴学习,喜欢与成人一起学习,喜欢与各种不同的幼儿一起学习。如有的幼儿需要和他人一起才会有好的学习效果和较高的学习效率,有的幼儿则喜欢个人独处。

(四) 生理性要素

生理性要素包括是喜欢听觉刺激,还是喜欢视觉或动觉刺激;学习时是否爱吃零食;清晨学习还是下午或晚上学习效果佳;学习时是否喜欢活动。如有的幼儿早晨大脑清醒、活跃,学习积极性高,适合在早晨学习,有的则在其他时段才具备良好的学习欲望。

(五) 心理性要素

心理性要素它包括大脑的分析和综合;对大脑左右两半球的偏爱;沉思与冲动等因素。如有的幼儿回答问题当机立断,几乎不假思索,而有的幼儿却要思考很久才会给出答案。

根据邓恩夫妇的学习风格理论,幼儿学习的影响因素主要包括环境、情绪、社会性、生理性和心理性等五个方面。正是由于每一个幼儿在这些方面的偏好和习惯的不同,造成了他们在学习风格上的迥异。在判断幼儿的学习风格时,不仅要考虑到外在环境和生理方面的特点,还要分析幼儿的动机、依赖程度等内隐的特点,这样才能真正做到对幼儿学习风格的准确判断,以便有的放矢地组织教学活动、创设教学环境和进行教学评估,切实尊重幼儿由于学习风格不同而具有的学习差异。

三、常见的学习风格与幼儿学习差异

学习风格的差异是客观存在的,接下来将介绍几种常见的学习风格,以便对于学习风格的差异性有更清晰地理解和认识。

(一)感觉通道的偏好与学习差异

感觉通道是指在与外界环境互动过程中获得信息的渠道,一般包括眼睛看、耳朵听、手触摸和操作等。根据瑞士心理学家皮亚杰发生认识论的观点,学习是主客体之间在互动的过程中实现的,因此,个体的感官通道对于个体的学习尤为重要。每一位幼儿的学习通道都不尽相同,例如在学习过程中,有些幼儿善于通过阅读来学习,有些幼儿善于通过听来学习,有些幼儿则善于通过操作来学习。一般来说,所谓的感觉通道的差别是指幼儿对于视觉、听觉和动觉刺激的偏好程度。学习者在感觉通道偏好上存在三种典型的类型:视觉学习者、听觉学习者和动觉学习者(见表10-4)。

表10-4 三种感觉通道[①]

类 型	学习者的特点	应选择的学习策略
A.视觉型	喜欢图形、图表、图片等,喜欢阅读	使用卡片、录像和其他的视觉辅助
B.听觉型	喜欢听讲座、录音带和谈话等	创造机会听讲座,参加讨论
C.动觉型	喜欢通过借助别人的演示来学习;喜欢通过绘画和模仿来学习语言	寻找实践机会理解语言和文化(如通过非语言交际的方式交流)

1. 视觉型学习者

视觉型学习者在学习过程中偏爱视觉刺激,更多地通过视觉通道来获取外部信息。具体表现为喜欢安静地看书、做笔记,而不喜欢老师的讲解和动手操作。

2. 听觉型学习者

听觉型学习者较为偏好听觉刺激,听觉刺激往往能够激起他们强烈的学习兴趣,他们对于外界声音有很强的理解力,习惯于通过声音作为媒介来进行学习。例如有些幼儿喜欢边

---

① 韦洪涛.学习心理学[M].北京:化学工业出版社.2011:160.

听音乐边学习,而不是安静地看书。

3. 动觉型学习者

动觉型学习者喜欢在实践中学习,学习更多的通过与实物的接触,对于自己能够动手参与的认知活动更感兴趣。例如有些幼儿会喜欢在活动区通过摆弄玩教具进行学习,而不喜欢通过书本阅读和听教师口头讲解进行学习。

在日常的学习生活中,幼儿也表现出了不同的感觉通道偏好。根据幼儿学习中感觉通道偏好的不同,相应的教育指导应注意:

(1)视觉型学习的幼儿对视觉刺激敏感,习惯用视觉感知、接收学习材料,例如景色、相貌、书籍、图片等。针对视觉型学习幼儿的学习特点,教师一方面要在环境创设中注重通过色彩、图画的巧妙搭配来增强学习环境对幼儿的视觉吸引力;另一方面要在教学内容中注重满足幼儿的视觉需要,在教学方式上要留给幼儿适当的自主学习时间。

(2)听觉型学习的幼儿偏重听觉刺激,他们对语言、声音、音乐的接受力和理解力强,更倾向于通过声音作为媒介来进行学习。针对这类幼儿,教师可以多用听觉输入的方式进行教学,例如讲故事、放音乐等。

(3)动觉型学习的幼儿喜欢接触、操作物体,对自己能够动手参与的认知活动感兴趣,教师应该尽可能在保证学习内容完整的基础上采用活动性、操作性较强的方式进行教学,例如幼儿园组织的区角活动、角色扮演游戏等。

(二)认知风格与学习差异

认知风格指个体对外界信息刺激的感知、注意、思维、记忆和解决问题的方式,是个体认知要素在学习中的体现。因此,某种意义上来讲,认知风格是学习风格的一部分。认知风格与个性相关,而且与个体的情感和动机特征联系在一起。关于认知风格的归纳和分类非常多,根据幼儿阶段认知的发展特点和程度,下面介绍几种在幼儿学习中常见的认知风格。

1. 场依存型和场独立型

威特金(Herman A. Witkin,1916—1979)等人通过相关的实验研究发现,有些人的知觉较多地依赖他们周围的环境信息,而另外一些人的知觉则较多地依赖于他们身体内部的线索。在此基础上,他把人的认知方式分为场独立型和场依存型两种。场依存型(field dependence)是学习者基本上倾向于依赖外在参照(身外的客观事物)的一种认知风格,而场独立型(field independence)是学习者基本上倾向于依赖内在参照(主体感觉)的一种认知风格。

场依存型和场独立型两种认知风格与学习有着密切的关系,二者在学习上有不同的特点(见表10-5)。场依存型学习者注重学习环境的社会性,并且对具有社会内容的材料更感兴趣,偏爱社会科学的学习。同时,场依存型学习者的学习更多地依赖外在的反馈,容易受他人暗示的影响,他们学习的努力程度往往受外来因素的影响,因而场依存型的学习者的诱因来自外部时学习效果更好;而场独立型的学习者偏爱自然科学,在内部动机作用下学习时,常常会产生更好的学习效果,在数学成绩上的表现更为明显。

表 10-5 场独立型和场依存型的学习特点①

学习风格\学习特征	场独立型	场依存型
学科兴趣	自然科学	社会科学
学科成绩	自然科学成绩好 社会科学成绩差	自然科学成绩差 社会科学成绩好
学习策略	独立自觉学习 内在动机支配	易受暗示,学习欠主动 外在动机支配

既然学习者的学习风格是客观存在的,那么如何科学地判断学习者的学习风格呢?心理学家经常使用的是"镶嵌图形测验"和"身体适应测验"。"镶嵌图形测试"(见图 10-1)即要求被试从复杂的图形中辨认出里面简单的图形,有些人能立即指出这个图形,不会为周围的线条而分散精力;而有些人则需要花费较长的时间才能辨认出来。

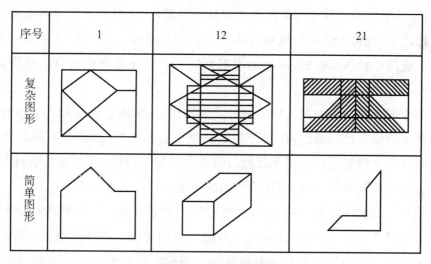

图 10-1 镶嵌图形测试

幼儿在日常的学习和生活当中,都会不同程度地表现出场独立和场依存两种学习风格的偏向,最为明显的就是在幼儿学习动机方面,有些幼儿需要在教师或家长的鼓励下才能有学习的动力,而有些幼儿则在没有受到或较少受到教师或家长鼓励的情况下依旧能保持浓厚的学习兴趣。除此之外,在学习过程中,场独立型和场依存型幼儿的认知风格差异还表现在受暗示性、独立学习性等方面。

---

① 谭顶良.学习风格论[M].南京:江苏教育出版社,1999:70.

鉴于此,教师应同时从取长和补短两个方面利用好幼儿的场定向。一方面,观察和了解幼儿的学习行为习惯,在此基础上识别他们的场定向,并使用与其认知风格相适应的教学方法,以便提高幼儿的学习兴趣和学习效果;另一方面,由于每一种认知风格都有其特有的优势和明显的不足,为了促进幼儿全面地、更好地发展,一种比较有效的策略是将每个幼儿的全部技能扩展到他们不占优势的场定向范围,达到两种认知风格的相互补充。如场独立型幼儿可以被指定去参加某些要求具有社会敏感性的任务,如担任活动的小组长、主持人等;而场依存型的幼儿则可以被指定去尝试那些要求应用分析性技能单独完成的工作,如按要求完成智力拼图。此外,在教学过程中,由于场依存型学习者比场独立型学习者需要更多的鼓励和支持,因此家长和教师要注意对他们取得的成绩给予及时的反馈,在学习中为其创造合作学习的机会;而对于场独立型学习者则要为其提供单独学习的时间和空间,创造适合其学习的环境和氛围。

2. 反思型和冲动型

反思型和冲动型是认知风格的又一重要分类,反思和冲动是反映吸收外在信息,并在此基础之上加工信息和解决问题的速度。杰罗姆·卡根(Jerome kagan,1929—)通过了一系列实验发现,一些学习者的知觉与思维方式以冲动为特征,而另外一些学习者则以反思为特征。在此基础之上,他将人的认知风格分为反思型和冲动型。反思型是指学习者能够做出缓慢但准确反应的一种认知风格,而冲动型则指学习者能够作出快速但不准确反应的一种认知风格。

冲动型的学习者倾向于根据问题的部分线索和信息,作出直觉基础之上的判断,他们往往以很快的速度形成自己的看法,在回答问题时很快就作出反应,但是容易发生错误;反思型的学习者则在作出回答之前运用充足的时间思考问题,分析解决问题的不同方法和策略,在此基础之上选择最佳的方案,因而他们作出的决定往往正确性较高。

有人在综述大量研究之后总结说,反思型的学习者表现出更为成熟的解决问题策略,而且与冲动型的学习者相比,他们更有可能去考虑不同的解决方法和策略。[①] 那么,我们是否可以认为反思型认知风格要优于冲动型的认知风格呢?这显然是不成立的,因为有研究表明两种学习风格可能适合于不同类型的学习任务。另有人发现,虽然反思型的学习者解决较少维度的问题时比冲动型的学习者速度快,但是冲动型的学习者解决具有许多维度的问题时则要快于反思型的学习者。[②] 还有人研究发现,反思型学习者在完成需要分析细节的学习任务时,学习成绩要好一些;冲动型的学习者在完成需要作综合性解释的学习任务时,学习成绩要好一些。这也表明了冲动型学习者在解决问题的能力方面并不一定比反思型的学

---

① 陈涛.教育心理学原理与应用[M].合肥:安徽教育出版社,2004:286.
② 陈涛.教育心理学原理与应用[M].合肥:安徽教育出版社,2004:286.

习者差。

由于气质、性格和生活成长环境的不同,幼儿在学习过程中同样存在着冲动和反思两种偏向,例如在老师还没有读完需要回答的问题之前,有的幼儿就迫不及待地站起来回答或举手示意;而有的幼儿却需要很长时间思考问题,他们往往在很多幼儿回答完问题之后才能给出自己的答案。这种认知风格的差别表现在幼儿生活和学习的方方面面,且对于幼儿学习的影响也是潜移默化,如果不关注冲动型和反思型这两种认知风格的差别,就不可能实现真正意义上的尊重个别差异。因此,反思型和冲动型两种认知风格的差别也是认识幼儿,并实施幼儿教育过程中不可忽略的内容。那么,该如何正确地对待幼儿的学习风格差异呢?

一般认为,学习风格在一定程度上受教育和环境的影响,这就意味着学习风格是可以通过教育改变的。然而认知风格的问题在多大程度上受环境和经验影响,在多大程度上又是基于内在的生理前提,对此相关学科尚没有足够的研究。① 在这种情况下,如果强迫幼儿去改变自己习惯的认知风格,无疑会破坏幼儿的学习方式和节奏,影响幼儿的学习积极性和学习效果。因此,在幼儿教育活动中,幼儿教师首先要承认和尊重幼儿的不同认知风格,改变对于幼儿认知风格认识单一片面的观念,同时在幼儿可以接受的范围内进行科学的指导,例如对于冲动型的幼儿要给以提示和督促,引导他们全面、深入地思考问题、得出结论。对于沉思型的幼儿,则要鼓励他们做出快速的反应,通过限定完成任务的时间,来促使他们在保证准确性的前提下提高解决问题的速度。这样,不仅可以满足不同幼儿认知风格需要,能够促使其学习其他类型认知风格的学习方法,实现优势互补,促进幼儿的全面发展。

案例 10-3

尊重幼儿学习风格的多样性②

易易是一个比较内向、不做没把握事情的孩子。前一阵,我们班做静电的科学实验时,易易特别感兴趣。在我提问"除了气球能吸起纸蝴蝶外,还有什么东西也能吸起纸蝴蝶"时,他听得特别认真。但在实验中,他却不敢亲自操作,生怕自己失败了。这时,我走过去说:"易易,你发现除了气球之外,还有什么能够吸起蝴蝶呢?"他腼腆地冲我笑了一下,赶紧把刚刚拿在手中的积塑棒放在了桌子上,什么话也不说,只是冲我笑,当我离开时,他才缓缓地又将积塑棒拿了起来,不急不慌地在头上蹭着。当区域活动结束时,其他小朋友找到了很多材料,他却没有找到几样。

这些都是在活动中我所看到的易易的表现和对易易性格的理解。但是当时,我却没有特意去思考分析这件事,没有考虑在下次活动中根据他的特点,怎么做能够促进他的发展。其实每个人在学习风格上都存在很大的差异,有的孩子属于人来疯,老师越看他,他做得越来劲,老师一走就不做了;有的孩子却害怕看老师,不喜欢老师总围在身边,对于这种孩子,如果老师还总在身边指指点点的话,不仅不会促进孩子的发展,

---

① 陈涛.教育心理学原理与应用[M].合肥:安徽教育出版社,2004:287.
② 李建丽.幼儿个性化教育的实践探索[M].北京:北京师范大学出版社,2009:29.

反而会干扰、打断孩子的活动。易易就属于后一种类型,平时喜欢一个人摆弄、琢磨一件事。经过以上分析后,我制定了下一步对他的支持模式。问题还是"除了气球之外,还有什么东西也能吸起纸蝴蝶",但这次我少了往日的指导,而是让他一个人去摆弄、探索,留给他充分的自由空间,为他创设一个宽松、和谐的精神环境。果不其然,易易在这种环境下相当投入,沉浸在自娱自乐的探索中。整个区域活动的时间,易易没有离开科学区半步,发现了很多新材料,而且还发现了"同性相斥,异性相吸"这种现象。由此可见,尊重幼儿学习风格的多样性,重视为幼儿创设一个宽松、和谐的精神环境,在促进幼儿富有个性的发展中将起到重要作用。

第三节 幼儿的人格与学习差异

人格是指个体在适应社会的过程中特有的不同于他人的思想、情感和行为,是一个人比较稳定的心理特征。人格的形成以一个人的生理素质为基础,同时也受家庭、学校教育和社会环境等因素的影响。这些非智力因素在一定程度上也通过影响学习动机、学习持久性以及学习中认知因素等方面影响着个体的学习行为和学习效果。

一、人格与人格特质

人格是心理学和教育学研究的重要内容之一,心理学上的人格理论主要有:阿德勒(A. Adler,1870—1937)的独立型和顺从型人格理论;荣格的内倾和外倾人格理论;培因(A. Bain)的理智型、情绪型和意志型人格理论;斯普兰格(Spranger,1882—1963)的社会文化类型理论,将人格分为理论型、审美型、权力型、社会型和宗教型。人格具有持久性、内在性和行为一致性的特征,人格的稳定性与一致性在很大程度上源于其核心成分——特质,特质是人格的重要维度和基本单元,对于人格的归类通常是通过人们表现出来的特质来完成的。心理学家将各种各样的特质进行分类后发现,这些特质大致归纳为以下五类因素:神经质、外倾性、开放性、宜人性和严谨性,后来被称之为五因素模型(见表10-6)。

表10-6 五个维度的高、中、低分描述[1]

五大维度	高分描述	中等分数描述	低分描述
神经质	感觉灵敏,感情脆弱,很容易体验到令人心烦意乱的感觉。	比较安静,有能力应付压力,但有时体验到负疚、愤怒或悲伤的感觉。	无忧无虑、能吃苦耐劳。及时面对压力,一般也能保持轻松。

---

[1] 陈少华.人格与认知[M].北京:社会科学文献出版社,2005.

续表

五大维度	高分描述	中等分数描述	低分描述
外倾性	外向、开朗、活泼、情绪高昂,大多数时间愿意与人打交道。	在行为和热情两方面能保持不温不火。愿与人相处,同时也注重个人隐私。	内在、含蓄、庄重,喜欢孤独或只与几个密友交往。
开放性	喜欢经历新鲜事物,兴趣广泛,想象力丰富。	讲求实际,但也愿意尝试新方法。在新与旧之间寻找一种平衡。	脚踏实地、讲究实际、因袭传统。固守自己处世的原则。
宜人性	极富同情心,性情温厚,渴望合作,避免冲突。	富有同情心,信任他人,性情温和,但有时固执己见,不乏竞争意识。	斤斤计较,怀疑心重,骄傲自大,争强好胜。直接了当地表达自己的愤怒。
严谨性	责任心极强,做事有条不紊。高标准、严要求,努力实现自己的目标。	为人可靠,做事较有条理。目标清晰,但有时也能将工作放置一旁。	生性闲散,做事缺乏条理。有时马虎大意,不愿制定计划。

二、幼儿的人格差异

幼儿期是人格形成的关键时期,因此,重视幼儿良好气质、性格等心理特征的培养至关重要。除了培养幼儿良好的人格,也需要关注每一个幼儿人格的差异。一般认为,幼儿的人格差异主要表现在气质和性格两个方面。

(一)气质与幼儿人格差异

在与幼儿接触的过程中,我们经常会发现这样的现象:有的幼儿比较安静,而有的幼儿却哭泣较多;有的幼儿容易抚慰,而有的幼儿却需要费很大的精力才能让他们平静下来。研究表明,其实人类在出生后不久便表现出了明显的气质差异。目前在儿童气质方面的研究较多,影响最大的是托马斯和切斯(Thomas & Chess)在1956年发起的、持续30多年的追踪研究。通过对大量研究数据的分析,他们将幼儿的气质归纳为以下三种类型。

1. 容易型

这种类型幼儿饮食、大小便、睡眠等都很有规律;心境、情绪比较愉快、积极;乐于探究新事物,在新事物与陌生人面前表现出适度的紧张,对环境的变化容易适应。

2. 困难型

这种类型与"容易型"幼儿相反,这类幼儿的活动没有什么规律,不容易预测和把握;对新环境反应退缩,很难适应,面对陌生人则较为敏感,反应很强烈,甚至哭闹不止。

3. 慢热型

这种类型幼儿的行为表现介于前两类幼儿之间。他们对环境的变化不易适应,在陌生人与新事物面前反应也很退缩;不容易兴奋,但是反应的强度比较低;对环境刺激的反应比较温和、抑制;心境比较消极。

托马斯和切斯通过测定得出如下结论:在全体被试中,气质为"容易型"的幼儿约占40%,"困难型"约占10%,"慢热型"约占15%,这三种类型的幼儿共占全体被试的65%;其余35%则表现为具有以上两种或三种类型混合的特点,统称为"交叉型"或"混合型"。

 案例 10-4

> **与生俱来的脾气**
>
> 幼儿园里来了四位新的小朋友,这是比较特殊的两对小朋友,他们是一对可爱的孪生兄弟和一对漂亮的孪生姐妹。刚来的几天里,班里的孩子们和老师都分不清谁是哥哥,谁是弟弟,谁是姐姐,谁是妹妹。因为他们每一对都长得一模一样,从相貌上根本无法区别。但是一个星期过后,小朋友们已经能够很清楚地辨别他们每一个人,这其中有什么奥秘呢?
>
> 孪生姐妹中的姐姐,她不喜欢说话,喜欢一个人玩。有时候小朋友主动邀请或凑过去和她一起玩,她总是一声不吭地走开到别处去玩。她尤其不愿意与陌生人接触,其他孩子的父母看到她们伶俐可爱,想逗她们说话,她也总是沉默不语。她上课时很安静,而且特别仔细,往往能够察觉别人不易感受到的区别。可是妹妹就截然不同了,她是那么活泼,很快就熟悉了新的环境。她喜欢与大家一起玩,爱出点子,常常成为孩子们的小领袖。妹妹学什么都很快,唱歌、跳舞……对一些感兴趣的东西都能全神贯注,但不感兴趣时就开始做小动作,所以上课时远不如姐姐那样安静。
>
> 再来看看小兄弟俩。哥哥是个急性子,每次拿小人书总是一大叠,但刷刷几下就翻完了;而弟弟捧着一本连环画就爱不释手,即使有小朋友邀请他玩别的游戏,他都坚持要看完那本书。哥哥喜欢玩运动量比较大的活动,同时也特别爱表现自己,上课时喜欢举手发言,但往往没听清楚老师的问题就急着回答,结果经常是答非所问。弟弟则比较安静且自制,喜欢画画和球类游戏,做什么都比较沉得住气,不易受其他孩子的影响。如果弟弟受了委屈,他会整天都情绪不好;但是若是谁惹了哥哥生气,哥哥转眼就会忘记,嘻嘻哈哈又去玩了。

以上案例中两对幼儿,有同样的父母、同样的年龄,几乎同样的成长环境,为什么会有如此不同的行为表现呢?其实这是由于先天生理特点所决定的先天性格-气质的不同造成的。

每个幼儿与生俱来的气质会对亲子关系的形成和发展,对环境的适应等方面起着重要的作用,这些最终都会影响到幼儿的学习和发展。但是我们要清楚地认识到:气质本身也在与外界环境的相互作用中,发生着一定的变化。因此,它既是个体比较稳定的一种心理特征,也具有一定的可塑性。

(二) 性格与幼儿人格差异

除了气质之外,性格是造成幼儿人格差异的又一重要因素。性格是构成个体人格的重要方面,幼儿由于处于同一年龄段而在性格方面表现出诸多共同之处,如天真活泼、积极向上、情绪易变、意志薄弱等。然而,幼儿的性格中除了共性之外,也开始表现出个别差异,特别是在5岁以后,幼儿的性格开始初步形成,有了明显个别化的性格特征,在对人、对事、对己的态度、情感和意志等方面已经表现出明显的差异。

我国学者茅于燕曾做过幼儿性格差异的相关研究,得到的结论是:幼儿性格的个体差异在4岁以前表现并不明显。5岁以后,幼儿的性格出现了明显的差异。我国学者万传文、范存仁等人曾于1984年考察了北京城区内6个幼儿园年龄在5~7岁的138名独生子女和127名非独生子女的独立、助人为乐、依赖性、攻击性、友好行为等五类行为,发现5岁组和6岁组中的独生子女和非独生子女在独立性方面的差异达到了显著水平($P<0.01$)。除此之外,性格也存在明显的性别差异。根据我国学者万传文的研究,5~7岁的男女幼儿在依赖性、攻击性和友好性等行为方面存在着明显的性别差异。在友好性行为方面,女孩的得分高于男孩,男孩比女孩更有攻击性。另外一些研究表明,在婴幼儿活动过程中,女孩比较喜欢从事较为安静的活动,而男孩则喜欢从事操作实物、跳跃、拆卸玩具等活动。在社会交往方面,男孩对物体更加感兴趣,而女孩则更喜欢社会交往程度较高的合作游戏。

另有研究者研究发现,女孩在独立进取、认真尽责、坚持自制、羞愧内疚、同情利他、合群性等方面明显优于男孩,说明女孩具有更强的独立性与进取性,其认真负责的态度也比男孩强,她们比男孩更加明显地表现出易管教性,对自我的约束和控制也比较强,同时,女孩更愿意同情、关心、帮助他人,也更愿意与同伴交往。但是,女孩比男孩更敏感,更多地表现出焦虑与不安,在情绪的激烈性与固执程度上也比男孩更强。此外,在好奇心、探索性、兴趣的广泛性等方面以及性格的开朗、活泼方面,男女幼儿之间并不存在明显的性别差异。

综上所述,幼儿在性格方面的差异客观存在,且随着年龄的增大,差异也在不断增大。要全面了解幼儿存在的人格差异,必须清楚地认识到性格差异对于幼儿人格差异的重要影响。

三、幼儿的人格与学习差异

幼儿作为一个完整的个体,人格是其重要的组成部分。由于人格的差异主要表现在气质和性格两个方面,因此,对于人格造成的学习差异也分别从气质和性格两个方面介绍。

(一)气质与幼儿学习差异

气质作为心理活动的重要影响因素,其强度、速度、稳定性和灵活性等方面的特征对于幼儿的认知、社会性行为等具有非常重要的影响,而认知和社会性行为又间接地影响到幼儿的学习。

1. 气质与幼儿认知差异

幼儿的气质与其认知在不同方面都存在着相关性。关于幼儿气质与认知的关系,马丁(H. Martin)进行了一项从儿童4个月起为时4年的跟踪研究,结果表明:困难型幼儿在智商分数上要高于容易型幼儿。① 另有研究表明,兴趣和毅力等气质特征与幼儿的认知行为密切相关。曼斯尼(Matheny)在研究儿童毅力对其 IQ 的影响时发现,1 岁时儿童的毅力状况与其心理测试得分和智商水平相关。并且在儿童中期,在老师的影响下,毅力将继续影响智商并间接影响学习,同时,毅力也会作为教师评价学生的一个重要方面,通过教师的评价和期待来影响学习。相反,注意力不集中、缺乏毅力的孩子学习情况普遍不好。

2. 气质与幼儿社会性行为差异

气质作为一种内在的特质,最明显的表现在个体外在行为方面,特别是社会性行为方面。在学前期,社会性行为的培养是学前教育的重要内容,也是儿童学习和发展的重要方面,另外,幼儿的社会性行为也会通过影响其学习积极性和主动性等方面影响幼儿的学习。幼儿的气质差异对幼儿的社会性行为的表现也是显而易见的,有研究表明,活跃性程度高的幼儿特别善于和小朋友交往,但同时也更容易发生彼此的冲突;情绪敏感、易激动的幼儿更容易产生攻击性行为和破坏性行为等不良的社会行为。

(二)性格与幼儿学习差异

幼儿的性格特征对其学习方式和学习状况的影响不可忽视,具有良好性格特征,可以保证幼儿具有正确的学习动机、稳定的学习情绪、持久的学习情趣和顽强的学习意志,从而提高心智活动的水平,取得更好的学习效果。

1. 性格与学习方式差异

有人通过问卷调查,归纳出六种与个体性格相关的学习方式:

(1)竞争型。这类学生的学习是为了表现自己比班上其他人学得更好,把课堂视为决定胜负的场所。他们注意分数和教师的奖励,希望在与其他学生的竞争中获胜。

(2)协作型。这类学生喜欢与同伴和教师合作,把课堂看作学习社交的场所,愿意同其他人交换意见,也乐意帮助其他人。

(3)回避型。这类学生对课堂学习和班里发生的事情并不感兴趣,也不愿意参与师生互动活动。

(4)参与型。这类学生对课程内容和上课感兴趣,喜欢参加班级的教学活动和课外活动。

(5)依赖型。这类学生只想学习教师布置的内容,对知识缺少好奇,总指望权威人士指导和告诉他应该做什么。

(6)独立型。这类学生喜欢自己独立思考,自己独立完成学习任务,学习自己认为重要的内容,但也愿意听取别人的意见和想法。

---

① 转引自秦金亮,黎安林,等.儿童发展通论[M].北京:新时代出版社,2008:148.

2. 性格与学习效果差异

学生的性格特征和学习效果处于一种相互影响、相互制约的辩证关系之中。良好的性格有助于实现幼儿健康学习和成长,而学习上的成功又能增强幼儿的自我效能感,使其获得成功的愉悦感,从而提高学习的积极性,学习更加勤奋,进而促进开朗、乐观和积极进取的性格的形成和发展。反之,不良的性格特征会严重影响幼儿学习,容易使幼儿学习效果不佳,产生失落感和无助感,从而导致消极、颓丧、恐惧、退缩、羞愧等情绪体验,久而久之,会加强消沉、悲观、自卑、厌世等不良性格特征。

虽然幼儿年龄小,人格发展尚未定型,但不可否认的是每一个幼儿都有其特有的人格特质。例如有的幼儿较为外向,喜欢与人交流,在陌生的环境中有较好的适应能力;而有的幼儿则偏于内向,较为喜欢安静,较少与人交流。有的幼儿在完成任务过程中意志力强,不轻易放弃;而有的幼儿则在面对较为复杂的任务时缺乏耐心。培养幼儿的完整人格本身就是幼儿教育的一个重要目标,而每一个幼儿各不相同的人格特性又会影响到幼儿的学习和成长。

教育应该尊重幼儿不同的人格特质,在此基础上促进幼儿身心的全面发展。教师要通过与家长的沟通和交流以及平时的细心观察,对每一个幼儿人格有科学的判断和认识,注意观察具有不同人格特点的学生感到最舒服自在的情境,提供适合他们人格特点的学习情境。同时,在接纳幼儿人格时又要注意帮助幼儿塑造健康的人格,教师要有意识地创设幼儿之间友好交往的氛围,为幼儿提供更多的交往机会,使幼儿在交往的过程中感受到温暖和友情,体验和学习其他幼儿独特的人格特征,促进幼儿良好的、完整的人格的形成。

第四节 影响幼儿学习差异的其他因素

教育是培养人的活动,因此,教育需要考虑人的方方面面。首先需要了解生理性差异对于学习的影响,另外,除了作为生物体具有的自然属性之外,人还具有作为社会成员的社会属性,个体所处的家庭、文化背景对于人的社会属性的形成与发展至关重要。教育要关注每一个人,既要关注个体先天存在的生理性差异,同时也要关注对人的发展具有重要影响的家庭环境和文化背景,因为不同的家庭环境和文化背景造就不同的人,而不同的人对于教育各方面的要求也不尽相同。

一、性别与幼儿学习差异

在幼儿的个体性差异之中,性别的差异是客观存在的,也是显而易见的。男孩和女孩具有不同的生理特征和心理特征,这些不同的特征会直接或间接地影响到幼儿的学习和发展。那么,性别差异表现在哪些方面,多大程度上影响到幼儿的学习,这是对幼儿学习差异的研究应该重点探讨的。

"性别"在英文里有两个表达方式："Sex"和"Gender"，这两个词具有不同的含义。"Sex"是生物学的概念，指第一性特征和第二性特征，是由染色体和激素决定的；"Gender"则是心理文化上的概念，指第三性征，通常指特定文化所认定的适于男性和女性的心理特质和行为方式。也就是说男女性别的差异可以从生理层面和心理层面两个方面来界定，下面将从这两方面探讨男女之间存在的差异。

（一）性别生理性差异与幼儿学习

男性和女性之间的生理差异的存在是不可否认的，有研究表明，男性大脑的荷尔蒙睾丸素比女性大脑高20倍。与睾丸素有关的因素包括：行动导向行为和冒险行为，表现为眼神交流较少，烦躁不安。相反，女性大脑所含的血清素和多巴胺比男性大脑高很多。血清素被认为有助于处理和理解情感，约束进攻行为；多巴胺则有助于集中注意力。

由于男女内在生理结构的不同，造成了男女在某些行为和能力上的差异，教育中应该适应这种差异，例如我国《3~6岁儿童学习与发展指南》（见表10-7）中就指出了在幼儿健康领域中身高和体重的男女差异性参考标准。

表10-7 幼儿健康体态的参考标准[①]

3~4岁	4~5岁	5~6岁
身高和体重适宜。参考标准： 男孩 身高：94.9~111.7厘米 体重：12.7~21.2千克 女孩 身高：94.1~111.3厘米 体重：12.3~21.5千克 在提醒下能自然坐直、站直。	身高和体重适宜。参考标准： 男孩 身高：100.7~119.2厘米 体重：14.1~24.2千克 女孩 身高：99.9~118.9厘米 体重：13.7~24.9千克 在提醒下能保持正确的站、坐和行走姿势。	身高和体重适宜。参考标准： 男孩 身高：106.1~125.8厘米 体重：15.9~27.1千克 女孩 身高：104.9~125.4厘米 体重：15.3~27.8千克 经常保持正确的站、坐和行走姿势。

注：身高和体重数据来源：《2006年世界卫生组织儿童生长标准》4、5、6周岁儿童身高和体重的参考数据。

由于大多数观点认为个体智力的生理基础主要是大脑，也就是说男女之间在大脑结构之间的差异可能会造成男女智力的差别。但大多数研究显示，虽然两性在个别维度上有所差异，但在所有测量维度上存在着重叠，许多男性和女性在行为上非常相似。我们应该尊重幼儿性别生理层面的客观差异，在幼儿的教育和评价当中应该充分考虑这些差异，切实保证正确地对待男女幼儿的差异，也要避免性别刻板印象。

[①] 李季湄，冯晓霞.3~6岁儿童学习与发展指南解读[M].北京：人民教育出版社，2013：257.

（二）性别社会性差异与幼儿学习

两性之间差异的另外一个方面表现为内在的社会心理层面，也就是性别身份的差异。这种差异主要源自男性和女性的不同生活经历，其中包括成人对不同类型行为的强化、社会对个体的期望和要求。社会的期望和要求会通过影响个体的学习态度、学习期望，从而进一步影响到个体的学习。

每个人一生都在持续进行着性别角色的社会化过程，即接受并作出被社会认定的性别角色行为。幼儿期是个体社会化的重要时期，其中的重要内容就是性别的社会化，即性别角色认同。然而，尽管幼儿性别角色的学习和适应是必要的，但由于文化历史等多方面的原因，学校教育中存在不少性别偏向。大量研究表明，教师在对待男性和女性学生时存在着差异。在课堂教学方面主要表现为以下两点：在幼儿园的玩具分配方面，教师给幼儿的玩具通常存在明显的差异，认为男孩子应该玩刀枪棍棒、汽车或者军舰，而女孩子应该玩芭比娃娃和毛绒玩具；在课堂互动方面，针对不同性别的幼儿，教师使用的语言也不同。教师与男生的言语交往直白随意，甚至有些不礼貌，但却生动亲切，并具有持续、延展性的特性；教师与女生的言语交往温和礼貌，甚至有些小心翼翼，从不用打击或批评性的语言，但却有距离感。

教育内容中也广泛存在性别偏向的问题。即使按照社会性别公平化的准则所编写的教材，也往往存在一些微妙的语言偏向。我国学者张彬对各国教学教材的大量调查发现，无论是发达国家，还是发展中国家，不仅故事中的男性人物居多，而且这些人物所承担的角色也存在差异。男性较多为社会地位较高的政治家、军人、科学家、作家等，且比例大大高于女性，这些职业富有刺激性，更需要创造性；而女性从事的职业则主要是社会地位较为一般的教师、保姆等。男性一般表现出知识渊博和能力超群，而女性多为无知和孤陋寡闻。

教育中，成人应该科学地避免性别偏向的存在，保证教育机会的均等化和公平性。教师要在教学材料的选择和呈现、课堂管理、课堂活动设计、师幼互动方式以及其他行为方式等方面避免性别偏向。首先，作为教师，应当为幼儿树立良好的榜样，在工作中坚持性别平等观念，对于男女幼儿坚持平等对待；其次，在教学内容方面，要注意教学材料的选择，避免使用存在性别偏向的观点和图片的教学内容，保证幼儿学习内容的性别平等性；再次，在活动的选择方面，要为幼儿提供多样化的游戏和活动，鼓励幼儿参加不同类型的游戏和活动，不能认为运动是男孩的专项，艺术是女孩的特长；最后，在教学过程中，要注意避免使用带有性别偏向的语言，同时要给予男女孩同样多的参与机会和关注，并对于其表现给出及时平等的反馈。只有树立正确的性别观并在教育实践中平等对待幼儿性别角色，才能真正保证幼儿最大潜能的发挥，实现幼儿的全面和谐发展。

二、家庭环境与幼儿学习差异

家庭是孩子的第一所学校,父母是孩子的第一任老师。家庭环境特别是父母与孩子之间的亲子关系和交往方式,在很大程度上影响着孩子的成长与发展。研究表明,家庭环境中影响孩童发展的因素主要有以下几个方面。

(一)家庭结构

这里的家庭结构主要指家庭的美满与否,美满的家庭可以给予幼儿亲情的温暖、正面的教育和健康的情绪,而在诸如父母死亡、离异、分居、父母不和以及孩子长时间与父母分离等不美满家庭中生活的孩子,则多出现情绪、人格、人际关系不良的现象。我国学者吴敏等人就认为,父母离异所造成的不稳定家庭环境对幼儿有明显的负面影响,表现为男孩多存在情绪不稳定和倔强等个性特征,而女孩更多地表现出焦虑情绪。这些不良的情绪在学习情绪、学习心态、学习动机和学习意志等方面都会对幼儿的学习造成非常重要的影响。

(二)父母教养方式

幼儿期是个体成长和发展的重要时期,幼儿的学习与成长更多地依赖成人的引导和帮助。因此,成人与幼儿之间的互动方式对于幼儿的学习尤其重要。父母是孩子的第一任老师,父母的言行举止、教育方式等处处都影响着孩子的成长和发展。不同的家庭教养方式对幼儿产生的教育效果也各不相同。常见的家庭教养方式主要有以下几种(见表10-8)。

(1)权威型。父母在亲子关系中具有一定的权威,但同时又与子女平等地讨论问题,根据子女的成长阶段不同给予子女相应的自主权利。父母以身作则,在思想和行为方面为子女树立良好的榜样。

(2)专制型。父母在亲子关系中具有绝对的权威,要求子女绝对服从,过分干涉、管束子女的自主权。

(3)忽视型。亲子关系过于疏远,父母对于子女没有任何的要求和约束,放任自流,缺少看管和教育。

(4)放纵型。父母对于子女过于溺爱、迁就和袒护,亲子关系中起主导作用的是孩子。

表10-8 教养方式的两个维度和四种类别[1]

	接纳,反应	拒绝,不反应
要求,控制	权威型	专制型
纵容,不控制	放纵型	忽视型

---

[1] 桑标. 儿童发展心理学[M]. 北京:高等教育出版社. 2009:276.

相关研究表明，家庭气氛越融洽，家庭成员自由表达情感的程度越高，追求成功的动机越强；幼儿则表现得冲突越少，彼此攻击和敌视的现象越少。这说明家庭和睦、自由等这些特征，有利于培养儿童学习的积极性，提高学习效率，从而提高学习成绩。除权威型家庭教养方式之外，其余教养方式都会对于幼儿的发展带来不利影响。如在专制型家庭中成长的幼儿容易出现胆小、多虑、犹豫、依赖、孤独和强迫等不良心理特征；放任型家庭中的幼儿则多表现为散漫、不受约束且容易沾染坏习惯；溺爱型家庭中的幼儿常表现出任性、自私和冲动等。

(三) 家庭背景

家庭背景包括家庭氛围、父母职业、经济和社会地位等因素。一般来讲，家庭经济状况良好的幼儿，由于其需求较为容易得到满足，容易产生安全感，但是也有可能养成娇气和奢侈的习惯，使幼儿缺乏意志力。而家庭贫寒的幼儿则容易产生自卑心理，但也有助于培养勤劳刻苦的品德。另外，家庭所处的内外环境对于幼儿的影响也是非常重要的，不良的家庭社区环境，对幼儿的学习、活动和人际交往不利，幼儿容易沾染不良风气而影响身心健康。除此之外，父母的受教育程度与幼儿的情绪和行为也有密切关系，研究表明，父母文化程度较高的幼儿较少地出现不良社会行为。同时，父母受教育程度和职业对幼儿学习成绩有影响，父母受教育程度低和父母职业为非科技人员者，其子女学习困难较多。

每一个幼儿的成长都经历了不同的家庭环境，他们所处的家庭结构、家庭教养方式和家庭背景都不尽相同，家庭环境中这些因素的不同影响着幼儿情绪、气质、性格等人格特征的发展，最终对包括学习的积极性、学习的动机、学习的条件等幼儿学习的诸多方面造成影响，构成了影响幼儿学习差异性重要的外部因素。科学地对待幼儿的学习差异，离不开分析造成幼儿学习差异的相关因素，家庭环境因素作为影响幼儿学习的重要因素，特别需要加以重视。

三、文化背景

个体所处的文化背景包括个体不同的社会文化环境、民族、语言、行为习惯和道德规范等，这也就造成了由于个体所处群体的差异，而使得个体存在区别于群体之外其他个体的差异。例如，来自城市的儿童和来自农村的儿童由于所处的成长环境不同，所习得的社会文化也各不相同，而这种差异会直接或间接地影响到幼儿的心理发展和学习状况。美国人类学家玛格丽特·米德(Margaret Mead)曾经说过："我们需要每个人的天赋，如果由于性别、种族、阶级或国籍等人为障碍而忽略任何天禀之才，都是我们无法承受的损失。"在全球化和社会流动性加快的21世纪，多元文化的幼儿教育显得更为必要和急迫，只有承认和接纳不同文化背景下的幼儿存在的学习差异，消除偏见和歧视，才能使得教育机会均等化真正落到实处，同时使每一个幼儿在熟悉并认同自己文化的同时尊重他人的文化，从而体验到多元文化的魅力和学习的乐趣。因此,我们对于幼儿学习的个别差异的认识,除了对幼儿个体本身的差异了解之外,还应该关注生活成长在不同文化背景下的幼儿学习的差异性。

(一) 文化及其差异

"文化"一词有着非常广泛的涵义,它渗透在社会群体生活的方方面面。不同学者对于文化有着不同的定义,但大多数的定义都包含了这样一层意思:文化包括引导某一特殊群体行为处事的知识、规则、传统、信仰和价值。群体创造了文化(即生活方式),文化在成员之间交流传播。我们每个人与其说是文化成员,不如说是某个群体的成员,人群可以因地域、性别、种族、国籍、信仰、阶级等的不同而划分为不同的群体。[①] 文化对个体的教化过程是潜移默化的,但是其影响又是根深蒂固的。教育与文化有着千丝万缕的联系,从教育目的、教育方法到教育内容、教育观,教育的方方面面都受到社会文化的影响,同时教育在文化的传递与创新方面起到了极其重要的作用。

显然,群体文化之间的差异的存在是客观的、普遍的。例如,美国研究人员曾经对美国、日本、中国大陆和中国台湾地区学生做了比较研究,结果发现美国学生更喜欢独立行事,而亚洲学生更多的是集体活动,但并非所有群体文化之间的差异都是显而易见的。在大多数情况下,群体文化之间的差异是内隐的,不易察觉的,有的存在于个体的意识层面,但更多的是隐藏在潜意识里,这些隐藏在潜意识中的文化差异更为含蓄和隐秘,而且对人的影响往往也更加深刻,更难于识别和改变。当不同的文化相遇时,如果没有能够了解对方的文化传统,就容易发生文化冲突,实际上大多数文化冲突都源于隐秘、难于发现的文化差异。

幼儿进入幼儿园之前,由于受到其种族、地域、社会经济地位、习俗、宗教、方言等因素的影响,他们已经吸收了其成长环境中的各种各样的态度、信仰、言语方式和行为方式等。这些在特定文化背景下形成的诸多差异性特征对幼儿教育具有非常重要的影响。例如在某些文化中,谈话时要直视对方的眼睛,以表示自己的认真倾听和对对方的尊重。然而在其他的一切文化群体里,则完全不同,他们认为眼神接触是一种不礼貌的肢体语言,表示你对于对方的不尊重甚至是挑衅。可见,幼儿所处的社会文化的差异尽管内隐和难以辨识,却通过影响幼儿交流方式和观念认识等因素来影响幼儿的学习。社会文化背景对于幼儿学习和生活的影响客观存在,面对不同文化背景下成长起来的幼儿,我们应该尊重幼儿文化的差异性,在此基础上进行多元化文化教育。

(二) 多元文化教育

多元文化教育是尊重差异并经常从各种文化群体的视角进行思考的教育形式。随着经济的发展和社会的进步,人类群体之间的交流也越来越频繁,互相的联系也越来越紧密,这也使得每个人有了更多接触本群体文化之外其他不同文化的机会。然而,在相互之间不了

[①] 转引自刘儒德.学习心理学[M].北京:高等教育出版社,2010:380.

解的基础之上的文化接触无疑是非常困难的,但社会发展的趋势是不可阻挡的,文化之间的接触也是不可避免的。在这种背景之下,多元文化的教育显得非常重要,通过教育让不同文化群体的个人了解并尊重彼此的文化,减少交流中的文化冲突。幼儿教育是多元文化教育的开端。由于人的很多观念是在幼儿期发展和形成的,所以幼儿期的多元文化教育,不仅是尊重幼儿个体差异性的必然需要,也有利于培养幼儿尊重不同文化的良好品性。针对幼儿的多元文化教育应该从以下几个方面着手。

首先,在幼儿观方面,幼儿教师要避免偏见,通过不同方式尽可能多地收集班上所有幼儿的文化背景,如与幼儿的交谈、与幼儿家长的交流、参考幼儿的已有档案和记录等,在此基础上深入了解并尊重每一个幼儿的文化差异性,无条件地接纳和平等对待每一个幼儿;其次,在教学内容方面,幼儿教师要在充分了解本班幼儿文化差异的基础上最大限度地实现教学内容的整合,可以通过使用不同文化的故事、数据和信息来帮助幼儿理解所学的知识和技能,也可以通过让幼儿分享自己家乡各方面的文化习俗的方式,使幼儿在轻松愉悦的气氛中学习彼此的文化;最后,教师要通过介绍不同群体文化的特色,采取活动或游戏的形式让幼儿体会不同文化的魅力,改变幼儿之间可能存在的文化歧视和偏见,使幼儿了解不同文化的差异,树立起尊重不同文化的观念。

第五节 幼儿发展适宜性教学

既然由于先天遗传和后天成长环境因素的影响,幼儿阶段的学习和发展的差异性客观存在,那么如何开展幼儿的个别差异性教学呢?着眼于幼儿个体差异性的发展适宜性实践在教育观念、教育内容、教育手段和教育方式等方面具有重要的借鉴意义。

一、发展适宜性教学

"发展适宜性实践"由美国幼儿教育协会(National Association for the Education of Young Children,NAEYC)在1986年发表的发展适宜性实践的声明中提出。布里德坎普(Bredekamp)在《早期教育中的发展适宜性课程》中也明确提出,发展适宜性应该包括年龄的适宜性和个别差异的适宜性两个维度。随着对幼儿学习方式差异的不断深入认识,以及多元文化中幼儿社会文化背景的差异性,1997年美国幼儿教育协会对发展适宜性教学又提出了改进,特别提出了文化适应性问题,强调发展适宜性实践应该考虑文化和语言的多样性,更突出了教学中的个别差异适宜。

既然个体的个别差异是客观存在的,那么发展适宜性教学中对于个别差异适宜性教学的提出也就显得非常必要。在美国幼儿教育协会新近颁布的《幼教绿皮书》中提出的幼儿发展与学习12项指导原则之一就明确指出了关注幼儿的个体差异的适宜性教学。认为"每一个孩子都是一个独特的个体,每个人的发展模式、开窍的时间点、人格、脾气、学习类型、成长经验及家庭背景都不同。个别差异不仅存在,而且也应该得到尊重。鼓励孩子对自我高度期望当然是很重要的事,但是,严格要求孩子一定要达到某种整齐划一的标准,则是不了解幼儿发展与学习的个别差异。"在发展适宜性教学中,教师不仅要为每一个幼儿的成长和发展创造适宜的条件,挖掘他们的潜力和增强其学习优势,而且还要本着"人的全面发展"的理念,帮助他们在学习的弱项方面得到改善和提高。

二、发展适宜性教学法的主要方式

适宜性教学代表着一种尊重学生个别差异的教育理念,在教育实践中表现为不同的形式,目前比较流行的适宜性教学方式有以下几种。

(一)资源利用模式

资源利用模式的主要特点在于充分利用幼儿的长处和优点,深入挖掘幼儿的潜力和才能。要达到这样的目标,首先要改变传统以班级集体授课制为主的教学组织形式,因为在一般传统的大班教学下,教师的时间和精力有限,关注和照顾到每一个幼儿的优势和长处几乎是不可能的,这就造成了很难使每一个幼儿都能运用其所长。鉴于此,在幼儿的教育实践中,幼儿教师要多开展不同特色的区角活动,使幼儿在区角活动中进行探索,发现幼儿的优势领域。正如多元智力理论指出的,幼儿的智力优势中心已有了明显的差异,有的擅长语言智力,有的擅长音乐智力,还有的擅长视觉智力等。我们必须尊重这种差异,才能保证教学的高效率和高质量。

(二)补偿模式

补偿模式是针对幼儿学习和发展相对弱势的方面提供帮助的一种模式。每一个幼儿在学习方面有着其特有优势的同时也必然存在着不足,而本着促进人的全面发展的原则,教育需要在弥补幼儿不足方面发挥其应有的作用,通过对其强项的巧妙运用,改变幼儿学习和发展的劣势和不足。例如,某一幼儿在语言学习方面能力较差,但是在音乐感和节奏感的掌握方面却表现出了超出常人的天赋,就可以通过将阅读材料转化成富有音乐节奏的形式呈现出来,一方面增强幼儿阅读练习的积极性,激发良好的学习动机;另一方面也适应了幼儿独特的学习习惯,提高了学习的效率。同时,教师也可以通过鼓励幼儿之间互相帮助,实现每一个幼儿在学习上的优势互补,教师要善于观察和发现每一个幼儿的优势和长处,同时要采取合适的方式为幼儿之间的互相帮助创造机会,例如可以通过在学习或活动中采取能力混合分组的形式,使幼儿在共同完成任务的过程中互相学习和成长。

(三)个别化教育方案

个别化教育方案最早是在特殊教育领域针对特殊儿童的干预和矫治中使用的,旨在为每一个特殊需要的儿童提供个别化、针对性的服务方案。随着社会对于正常儿童个体差异性的认识不断加深,加之个别化教育方案对于幼儿个体差异的重视和关注取得的良好效果,这一模式逐渐被运用于正常儿童的教育领域,目的在于借鉴个别化教育方案在特殊儿童矫治方面的经验,为每个正常幼儿的发展提供个别化的、适宜的教育方案。

既然个别化教育方案的特殊价值在于对幼儿个别差异无条件的尊重和认可,那么在制订个别化教育方案之前,首先要对幼儿的个别差异有非常清楚的了解,要全面地认识学习者。教师可以通过向家长咨询、平时的观察记录、其他儿童的评价以及与幼儿本人的交谈中获取信息,在此基础上做出客观公正的评价,为有针对性的教育方案的制订和实施奠定基础。个别化教学的策略可概括为以下三种。

1. 教学速度个别化

学习的速度是指学习者掌握所学知识和技能的快慢,由于幼儿存在的个体差异性,使得每一个幼儿对同样内容的学习速度不尽相同。因此,在教学活动中教师要灵活掌握教学进度,面对学习速度较快或迟缓的幼儿,必须要适当地调整学习时间,才能适应他们的学习需求。有些个别化教学模式,允许所有幼儿依照自己的速度去学,即自定步调的方式;有的则提供额外的时间,供幼儿自行练习或教师提供指导;有些模式则允许少数学习能力较强者提前学习较高阶段的教育内容。

2. 教育内容和材料多样化

教学材料是教育的重要组成部分,幼儿园的教学材料主要包括玩教具材料和游戏活动材料。由于幼儿教育具有明显的启蒙性的特点,幼儿的学习又多通过具体观察和操作实现,因此,幼儿学习所用的教学材料对于幼儿的学习和发展具有更加深刻的意义。我们应该根据幼儿不同的学习需要和学习能力,采纳适合不同幼儿学习和发展的教学材料和教学活动,最大程度地尊重幼儿的个体差异,满足幼儿学习的最近发展区,引导幼儿实现满足自我发展水平的适宜性发展。

3. 革新教育观念和教育组织形式

传统的教育观念中,教师被认为是教学的主导者,是教育活动的中心,一切教育活动要围绕教师开展和实施,使得教师变为绝对的权威,压抑了幼儿的创造性和个性。个别化教育方案中,教师要转变传统的教育观念,尊重和接纳每一个幼儿学习的个体差异,相信幼儿有着巨大的发展潜能和无穷的创造力。教师则担当辅助者的角色,做好材料提供、环境创设、活动组织等方面的工作,提供自由的学习环境来培养幼儿主动学习的能力,做好教学中的支架。在教学活动的组织形式方面,班级集体授课制显然不能满足个别化教育方案的需要,比较可行的教学组织形式是集体教学、小组教学和单独教学结合使用,使教学最大限度地适应幼儿的学习和发展。

需要注意的是,发展适宜性实践不是一种固定的、最优的、放之四海而皆准的模式,而是一种尊重个体差异和着眼于个体发展的教育理念,我们要深刻理解和认识其核心思想,即年龄适宜性、个体适宜性、文化适宜性和教师教学有效性,将这种理念渗透到每一个幼儿的成长教育当中,使每一所幼儿园、每一间教室,都可以有符合自己实际情况的发展适宜性的实践,在广泛开展适宜性实践的基础之上积极摸索并创造适合中国儿童的发展适宜性实践,真正提高包括幼儿教育在内的整个中国教育体系的多元性、开放性和兼容性,最大限度地实现幼儿在适宜的教育环境中自由全面发展的目标。

思考与练习

1. 谈谈几种主要的智力理论的基本观点及在教育过程中的运用。
2. 如何针对不同学习风格的幼儿提供有效的教学策略?
3. 论述幼儿的人格及其对学习的影响。
4. 试述家庭环境对幼儿的影响。
5. 谈谈如何开展幼儿的多元文化教育?
6. 案例分析:

阅读以下材料,分析其中体现的幼儿学习差异以及提出适宜的教育策略。

案例 10-5

害羞的凡凡

凡凡是一个长相乖巧的孩子,却非常害羞。每天早上来园后,孩子们都会先进区角玩一会儿,直到吃早饭。凡凡每天来得特别早,但他总是独自坐在活动区外面,看别的小朋友在里面玩。每到这时,教师便过去鼓励他:"凡凡,进去玩一会儿吧,玩什么都可以。"可是他总是摇头说:"我不想玩。"

第十一章　幼儿的学习动机

学习目标

1. 掌握幼儿学习动机的分类。
2. 了解幼儿学习动机的作用。
3. 掌握学习的动机理论。
4. 能结合幼儿学习案例分析影响幼儿学习动机的因素。
5. 在运用相关动机理论激发幼儿的学习动机方面形成自己的观点。

关键词

◆ 学习动机　　◆ 动机理论　　◆ 幼儿学习动机　　◆ 动机影响因素　　◆ 幼儿学习动机激发

幼儿学习案例

案例 11-1

小红花作用大

为了使孩子能在各方面都有进步,我特别制作了一个小红花评比栏。今天下午,我把每个小朋友的名字写在评比栏上,并对小朋友们讲:"老师这儿设了一个小红花评比,从下个星期起哪位小朋友早上能按时入园、尊敬老师、团结小朋友、上课表现好,老师就在他的名字后面贴上一朵小红花,我们看看哪个宝宝得的红花最多。"

第二天一大早,许多孩子在八点不到就来到了幼儿园,就连平时最爱迟到的泽泽也很早就来到办公室门口和老师们一个个打招呼,说完早上好后还用眼睛注视着我,不肯去活动,用手摸摸自己的脑袋。这时我突然想起,噢对了,他在等着我奖励他小红花呢。我急忙对他说:"泽泽今天真棒,没有迟到,老师一会儿回教室给你贴上一朵小红花。"听我说完,泽泽高高兴兴地和小朋友一起去锻炼了。吃完早餐,准备上课了,平时老师要叫好几遍才上课的凡凡,今天最早一个乖乖地坐在老师准备好的桌子旁等着上课。上课时不但认真听讲,而且还能积极地回答老师提出的问题,真是表现得不错!

小红花的作用还真不小,孩子们为了自己的红花能多一点,每天都在不断地努力,就连平时那些稍微落后的小朋友都有了明显的提高、进步。

上述案例中教师运用小红花这一强化刺激物,调动幼儿的积极性激发了幼儿按时入园、尊敬老师、团结小朋友、上课表现好的动机。

第一节 幼儿学习动机概述

一、幼儿的学习动机

(一) 幼儿学习动机的定义

幼儿学习动机是指直接推动幼儿进行并维持学习,使该学习活动趋向目标的一种内部动力机制。学习动机一旦形成,会从始至终贯穿于某一学习活动的全过程。

(二) 幼儿学习动机的分类

1. 普遍型学习动机与偏重型学习动机

根据动机在学习中所起作用的范围不同,可将学习动机分为普遍型学习动机与偏重型学习动机。前者指幼儿对各项学习活动均表现出内在学习动机,该类动机贯穿于幼儿生活与学习的始终,甚至贯穿于幼儿的一生。具有这种学习动机的幼儿,即使遇到教学能力低、教学责任感差的教师,也能认真学习,是典型的爱学习的人。后者指幼儿仅对某一项或几项领域的学习有较强动机,而对其他领域的学习缺乏强烈的动机。例如在幼儿的学习经历中,如果绘画、手工、背诵等都不擅长,只有运算能力较强,就可能只形成对数学的学习动机。再例如在师生关系中,因为获得某一位教师的关爱和接纳,很可能只喜欢该教师的教学内容。这类动机的作用是暂时的、不稳定的。

2. 内在学习动机与外在学习动机

根据学习动机的内外维度,可将学习动机分为内在学习动机与外在学习动机。前者是指由幼儿内在兴趣、好奇心或成就需要等内部原因引起的学习动机,如幼儿对童话故事很感兴趣,就会花大量时间去阅读童话故事。后者是指幼儿由外部诱因所引起的学习动机,如幼儿为了得到老师或父母的奖励或避免受到老师或父母的惩罚而努力学习,他们从事学习活动的动机不在学习任务本身,而是在学习活动之外。研究表明,内部动机可以促使幼儿有效地进行学习活动,具有内部动机的幼儿渴望获得有关的知识经验,具有自主性、自发性。具有外部动机的幼儿,其学习具有诱发性、被动性,他们对学习内容本身的兴趣较低。

近年也有研究发现,外在动机和内在动机并不是同一个连续体的两端。由于学习动机是推动幼儿从事学习活动的内部心理动力,因此,任何外界的要求、外在的力量都必须转化为幼儿内在的需要,才能成为学习的推动力。而外在动机发生作用时,幼儿的学习活动较多地依赖于责任感或希望得到奖赏和避免受到惩罚的意念。从这个意义上说,外在动机的实质仍然是一种学习的内部动力。因此,教师在教育过程中也不能忽视外在动机的作用,应该一方面逐渐使外在动机转化为内在动机,另一方面又应该利用外在动机使幼儿已经形成的内在动机处于持续的激发状态。

3. 与幼儿学习动机相关的其他类型动机

(1) 交往动机

幼儿的交往动机指幼儿愿意与其他人进行交往,建立良好情感关系的需要倾向。在教学环境中,幼儿的交往动机表现为主动参与讨论和合作学习活动,喜欢与教师和其他幼儿交流学习问题和学习经验等。麦基奇(W. J. Mckeachie)研究了交往动机对学生学习的影响,发现在学习成绩方面,交往动机水平高的学生优于交往动机水平低的学生。具体表现为交往动机水平高的学生更爱回答教师与其他同学的问题,更多参加小组讨论,学习兴趣更浓厚。作为教师,我们应该积极调动孩子的交往动机,从小培养孩子乐意与人分享、交流的兴趣。

(2) 学习掌控动机

人生而具有好奇和探索的愿望,因为人们想了解这个世界,希望获得控制环境的能力。这是一种生存需要,它引发了一种内在动机,心理学称之为"掌控动机"(Mastery Motivation)[1]。此种动机在婴幼儿阶段表现得较为明显,是引发婴幼儿探索和控制环境的一种内在动力,是婴幼儿期一种重要的内部动机。这种动机不仅激发婴幼儿去掌控自己的能动行为、掌控外界物体、掌控所面临的任务和问题,并从中获得掌控感,而且会对个体未来能力的发展和能力感的形成产生重要影响,使得掌控动机成为预测幼儿后期发展与成就的一个关键因素。掌控动机是与生俱来的,婴儿几乎从一出生就能发现吸引人的新奇物体,又逐渐学会用嘴或手去探索它们。

(三) 幼儿学习动机的驱动因素

布鲁纳(J. S. Bruner)认为学习动机主要由四种内驱力引起。①好奇的内驱力:幼儿往往正是在好奇心的驱使下,努力地进行探索。从这一意义上说,好奇心实质上是一种求知欲。②胜任的内驱力:孩子总是对能胜任的工作和学习越来越感兴趣,并在取得成就的过程中获得真正的满足。这种胜任的内驱力也可以说是一种求成欲。③互惠的内驱力。指一个人与别人和睦共处、协调工作的需要。各种社会集团都具有自己固有的行为方式、思维模式和价值观念,即具有文化人类学者所谓的文化方式。集体的成员脱离了该文化方式就难以生存,因此,幼儿具有强烈的学习集体所具有的行为方式、思维模式和价值观念的需要。对幼儿来说,寻求与集体所具有的文化方式一致的行为倾向,就促成了其学习的动机。④自居作用:幼儿总是崇拜偶像人物,幼儿想要提高自身同偶像人物的类同性,由此产生学习的

---

[1] 刘双. 3岁儿童掌控动机特点及行为评价对其影响[D]. 长春:东北师范大学硕士学位论文,2009.

动机。[1]

对幼儿而言,学习动机的驱动因素也主要有好奇、胜任、互惠和诱因四方面。

图11-1 幼儿的好奇心

1. 好奇

好奇(curiosity)是指幼儿观察、探索、操作、询问新奇、有趣的事物,从而获得对事物了解的一种原始性的内在冲动。例如学者Deci曾说过,"我惊讶于幼儿经久不变的好奇心。他们探索周围的一切,他们用手触摸,用鼻子嗅,耳朵听,用嘴巴品尝,通过这些,他们学习,并经历着激动。"[2]虽然好奇是幼儿与生俱来的,但是由于教育与环境的影响,有些幼儿的好奇心随着时间的推移和外界的条件而慢慢被磨灭,如幼儿提问时教师和家长的无视或者责备,会因此失去了学习动机。

2. 胜任

胜任(competence)是指幼儿主动地从事某种自己能够胜任的工作,并力求达到完美地步的内在推动力量。对于幼儿而言,主要表现在希望超过他人,从而获得教师或家长的表扬。例如幼儿数数,一方面是由于数词的韵律有一定的吸引力,另外最主要的原因是幼儿知道如果能正确数出物体的数量,家长和老师就会表扬自己。

3. 互惠

互惠(reciprocity)是指幼儿希望通过自我的努力获得集体认同的一种倾向。主要表现在希望能够很好的融入集体生活中,例如能够同大多数幼儿一样正确自如地回答老师提问,在游戏时间能够加入自己感兴趣的活动团体中。

4. 诱因

诱因(incentive)是指诱发个体行为的外在原因。例如教师提供幼儿感兴趣的奖赏物会激发幼儿学习的欲望。按性质不同,诱因可分为两类:①正诱因(positive incentive),指令幼儿趋向或趋近,并由接近而获得满足体验的环境刺激,如玩具、小星星等;②负诱因(negative incentive),指令幼儿逃离或躲避,并由躲避而获得满足感的环境刺激,如批评等。

二、幼儿学习动机的作用

学习动机的作用是指在学习活动开始、进行和完成的全过程中,与学习动机有关的各因

---

[1] 张卿.学与教的历史轨迹[M].济南:山东教育出版社,1995:236-237.
[2] Deci, E. Work: Who does not like it and why[M]. In: Pettijohn, T. F. Notable selections in psychology. The Dushkin Publishing Group, Inc., 1994:217.

素的作用及其相互关系,以及学习效果对学习动机、学习活动的反馈作用。幼儿学习动机的动态作用过程可用图 11-2 表示。

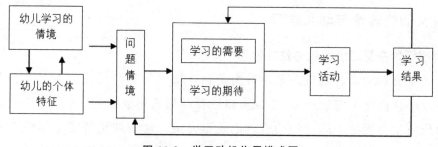

图 11-2 学习动机作用模式图

从图 11-2 可以看出:学习动机产生于问题情境,而问题情境是由幼儿学习的情境和幼儿个体特征的相互作用转换而成,其中学习情境主要包括任务性质(难易程度、材料的有趣性等)、评价者及其评价方式、潜在的奖励或惩罚等。幼儿的个体特征主要包括幼儿自身的认知能力、个人兴趣等。由于问题情境的存在,导致幼儿学习需要与学习期待的产生,进而使学习动机由潜在状态转为活动状态。而由动机所产生的学习结果反过来又影响学习者的需要和期待,对未来的学习产生间接作用。[①]

动机对幼儿的学习与行为作用主要表现在:

(1) 使幼儿的学习行为朝向具体目标。动机促使幼儿为达到某一目标而努力,影响着幼儿作出何种选择。

(2) 使幼儿为达到某一目标而努力。动机越强,努力越大,热情越高。

(3) 激发和维持幼儿的活动。动机决定了幼儿在多大程度上能主动地从事某种活动并坚持下去。

(4) 提高幼儿信息加工水平。动机影响着幼儿加工何种信息以及怎样加工信息。具有学习动机的幼儿注意力更集中,有利于获得信息进入工作记忆和长时记忆。

(5) 决定何种结果可以对幼儿具有强化作用。即幼儿可能因为某种学习动机所导致的结果得到强化而趋向它,受到惩罚而避开它。

(6) 导致幼儿学习行为的改善,这是上述各种作用的最终体现。

第二节 学习动机理论与幼儿学习

从心理学诞生到现在,动机理论研究大体经历了三个重要时期,即本能理论时期(行为主义理论)、驱力或需要理论时期(马斯洛的需要理论和罗杰斯的个人中心学习理论)、认知

---

① 冯忠良,伍新春.教育心理学[M].北京:人民教育出版社,2007:226-227.

理论时期(期望-价值理论、成就动机理论、成就归因理论等)。下面依次选取最有代表性的理论介绍其与幼儿学习的关系。

一、行为主义动机理论与幼儿学习

(一)早期行为主义动机理论与幼儿学习

经典行为主义理论认为动机是某种行为受到外部强化的结果。行为主义心理学的强化概念不仅可以解释操作学习的产生,而且可以解释动机的形成。

在经典反射学习理论中暗含的动机理论是驱力说。这一理论假定机体的需要被剥夺会产生内部刺激,这种内部刺激形成驱力,驱使有机体产生并维持降低驱力的活动。当该活动导致需要满足,动机的作用便停止。

在操作反射反应理论中暗含的动机理论是强化说。斯金纳认为有机体有两种行为:一是应答行为,如在经典条件反应中,有机体对条件刺激所作的应答反应;另一种行为是操作行为。这些行为是有机体自发产生的。斯金纳认为无须将动机与学习区分,因为引起动机与习得行为并无区别,都可以用强化来解释。在学习过程中,受到强化的孩子(如教师的表扬)将会进一步增强学习动机;相反,没有受到强化的孩子(如教师的漠不关心)就会减弱其学习动机。在他们看来,无须谈论内驱力、需要、目的之类的主观猜测的术语,人的学习行为倾向完全取决于先前的这种学习行为与刺激因强化而建立起来的稳固联系,强化可以使人在学习过程中增强某种行为的重复可能性。按照这种观点,任何学习行为都是为了获得某种报偿。因此,在学习活动中,采取各种外部手段如口头表扬、物质奖励等,都可以激发幼儿的学习动机,引起其相应的学习行为。

(二)新行为主义动机理论与幼儿学习

班杜拉是新行为主义的代表人物,其社会学习理论也包含学习动机的观点。他认为个体的行为是通过观察别人而习得的,特别强调社会模仿在形成新习惯和破除旧习惯中的作用。他提出强化有三种形式:

(1)外在直接强化。即通过外界因素对学习者本身的行为直接强化。

(2)替代性强化。即学习者如果看到他人的成功行为或受到赞扬的行为,就会增强产生同样行为的倾向,如果看到他人的失败行为或受到惩罚的行为,就会削弱或抑制发生同样行为的倾向。

(3)自我强化。即当行为达到自己设定的标准时,以自己能支配的报酬来增强和维持自己的行为。

为了考察自我奖赏的强化作用,班杜拉和波洛夫在一项研究中要求一组7~10岁的男女幼儿在特别设计的转动曲柄作业中为自己确定目标,并在每次达到这个自定的标准时便给予自己报酬。而另外一组儿童则由成年人为他们规定同样的标准,当他们达到标准时成年人会给予他们报酬。还有一个控制组,无论任务完成多好都得不到任何报酬。结果发现,那些为自己树立标准并自己给予报酬的儿童,与由成人给报酬的儿童同样富有成效,这两种儿童的动机水平都远远超过了控制组。①

班杜拉的观察学习理论比强化理论有了明显进步,不仅仅注重外部强化,也重视自我强化。对于幼儿而言,他们有强烈的好奇心和求知欲,如果教师仅仅依靠外部强化(奖励或惩罚),会使幼儿从小养成为追求外在奖励而学习的习惯,不利于今后的学习。而观察学习理论则促使幼儿通过观察自己有兴趣的现象来获得学习的动力,有利于幼儿学习动机的自我激发,使学习成为一种自发的行为,有利于幼儿今后持久健康地发展。

二、人本主义动机理论与幼儿学习

(一) 人本主义最具代表性的人物之一——美国心理学家马斯洛

马斯洛提出了动机需要层次理论。他认为人们的行为受一定的需要所驱使,人类具有七种从低级到高级排列的基本需要,较低级的需要满足以后,追求高一级的需要就成了驱动行为的动力。前四种需要表示有机体的一些基本缺失,或者说因为健康的缘故必须弥补的缺失称为缺失性需要,这些需要必须由他人从外部给以满足;后三者是成长需要,它不是寻求紧张的缓解,而是自觉地保持紧张甚至制造紧张,以促进潜能的发挥和自我的实现。

对儿童而言,只有当他的生理、安全、爱以及尊重需要得到了满足,才可能会持续不断地努力。相反,如果生理、安全、爱和尊重的需要受到威胁时,儿童会将自己的全部精力束缚在焦虑、防御上,甚至对周围的人和事都产生敌对心理。在幼儿园中,教师应该注重满足幼儿安全、爱和自尊的需要,努力营造安全和谐的学习环境,让幼儿有家的感觉,满足其基本需要,这样幼儿才能安心学习。在满足了幼儿的基本需要后,开始注意其更高层次的需要,如审美的需要。教师不仅要将教室布置得温馨美丽,还应该注重自己的仪表。

(二) 人本主义另一个代表人物——罗杰斯

罗杰斯在有意义学习理论的基础上,提出可以从四个方面激发幼儿的学习动机。

(1) 好奇心。人生来就有好奇心,尤其是幼儿,但这种好奇心在后天成长过程中,由于外界因素的影响,可能会变得迟钝。因此教师应通过对话等多种渠道全面了解其内在兴趣,并提供适当条件,以促进其自发的意义学习,而不是以强制手段,否定、扭曲、抹杀其本性。

(2) 兴趣。教师进行教学时应该从幼儿的兴趣出发,帮助澄清其生活目的,而不是将成人的观念强加于幼儿,从而调动学习的内在动机,引发自愿、自动的学习。

(3) 信任。教师应对幼儿充分信任,让他们自由学习,对幼儿的选择积极肯定、支持,并给予必要而适时的帮助。

---

① 沈德立.小学儿童发展与教育心理学[M].上海:华东师范大学出版社,2003:163.

(4) 安全的学习情境。罗杰斯十分强调学习氛围对幼儿的影响,指出在学习与生活中,幼儿心理上永远是无法完全免于威胁(此处所指的威胁是指个人在求学过程中因种种因素所承受到的精神压力)。因此,教师应对幼儿真诚、关切、理解、支持、鼓励,给予无条件的爱和积极评价。

三、认知主义动机理论与幼儿学习

行为主义的强化理论,在学习动机的研究中产生过重大的影响。但随着认知心理学的发展,整个动机理论的研究转向对人类认知信念,如成就归因、成就目标、自我价值等对人类行为动机作用的关注,学习动机理论研究也逐渐走出本能说、驱力说、强化说等理论框架的束缚。

(一) 成就动机理论与幼儿学习

成就动机是指个体积极主动地从事某种自认为重要或有价值的工作,并力求达到完美地步的内在推动力量。想在人们心中赢得较高的地位,博得他人对自己的赞扬都属于成就动机。对于幼儿而言,成就动机的内容是想超过他人,从而获得成人的赞扬和群体地位。

成就动机理论的代表人物是麦克里兰(McClelland)和阿特金森(Atkinson)。该理论认为个体都具有追求成功和避免失败的倾向,这种追求成功与避免失败的倾向是行为的重要动机与力量。

麦克里兰认为动机倾向(motive)与动机激发(motivation)是不同的。动机倾向是人的一种特性、倾向或特质;而动机激发是个体在某一特别时刻与情况下,所激起的与情境相关的动机,它是一种暂时性激动状态,驱使个体向着某个目标努力。因此成就动机有成就动机倾向和成就动机激发的区别。例如在学习中,有的幼儿成就动机倾向较低,但在一个具体的任务情境中,由于各种环境因素的影响,他可能会产生高的成就追求,希望出色地完成任务,这可以说是一种成就动机激发。因此,我们的教育不仅要培养孩子的成就动机倾向,更应该创造适宜的环境调动孩子成就动机的激发。

麦克里兰认为成就动机激发包含三种成分:动机、期望与诱因。阿特金森将其理论进一步深化,试图以数学表达式分析其理论中各个成分之间的关系。他认为

$$动机强度(T) = 动机(M) \times 期望(P) \times 诱因(I)$$

其中 M 是个体稳定追求成就的倾向,P 是个体在某一任务上获得成功的可能性,I 是个体成功完成某一任务所带来的价值和满足感。一般而言,任务难度越大(成功的可能性越小),成功所带来的满足感也越强,即 $I=1-P$。在此基础上,阿特金森又提出 T 可分为 T_s(即力求成功的动机)和 T_f(即避免失败的动机),这样个体追求某一目标的总动机强度 T 就是由 T_s 和 T_f 共同决定,其中 $P_f=1-P_s$,即成功的可能性越大,失败的可能性就越小。

用公式表达则为

$$T = T_s - T_f$$
$$= (M_s \times P_s \times I_s) - (M_f \times P_f \times I_f)$$
$$= [M_s \times P_s \times (1-P_s)] - [M_f \times P_f \times (1-P_f)]$$
$$= [M_s \times P_s \times (1-P_s)] - [M_f \times (1-P_s) \times (-P_s)]$$
$$= (M_s - M_f) \times [P_s \times (1-P_s)]$$

这个公式表明：如果 $M_s > M_f$，则 T 为正值，表现为趋向成就活动，且 $P_s=0.5$ 时，动机强度最大；如果 $M_s < M_f$，则 T 为负值，表现为回避或抑制参与成就活动，且当 $P_f=0.5$ 时，动机强度最小；如果 $M_s = M_f$，则 T 为 0，此时不会出现追求目标的行为。

在教学实践中，对追求成功的幼儿，即 $M_s > M_f$ 的幼儿，应通过给予新颖且有一定难度的任务，安排竞争的情境，激发起学习动机。例如背诵儿歌，教师可以要求这类幼儿在课堂中直接背诵，比比看哪个孩子背诵得又准确又流利；对于避免失败的幼儿，即 $M_s < M_f$ 的幼儿，则要安排竞争性不强的情境，并且在他取得成功时及时表扬给予强化，避免在公共场合指责其错误。例如，同样背诵儿歌，教师可以在课余时间和幼儿闲谈，然后在不经意间要求背诵，并鼓励表扬，还可以联系父母，让家长在家中多多鼓励，增强其自信心与追求成功的欲望。

（二）成就归因理论与幼儿学习

归因理论的提出，使有关动机的研究发生了重要变化，尤其是韦纳（B. Weiner, 1935— ）的成就归因理论。该理论在继承早期归因理论研究的基础上，又深受成就动机理论的影响，深入讨论了成败归因的基本原理及其对后继成就行为的影响。

在海德和罗特研究的基础上，韦纳对行为结果的归因进行了系统探讨，将原因的稳定性归因与成功期望关系概括如下：当个体面对成功时，将成功越多地归因于能力、任务难度等稳定因素，越少将其归因于不稳定因素时，对后继成功的期望就越大。当个体面对失败时，将失败越多地归因于能力、任务难度等稳定的因素，会削弱后继成功的期望；而将其归因于努力等不稳定因素时，能够继续保持或增强后继成功的期望。

因此，作为教师，我们应当引导幼儿进行积极的自我归因，教育幼儿将成功归因于能力等因素，提高幼儿的自信和成就期待，促进幼儿的学习动机，尤其是将成功归因于能力，以增强其自尊和成功期望，提高自豪感。例如幼儿可能是无意间答对了一个老师的提问，教师也意识到了这一点，但是不能说这是运气好、瞎猜的，而应该表扬幼儿："嗯，说得真棒！"一次不经意的鼓励很可能让平时自卑的幼儿慢慢恢复自信，开始学会积极归因。当然，这种积极的归因训练，需要教师的长期努力。与此同时，作为教师也应该对幼儿的表现积极归因。只有教师愿意为幼儿的失败承担个人责任时，才会更加努力为避免幼儿失败作出奉献。

(三) 自我效能理论与幼儿学习

自我效能感指人们对自己是否能够成功地从事某一成就行为的主观判断,这一概念由班杜拉提出。自我效能理论认为,当个体在追求目标的过程中,动机的强弱取决于其对自我效能的评估。例如,幼儿不仅要认识到认真学习可以带来理想的学习结果,而且还要感到自己通过努力可以理解学习内容,才会认真学习。

班杜拉及其同事的大量研究表明:个体的自我效能不论准确与否主要建立在四个方面。

(1) 完成任务的经验。即个体的行为经验,是个体在行为习得与操作中的亲身经历(直接经验)。个体的行为经验,尤其是行为的成败经验对自我效能的形成影响最大。

(2) 替代性经验。即通过观察学习获得的经验(间接经验)。

(3) 言语劝说。包括说服性建议、解释、劝告以及自我规劝等。但是缺乏实际经验支持的言语劝说,在形成效能判断方面的效果是脆弱的,在直接经验和替代经验的基础上,社会规劝对效能判断的影响才会更加有效。

(4) 个体的情绪状态和生理状态。

以上四种因素共同对自我效能的形成产生影响。

自我效能对幼儿学习动机的影响主要表现在以下两个方面:①自我效能通过学习目标的选择,间接影响幼儿的学习动机。自我效能水平高者倾向于选择适合自己能力水平又富有挑战性的学习目标,由于成功的可能性较大,所以期望水平较高,内部动机也较强。②自我效能通过控制非智力因素,如学习兴趣、学习热情、学习坚持性等间接影响幼儿的学习动机。幼儿对于所要学习的内容感兴趣,学习动机也就较强。

传统的学习理论研究停留在提供什么强化才能促使学习行为的产生,而自我效能理论则强调了要将个体的需要、认知、情感相结合研究学习动机,有较大的科学价值。例如当幼儿掌握了一定的知识和技能,也知道了认真听课这种行为将会带来的结果之后,并不一定会认真听课,因为它受自我效能感的调节。研究表明,取得好结果是每个儿童的理想所在,但是力不从心却会使人对学习失去兴趣。

第三节 影响幼儿学习动机的因素

影响幼儿学习动机的因素既有外部因素,也有内部因素。外部因素主要涉及幼儿园教育、家庭教育和学习任务;内部因素主要涉及幼儿个人,如幼儿的年龄、自主性、归因和好奇心。

一、外部因素

(一) 教师对幼儿的期望

研究者发现,与没有感觉到教师支持和关心的学生相比,那些感受到的学生具有更强的学习动机。因此教师除了采取表扬和积极评价的方法影响幼儿的学习动机外,还可以运用自己对幼儿的期望来影响他们的学习动机。例如"罗森塔尔效应"①,它是一种无根据的期望,仅仅因为有所期望,结果就变成了现实。在幼儿园中,意味着教师对幼儿能力或行为的信念会导致教师期望的行为发生。

除了罗森塔尔效应外,还有一种固定期望效应,也就是通常所说的依据以往的经验判断幼儿可能取得的学习结果。例如在幼儿入园之初,教师通过一段时间的相处,对每个幼儿都有了大致的了解,也有了较为准确的评价,但是在后续的学习中,即使幼儿取得了进步,教师还是依据最初的经验对幼儿产生最初的期望,未能看到幼儿的进步。在这种状况下,教师的期望就将幼儿的成就固定在某一水平上,未能提高对幼儿的期望水平,因而也无法及时提供合适的教学,限制了幼儿的发展。教师应该尽量避免这种固定期望。

教师期望对幼儿学习动机的影响主要是通过师幼互动来实现的。如果教师对幼儿的期望越高,就越会倾向于向幼儿提更难的问题,并且给他们更多的机会和更长时间来思考和回答问题,给予线索和提示,并表示相信他们能行,经常对他们点头、微笑和鼓励等,充分发挥其"脚手架"的作用。相反,教师如果对幼儿的期望较低,就只会提相对简单的问题,并且很少给予提示,平时也较少对幼儿微笑、鼓励。这种低期望通过师幼互动,使幼儿意识到自己不被重视,反而会自暴自弃,经常违反课堂规定,上课也不听话,希望以此来引起教师注意,形成恶性循环。因此,教师应努力避免自己的期望对幼儿产生消极影响。

避免教师期望的消极效应可以从以下几方面努力:

(1) 保持一视同仁的态度。确保所有幼儿都得到机会,例如鼓励尝试较难问题,并表扬其努力成果中的积极因素。

(2) 灵活采用分组策略。幼儿园中基本都是将幼儿分为几个小组教学,但是要注意经常回顾幼儿的表现,定期重新分组。

(3) 在课堂讨论中对表现较差的幼儿反应尤其要谨慎。回答问题时要给予提示和充分的时间,像对其他的幼儿一样给予数量差不多的提问,并且要及时赞扬正确的回答。

(4) 控制自己的非言语行为。例如,时刻注意自己对不同幼儿说话音调是否不同,是否对有的幼儿微笑,对有的幼儿皱眉等。

---

① 指由他人(特别是像教师和家长等权威人物)的期望和热爱而使人的行为发生与期望趋于一致的变化的情况。

(二)教学环境

1. 模仿环境

5岁以前的孩子对周围显现的事物的态度是完全开放和高度敏感的。这种开放和敏感的品质相结合,倾向于通过运动来回应,其结果就是动作的模仿。模仿是外部实践和孩子内部意识的结合体。对于这个年龄的孩子,模仿和榜样的教育方式比解释和指导更能使孩子接受。因此,幼儿园要创设适合幼儿模仿的环境,有利于幼儿学习动机的培养。

这种模仿环境的创设一方面要依靠教师的榜样示范作用,另一方面要提供给幼儿足够的模仿时间与空间。

2. 学习环境

所有为幼儿设计的课程都是在一定的场所进行,这个场所可以是在家里或学校,室内或室外。不管是在什么场所,场所中都会有与课程或活动相关的家具、器材以及其他材料等。空间的大小、空间内的物品以及时间的管理都是环境的一部分,而幼儿学习环境就是这些要素的总和。

图11-3 墙饰

走进幼儿园,看到建筑物上大型的儿童画壁饰,操场上、树上迎风飞舞的吊饰,活动室内生动活泼的组画等。这样的幼儿园,会使未入园的幼儿充满期待,使初入园的幼儿留连忘返,也会使在园幼儿获得教益。

(三)学习任务

1. 任务的性质

根据所要求的认知操作,儿童的学习任务可以分为四类:

(1)记忆任务,要求再认或回忆之前学过的内容。

(2)程序任务,是解决问题的步骤和规则。

(3)理解任务,要求学习者将几种观念联系起来、创设某种程序或以某种方式对所学内容进行重新组织,从而使学到的知识超越所给予的信息本身。

(4)评价任务,要求儿童阐述个人观点。

不同类型的任务具有不同的风险性,简单记忆任务或程序任务容易得到正确答案,风险也小;而复杂记忆任务和程序任务风险很高。不同类型的任务还具有不同水平的模糊性,如评价任务和理解任务由于较难预测正确答案,因此比较模糊,而记忆任务和程序任务由于有明确答案,因此比较清楚。

相比而言,幼儿都希望选择风险性和模糊性较低的学习任务,例如背诵简单的儿歌,进行简单的操作;风险性和模糊程度高的任务往往会使幼儿困惑,甚至泄气或失去学习兴趣,因此适当减少任务的风险性和模糊程度对于维持幼儿的学习动机有益。

2. 任务的价值

学习任务对学习者一般具有三种价值:

(1) 成就价值,表明学生在任务中表现良好的重要性。

(2) 内在价值或兴趣价值,指个体从活动本身获得乐趣。

(3) 效用价值,即帮助个体达到一个短期或长期目标的价值。

对幼儿而言,为了帮助他们了解学习任务的价值,可以在教学中采用真实的任务,即给予能够满足其成就价值、兴趣价值和效用价值的学习任务。例如在游戏中教会幼儿一些实用的生活技巧,让他们觉得任务是有意义和有趣的,从而产生较强的学习动机。

二、内部因素

(一) 幼儿的年龄

幼儿学习动机也是随着年龄的变化而变化的。例如掌控动机作为幼儿学习动机的一种内部动机,随着年龄而发生变化(见表11-1),并且幼儿的外在动机也会随着年龄逐渐增长。虽然幼儿相对于小学高年级以及中学生而言更加乐观与自信,学习兴趣也非常浓厚,尤其是在刚入园时,表现出了无穷的求知与学习欲望;但是随着进入中班大班,幼儿开始关注教师的表扬,教师对自己的鼓励等,外部动机开始产生明显作用。因此教师在此时应该以内部动机为基础,通过鼓励和表扬同时激励其外部动机,从而进一步培养幼儿的学习动机。

随着年龄的增长,年龄较大的幼儿学习动机的主从关系也开始形成。国外心理学家曾经做过这样一个实验:要求幼儿在不从自己的座位上站起来的情况下,设法把放在远处的物品拿到手。在幼儿完成任务的过程中,实验者可以通过暗室中专门安装的光学装置进行观察。结果发现,有的幼儿在多次尝试失败后,就站起来走到物品前拿了它,又悄悄回到座位上。这时实验者立即回到这些幼儿中去,对成功的幼儿加以表扬,并用糖果予以奖励,但是幼儿却拒绝接受糖果。当实验者坚持要给他时,他轻轻地哭了起来。在这个实验中,幼儿的行为包含着

图 11-4 小班"娃娃家"

遵守规则的动机和获得物品的动机。在这样两种不同的动机中,前者是对实验者的,后者是对物品的。当幼儿在行动之后再次见到实验者,两个动机之间的关系和冲突明显表现出来。年龄较小的幼儿动机的主从关系在具体情况、狭窄的范围内形成的。在遇到动机之间的斗争时,往往以较近的、较容易达到的目标动机取胜,动机系统还带有情境性,因而还是相当不稳定的。年龄较大的幼儿则能逐渐摆脱那些外表较诱人的情境,形成较稳定的动机体系。[①]

---

① 曹中平.幼儿教育心理学[M].大连:辽宁师范大学出版社,2004:132.

表 11-1　掌控动机各阶段表现与相应掌控情感

年龄阶段	0~9个月	9~18个月	18个月~3岁	3~5岁
掌控行为	探索新奇	简单目标	结果目标	关注难度
掌控情感	效果愉悦感	控制愉悦感	成功愉悦感与自豪感	挑战愉悦感与自豪感

(二) 幼儿的自主性

自主性是个体在做什么和怎么做的问题上自己作出选择和控制。心理学家一般用发起人和跟从者来区分自主和他人决定。发起人按自己的意愿以某种方式行动,而跟从者把自己看成是别人控制的游戏中的角色。例如幼儿学习钢琴如果是出于父母的要求而非自愿,那么其动机就会降低。在很多情况下,幼儿都不能根据自己的内部动机行事,而只能接受外部的控制和要求。有人作为学习的发起人,是积极主动且有责任感的,但是作为跟从者,他们是被动的,对学习缺乏责任感。

在支持幼儿自主性的教学环境中,幼儿学习兴趣浓,胜任感和创新性强,更愿意接受挑战。即使学习本身并不有趣,但是由于幼儿能够自己作出选择,他们还是会认为学习是重要的,从而将教育目标内化成自己的目标。有经验的教师正是通过给予幼儿自主性,将他们引导到自己特别喜欢且值得学习的事情上,而控制性的教学环境只有利于提高记忆和程序性学习任务的成绩。因此作为教师应该细心观察幼儿的兴趣点,选择合适的学习内容,支持孩子的自主性学习。

(三) 幼儿的归因

我国学者姜勇于1995年从他人总体评价、他人具体评价以及日常生活选择等三个维度对幼儿进行了内外控制点的研究,结果证实:5~6岁是形成稳定的学习成败归因的年龄,6岁时已初步形成比较稳定的内外控倾向。[1]

表 11-2　幼儿因果归因组合和对失败和成功的解释

因果归因组合	幼儿给出的成功原因	幼儿给出的失败原因
内部的、稳定的、不可控的	自己很聪明	自己太笨
内部的、稳定的、可控的	自己很努力	没有认真学习
内部的、不稳定的、不可控的	有时状态好,有时不行	身体不舒服
内部的、不稳定的、可控的	准备很充分	没有准备

---

[1] 姜勇.大班寺钟声和会交往类型幼儿的内外控制点研究[J].心理发展与教育,1995(4).

续表

因果归因组合	幼儿给出的成功原因	幼儿给出的失败原因
外部的、稳定的、不可控的	任务简单	老师要求太严格
外部的、稳定的、可控的	老师喜欢自己	老师对自己有偏见
外部的、不稳定的、不可控的	运气好	运气不好
外部的、不稳定的、可控的	爸妈辅导了自己	其他小朋友没有帮助自己

根据韦纳的三维度归因论,我们可以得出幼儿对于失败的归因方式(见表11-2)。不合理的归因会导致幼儿的习得性无助感,即将失败归因于不可控因素,认为自己即使再努力也不会获得成功,对学习没有兴趣、压抑、丧失动机,还会出现行为的退缩。这种情形经常可以在幼儿的游戏中发现,在自由的游戏时间中有些幼儿表现明显的退缩行为,这时教师应该考虑幼儿是否产生了习得性无助感。通过以下两个情境我们可以看到两个孩子在面对自己不会做时的任务情景表现出两种不同的归因方式。

案例 11-2

铃铛活动

在打击乐《加油干》的活动中,幼儿 A 拿到铃铛后,眼睛盯着小铃铛看了一会儿,然后双手握着铃铛一下、两下间隔地敲着铃铛。老师见了就走到她跟前指导她用正确的动作敲打铃铛。而幼儿 A 却尽力把身子往后靠,头也同时侧向一边,用似看非看的眼睛瞟着老师。过了一会儿,进行合奏练习了,幼儿 A 在集体中用杂乱的节奏打着铃铛。老师发现了就再一次去指导她,可是这回幼儿 A 索性扔掉手中的铃铛,伏在桌上哭了起来,嘴里还不停地说着:"太难了,我不会的,我不会的。"

案例 11-3

装饰手套

本次活动的内容是利用糖纸和彩带等物来装饰用纸画的手套,教师示范完幼儿就开始操作了。只见幼儿 B 手拿着剪刀等工具,坐在座位上看其他幼儿的操作。老师上前提醒他进行操作,幼儿就皱着脸说:"我不会做。"接着小眼睛就盯着手中的东西不说话了。过了一会儿其他幼儿都做好了,幼儿 B 就偷偷地把东西塞在了课桌里。旁边的幼儿笑他不会做,幼儿 B 不以为然地说:"你是老师帮你做的,我妈妈也会的,做得比这个还要好看。"[①]

---

① 《我看幼儿的不同归因倾向》,http://www.youjiao.com/e/20091112/4b8bd4e4804a6.shtml(有删改)

从案例 11-2 和 11-3 中我们可以看出,幼儿 A 认为按一定的节奏打击铃铛这个任务太难了,而且自己没有足够的能力去完成,把成败归于稳定的、不可控的内部因素即能力和稳定不可控的外部因素即任务的难度上。幼儿 B 把成败归于稳定可控的外部因素即他人对自己的帮助和稳定不可控的内部因素即对自己恒定不变的能力观上,幼儿 B 以前在手工方面的能力不是很强,总是要靠老师的帮助指导,所以一开始他没经过尝试就认为自己没这个能力,认为自己的努力都是无用的。

(四) 幼儿的好奇心

人类在婴幼儿时期通常以三种方式的探究活动来表现他们的好奇心。

(1) 感官探究——凡有新奇事物出现,便以视听感官探索。

(2) 动作探究——在感官探究的基础上,以动作去摸索。比如,儿童将新买的玩具拆开探个究竟。

(3) 言语探究——用已掌握的言语向他人询问、求解。比如,儿童总是缠着父母问个不停:"这是为什么?那是为什么?"当幼儿进入学校后,这种好奇心表现为对所学知识的渴求即所谓的求知欲,成为推动学生学习的内在动机。

婴幼儿时期,其内部动机主要以好奇为主,其发展历程大致如下:半岁的孩子开始萌发感知兴趣,看见来人表现出情感色彩:乐、笑、哭,好奇心促使他伸手抓东西,情感兴趣逐渐表现明显,听到熟悉的声音会欢乐地手舞足蹈,能伸手抓物,会看成人的脸色。1 岁左右对音乐的强弱逐渐感兴趣,开始注意周围事物,对与自己相同的群体产生兴趣。2 岁进入托班的幼儿,对同龄人的群体兴趣明显增强,动作与口语一起表达,喜欢与人交往,会抢玩具等。2~3 岁幼儿和成人对话时喜欢提出要求,从要什么、不要什么,到爱与特定的人玩,喜欢新玩具。4~6 岁的幼儿语言迅速发展,各种动作日趋协调,好奇好问,能长时间参加有兴趣的游戏。①

第四节 激发幼儿学习动机的策略

幼儿的学习动机属于较高层次的需求,只有满足了低层次的需求才能有高层次的追求。幼儿的学习动机只有在充满安全、信任和支持的环境下,才会被激发出来。这一环境的特征是:①与照顾自己的成人建立和谐的人际关系,这些成人能够看到他们独特的潜能;②成人为学习所提供的支持,要符合学习者独特的学习需要;③给幼儿提供挑战的机会,而幼儿又不用担心失败。也有人根据幼儿内源性动机和外源性动机的特点,提出激发幼儿学习动机的相关策略和建议。

---

① 陈帼眉,姜勇.幼儿教育心理学[M].北京:北京师范大学出版社,2009:99.

一、激发幼儿内源性动机的策略

内源性动机是源于兴趣、好奇心、求成的需要或自信心等个人特征的动机,所以激活与维持幼儿动机的根本策略是教师长期坚持培养幼儿求知、求成的需要,通过成功的学习经验增强他们的学习自信心和自我效能感,发展幼儿的个性品质。

(一)培养幼儿的学习兴趣和求知欲

1. 创设问题情境,激发幼儿求知欲

创设问题情境就是在讲授内容和幼儿求知心理之间制造一种"不协调",将幼儿引入一种与问题有关的情境中。创设问题情境时应注意问题要小而具体、新颖有趣、有适当的难度;有启发性,善于将要解决的问题寓于幼儿实际掌握的知识基础之中,造成心理上的悬念。在学习过程中,如果仅仅让幼儿简单重复已经学习过的东西,或者是学习力不能及的内容,幼儿都不会感兴趣。只有在学习那些"半生不熟""似懂非懂""似会非会"的内容时,幼儿才感兴趣并迫切希望掌握它。因

图 11-5　激发幼儿学习动机

此,能否成为问题情境,主要看学习任务与幼儿已有知识经验的适合度如何。如果完全适合(太易)或完全不适合(太难),均不能构成问题情境;只有在既适应又不适应(中等难度)的情况下,才能构成问题情境。那么,教师应怎样去创设难度适宜的问题情境呢?

(1)呈现丰富材料

通过采用图画、幻灯、录像、报告会、实验演示、野外考察等多种方式来培养幼儿对学习材料的浓厚兴趣。教师也可以通过使幼儿参与学习活动过程来达到以上的目的。

(2)合理的提问方式

幼儿天马行空的想象力是其学习的无限动力,因此教师应该尊重其想象力,尽量选择开放式提问而非封闭式提问的方式。

(3)利用学习动机的迁移

在幼儿没有明确的学习目的,缺乏学习动力的时候,教师可利用学习动机的迁移,因势利导地把幼儿已有的对其他活动的兴趣转移到学习上来。利用动机迁移原理时,教师必须要让幼儿感受到,充分理解原有活动必须学习好即将要学习的知识,从而激发幼儿学习新知识的动机。

2. 激发认知冲突

激发认知冲突的方法主要分为两类:激发幼儿认知观念与他人观念的冲突(人-人冲突),激发幼儿已有认知观念与客观世界的冲突(人-物冲突)。例如某个幼儿可能比较熟悉问题的某一方面,而另外一个幼儿则熟悉其他方面,由于观察问题的角度不同,不同人对同

一现象的理解就会存在差异,这就会导致幼儿的探究欲。如,我们经常可以发现两个幼儿在争吵:"我觉得明明比红红好,我喜欢明明。"同样,幼儿在观察日常生活中的现象时,会遇到各种依靠自己已有的知识结构无法解答的问题,这也会使幼儿产生求知欲。再如,幼儿第一次发现教室角落里面有一只毛毛虫,很多幼儿都没有见过,因此很好奇,这时教师就可以组织孩子进行一次自然科学探索活动。

下面的案例11-4正是教师准确抓住孩子们对"影子"兴趣,在此基础上提出一些开放性的问题,引起幼儿对影子进行更深入的探究。

 案例11-4

> ### 影子活动①
>
> 一天下午,我像往常一样带孩子们到草地上去玩滑梯。刚玩了一会儿,就听见洋洋在那里大喊:"老师,有影子!""有影子?"我很纳闷,其他孩子听见洋洋的叫声,赶紧从滑梯上下来,围着洋洋观察起来。孩子们尖叫着,"这里有影子""咦?我这里也有影子!"孩子们都兴奋起来,有的伸手去抓影子,有的用脚去踩影子……看到孩子们在叽叽喳喳地谈论着影子,于是我取消了原定回教室看动画片的计划,而把话题引到了"影子"上。"刚才你们这么高兴,发现了什么?""影子!影子!"孩子们争先恐后地回答。"影子?你们的影子你们抓住了吗?""抓不住!"就连平时腼腆的姗姗都兴奋地说:"我也抓不住!""那为什么抓不住呢?""影子总是在动。""影子一会儿变大,一会儿变小。"孩子们七嘴八舌地讨论着,我问:"那你们还发现了影子有什么秘密呢?"于是,我把孩子们分成了两组:一组在有太阳光的地方玩耍,另一组则在没有太阳光的地方玩耍。通过活动,孩子们都得到了共同的结论:有太阳光的地方能照出影子。他们的高兴极了。
>
> 教师在激发幼儿的认知冲突时,要注意幼儿头脑中已有的许多错误观念,教师应该一方面在教学早期将这些错误观念加以更正,另一方面可以通过呈现正确观念,或者利用讨论或查阅资料等形式,引起幼儿原有的错误知识和当前信息之间的冲突。这种认知冲突下进行的学习更容易给幼儿留下深刻印象。

3. 创设安全开放的环境

马斯洛的需求层次理论指出只有当幼儿的基本需要满足后,才能有追求更高层次需求的动力。因此教师应该创设一个安全舒适的教学环境,激发幼儿的学习兴趣。例如在教室内摆放绿色植物,墙壁上进行适当修饰,摆放轻巧柔性的玩具等。

不安全感是低自尊和消极行为的源头,大部分不良行为都是由于受到了惊吓或有种不安全感,而不是恶作剧或刻意的利己主义。因此除了物质环境,更应该重视精神环境的创设。

首先,教师在与幼儿交往中要尊重、支持、热爱幼儿,满足幼儿的合理需要。使师幼之间建立起平等、民主的良好关系。

---

① 影子活动. http://www.youjiao.com/e/20091109/4b8bd4c15292e.shtml(有删改)

其次,教师要具有"幼儿园所有的幼儿都是我的幼儿"这样的观念,一视同仁地对待每个幼儿,做到态度亲切、耐心、和蔼,使幼儿乐于与教师交往。针对不同发展水平的幼儿,教师给予不同的指导,使之获得充分的发展。让幼儿与不同的教师交往,这不仅能够增加幼儿与成人交往的机会,也增强了幼儿的交往能力,使幼儿更主动、大胆与自信;同时,在与众多教师的互动中,幼儿的自我控制与自我接纳的能力也得到更好地发展。

最后,鼓励幼儿与幼儿之间的和谐交往。对于幼儿来说,他既受环境中人的影响,同时他自身也影响着别人,在这种相互影响中促进了幼儿语言、交往、合作能力的发展,增强了幼儿自行解决问题的能力。

(二) 通过归因训练或归因指导,提高幼儿的自信心和自我效能感

要提高幼儿对能力的自信心和自我效能感,就必须改变幼儿不正确的归因。作为教师,应该鼓励并帮助幼儿建立正确的归因模式,让幼儿相信只有努力才可能成功,不努力注定要失败。

研究表明,通过归因训练,幼儿的不正确归因是可以改变的。心理学家已在归因研究的基础上设计了一些专门程序,对成绩不良且经常失败的儿童进行训练。基本做法是:教师进行内部归因示范,对学生在内部归因方面的认识予以系统强化,使学生逐步认识到,成绩不良是由于自己缺乏努力的结果,进而增强学习信心。一个训练程序一般持续约一个月,先在某一学科上取得进步,然后促进训练效果迁移到其他学科。F.福斯特林于1985年回顾了15个有关研究,他的结论是:"只要给普通教师提供一些训练或自学的机会,他们便能改变自己学生的归因模式和成就动机。"美国心理学家克利福德(M. M. Clifford)提倡对学业失败作策略性归因,即引导孩子将学业失败归结为学习方法上存在问题,这样既可以维护孩子的自尊心,同时又为孩子提出了今后努力的方向。

教师可以采用如下策略提高幼儿的自信心和自我效能感:

(1) 给幼儿传授一些具体策略;

(2) 为幼儿设置明确、具体和可以达到的目标;

(3) 强调幼儿自己前后比较,避免幼儿之间的横向比较;

(4) 将策略训练和目标结合起来。申克及其同事发现把策略训练和目标制定结合起来可以提高学生的自我效能和技能发展,因此给幼儿提供及时反馈,说明学习策略和成绩如何相关。

(5) 给幼儿提供支持。教师、家长和同伴都能提供积极的支持。有时候教师只需要对幼儿微笑地鼓励:"我相信你能做到!"

案例 11-5

> **"我相信你能行"**①
>
> 区域游戏开始了,今天老师重点指导的是美工区的涂鸦,在老师介绍规则请幼儿参加游戏后,涂鸦的区域里响起了求救声:"老师,我不会!"老师闻声而来,只见小欣手拿蜡笔,低着头一边说着不会,一边剥着蜡笔的"外衣",老师轻轻地问:"怎么了?"小欣抬起头,脸上一副犯难的样子,说:"老师,这个怎么弄啊?我以前在家里从来没弄过。"老师听了心里想:这个孩子肯定没有仔细听刚刚老师的要求。于是给他再次耐心地讲了一遍绘画的方法,请他握好笔后在自己的面纸上,画上横线,老师边说边画给他看,并握着他的手教他绘画。小欣各方面能力都不错,只是不太愿意积极参与,在绘画的过程中,老师也发现小欣的绘画水平其实不错,能够有序地画直线,老师发现后及时鼓励他说:"哇,小欣你自己画的线条很流畅哦,画的直线长长的也很直,要勇敢大胆地画,老师相信你肯定能画得很漂亮!"听了老师的鼓励,他会心地笑了,开始自己大胆地画了起来。

案例 11-5 中老师正是通过心理暗示的方式告诉小欣只要动手做,其实画画一点儿也不难,并运用语言鼓励"我相信你能行",不断增强小欣的自信心,最终使他大胆地画了起来。

(三) 培养幼儿对成就的需求和成就感

据马斯洛需求层次论,实现自我价值和力求成功是每一个人都具有的高级需求,但必须以爱和自尊等较低级需求满足为前提,获得成功和快乐是幼儿学习的动力。如果幼儿在追求成功的过程中屡遭失败,就可能会自暴自弃,丧失学习动机。

因此教师应该针对幼儿学习的个别差异,使每个幼儿都获得成功的体验,从而肯定自己的价值。应该给予成绩较弱的孩子更多的关爱和尊重,在他们身上可以找到闪光点,如知识学习得不理想的幼儿可能有很强的动手能力,或者在体育上有很好的表现。教师可以先找出这些闪光点并加以表扬,从而激发与培养他们的成就感。例如美国的"个别化教育计划"特别强调儿童的学习和绩效目标,这一计划首先对儿童在每学期要努力获得哪些学习目标作一个整体说明,然后使儿童通过获得每阶段目标的成功,产生学习的快乐体验,激发儿童下一阶段学习的兴趣以及对学习成功的渴望,获得近期目标所带来的成就感。②

二、激发幼儿外源性动机的策略

帮助幼儿建立明确适当的学习目标。学习目标是幼儿对学习结果的期待,达到学习目标幼儿就会受到各种强化。例如将目标定在一学期内学会 10 以内的加减法,如果幼儿在成人的帮助下通过努力学会了,就意味着自己的努力有了结果,还意味着会受到教师、家长及

---

① 赵静. 教师的有效介入对小班区域游戏的影响[J]. 家教世界,2015(4).
② 陈帼眉,姜勇. 幼儿教育心理学[M]. 北京:北京师范大学出版社,2009:103.

同伴的称赞,这些都成为对幼儿学习行为的强化。

幼儿尚处于身心发展的初期,对于目标的制定并不明确,需要成人帮助其制定合适的学习目标,同时也使其学会在今后的学习中能够尝试自己制定目标,学会自己学习。

1. 及时提供反馈信息

了解自己活动的进展情况本身就是一种巨大的推动力量,会激发幼儿进一步学习的愿望。教师及时提供反馈信息能帮助幼儿及时发现、纠正错误,调整学习的进度,使用合适的学习策略来完成学业任务。如果幼儿在学习很长时间之后,仍不能知道其进展情况和取得的成就水平,幼儿则不会继续保持巨大的学习热情。

心理学研究表明,来自学习结果的种种反馈信息,对学习效果有明显影响。一方面,学习者可以根据反馈信息调整学习活动,改进学习策略;另一方面,学习者为了取得更好的成绩或避免再犯错误而增强了学习动机,从而保持了学习者的主动性和积极性。

例如,在布克(W. F. Book)和诺维尔(L. Norvell)的一项研究中,让学生又快又准确地练习减法,每次练习30秒,共练习75次。在前50次练习中,让甲组学生知道每次练习的结果,不断鼓励和督促他们继续努力,并对所犯错误进行分析,而对乙组学生不进行反馈,结果甲组学生成绩比乙组学生好。在后25次练习中,给予乙组充分的反馈信息,而甲组学生不知道学习结果,结果乙组学生成绩优于甲组学生。这一实验说明,有关学习结果的反馈信息,对学习动机具有激发作用。

对幼儿学习的反馈可以采取多种形式,包括社会性反馈、象征性反馈、客观性反馈和标准性反馈。

(1) 社会性反馈。是指他人对其行为活动的结果所作的言语形式的评价,如表扬和批评。例如教师对幼儿说:"你的画画得很漂亮。"幼儿相对于小学生而言,在运动和学习任务中的成就受成人的社会性反馈影响较大,因此教师可以多给予幼儿社会性反馈。

(2) 象征性反馈。是指他人对其行为活动的结果所作的符号形式的评价,如分数、微笑、小红花等。

(3) 客观性反馈。是指他人对其行为活动结果的正确性所作的评价。如哪些地方正确,哪些地方错误等。不过客观性反馈对于幼儿而言还不具有强化意义,因为即使在客观上经历了一连串的失败后,幼儿仍然会期望成功,并对自己的能力有高度的自信心。

(4) 标准性反馈。是指个体通过了解他人在同一活动上的成绩来评价自己的活动成绩的反馈形式,如名次等,不过这种反馈要慎重使用。

因此,对于幼儿,我们应该多使用社会性反馈和象征性反馈。为了充分发挥反馈对学习的促进作用,还应该对幼儿的学习态度和主动性等方面作出适当的评价。坚持正面鼓励的原则,以表扬为主;考虑幼儿的心理水平和个别差异,例如对自信心较差的孩子应该多鼓励,对自信心过强的幼儿,则应该更多地提出严格要求。

2. 适当使用外部奖励

幼儿不可能在任何时候对任何学习内容都有兴趣,当幼儿对学习内容失去兴趣的时候适当使用外部奖励可以激发其学习动机。但是外部动机会促使幼儿被动地学习,不会在学习中采取积极的学习策略,难以产生成功感,而且外部奖励使用不当比表扬的滥用危害更大,不仅会使幼儿产生消极归因,更有可能损害原来已经有了的宝贵的内源性动机。莱珀称之为外部奖励的隐蔽性代价,即对原来有内在兴趣的活动因不适当外在奖励而丧失对活动本身的兴趣。所以,奖励并非越多越好,尤其是外部的物质性奖励应当慎用。

(1) 对于幼儿而言,教师常用的奖励

一般包括以下几类:①物质奖励(如小红花、粘贴等);②等级和宣传(作品展示等);③表扬。表扬作为广泛使用的一种奖励形式,其使用方式决定了表扬能否激发幼儿的动机。但在实际教学中,很少见到有效的表扬,相反,表扬大多数时候都与幼儿不值得表扬的行为联系在一起。教师只是盲目地用空洞重复、信息性不强的表述方式,如"太好了""好"等。有时表扬的行为实际不值得表扬,例如教师仅仅表扬参与("我很高兴你参加了"),而不是表扬对教学过程的深入参与(如"你这个问题思考地很全面")。

(2) 对幼儿进行口头表扬

表扬时应该注意以下几点:①表扬应真诚,发生在幼儿作出某些良好的行为之后,体现教师对孩子成就的关心;②表扬应该注意幼儿的个别差异,对于性格内向的幼儿,要给予更多的表扬;③注意使用表扬的频率和范围,过分使用表扬是没有效果的,应该针对孩子的表现行为,而不是针对孩子的人格;④指出孩子值得表扬的行为,即将注意的重点放在孩子获得表扬的行为上;⑤表扬应隐含着孩子如果付出努力,在将来可能获得成功等这样的信息。

3. 运用适当的强化方式

外部强化可以激发幼儿的外源性动机,运用外部强化影响人的形式有多种,依随于是否作出某个反应进行正强化或负强化而被称之为强化训练。它主要有四种形式:奖励训练、取消训练、惩罚训练和回避训练。人们经常根据实际情况将各种形式结合在一起使用。

(1) 注意及时强化

从强化物的时间安排角度,可以将强化分为立即强化与延缓强化。立即强化是指个体出现正确反应后,立即给予奖励,其效果相对较好;延缓强化是指正确反应出现后,过一段时间再给予奖励,其效果相对较差。对于幼儿而言,我们更应该注意及时强化。

(2) 适当采用连续强化

从强化物的分配比例角度,可以将强化分为连续强化与部分强化。连续强化是指只要个体表现出正确反应,就给予强化,但是一旦取消强化,其习得的行为就会很快消退。部分强化是只选择部分正确反应给予强化。只要部分强化适度(一般应不少于25%),完全可以达到与连续强化相同的效果。

部分强化主要有以下四种方式:①定比率强化方式,即个体必须作出一定次数的正确反应后,才能得到一次强化;②定时距强化方式,即经过一定的时间间隔,不论个体作出多少正确反应,都获得一次强化;③变比率强化方式,即以正确反应次数不定的间隔来强化,例如有时隔5次强化一次,有时隔7次强化一次;④变时距离强化方式,即强化物的提供没有固定的时间间隔,有时隔较短时间就给予强化,有时则隔相当长的时间才给予强化。研究发现变时强化和变比率强化要优于定时距强化和定比率强化。

(3) 选择合适强化物

哪些强化物对幼儿是最有意义的?对于这个问题,幼儿自身的喜好是最好的判断标准。这必须靠教师在平日的教学中细心观察每一个幼儿。例如本章开始所提出案例中的泽泽,她是一个内向的孩子,她渴望得到老师的认同,因此不断地给予其赞扬是最好的强化物;同时,如果某个孩子很活泼,哪里最热闹哪里就有他,那么一味地口头表扬效果并不明显,如果此时教师能够让孩子来当"小老师",发掘其优势,让他帮助教师教学,对他而言就是最合适的强化物。此外,要多用正强化,慎用负强化。

思考与练习

1. 幼儿学习动机具有哪些特点?
2. 班杜拉提出的自我效能理论的主要观点是什么?
3. 试举例分析如何引导幼儿进行合理归因?
4. 试结合幼儿学习实际分析影响其学习动机的因素,并提出激发幼儿学习动机的策略。
5. 案例分析:
结合所学的幼儿学习动机理论,试想你若是这位老师,你会用什么办法让阳阳主动吃饭。

案例 11-6

阳　　阳

　　阳阳是我们班的开心果,活泼开朗的一个小男孩。阳阳吃饭从来不动手,都是等着爷爷奶奶来喂他;不喂,他就宁愿饿肚子。今天我看见他旁边的小朋友在大口大口地吃饭,可是阳阳就看着这份饭菜一动不动,只盯着放在钢琴上放的旺仔小馒头。

第十二章 幼儿学习中的社会心理

学习目标

1. 理解幼儿教育中的印象效应。
2. 能分析幼儿的归因特点。
3. 能结合实际思考如何引导幼儿正确归因。
4. 了解幼儿教育中常见的偏见。
5. 理解幼儿的群体心理效应。
6. 在如何让幼儿学会合作和良性竞争方面有自己的思考。

关键词

◆ 社会心理　◆ 幼儿归因　◆ 幼儿偏见　◆ 幼儿群体心理效应　◆ 幼儿合作与冲突

幼儿学习案例

案例 12-1

常发"人来疯"的力健

力健是个聪明的孩子,他的计算能力特别强,而且下起棋来,有时连王老师也不是他的对手。他平时不爱说话,半学期下来,力健没给老师惹过什么麻烦,于是老师就没太留意他的表现。王老师怎么也没想到,期中公开课时,力健一会儿扮鬼脸,一会儿故意大声嚷嚷,还乱扔玩具,使王老师不知如何是好。以后王老师发现,只要一有人来参观,力健就一反常态,特别爱表现,发起"人来疯"。①

为什么案例 12-1 中力健在人前会有与平时如此不同的表现?他人的在场是如何影响力健的表现的?这是幼儿教育中的社会心理现象,是社会群体心理中社会助长作用的结果。

幼儿不仅是生物个体,也是社会个体,他们的学习和生活受到各种社会因素的影响。从某种意义上看,幼儿教育就是一个有组织的人与人之间的互动过程。幼儿园将幼儿、教师和

---

① 程灵.幼儿心理教育实例[M].福州:福建人民出版社,2002:31.

家长联系在一起,在这个小社会中,幼儿与幼儿、幼儿与教师、教师与教师、教师与家长相互交流、不断互动,也会有各种社会心理现象,如印象与偏见、从众与顺从、社会助长与社会惰化、亲密关系、合作与竞争等。只要幼儿教育的主体还在,个体之间还有互动,这些现象必然会存在,并每时每刻都在影响着幼儿的身心发展。因此,幼儿教育过程中存在的社会心理现象也是幼儿教育心理学必须予以重视并需要加以探讨的一个领域。

第一节 幼儿学习中的社会认知

社会中人的互动始于认知,印象、归因、偏见等便是对他人认知的结果。社会认知中的印象是个体对他人的自然特征、社会特征和心理特征的判断和认识,是社会知觉过程的结果。在社会知觉过程中,人们除了观察自己和他人的行为,还希望了解行为背后的原因,这种对行为原因的探寻就是归因。通过社会知觉,运用类别名称将他人划入某一类别,人们明确了他人与自己的关系,从而使行为获得明确的方向。通过归因,人们对他人和自己的行为原因进行解释。

同时,根据认知对象的行为表现推断其行为背后的原因,还容易出现不以客观事实为依据的对人和事的负性认识与情感,这就是偏见。这些现象在幼儿教育过程中普遍存在。

一、幼儿教育中的印象效应

人们通过知觉到的信息形成对他人的印象,这些信息包括自然特征(如性别、种族、外表)、社会特征(如职业、社会地位)、心理特征(如智力)。人们并不是在获得了所有信息之后才形成对他人的印象。事实上,个体对他人的印象往往建立在有限信息的基础上,并随着认识的深入、接触的加深,信息逐渐丰富,印象发生变化。在印象的形成过程中,会出现各种印象效应,这些效应影响人们对他人的观点和看法,这些现象也同样表现在幼儿教育中。

(一) 首因效应

首因效应(primary effect)是指最初获得的信息比后来的信息对印象形成的影响更大,也即个体对他人的印象主要受第一印象影响的现象。虽然第一印象并不一定能全面地反映一个人的本质特点,但首因效应却极大地影响着人们对他人的总体印象,因为第一印象一旦形成,就会强烈地影响着后来信息的获取和理解,进而影响人们后继的认知活动,这就是人们通常所说的"先入为主"效应。

幼儿对教师会产生首因效应。在幼儿园中,有的幼儿教师在幼儿心目中很有威信,只要教师一开口,幼儿都会静下来;有的教师喊破了喉咙,仍然无法维持活动秩序,出现这种现象有时候是因为首因效应。幼儿教师第一次开展活动或接手一个新的班级时,如果表现得大方自然,同时能够很好地控制课堂,就会给幼儿留下一个积极的、强有力的第一印象,并在幼儿心目中建立起权威的教师形象,使得以后的教育活动开展得更加顺利。相反,如果教师紧张不安,完全不能控制课堂,就会让幼儿产生"这个老师很差劲,我一点也不怕她"等想法,在以后的活动中,幼儿也很难积极地配合教师。因此,积极利用首因效应,通过调整自己的言谈举止给幼儿留下好的第一印象是每个幼儿教师的重要功课。

教师对幼儿的印象也会出现首因效应。如果一个幼儿给教师的第一印象是聪明伶俐、乖巧可爱,那么以后即使该幼儿犯了错误,教师也可能不会责备她。而一个给教师第一印象很差的幼儿(如多动、打别的小朋友、骂人)即使后来表现良好,教师可能也不会喜欢他。幼儿是发展中的人,首因效应的定势作用使得教师对幼儿的看法和态度停留于第一印象,对于教师了解幼儿、评价幼儿并以适当的方式对待幼儿的消极作用显而易见,因此,教师必须克服首因效应,以发展的眼光看待幼儿。

(二) 近因效应

近因效应(recency effect)是指新获得的信息比原来获得的信息对个体的印象形成影响更大的现象。近因效应虽没有首因效应普遍,但在幼儿教育中同样存在。

表现良好的某一幼儿在一次活动时东张西望,坐立不安,还干扰其他小朋友的学习,教师据此便认为该幼儿出现了行为问题。相反,一个多动症倾向的幼儿在一次集体活动中不再到处跑动,教师便认为他有了很大的进步。这种根据一次或几次活动中幼儿的表现来评判他们的做法是不科学的,当然,这并不意味着教师应该以一成不变的眼光来看待幼儿,只是需要注意克服近因效应的影响,不要因为近期的深刻印象而作出片面的判断,才能正确而全面地评价幼儿。

(三) 晕轮效应

晕轮效应(halo effect)指人们对某人形成的印象影响到对其另外特质的判断的心理现象。人们习惯用印象相一致的方式去评估认知对象的所有特点,也就是人们经常说的"一好百好"。

在幼儿教育中,教师和幼儿都会受到晕轮效应的影响。幼儿认为漂亮的老师什么都好,而长得不好看的老师就什么都不好;教师也会因幼儿的相貌、个性、学习而产生晕轮效应,如教师往往认为一个学习好的幼儿天资聪颖、个性乖巧,将来必定有大出息,而一个学习不好的幼儿必定是贪玩、不努力的,将来也不会有什么大作为。作为一种认知偏差,晕轮效应不利于教师正确认识幼儿。

(四) 预言自动实现效应

预言自动实现效应(self-fulfilling prophecy effect)是指对他人的某种印象会引起预期的行为,使观念变成现实。预言自动实现效应一个最经典的实验就是罗森塔尔实验,该实验研究发现:如果对一个人传递积极的期望,就会使他进步得更快,发展得更好。反之,向一个人传递消极的期望则会使人自暴自弃,放弃努力。罗森塔尔效应在幼儿教育中表现得十分明显,受教师鼓励和关注的幼儿,一段时间内各方面都有很大进步,而受到否定甚至歧视的幼儿则厌恶幼儿园,学习的积极性也会大大受挫。

二、幼儿教育中的归因现象

归因既包括对他人行为原因的解释,即人际归因,也包括对自己行为原因的推测,即自我归因。海德(Heide)认为,人们用内部原因和外部原因对行为作出推断,前者将行为的原因归结为个人性格特征,而后者认为是环境或情境中的某些因素影响了行为。以后的研究证实了海德的看法,在寻找行为的原因时,很多人都倾向于作内外因的归属。然而,同样是内外因的归属,却因行为指向的对象不同而有差异:人们在解释他人的行为时会低估环境造成的影响,高估个人的态度和特质所造成的影响;而在解释自己的行为时则相反,这种现象在社会心理学中被称为基本归因偏差。

人们为什么会低估环境对他人行为的影响?主要原因有两个:一方面是因为行为的执行者和观察者不同,即执行者与观察者效应。当行为的主体是自己,环境会支配人们的注意;而观察他人的行为时,行为主体的人则成为注意的焦点,环境的作用变得模糊。因此,当行为指向自身时,个体可以较有把握地作出环境归因;而指向他人时,作出内部归因似乎更加容易。另一方面因为人们有自我服务偏见,当某个行为涉及个体的自我卷入,人们在归因时会有明显的自我价值保护作用,即归因会朝有利于自我价值确立的方向倾斜。因此,为了维持自我的良好形象,人们会把成功和其他好的特质归结为内部原因,而将失败等归为环境因素。当行为发生在他者身上,则不会出现这种效应。

(一)幼儿的归因发展

作为社会人,幼儿的社会认知归因同样遵循基本的归因理论,现有的研究已经证实了这一点。弗里德伯格(Friedberg)和达伦伯格(Dalenberg)对平均年龄为57.9个月的幼儿关于因果关系归因的研究发现,大多数幼儿主要使用内部的、不稳定的和特定的方式进行归因,他们归因时也会有自我服务偏见,当面对的是自己的失败行为时,他们往往归因于外部的、不稳定的因素。表12-1呈现了二人关于幼儿自我服务偏见归因的研究结果。

表 12-1 幼儿自我服务偏见的频率和百分比

样本数	归因维度	频率(f)	占比/(%)
$n=24$	对失败的内部归因	4	17
	对失败的外部归因	20	83
$n=27$	失败的稳定性归因	4	15
	失败的不稳定性归因	23	85

Nesdale 和 Pope 的研究也发现,幼儿用任务的难易程度来解释自己行为的成功与失败。Guerin 的研究结论是,对自己喜欢的人,幼儿更多对积极行为进行气质归因,对消极行为做

情境归因,而对自己不喜欢的人,幼儿更多对消极行为进行气质归因而对积极行为进行情境归因。

何国宏通过研究同伴冲突中幼儿的归因发现:其一,幼儿对同伴冲突的归因以他人行为原因为主,以他人享乐和实用个人主义归因方式最多,自我行为特征归因方式最少;其二,幼儿对同伴冲突的归因方式与冲突类型有关。在物品冲突、干涉或控制他人冲突中,幼儿以享乐、实用的个人主义归因方式为主;在游戏加入冲突中,幼儿以同伴关系归因为主;故意挑衅冲突中,幼儿以他人人格特征归因为主;其三,随着幼儿年龄的增长,幼儿的归因能力、应对策略的能力逐渐增强。不同性别幼儿的归因方式、应对策略不存在显著差异;其四,幼儿对同伴的冲突行为以消极应对策略为主。在物品冲突、干涉或控制他人冲突、故意挑衅冲突中,幼儿以消极应对策略最多;在加入游戏冲突中,幼儿以中性应对策略最多。① 具体的数据见表12-2:

表12-2 幼儿在假设冲突情境中归因方式的频率和百分比

归因方式	频率(f)	占比/(%)
享乐实用个人主义取向归因	186	30
客观条件归因	120	19.4
人格特征归因	113	18.2
同伴关系归因	57	9.2
自我行为特征归因	46	7.4
不会归因	98	15.8
	$N=620$	

综上所述,幼儿的归因遵循基本的归因原则,也容易出现基本归因偏差。且由于幼儿发展的不成熟,在社会认知过程中,他们往往更加以自我为中心,更有可能出现归因偏差。

(二) 归因与幼儿教育

1. 师幼互动中的归因

幼儿教育中的一种重要的关系就是师幼关系。在师幼互动过程中,幼儿和教师都会对彼此的行为和表现进行归因。教师会对班级活动和日常生活中幼儿的各种表现进行归因,幼儿也有对教师的各种行为和表现的归因。

马澜通过研究教学归因对幼儿教师实际教学效能感的影响,发现幼儿教师对其成功教学的归因取向排序为:努力、幼儿、能力、身心健康、运气、他人,而对其失败教学的归因取向排序为:幼儿、运气、努力、他人、能力、身心健康,表明教师对自己成功的教学作出了努力和

---

① 何国宏.幼儿对同伴冲突的归因以及不同归因下应对策略研究[D].西北师范大学,2010.

高能力的归因,属于自身可控的因素,对自己失败的教学作出了幼儿、运气等不可控的归因。将成功归因于自身能力强能够提高教师的自信心,从而更加积极地投入工作,而将失败归因于幼儿或运气则不利于改进教学,无益于自身和幼儿的发展。幼儿对教师的归因同样如此,如果对教师的行为采取消极的内部归因,将不利于师幼关系的发展;反之,积极的归因则会改善师幼关系,并最终促进幼儿自身的成长。

2. 同伴互动中的归因

幼儿教育中的另一种关系是同伴关系,在同伴互动过程中也存在各种各样的归因现象。如问幼儿为什么喜欢和某个小朋友玩,幼儿给出的答案可能是"因为他喜欢和我玩""因为他人好,我喜欢他""他把他的玩具送给我了"。不同的答案反映了不同的归因方式,或从自身角度出发,或是站在他人的立场,或是将行为归因为内部因素,或是归结为外部因素。当问到为什么打别的小朋友时,幼儿往往从对方身上找原因,如"是她先动手的""她抢我的东西",等等。

幼儿对同伴和自身行为的归因也会影响到其后续的行为表现,对事件或行为的归因不同,就会出现不同的应对策略。何国宏对幼儿同伴冲突归因方式的研究结果证实了这一点:不会归因和归因为他人行为的幼儿,以消极应对策略为主;归因为客观条件、自我行为原因的幼儿,以积极应对策略为主;归因为同伴关系的幼儿,以中性策略为主。

3. 教师和家长互动中的归因

家园合作是幼儿教育中的重要内容,良好的家园合作有助于家长和教师共同一致地为幼儿的学习和发展创造条件。家园合作中的核心内容是教师和家长之间的互动,双方对互动过程中自身和对方行为的归因必然影响幼儿的学习和生活。如六一儿童节,教师没有让自己的孩子上台表演节目,有的父母认为是教师忽视自己的孩子,没有看到自己孩子的优点,有的家长可能看到班上孩子多,而六一每个班能够表演的孩子又少,自己的孩子确实不擅长这个节目。教师也会对父母的行为进行归因,如幼儿在园受伤,家长来园理论,语气强硬,很不客气,教师可能认为这个家长素质低下,性格粗劣,也有教师可能认为家长是护儿心切,一时急躁所致。教师和家长之间的归因方式会极大地影响双方互动的质量,将消极行为归因于对方的内部原因会干扰双方的关系,甚至会导致家园冲突。

三、幼儿教育中的偏见

偏见是人们不以客观事实为依据的对一个人或一个群体的负性的预先判断,是一种如奥尔波特(Allport)所言的"基于错误和顽固的概括而形成的憎恶感"。偏见是社会生活中的一种独特态度,而态度是认知、情感和行为倾向的结合物,因此,偏见也有认知、情感和行为倾向这三种成分:一个对某人或某群体存有偏见的人,首先认知上对该人或该群体抱有消极、否定的观念,其次会出现不喜欢、厌恶等消极情感,最后还可能以不公平的态度对待他或他们。作为一种消极的态度,偏见对偏见的主体和偏见的对象都会造成极大的伤害。不仅影响个体的人际关系,还会导致偏见对象对偏见的自我实现。

(一)幼儿的偏见习得

幼儿并非生来就具有偏见,如同幼儿的其他态度,偏见也是在社会化过程中习得的。乐国安认为,在社会化过程中,幼儿通过直接学习、模仿学习和环境气氛熏染这三种途径习得偏见。

第一,幼儿的父母和周围人直接灌输给幼儿一些偏见观念。有着种族偏见的父母会给自己的孩子灌输应该憎恨黑人的观念,在看到自己的孩子与一个黑人小孩一起玩时,会将这个黑人小孩赶走,并告诫自己的孩子"黑人毫无教养,以后不要和他们一起玩",并且告诉孩子如果与黑人接触将会发生非常恐怖的事情。父母的这种做法会直接影响幼儿对黑人的看法和态度,并可能造成幼儿对黑人根深蒂固的偏见。

第二,幼儿模仿学习父母和周围人的各种偏见。如果幼儿在生活中总能听到、看到父母和周围的人对某个人或某个群体抱有消极态度,久而久之也会形成对那个群体或个体的偏见,即使幼儿从来没有见过让他开始产生偏见的那个人或那个群体中的任何一个人。

第三,整体的社会氛围影响幼儿的偏见习得。幼儿生活在社会大环境中,不仅受父母和周围人的影响,同时也受整个社会氛围的影响。如一个生活在歧视女性的社会中的幼儿,往往也会形成对女性的偏见。因为整个社会制度、文化传统、大众媒体都在向幼儿传达着关于女性的负面描述,长久下来幼儿就会潜移默化地受到影响。

(二)幼儿教育中几种常见的偏见

1. 性别偏见

性别偏见是一种常见的偏见类型,指人们对男性和女性的行为、个性特征进行归纳、概括和总结,以不公正的态度对待两性。性别偏见在幼儿教育中主要有三种表现。

第一,社会对幼儿教师的性别偏见。在托儿所和幼儿园,幼儿教师和行政人员几乎是清一色的女性,男性很少也不愿意进入幼儿教育事业。这种性别失调可能与人们对幼儿教师的定位有关,幼儿教师一向被认为是女性的工作,如果有男性愿意从事幼儿教育事业,人们往往难以理解,认为男性的性别角色与幼儿教育是不适应的。鉴于女性在社会中的弱势地位,幼儿教师又主要以女性为主,导致出现另外一种偏见:对幼儿教师的职业偏见,幼儿教师工作劳累,但不仅工资待遇差,社会地位也不高,因此幼儿教师普遍容易出现职业倦怠。

第二,教师对男女幼儿的性别偏见。不少教师都认为女孩子听话,安静,文雅,但是不够灵活;男孩子调皮捣蛋,好动,但脑子灵活,敏锐。我国学者近来的研究发现幼儿园里普遍出现了一种"重女轻男"的现象,即多数幼儿教师更加重视和喜欢小女孩,而轻视、嫌弃小男孩。在一些教师看来:小女孩乖巧、整洁且口齿伶俐,易于接受管理,而小男孩则调皮,笨嘴笨舌,又难以管教。因而,幼儿园里常受教师关心、表扬、帮助的女孩占多数,而常受教师冷遇、批评处罚的男孩占多数。

第三,幼儿读物中的性别偏见。美国的一项研究分析了1970年以前写的134份儿童读物中的故事内容,发现男性人物角色比女性角色要多,比例是3:1。此外,幼儿读物中对两性的描述也存在差异,女性偏向的是表达性角色,是善良、柔弱、多愁善感、需要别人帮助的,而男性偏向工具性角色,是坚强、勇敢、见义勇为的。

2. 社会阶层偏见

另一种常见的偏见是社会阶层偏见,教师常依据社会背景将幼儿分类,对不同社会经济背景的幼儿赋予不同的期待。在教育过程中,教师也会有意或无意地流露出社会阶层的偏见。如教师会认为出生于低社会经济地位家庭的幼儿更容易出现学习困难、同伴冲突和行为问题。

幼儿也存在社会阶层的偏见。3~6岁的幼儿虽然对社会阶层差异的理解有限,但透过观察成人与工作世界及机构的互动,也已获得歧视或特权概念,社会阶层图像与期待逐渐形成。如台湾地区学者吴雅玲访问幼儿对家人工作的看法,结果竟有2/3认为父母的工作"不好""不想让别人知道"或"很丢脸",当问到对穷人和富人的看法时,幼儿认为穷人"脸丑丑的""衣服破破烂烂的""睡在袋子里";有钱人"很帅""衣服有蝴蝶结""吃面包"。随着年龄的增长,幼儿会视资源分配不均为理所当然,并谴责穷人。

3. 能力偏见

教师还容易按能力将幼儿分为能力差的和能力强的,并在教育活动过程中进行区别对待。

案例 12-2

喊谁回答问题

语言活动中,老师提出一个问题:"刚才故事的题目叫什么?"孩子们纷纷举起了手。老师巡视了一周,叫了一个其认为能力偏低的孩子。接着是情景表演,这一次,举手的人明显不多,在这些举手的孩子里,有一个被老师认为不怎么样的幼儿。老师的目光在她身上停留了一下,但最终转向了一些其认为更能干的幼儿。

在这个案例中,针对不同的问题,教师请的幼儿也不同,但其中的偏见非常明显:能力差的幼儿只能回答简单的问题,而能力强的才能回答挑战性的问题。这种偏见低估了幼儿的能力,并会导致教育机会的不均等,严重影响幼儿的发展。

4. 外貌偏见

在幼儿园中,教师往往更喜欢长相可爱、漂亮的幼儿,给予他们更多表达和发言的机会,在各种活动中,也更加关照他们。而对那些外表不漂亮、长相欠佳的幼儿只给予较少关注,甚至漠视,对他们的期望也更低。这种态度的后果将导致幼儿受教育机会的不均等。幼儿对教师和其他幼儿也有外貌的偏见。幼儿喜欢某教师,一个重要的原因是因为该教师长得漂亮。幼儿对同伴的选择也容易出现外貌的偏见,长得可爱的幼儿在幼儿园中很受欢迎,小朋友都愿意和他(她)做朋友。

幼儿教育中的各种偏见会导致教育的不公平,同时影响幼儿园中的人际关系,导致同伴冲突以及师幼关系的不和谐,减弱教师的职业幸福感,也不利于幼儿在幼儿园的学习和生活。

第二节 幼儿学习中的群体影响

印象、归因和偏见是发生在"个体内"的现象,然而,在社会交往过程中,"个体间"也会发生互动。群体及他人的微妙影响甚至能改变和重新塑造人们的行为。这种现象发生在幼儿教育中,表现为教育各主体的从众、顺从、社会助长、社会惰化、去个性化等典型的社会心理行为。

一、幼儿的从众心理

从众是一种个体受群体影响而倾向于作出与群体中其他成员相一致的态度和行为的现象。从众行为可以在个体意识到的情况下产生,也可以在个体没有意识到的情况下产生。

社会心理学家认为人们作出从众行为的基本动因有三:一是渴望获得正确信息,在社会生活中,人们总是倾向于把大多数人认为正确的事物作为判断的标准;二是希望被喜爱和接受,"从众之所以能够达成,乃是因为个体希望被别人赞许和接纳"[①];三是减缓群体压力,当与群体意见不一致时,个体就会产生强烈的认知失调感,为了减少内心冲突,个体会放弃自己原有的观点并接受群体的意见。

(一)幼儿的从众特点

在安徒生的童话《皇帝的新装》中,所有的人——大臣、普通百姓都说自己看到了赤身裸体的皇帝穿着他想象中的漂亮新装,只有一个孩子一语道破真相:"可他什么衣服也没穿呀!"这是否意味着幼儿比成人更能抵抗群众的压力,或是如多数研究者所言的幼儿更容易从众?男孩与女孩的从众行为是否有差异?幼儿的从众还与什么因素有关?

1. 幼儿从众的年龄差异

姚本先对不同年龄段人群的从众行为进行研究,发现从众行为存在着年龄差异,具体数据见表12-3:

---

① [美]班尼·约翰逊.教育社会心理学[M].昆明:云南教育出版社,1986:111.

表12-3 从众行为的年龄发展差异比较①

研究者	被试地区	被试年龄	被试人数	从众率
时蓉华等	上海华东师大	大学生(18~22岁)	30	44%
乐国安等	湖南湘西等	青年学生(16~18岁)	90	45.8%
陈朝阳	浙江杭州等	高一学生(15~17岁)	40	50.3%
姚本先	安徽芜湖	幼儿(5~5.5岁)	110	58%

从表中可以看出,随着年龄的增长,从众率呈现逐渐下降的趋势,即年龄越小,从众的可能性越高。王星军对不同年龄段幼儿的从众行为进行研究,也发现年龄与从众存在相关:大、中、小班幼儿从众反应次数存在明显的差异,幼儿的从众反应次数有随年级升高而下降的趋势,即随着年龄的增长,幼儿的从众次数逐渐减少。

研究者认为幼儿之所以更容易从众,可能与其认知发展水平有关,年龄越小,幼儿独立性越差,知识经验也越贫乏,因此更容易受到其他人的影响。

2. 幼儿从众的性别差异

一些研究者如姚本先认为男女幼儿的从众有显著的差异:男女幼儿从众率(男39%,女61%)的差异达到显著性水平($P<0.01$)。幼儿每次都从众的人数(男12人占21%,女23人占43%)在性别上达到显著性水平($P<0.05$)。幼儿从未发生过从众行为的百分比的性别比较(男38%,女17%)也显示出显著性差异($P<0.05$)。

但并非所有的研究者都认同这一结果,如王星军的研究没有发现男女幼儿从众行为存在明显差异。因此,关于女孩是否比男孩更容易从众,目前还没有定论。

3. 影响幼儿从众的因素

除了年龄和性别,影响幼儿从众的因素还包括智力因素、父母因素、群体因素。幼儿的智力水平不同,其从众次数也存在明显差异,智力低于平均数水平的幼儿的从众反应数明显高于平均数以上的幼儿。父母的年龄、职业与幼儿的从众也有一定的相关:幼儿的从众反应数随父母年龄的增高而逐渐增多,随职业的不同而不同,职业为教师、工程技术人员、干部等的孩子,从众反应数较高,而工人、司机、个体户等的子女,从众反应数反而较少。此外,幼儿在同辈群体(同班假被试与别班同龄假被试)影响下的从众反应次数要明显高于其他成人假被试(熟悉成人与陌生成人假被试)类型的影响。②

---

① 姚本先.5岁幼儿从众行为的初步研究报告[J].心理科学,1995(1).
② 王星军.幼儿从众行为及影响因素的调查研究[J].太原师范学院学报(社会科学版),2003(3).

（二）幼儿从众行为的利用和控制

1. 控制不良的从众行为

 案例 12-3

> **法伯的毛毛虫实验**
>
> 法国科学家法伯在一只花盆的边沿上摆放一些毛毛虫，让他们首尾相接围成一个圈，与此同时在花盆里面周围150毫米的地方撒了一些它们最爱吃的松针。由于这些虫子天生有一种"跟随"的习性，因此它们一只跟着一只，绕着花盆边一圈一圈地行走。时间慢慢地过去，一分钟、一小时、一天……毛毛虫就这样固执地兜圈子。在连续七天七夜之后，终于饥饿难当，精疲力竭，一个接一个地死去。

从众是人们在群体压力下放弃自己的观点，转而接受其他多数人的意见，使自己的行为符合群体规范的一种行为模式。在案例12-3法伯的实验中，毛毛虫的从众行为导致了极其严重的后果——群体的毁灭。而日常生活中，消极从众的后果也不容小觑：从众使人在群体中迷失了自己明确的观点和正确的立场，失去了自己的独特个性；从众还压抑了不同意见和选择的可能性，导致群体决策的风险加大。在幼儿教育中，幼儿为了得到赞许和表扬，往往会放弃自己的独立思考和行动，而选择与群体一致，"人云亦云"。

 案例 12-4

> **小手真干净**[①]
>
> 在"小手真干净"活动中，当我提问"什么时候我们要洗洗小手"时，一个小朋友说"吃饭了要洗手"得到了老师的肯定后，马上有好多小朋友都说了类似的话：吃饼干了要洗手、吃苹果了要洗手……等，幼儿的热情非常高，想制止也来不及了，导致在这个问题上足足花了四五分钟。

如上案例所示，幼儿的从众行为会削减教育活动的效果，不利于其独立创新品质的发展。因此，教师有意识地创造条件控制幼儿的消极从众行为至关重要。自由、平等、开放的班级氛围可以帮助幼儿抵抗偏离恐惧[②]，减缓群体压力，在各种活动中敢想、敢说、敢做。此外，注意培养幼儿的自信心也可以帮助其抵抗从众，因为性格软弱、自信心不够的人往往更容易从众；相反，性格坚定、对自己充满信心的人则不容易服从群体的意志。

2. 有效利用有益的从众

从众虽然有消极的一面，但它在社会良性行为的引导和群体一致性的达成方面，可以发

[①] 胡维琴. 从幼儿的回答看幼儿的从众性[EB/OL]. [2008-02-26]. http://www.lxeblog.cn
[②] 人们在其观点和行为与群体不一致时所体验到的恐惧感。

挥十分积极的作用。① 在图书馆中,个体会出于从众心理而轻言轻行,使图书馆成为一个安静怡人的读书之处;在食堂打饭时,多数人的排队行为改变了少数人想插队的意愿;在一个整洁的班级中,乱扔垃圾的现象也会大为减少。这些现象表明,如果教师能有效利用从众的积极作用,将会实现整个班级的良性互动。

二、幼儿的顺从

顺从是个体或群体因他人的意见而改变自己的行为,使之符合他人期望的现象。在社会心理学中,还存在一种与顺从相似的现象——服从,它是指个体或群体因他人的命令或规范的压力而作出指定行为的现象。顺从和服从的区别在于二者的社会影响机制不同,服从的命令者和行为者之间有着规定性的或强迫性的社会角色关系,如教师与学生、上司与下属,而顺从的要求者与行为者之间则不存在这种强迫性关系的束缚。从这个意义上说,顺从是一种涵盖性更广的社会影响方式,服从可以看作是顺从的一种特例,如果顺从行为是由明确的命令或严格的规范所引起的,就可以将其看作是服从。

(一) 幼儿的顺从特点

研究者往往以幼儿的动机来划分顺从的类型,一种被人们普遍接受的方法是将幼儿的顺从划分为情境性顺从和约束性顺从(也叫自愿顺从)。这一划分类型是由科汉斯卡(Kochanska)和埃斯坎(Askan)在1995年提出来的。情境性顺从指幼儿迫于外界压力而作出的遵从行为。约束性顺从指幼儿发自内心地接受规范和成人的要求及指令。可以看出,这两种顺从存在着动机上的差异,前者是外部激发的顺从,后者是内在的顺从。约束性顺从标志着良心的出现,它说明幼儿把外部要求内化为自己的内部需要,它也是从外控发展到内控的一个中间环节。与之相比,情境性顺从则是由外控而非内控所驱使,只表示幼儿对成人当前命令的顺从,它与幼儿对要求的内化无关。② 研究还发现,随着幼儿年龄的增长,约束性顺从逐渐增多,而情境性顺从相对减少。

幼儿顺从行为的发展表现出稳定性的特征。列昂·库里斯基(Leon Kuczynski)和Grazyna Kochanska1990年的一项研究发现,顺从从学步期到5岁时没有变化,显示出恒定性。没有发现这一时期幼儿顺从行为的频率有大的发展变化,而且幼儿顺从的个体差异具有跨时间的一致性。③

研究者将影响人们顺从的因素归结为以下几种。①互惠和回报:当人们知道作出顺从行为能够得到回报时,顺从行为发生的概率增加。②合理的原因:如果被要求执行的行为有

---

① 金盛华.社会心理学[M].北京:高等教育出版社,2005:355.
② 李冬晖,陈会昌,侯静.父母控制与儿童顺从行为的研究综述[J].心理学动态,2001.4.
③ 陈会昌,夏美萍.近50年来关于儿童顺从行为的研究[J].心理发展与教育,2006.4.

着合理的原因,人们顺从的可能性就会增大。③专家的意见:当要求来自专家时,人们往往会顺从。④合法权威:根据社会规范,有些人具有权力要求他人以某种特定的方式行事。⑤强迫:当被告知如果不顺从,就会受到惩罚或剥夺某些权利,那么个体就有可能作出顺从行为。⑥参照影响力:如果被要求顺从的行为也发生在个体喜欢或崇拜的对象身上,个体顺从的概率会大大增加。⑦积极的情绪:处于积极情感唤醒下的个体,依从于外在请求的可能性会显著提高。表 12-4 是父母对幼儿施加影响时使用不同策略的例子。

表 12-4 社会影响力的六个基础①

	定 义	在父母对儿童施加影响例子中的应用
回报	基于提供或许诺正性结果之上的影响力	如果你这一周每天晚上都坚持刷牙,周六我会带你去看电影。
强迫	基于施加或以施加负性后果威胁之上的影响力	如果你不刷牙,就不允许你看电视。
专家意见	基于专门知识和能力的影响力	牙医说你必须每天刷牙两次,她知道的最多。
信息	基于信息本身的影响力	如果你不刷牙,就会长虫牙,你的牙就坏了。那样的话牙医就必须在你的牙齿上钻一个洞,然后把里面的洞补上。
参照影响力	基于对他人或群体的认同,希望与他人或群体相似的影响力	你大哥斯坦总是坚持每天刷牙两次。
合法权威	基于施加影响者拥有作出要求的权力或权威之上的影响力	我是你妈妈,我现在就要你去刷牙,快去!

研究发现,不同影响因素的效用各不相同。其中专家意见和参照影响力最有效,他们能够激发幼儿自愿的顺从行为。权威和强迫因素的效果则比较差,幼儿的顺从只是暂时的情境性顺从。此外,研究还发现,幼儿的顺从还与幼儿自身的气质有关系。过度活跃的、高反应性的幼儿更倾向于作出不顺从的行为;而有畏惧感的幼儿更容易感到内疚,表现出与规则相适应的行为。

研究者普遍认为对要求能够顺从的能力是幼儿早期发展的一个里程碑,是幼儿逐渐成熟的标志。因为,顺从是幼儿社会化的一种重要表现形式,约束性顺从能促进幼儿自控的形成和社会价值的内化。幼儿自控能力的形成是一个渐进的过程,从服从成人的命令、遵从外界的标准到逐渐学会自我控制,顺从起到了促进的作用。没有对成人命令和要求的顺从,幼儿的自控能力也很难形成。同时,通过对成人和社会规范的顺从,幼儿也习得了一些重要的社会价值,从而对自己的社会化产生影响。值得注意的是,只有约束性顺从与幼儿对社会价值的内化有关,情境性顺从与价值内化和自控能力的产生无关。

---

① [美]S. E. 泰勒,等.社会心理学[M].谢晓非,等译.北京:北京大学出版社,2004:233-234.

当然,这并不意味着幼儿应该一味地顺从成人的命令和规范的要求。盲目地服从权威是非常危险的。教师和家长应该重视幼儿自主性的发展,尽量激发幼儿的自愿顺从行为。

(二)顺从与幼儿教育

在幼儿教育中,顺从是一种比较普遍的现象,但顺从的主体主要是幼儿,包括幼儿对园规、班级制度和教师的顺从。对教师而言,幼儿的顺从与否关系到班级的风气和活动开展的秩序,也关系到育人的环境和自己工作的效率。因此,教师必须学会让幼儿自愿自主地顺从自己的指令和园所及班级的规范。同时,当幼儿出现不顺从行为时,教师要正确合理地应对。

1. 促进幼儿顺从的技巧

(1)运用专家的影响力。对幼儿而言,教师因其知识经验的相对丰富而被赋予了专家的角色,幼儿会由于尊重教师的专家意见而更容易遵从教师的要求。如幼儿在游戏中违反了规则,教师以对游戏非常了解的专家的身份告知幼儿游戏规则,幼儿往往会遵从。

(2)提供榜样。榜样可以有效地激发幼儿的服从行为,当一个幼儿看到自己的同伴榜样因遵从了教师的要求而让教师感到满意,那么该幼儿就更有可能为了让教师高兴而依从教师的要求。教师应该学会利用幼儿的这一心理,如要求幼儿认真听讲时,教师可以通过表扬那些认真听讲的幼儿达到目的。

(3)给予充分的理由。如教师希望幼儿在活动开始之前都去小便,就可以告诉幼儿:"如果你们在活动之前都去小便,那么老师在上课时你们就不会想着去卫生间了,这样就不会影响老师的讲课,也不会影响到其他小朋友的学习。"

(4)在愉悦的氛围下提出要求。如果幼儿能时刻感觉到教师的关心,心情愉悦,情绪状态积极,无疑会增加他遵从教师要求的愿望,他会尽心尽力地完成任务,作出教师期望的行为。如教师在提要求时,语气温柔,面带微笑,幼儿就更有可能顺从。

(5)实施奖惩。对幼儿执行命令和符合要求的行为予以奖励,而对相反的行为予以惩罚,这是教师最常用的管理方法。可以说,在一定范围内,奖励越多、惩罚越重,产生的顺从行为就越多。但是,教师不应该过分地利用奖惩。奖励无疑可以地增加幼儿的顺从行为,但当幼儿的顺从主要由外在因素引起的话,内部动机就逐渐消失,从而不利于幼儿作出自主自愿的顺从行为。惩罚亦如此,幼儿迫于惩罚的威胁而作出暂时的顺从,但这种顺从并非是发自内心的。此外,当惩罚超过一定限度,就不仅不会增加顺从行为,反而会激起幼儿的反抗心理,他们会表现出"偏不"的样子,拒绝顺从。

2. 正确对待幼儿的不顺从行为

与顺从相对的是不顺从,幼儿的不顺从在幼儿教育中也很常见。科汉斯卡(Kochanska)和她的同事们描述了幼儿不顺从行为的几种类型。①反抗:对教师提出的要求,幼儿显露出消极情绪行为,如哭泣、尖叫,或是攻击性行为,如踢打、乱发脾气。这些行为被认为是令人讨厌的并且很难矫正。消极不顺从行为:幼儿表现出完全忽视教师的要求。②拒绝:幼儿对教师的要求直接说"不"。③协商:这时幼儿向教师解释、讲条件,希望教师改变或收回要求。这种方式被认为是有技能的不顺从策略。

幼儿的不顺从起初被认为是一种严重的行为问题。早期不顺从使幼儿处在一个危险的境地,幼儿将会遇到一系列问题,包括高压性的家庭互动、不良的同伴关系、不良的学业表现、少年犯罪和后期生活上的一些问题。① 但随着人们对顺从和不顺从研究的日益加深,人们对不顺从的认识也发生了改变:其一,研究者发现有些不顺从行为是机能失调所致;其二,幼儿的不顺从比例很高,不同的研究报告的不顺从率在20%~40%之间,人们很难将发生频率如此高的行为定义为技能障碍;其三,当幼儿运用协商、讲条件等方法说服成人改变要求时,他事实上坚持了自己的自主性,并习得了社会认可的表达自主性的社会技能和策略。

当幼儿出现不顺从行为时,教师不能一味地强迫幼儿顺从,而是首先要对幼儿不顺从的原因进行分析,如果幼儿的不顺从确实有恰当的理由,教师应该考虑改变自己的要求。如果情境要求幼儿必须顺从,教师也应该合理利用促进幼儿顺从的技巧,逐步改变幼儿的不顺从行为。

三、幼儿的群体心理效应

当个体处于人群之中时,他的行为会因他人在场和群体环境的影响而发生一些变化。这种个体心理因群体影响而发生变化的现象就叫做群体心理效应,主要表现为社会助长、社会惰化和去个性化。

(1) 社会助长(social facilitation)。是指因他人在场或与他人一起活动时,个体活动效率提高的现象。常见的社会助长效应有两种:一种是结伴效应,指当他人在场时,个体活动效率提高的现象,如一起游泳比一个人游泳速度快;另一种是观众效应,指当他人旁观时,个体活动效率提高的现象。

(2) 与社会助长相对的是社会阻抑(social inhibition)。是指他人的存在抑制了个体绩效的现象。怯场就是典型的例子。

(3) 社会惰化(social loafing)。是指在群体任务中,个体努力程度较单独完成时要小的现象(见案例12-5)。

---

① 曹睿昕等.儿童2岁时的不顺从对4~11岁间社会适应的预测[J].心理学报,2010(5).

案例 12-5

拔河,你用力了吗?

1930年,社会心理学家达谢尔测量了人们在拔河比赛中的用力情况:如果一个人独自参加比赛,平均用力 63 千克力;如果是两个人,平均 59 千克力;3 个人为 53.3 千克力;8 个人为 31 千克力。即参与的人越多,每个人贡献的平均拉力就越小。①

去个性化(deindividuated)又称为个性消失。是指个体在群体中丧失个性而融于群体的情况。当去个性化出现时,个体很少会考虑自己行为的适当性,并容易忽视正常社会规范的要求,从而会作出一些单独一个人时不会出现的行为。

(一)社会助长与幼儿教育

还记得本章开头的案例 12-1 中那个爱发"人来疯"的力健吗?力健的表现就是一种典型的社会助长效应,在幼儿园中,我们还会看到许多其他类似的现象,幼儿在家吃饭是个大难题,但到了幼儿园就会争先恐后地将碗里的饭吃光;幼儿讲故事,如果许多人都来听,就会讲得有声有色,等。与社会助长类似,社会阻抑也很常见,在语言活动中,教师让幼儿重复刚才讲的故事,幼儿有可能语无伦次。

1897 年,Noman·Triplett 进行了第一个社会心理学实验。他要求儿童在钓竿绕线轮上绕绳子,越快越好,实验在两种情境下进行:儿童自己绕和与其他人一起绕。研究结果发现,儿童在群体情境下比独自一人时更卖力,速度也更快。

1. 社会助长的原因分析

他人在场或与其他人一起活动时,幼儿表现得更加出色或更加差劲与其唤醒水平和优势反应有关。社会心理学家 zaonc 提出了"优势反应强化说"以解释这一现象,他指出,他人在场对个体有着唤起的作用,会增加个体采取优势反应的可能性。而幼儿的表现之所以有好有坏,是因为优势反应本身的差异。如果是简单而熟悉的行为,幼儿在他人面前将表现得更好,相反,如果行为是复杂的、具有挑战性的,他人的在场反而会干扰幼儿。

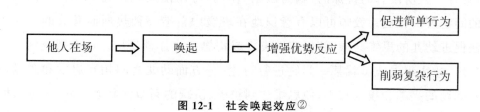

图 12-1　社会唤起效应②

---

① 沈德立.基础心理学[M].上海:华东师范大学出版社,2001:275.
② 戴维·迈尔斯.社会心理学[M].北京:人民邮电出版社,2006:210.

为什么他人在场会对幼儿有唤醒作用？社会心理学家有以下三种解释。第一，评价的顾忌：幼儿可能担心自己的行为会被在场的人评价，为了给别人留下一个好印象，就会努力作出优势反应。第二，竞争的压力：与其他幼儿一起学习或表演时，这种竞争的环境会激起幼儿表现的欲望，他们会希望自己比别人做得更好。第三，分心的影响：他人的在场导致了分心，幼儿既需要保持当前的行为，又关注他人。这种情况下，幼儿会出现注意超载，进而忽略当前行为的环境线索。如果任务简单，忽略的线索与任务关系不大，就有可能出现社会助长。而如果任务比较复杂，对任务线索的忽略将不利于行为表现，从而导致出现社会阻抑。

2. 利用社会助长促进幼儿学习

社会助长效应是促进幼儿学习的一种有效的手段，教师正确地运用社会助长，可以激发幼儿学习的动机，帮助幼儿提高自信心和表现力，同时还能促进幼儿思维发展，实现幼儿之间的积极互动。

(1) 社会助长与幼儿的学习动机

教师可以让幼儿们一起从事一项活动，或是让幼儿知道教师一直在关注他，这种他人的在场效应会激发幼儿表现得更好。当幼儿搭积木的时候，教师可以告诉幼儿"某某小朋友也在玩积木呢，你们比比看谁搭得更快更好！"教师还可以利用观众效应提高幼儿的学习动机，如开展"故事大王"的活动，安排每个幼儿给其他幼儿讲故事，等。

(2) 社会助长与幼儿的自信心和表现力

当幼儿在人前展现的是自己熟悉的行为时，他的表现会更好。因此，教师要摸清每个幼儿的特长和不足之处，经常给予机会让幼儿在人前表现自己的特长，让喜欢跳舞的幼儿给大家表演舞蹈，让会拼图的幼儿教其他幼儿如何拼得更快更好，这一策略可以帮助内向害羞的幼儿建立自信，并提高在他人面前的表现力。此外，教师还要注意规避社会阻抑的效应。如果任务过于复杂，教师应该避免让幼儿单独在其他人面前完成，特别是对过于焦虑的幼儿而言，此举就更不适宜。

(3) 社会助长与幼儿的思维发展

社会助长效应在教育中的一种重要应用是"头脑风暴法"。Orsborn 指出，群体一起来解决问题，具有个人所没有的特殊的"脑力激励"作用，可以使人们找到更多、更具有新颖性和独创性的问题解决方法。教师可以有意识地在班级中营造一种热烈而开放的气氛，利用头脑风暴法促进幼儿的思维共振，使创造性设想或构思产生连锁反应。如在探究活动中，教师将幼儿分组，让小组内成员就某一问题进行讨论，一方面幼儿之间相互启发和激励，可以激发个人对问题的兴趣和投入水平，使思维达到积极、活跃的高激活状态；另一方面，幼儿之间的相互竞争会促使幼儿更加努力探索问题情境，寻求更加新颖、更具创造力的解决方法。

(二) 社会惰化与幼儿教育

阿尔特博雷 (Arterberry) 等人在 2007 年的实验表明幼儿群体中也存在社会惰化现象。

研究者们要求5岁的幼儿独自或与同伴一起完成一些难易不同的拼图,其中一半的幼儿被告知他们的表现将会被评价,另一半则没有。结果发现如果任务简单且幼儿被告知自己的表现不会被评价,那么与同伴一起拼图的幼儿会表现得比独自一人拼图差。相反,任务较难时,这种差别就不再明显。在幼儿园中,如果教师让幼儿一起完成一件事,结果可能发现效果还没有将任务交给一个幼儿完成得好。如教师要求几个幼儿将玩具整理好放回原处,但幼儿之间相互打闹,反倒将活动室越弄越乱。

1. 社会惰化的影响因素分析

是否被单独评价影响幼儿的努力程度。在群体任务中,幼儿认为自己的努力不会被单独鉴别出来,其作为群体成员的责任感分散了,因此容易产生懈怠心理。

任务的难易度是影响幼儿社会懈怠的重要因素。如果任务过于简单,幼儿认为自己努力与否影响不大,就会产生社会懈怠。相反,当任务具有挑战性和吸引力,幼儿可能认为自己的努力必不可少,社会懈怠程度会减弱。

群体中他人的表现会影响幼儿的表现,如果幼儿认为自己做了大量的工作,而其他人都不努力,最后却得到老师同样的评价,他就会减少自己的努力,这种现象被称为吸盘效应(sucker effect)。一种例外是如果任务对幼儿来说很重要,幼儿可能会付出更大的努力,以弥补群体中其他成员不努力带来的后果。

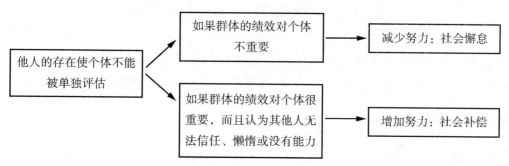

图 12-2　导致社会懈怠和社会补偿的过程①

幼儿的集体感对其在群体中的表现有影响。幼儿的集体感很少时,社会惰化会很容易发生。如果与朋友一起且幼儿都有较高的群体认同感,那么懈怠就会有所减少。在班级中与常见的同伴之间的合作比那些没有什么机会见面的人之间的合作水平更高。

其他的影响因素包括任务回报以及群体的规模和凝聚力。如果幼儿坚信只要自己努力就会更好地完成任务并能得到教师的奖励和赞赏,他们就会更加努力。就群体因素而言,群体规模越大,社会惰化就越严重。

---

① [美]S.E.泰勒,等.社会心理学[M].谢晓非,等译.北京:北京大学出版社,2004:312.

2. 克服社会惰化,提高幼儿合作效率

(1)单独对个体进行评价。克服社会惰化的最直接的办法就是对每个幼儿的努力进行单独的评价,如幼儿合作完成了搭积木,教师应该根据每个幼儿在任务中表现予以及时评价,贡献大的得到最多的赞赏。

(2)增加任务的挑战性。教师安排给幼儿一起完成的任务应该是有意义、挑战、有趣,需要尽可能付出最大的努力,与他人进行有效的合作才能完成。

(3)控制合作的人数。教师要求幼儿一起完成任务时,需要注意人数不能过多,一般活动中的合作以3~5人为宜,过多将导致只有少部分人努力,而多数人作壁上观或根本没有机会表现。

(4)提高认识和责任心。在活动开展之前,教师应该告诉幼儿,团体合作中每个人的努力都很重要,如果一个人不努力将可能导致任务的失败,以此提高幼儿对自己在团体中作用的认识。

(5)增强群体凝聚力。在分配一起完成的任务时,教师可以有意识地将相互喜欢、关系亲密的幼儿分在一组,以增强幼儿之间合作的积极性。采取激励性的措施,如告诉幼儿任务完成会有奖赏,也会提高小组的整体努力程度。

第三节 幼儿学习中的人际互动

幼儿教育中的各种人际互动形成了错综复杂的社会关系。教师与幼儿、幼儿与幼儿之间如何建立亲密关系?面对任务,是选择合作还是竞争?出现了人际冲突又该如何解决?

一、幼儿教育中的亲密关系

人与人之间的互动形成了人际关系。从情感倾向来说,人际关系包括两种类型,一种是相互喜欢、彼此吸引,从而建立亲密关系;另一种是相互疏远,甚至排斥对方,这时,双方建立的是疏远关系。人是社会性动物,有着强烈的归属需要,即与他人建立亲密关系的需要。研究表明,当人们被一种亲密的关系所支持时,会更加健康和快乐。情感上的虐待是一种可怕的武器,生活在排斥、拒绝气氛中的人会感到挫折和沮丧,持续的拒绝或长期的排斥甚至会导致攻击倾向。

(一)影响亲密关系的因素

社会心理学将人们为什么喜欢他人并愿意与之建立亲密关系的因素归结为以下几点。

1. 接近与熟悉

近距离使人感到亲近,人们容易与接近的人建立亲密关系。空间距离上的接近为人与人之间的交流提供了更多的机会,使得人们更容易熟悉对方。研究发现,熟悉能够引起喜

欢,与熟悉的人见面诱发了愉悦的情绪(图12-3)。人际吸引的接近性原则对幼儿来说同样适用,与幼儿保持亲密关系的往往是幼儿身边的人,如父母、邻居、教师、幼儿园中的其他小朋友等,幼儿喜欢的人也多是自己熟悉的人。

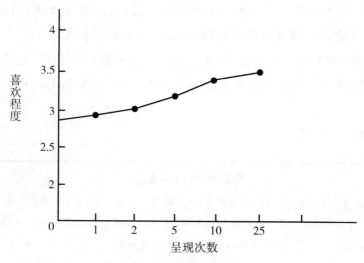

图 12-3　熟悉和喜欢的关系①

2. 外表及其他吸引力

Aristotie 说:"美丽比其他任何一封介绍信都更具有吸引力。"外貌是一个重要的人际吸引因子,其作用在日常生活中表现出一致性和普遍性的特点。大多数人认为,与长相一般的孩子相比,漂亮的孩子在其他方面如学习、交往上都更优秀,这在心理学中被称为巴特·辛普森效应(Bart Simpson effect)。戴恩(Dion)等人的研究发现,不仅成人受外貌吸引力的影响,婴幼儿也是如此。通过考察婴儿注视他人的时间,研究者发现,婴儿更偏爱漂亮的面孔,他们注视有吸引力的面孔的时间要长。长头发、漂亮的容貌、大眼睛,这些都是幼儿认为有吸引力的特征;相反,过胖的、精神有问题的、残疾的、邋遢的或长得不好看的人,被认为是不具有吸引力的。在幼儿看来,美的就是好的,白雪公主是美丽的,所以她也是善良的;而女巫和继母是丑陋的,所以就是邪恶的。当问一个幼儿园里的女孩,美丽意味着什么,她回答说:"就像小公主那样,人人都喜欢你。"

身体语言、声音、面部表情等外部特征也是重要的人际吸引因子。常微笑的人给人容易接近的感觉,声音甜美的女孩被认为性格也甜美可人,而动作僵硬、姿势拘谨的人也给人放不开的印象。

3. 相似性和互补性

"物以类聚,人以群分。"当人们发现某个独特的人与自己拥有同样的想法、价值观和愿

---

① 金盛华.社会心理学[M].北京:高等教育出版社,2005:252.

望时,一种满足感便油然而生,并进而产生喜爱的感觉。幼儿更容易选择和他们年龄相近的朋友,如果不同年龄的孩子之间产生友谊,可能是由于他们发展水平上的相似性。有研究发现,对互动能力缺乏信心的、怕羞的孩子会选择更小的孩子当朋友,因为和他们在一起才更有社会舒适感。幼儿也更喜欢和自己同性别的人一起,女孩选择女孩,男孩选择男孩,甚至在整个童年时期,儿童都更容易选择相同性别的玩伴,而排斥异性同伴。

不仅相似能增加彼此间的吸引力,如果存在一种互补性的不相似,也能产生强烈的吸引力,如独立性较强的人往往喜欢和依赖性较强的人在一起(见案例12-6)。

 案例12-6

> **莉莉和卡门的友谊**①
>
> 5岁的莉莉和卡门每天一起玩,卡门是统治者,他选择在哪儿玩、玩什么、谁可以跟他一起玩。卡门经常是跋扈的,而莉莉经常是无助的、顺从的。在成人看来,或许莉莉和卡门之间的关系是不平等的,但从幼儿自己的视角来看,情况就不同了。莉莉选择与卡门一起玩是因为卡门有许多主意,承担了指导游戏的责任。莉莉很高兴,因为她可以尽情地游戏而不用去思考下一步要干什么。卡门也很满足,因为他们两人对于谁是领导者没有异议。

人们的个性品质,如诚实、热情、聪明、能干等,也会影响彼此之间的吸引程度。一般来说,人们喜欢有能力的、聪明的人,能力和被喜欢的程度在一定限度内成比例关系,才能越高、越聪明,越受人喜欢。但超出一定范围,超凡的才能就可能给人压力感,从而导致拒绝和逃避。与之相对,人们往往更喜欢有点小缺陷的人,如太聪明的孩子可能会让人感觉世故,而有点笨拙的、大大咧咧的孩子被认为更可爱。

4. 喜欢的相互效应

喜欢通常是相互的,研究者发现,人们喜欢的人不一定是漂亮的,聪明的,很有社会地位,而仅仅是因为他(她)很喜欢自己,自己就会很喜欢他(她)了。如果教师喜欢幼儿,幼儿也会喜欢教师。当然,喜欢的相互效应也是有应用范围的,自尊水平较高的人可能并不在乎他人的喜欢和赞扬,这一效应的作用就不太大,而有着较低自尊的人会不喜欢那些给他们否定评价的人,因为他的不自信导致特别需要别人的肯定,从而看重别人表达出的喜欢情感。幼儿正处于自我意识建立期,自尊水平较低,需要身边的人喜欢和关爱,他们也更愿意与喜欢自己的人建立关系。

(二) 亲密关系与幼儿教育

对幼儿而言,与教师、与其他幼儿的亲密关系能使幼儿获得安全感和归属感,促使幼儿

---

① [美]克斯特尔尼克.儿童社会性发展指南——理论到实践[M].北京:人民教育出版社,2009:299.

自我观念和人格的发展,为其学习和生活奠定良好的心理基础。对教师来说,与幼儿、家长和其他教师的良好关系也可以为自己工作和生活带来满足感,提升其工作质量和幸福水平。对家长来说同样如此,家长与教师保持积极亲密的关系,一方面可以随时沟通孩子在幼儿园的状态,另一方面也能从中获得交往的快乐。

1. 亲密的师幼关系

如果教师始终从角色的角度来看待自己与幼儿的关系,那么师幼之间便只剩下教育者(引导者、支持者、帮助者)和学习者的关系,这是对师幼关系的片面理解,它掩盖了师幼之间具体的、丰富的、自由的、独特的人际关系,使主体之间的关系萎缩至单一的境地。正如下文案例显示的,这种片面理解可能导致师幼之间关系的疏离甚至对立,并最终影响教育效果和幼儿的各方面的发展(见案例12-7)。

案例 12-7

> **案件 12-7　师幼互动中的冲突**[①]
>
> 　　游戏时,阳阳推倒了妞妞搭好的积木,妞妞向老师告状。老师找到阳阳,对他说:"阳阳,你刚才为什么要把妞妞的积木推倒?"阳阳低着头没有说话。老师接着说:"老师有没有讲过不能随便推倒小朋友搭好的积木?"阳阳仍旧低头不说话。这时老师皱了皱眉说:"阳阳,向妞妞道歉,并且帮她把积木搭好。"阳阳扭头就走,老师一把拉住他说:"我说话你都不听了,快道歉。"阳阳则扭头踢了老师一脚,跑开了。

有的学者将师幼关系分为分为紧张、冷漠、亲密三种类型。良好的师幼关系应该是亲密的、情感型的,教师关心并倾听幼儿的心声,幼儿信任、敬爱、依赖教师。要建立这种关系,教师可以采取以下策略。

(1) 亲近幼儿

亲近幼儿除了与幼儿语言对话、表情对话之外,身体的对话也必不可少。触摸被认为是人际交往最有力的方式。被触摸是人的需要,与温暖、柔软物体接触会让人感觉到本能的愉快,幼儿更是如此。大部分幼儿都喜欢拥抱、抚摸和亲吻长毛绒玩具。心理学家帕斯曼(Passmann)等人通过实验研究发现,儿童不仅对舒适的触摸感到愉快,而且会对触摸对象产生情感依恋。我们会发现,幼儿园中的孩子尤其是小班的孩子总喜欢让教师抱一抱,喜欢牵着教师的手。幼儿表现良好,如果教师揉揉他的头,他会更加开心;幼儿表现欠佳或身体不适,教师拍拍他的肩膀,拉拉他的手,就会给他安慰。总之,孩子与谁的身体接触最多,对谁的情感依恋就最强烈、最深刻。教师应适时地保持与幼儿的身体接触,真诚地与幼儿进行情感沟通。

[①] 陈友娟.师幼冲突的社会学分析[J].幼儿教育,2006(7).

(2) 提升外表吸引力

幼儿教师要注意服饰得体,不着奇装异服,款式朴素大方,颜色搭配协调;妆束自然优雅,气色明美;肌肤健美,举止大方,形体匀称,体态端正;谈吐文雅,语言甜美、温柔亲切。总之,不矫揉造作,不刻意修饰,要让幼儿感觉端庄、大方、气质高雅、亲切舒服。

(3) 创造平等的氛围

教师如果在幼儿面前始终是一副高高在上的教育者姿态,滥用权威、居高临下、盛气凌人,会让幼儿产生距离感;而教师的童心和童趣则会让幼儿觉得原来教师和自己有许多共同点,产生心理认同,从而更愿意接近教师。

(4) 提高组织教育活动和游戏的水平

将活动开展得生动有趣,让幼儿在活动中体验到快乐。幼儿会更喜欢一个能让自己快乐地学习的教师,而不是一个枯燥、乏味、照本宣科的教师,这需要教师提升自己的内部功夫;熟悉不同领域教育活动的最佳实现形式;懂得玩各种各样的游戏;幽默、聪明、能唱会跳等也能获得幼儿的喜爱。

(5) 让幼儿体验到被喜欢

经常给予幼儿一个赞许的微笑或是一句鼓励的话语,抱抱幼儿,夸夸幼儿穿的衣服。幼儿取得了进步,不要吝啬夸奖,幼儿出现了小问题,也不要太过责备,要始终让幼儿感觉到教师是喜欢自己的。

2. 亲密的幼儿同伴关系

幼儿良好的同伴关系应该是友谊关系,友谊为幼儿的社会性发展提供了独特的机会,有朋友的孩子比没有朋友的孩子更容易成为有社会技能的、好交往的、协作的、利他的、自信的、不孤独的人。

(1) 幼儿友谊发展的特点

研究者认为,真正意义上的友谊从三岁开始发生。从3～6岁,幼儿的友谊观点逐渐发生变化。

一个三岁孩子的友谊观念:

为什么伊华是你的朋友?——因为我喜欢她。

你为什么喜欢她?——因为她是我的朋友。

你还为什么喜欢她?——因为她坐我的车。

一个六岁孩子的友谊观念:

贾雷德为什么是你的朋友?——因为他挨着我坐还给我糖吃。

还有什么原因?——因为他来我家,我也去他家。①

从中可以看出,3岁幼儿的友谊观很简单,喜欢某个小朋友可能只是因为一起玩,到6岁,友谊的互惠性开始出现。虽然从3岁到6岁,幼儿的友谊观在发展,但总体来说,这一时期的幼儿友谊观的特点是:经常把那些和自己一起玩的孩子叫做朋友(他是我的朋友,因为我们经常一起玩),或用接近性原则定义朋友(如他是我的朋友,我们家在一块)。此外,他人的所有物的特点对幼儿友谊有很大影响(我喜欢她,因为她有一个芭比娃娃,我很喜欢)。这一时期认知的自我中心使得幼儿从自己一方来考虑友谊,他们关心的是别的孩子能为自己做什么,而不考虑自己对于友谊的责任,也很少会考虑使自己的行为符合其他幼儿的需要。

(2)幼儿的交友困难及支持策略

在幼儿园中,有两类儿童存在着交友困难,他们是被忽视的儿童和被拒斥的儿童。研究者利用同伴提名法发现,与受欢迎的儿童相比,被忽视的儿童和被拒斥的儿童很少或从没被选择为朋友。为什么有些幼儿难以被其他幼儿喜欢并选择作为朋友?谢弗(Schaffer)等人曾将受欢迎儿童、被拒斥儿童和被忽视儿童的特征总结列于表12-5。

表12-5 受欢迎儿童、被拒斥儿童、被忽视儿童的特征②

受欢迎的儿童	被拒斥儿童	被忽视儿童
积极、快乐的性情	许多破坏行为	害羞
外表吸引力	好争论和反社会的	攻击
有许多双向交往	极度活跃	对他人的攻击表现出退缩
高水平的合作游戏	说话过多	反社会行为少
愿意分享	反复试图社会接近	不敢于自我表现
能坚持交往	合作游戏少、不愿分享	许多单独活动
被看作好领导	许多单独活动	逃避双向交往
缺乏攻击性	不适当的行为	花更多时间与群体在一起

从上表可以看出,存在交友困难的幼儿往往或外表没有吸引力,或性格不讨人喜欢、或是缺乏社交技能,此外,不友好、学习差、成就感低等也会导致幼儿的交友困难。研究证明,幼儿可以学会如何有效地进行接触、维持积极的同伴关系,教师可以有意识地为幼儿创造交友的机会、增强交友意识、强化亲社会性行为,改善被拒斥和被忽视幼儿的交友技能。如开展活动让幼儿发现彼此的共同点,让处于相同发展水平的幼儿一起工作,让幼儿感受到其他幼儿的喜爱和友好,改变幼儿的不良社交行为等。

---

① [美]克斯特尔尼克.儿童社会性发展指南——理论到实践[M].北京:人民教育出版社,2009:293.
② 石俊杰.教育社会心理学——理论探讨与专题研究[M].石家庄:河北大学出版社,2003:203.

3. 幼儿教育中的其他人际关系

幼儿教育中还存在着其他的人际关系,如教师与教师、教师与家长之间的关系,处理好这些关系对幼儿的身心发展同样至关重要。教师同样可以从接近性、外表吸引力、相似性和互补性、个性品质、互相喜欢等吸引因子出发,采取相应的策略与其他教师和幼儿家长建立亲密的人际关系,为幼儿在园学习和生活创造良好积极的人际氛围。

二、幼儿的合作、竞争与冲突

合作与竞争是人际互动的两种重要表现形式。所谓合作,是指两个或两个以上个体为了达到共同目标而同心协力、相互促进的行为或态度。竞争则是两个或两个以上个体为同一目标展开争夺,促使结果利于自己的行为或态度。合作和竞争在幼儿的社会化过程中发挥着重要作用,促进幼儿之间的良性合作,使竞争富有建设性,是幼儿教育工作者必须加以考虑的。与合作、竞争相比,冲突是一种更加激烈的人际互动形式,它是指个体或群体感到自己的利益受到其他个体或群体的威胁,进而采取反击的行为或态度。冲突在幼儿教育中普遍存在,其中最具代表性的就是幼儿之间的冲突,即同伴冲突,有效地控制冲突也是幼儿教育工作者必须予以解决的问题。

(一) 合作、竞争与幼儿教育

1. 幼儿合作与竞争的发展

许多研究表明,合作行为产生于出生后的第二年。海氏(Hay)的研究发现与大多数18~24个月的婴儿相比,12个月的婴儿很少出现合作性游戏,布罗文恩(Brownen)的研究也得出了类似的结论:18个月的婴儿之间还很难相互协调以达到目标,2岁以后他们能相互协调,围绕任务采取相应的相互配合的行为。进入幼儿园时,许多幼儿对合作已经有了较为准确的理解,如幼儿认为"合作就是你做不了的事情,咱们两个一块儿做""合作就是一起完成这件事情"。幼儿竞争行为的发展要早于且优于合作行为的发展,幼儿的竞争行为具有直接性和具体性等特点,这与幼儿具体形象思维占优势、意志力不强是分不开的。

随着年龄的增长,幼儿的合作与竞争也在发生变化。一些研究结果表明,随着年龄增长,合作行为逐渐减少,而竞争行为却不断增加。如卡根(Kagan)和马德森(Madsen)(1971)发现4~5岁的幼儿比7~8岁的儿童更合作。另一些研究结果显示,孩子越大,合作行为越来越多,相应的竞争行为逐渐减少。帕顿(Parton)、弗雷德雷·史戴恩(Friedrieh,Stein)(1973)、汉德尔(Handel)(1984)、李幼穗等人的研究都显示出,年龄较大的幼儿比年龄较小的幼儿表现出更多的合作性。

另外,随着年龄的增长,合作和竞争行为本身也会发生变化。幼儿的合作意图随年纪的增大而日趋复杂和分化,合作的策略水平也越来越高。竞争同样如此,年纪较小的幼儿与年纪大一些的幼儿在竞争时会有不同的表现和策略。密歇根大学的一项研究发现,如果母亲与哥哥或姐姐玩而忽视了自己,年幼的孩子就会采用各种办法将母亲的注意力从哥哥或姐姐那里"争夺"过来,如不断地干扰、发脾气、乱扔东西等;而大一点的幼儿似乎更有策略,当母亲与自己年幼的弟妹玩时,他们不会捣蛋,相反会表现得很乖巧,如告诉母亲"我爱你"或给母亲做帮手等。

2. 影响幼儿合作与竞争行为的原因

(1) 社会目标与奖惩结构

在合作性目标条件下,幼儿的合作行为较多。但在竞争性目标或指导语条件下,以及在中性指导语条件下,竞争行为会多于合作行为。卡根(Kagan)和马德森(Madsen)(1977)的研究证明了社会目标对合作与竞争的影响:当指导语强调个人主义时,幼儿会表现出更多的竞争行为。这一结果主要适用于年长儿童,年幼儿童的竞争和合作受指导语的影响较小。奖惩结构对幼儿合作与竞争行为也有影响,竞争性的奖惩结构意味着个体必须打败其他人才能得到奖励,而合作性的奖惩结构是指群体成员合作的效果愈佳,最后的奖励愈好。研究表明,如果奖赏的对象是团体(合作性的奖惩结构),幼儿会比给予个人奖赏(竞争性的奖惩结构)更倾向于合作。

(2) 个性与情感因素

研究者发现智力与幼儿的合作和竞争有关,幼儿较低的智力水平与其较高的合作水平存在相关。幼儿的能力也会影响合作与竞争,在18个月到5岁的幼儿中,其游戏技能越高,越会采取合作的方式解决人际冲突。情绪状态对合作也存在影响,中性的或愉快的情绪与合作行为有显著相关:活跃开朗、积极主动、充满自信与爱心的儿童能更经常地与人合作。

(3) 沟通与互惠

研究发现,沟通越多,人们越倾向于合作。当没有沟通时,人们的竞争性最强,随着沟通级别和质量的逐渐提高,竞争也逐渐减少。合作同样如此,沟通越充分,形式越直接,合作行为的比率也越高。此外,互惠性也是影响合作与竞争的重要因素。有证据表明,在互动过程中,最初的竞争会引发更多的竞争,而最初的合作有时鼓励了更多的合作。沟通和互惠对幼儿合作与竞争的影响目前还没有直接的实验数据,但我们在日常生活中也可以观察到它的影响,如果教师要求幼儿之间相互沟通,那么他们在游戏中的合作会相对协调一些。

(4) 家庭环境与榜样作用

幼儿受家庭环境和身边熟悉的人的影响非常大,父母的价值观、父母对于合作与竞争的态度以及父母在日常生活中所表现出的合作与竞争的意向和行为都会影响到幼儿的合作与竞争。如果父母鼓励幼儿合作并在日常生活中身体力行,幼儿会更倾向于合作,而如果父母总是将自己的孩子与其他幼儿进行比较,并表达出希望自己的孩子比其他孩子更好,幼儿就会更倾向于选择竞争而不是合作。

3. 促进幼儿的有效合作与良性竞争

为了在教育过程中实现幼儿之间的有效合作与良性竞争,教师应该从影响合作与竞争的因素入手,积极促进幼儿之间的合作,避免过度和频繁的竞争,倡导积极的竞争行为。

(1) 促进幼儿之间的有效合作

虽然幼儿之间会自发地产生一些合作行为,但鉴于其合作类型和种类的局限,教师仍然需要创设情境促进幼儿的合作行为。比如,在幼儿园的日常生活中,教师可以提供机会让幼儿共同收拾玩具,并一起将玩具搬回原来的地方。午睡起来后,提醒幼儿相互协作叠被子。开展角色游戏时,教师应该让幼儿自己选择游戏伙伴,自己分配角色,共同协商,处理问题。美术教育活动中,教师设计活动让幼儿共同完成一幅美术作品。体育活动中,将幼儿分成小组进行接力跑,让幼儿体会到合作取得胜利的喜悦感等。

促进幼儿合作的一种有效办法是以集体的成功为目标。在小组或其他需要合作的情境中,教师可以有意识地提醒幼儿只有小组内的成员都完成了任务才能得到奖励,而如果只有自己做得很好,而其他成员都没有完成任务,幼儿将得不到奖励。教师不应该在活动开始前说"来,让我们看看哪个小朋友完成得又快又好",这种指导语将引起幼儿的相互竞争意识;教师也不能说"第一名的小朋友将会得到神秘的礼物",这种奖励方式也很难激发幼儿的相互合作。

(2) 鼓励幼儿之间的良性竞争

适当的竞争具有激励作用,可以增加活动的趣味性,提高幼儿参与的欲望。但频繁的竞争会让幼儿疲于应付,使活动失去了原本的意义。过度竞争可能会导致出现"过度理由效应",使幼儿将参与活动的原因归结为外部因素,一旦外部的刺激或奖励撤销,其参与的欲望会大大降低,长此以往,会损害幼儿的内部动机。另外,竞争的性质决定了胜利者永远是少数,大多数幼儿在竞争的过程中体验的都是失败的感觉。适度的失败可以提高幼儿的耐挫能力,但对于心理承受能力不够强的幼儿来说,经常的失败会伤害他们的自尊心和自信心,甚至会导致其在竞争中的无助感,从而闻"竞争"色变。由于竞争各方之间的目标实现是相互排斥的,即一个人只有在其他人失败的情况下才能实现自己的目标,这导致在竞争过程中会出现一些破坏和贬低对方的消极行为(见案例12-8)。当然,幼儿之间的这些行为很少有真正的恶意,但若任由这种态度发展下去,幼儿可能会变得自私、孤僻、猜疑,其心理健康会受到影响,在未来更容易出现社会交往的问题。

 案例 12-8

"醋意"大发的可可

可可和睿睿是幼儿园小班的孩子。老师近来发现,画画或手工活动时,每次做到一半,可可就会把睿睿的工具抢走。原来,睿睿的画和手工作品常常得到前来观摩的其他老师或家长的称赞,这使可可"醋意"大发,就搞起了小破坏。

上述案例反映了幼儿之间的竞争。教师要引导幼儿诚实、公平地进行竞争，及时解决竞争中出现的各种矛盾，为幼儿创设良好的竞争环境。教师要倡导幼儿的积极竞争行为，引导幼儿在比赛中成功了不可骄傲自满，失败了也不要自我放弃，同时还要克服对获胜者的嫉妒心理。

（二）冲突与幼儿教育

幼儿在一起经常会出现小摩擦，这种摩擦有时是认知上的、有时是情感上的，有时是行为上的。心理学家将幼儿在与同伴玩耍或相处过程中发生的相互抵制或对抗现象称作同伴冲突，它是幼儿交往过程中常见的现象。

1. 幼儿同伴冲突的特点

与成人之间的冲突相比，幼儿之间的冲突发生频率高，持续时间短。海氏（Hay）通过分析他人的研究数据后提出：1.5～5岁的幼儿冲突发生频率平均为5～8次/小时，持续时间平均为31秒/次；2～5岁儿童之间的言语冲突平均持续5个回合；婴幼儿游戏过程中的冲突79%是在无成人干预下由儿童自己终止的。王练通过观察，将幼儿最常出现的冲突行为由低到高排列为：推和推挤、拒绝与别人玩耍、毁坏物品、骂人、打、踢、咬人。还有研究者发现，幼儿同伴冲突存在性别和活动类型的差异，女孩与女孩之间的冲突显著少于男孩与男孩之间的冲突，幼儿在游戏活动中比在非游戏活动（教学活动、过渡活动、生活活动）中更容易发生冲突。

幼儿之间的冲突多是由争夺物品或行为不当引起。年龄小的幼儿间冲突主要是因争夺物品而起；4～5岁，冲突原因则分别由上述两种原因引起，所占比例基本持平，并持续到6～7岁；以后，随年龄增加因行为不当或行为缺失引发的冲突所占比例增高。① 幼儿之间频繁出现冲突，可能与其社会认知较低、社会交往技能不足有关。幼儿时期的以自我为中心使得幼儿看到自己喜欢的玩具就想占为己有，往往不会考虑到其他小朋友也想玩；有的幼儿怀着良好的动机，但因为不会正确地用语言和动作表达自己的意愿，让其他幼儿反感，从而导致冲突。案例12-9中的几个幼儿的冲突正是因为抢夺玩具引起的。

案例 12-9

这是我的小鱼饼干②

吃早点的时候，保育老师正在分发饼干，小朋友一个个洗完手，安静地坐到自己的桌子旁喝豆浆。今天吃的是印有各种图案的饼干，小朋友最喜欢那种印有小鱼图案的饼干，由于文文洗手比较快，一坐到位置上，他就马上伸手拿了块自己喜欢的小鱼饼干，嘴里高兴地说："啊，我今天是小鱼饼干。"在一边洗手的笑笑

---

① 王练. 论幼儿同伴冲突及教育[J]. 中华女子学院学报，2008.6.
② 付丽丽，李国强. 幼儿同伴冲突的行为表现及对策[J]. 呼伦贝尔学院学报，2009.12.

听到后急了,赶紧跑过来说:"这是我的!"还一边伸手就把文文手中的饼干给抢了过来。文文当然不肯,连忙喊到:"这是我的,是我先拿到的,快还给我。"边喊边站起身子,想要拿回饼干。笑笑也不肯,把饼干藏到背后,瞪着乌黑的大眼睛说:"哼!不给,这是我喜欢的!"文文也不肯让,伸手要拿回自己的饼干。笑笑火了,抢起拳头就打了文文一拳,嘴里还嘟哝着:"谁叫你抢我的饼干。"

2. 幼儿的冲突解决策略

幼儿之间的冲突并非总是需要教师来调节,事实上,幼儿是有效的问题解决者,不同年龄、不同个性的幼儿在不同环境中、面对不同的冲突事件,其解决冲突的方式是不同的,幼儿发展出了一系列的冲突解决策略。案例12-10就是一个幼儿自行解决冲突的好例子。

 案例12-10

晓倩和芩芩的办法

游戏时间,两个女孩(晓倩和芩芩)来到娃娃家(芩芩第一个到的),正在商量角色分配,小帆(男孩)进来了,说想当爸爸,两个女孩同意了,他们就准备开始游戏。这时毛毛来了,他也要当爸爸,小帆不肯让,说自己先来的,两个男孩互不相让,于是就争吵,然后很快互相推搡起来,游戏没办法进行了。这时晓倩上前去分开两人,说:"你们别吵了,只能有一个人当爸爸。"两个男孩停止争吵,互相看了一下,毛毛说:"我们就比谁大吧。"小帆同意,结果发现两人都是六岁。小帆说:"那就比谁高吧。"结果比下来,两人还是一样高。毛毛就说:"我们点兵点将吧。"小帆同意,并且提出由第一个到娃娃家的芩芩来点。于是芩芩就来点兵点将,最后点到小帆当爸爸,毛毛也高兴地接受了这一结果,决定当娃娃家的客人,于是四个孩子开始了游戏。①

张风、冯晓霞总结了五种幼儿的冲突解决策略:①求助第三者策略,向成人(比如老师或父母)求助,让他们帮助解决冲突;②控制策略,指使用比较强硬的语气或方式,让对方接受自己的意见或者抢回某种物品;③谦让策略,指尽量采取对方的意见,放弃自己的意愿;④协商策略,指通过双方相互商量来处理;⑤猜拳策略,即采用"石头、剪刀、布""点兵点将"等方式来处理。王练通过调查将幼儿常用的解决冲突方法由多到少进行了排序:告诉老师/请求帮助、自己协商、退让/回避、哭、赔礼道歉、谦让、讲道理、互不相让/还击、其他小朋友帮助解决等。

3. 冲突与幼儿的发展

冲突会破坏和瓦解原来协调、稳固的人际关系,使双方产生隔阂和苦恼,幼儿之间的冲突也会破坏同伴之间的关系,影响教学及游戏活动的正常进行,经常与其他孩子产生冲突的幼儿群体适应能力更差,也更容易出现社会性问题。但幼儿之间的冲突并不必然会导致消极破坏性的后果,许多研究表明,冲突蕴含着巨大的建设性力量,幼儿之间的冲突导致了幼

---

① 王丽莉.幼儿对同伴冲突的解决策略[J].文史博览,2006.12.

儿的心理重构,加速了其心理的适应和发展。

当与同伴出现冲突时,幼儿不得不放弃以自我为中心的思考方式,去了解他人的想法,感受他人的情感,调整自己的行为,从而促进了观点采择能力的发展;冲突为幼儿提供了运用各种技巧化解矛盾的真实环境和机会,通过抢夺、哭闹、沟通、协商、求助等方法,幼儿逐步积累了社会交往经验,提升了自己解决冲突的能力;冲突还能促进幼儿认知能力的发展。幼儿的认知冲突是一种有效的教育资源,幼儿冲突过程中的争吵、申诉、提出自己的观点、说服对方,一系列的语言活动加快了幼儿社会化语言的发展;而提出解决方案、寻求双方共同认可的解决方法等互动过程,则刺激了幼儿思维和解决问题能力的发展。

4. 正确对待幼儿的同伴冲突

面对幼儿之间的冲突,教师应该做到不完全禁止、不过早干涉、适时适度处理,并教给幼儿一些冲突解决策略。

(1) 适时适度处理幼儿的冲突

当幼儿出现冲突时,教师首先要对冲突进行定性,如果只是认知冲突,教师要给予机会让幼儿自己解决,不可马上给出自己的判断。如果幼儿之间出现了恶言相向甚至肢体冲突,教师也要学会等待,如果幼儿自己不能很好地解决,则可以采取适当策略终止冲突,如询问原因、劝解、说服、惩罚等。

(2) 提高幼儿的冲突解决能力

解决冲突,语言表达能力至关重要,教师可以通过小组谈话或角色扮演活动,让幼儿练习表达自己的想法(我也喜欢这个……因为……),自己的情感(你抢玩具,让我很难过……)等。掌握一些解决策略也可以帮助幼儿提高解决冲突的能力,教师可以设置一些常见的冲突情境或再现幼儿之间的冲突,鼓励幼儿说出可以用什么方法解决,再让幼儿进行角色扮演练习和掌握这些方法。

在幼儿教育中,冲突不仅发生在幼儿之间,教师与幼儿之间、教师与家长之间、教师与教师之间也会出现冲突,这些冲突产生的消极后果会破坏幼儿学习和生活的环境,影响幼儿的心理健康。为了幼儿更好的成长,幼儿教育工作者自己必须要学会化解冲突。

思考与练习

1. 幼儿教育中有哪几种常见的偏见?结合实例说明如何为幼儿创设一个没有偏见的环境?
2. 作为一名幼儿教育工作者,当幼儿出现不顺从行为时,你会怎么做?
3. 如何在幼儿教育中利用社会助长促进幼儿学习?
4. 请用社会惰化的知识谈谈怎样提高幼儿之间的合作质量。
5. 案例分析:

结合所学内容,说说当面临案例 12-11 中的情境时,作为教师的你会怎么办?

 案例 12-11

纠　纷

　　一日,幼儿在自由玩耍。突然,安安眼泪汪汪地来告状:"老师,李子轩打我!"李子轩紧跟着为自己辩解:"他先打我的肚子!"安安又说:"他让我的头撞墙上了。"我摸了摸安安的头,轻声询问:"头疼不疼?"安安委屈地点点头,我又问:"能不能继续玩儿?"他又认真地点点头,看来,安安的头没伤着。

第十三章　幼儿教师教学心理

学习目标

1. 了解现代社会对幼儿教师的角色期待。
2. 掌握幼儿教师应具有的心理素质。
3. 了解幼儿教师的基本教育信念。
4. 理解幼儿教师的教学控制点及其对幼儿学习的影响。
5. 能联系实际分析幼儿教师良好的情感与个性特征。
6. 理解专业化幼儿教师的心理特征。
7. 了解幼儿教师专业成长的历程和途径。

关键词

◆ 幼儿教师角色　　◆ 幼儿教师心理特征　　◆ 教学心理素质　　◆ 教师专业成长

幼儿学习案例

 案例 13-1

我们待会玩什么

场景一：集体教学活动结束了，A 老师向幼儿交代下一环节的活动，"等一会儿解完小便后，我们到户外去滑滑梯，今天不玩积木，也不玩过家家，听见了没有！"幼儿应声回答道："听见了。"

持续观察会发现，这个班级的幼儿在老师在场的情况下很安分、听话，但在自由活动中却像脱了缰的野马，闹翻了天，攻击、支配行为也比其他班级频率高。

场景二：同样的一个幼儿园场景。"今天解好小便后，我们玩什么呢？"B 老师调皮地歪着头作思考状，孩子们在喊叫着自己喜欢玩的项目。"我们来确定玩一项吧，举手表示，想玩滑梯的请举手""想玩积木的请举手""想玩过家家的请举手"。B 老师数了数，比较了一下，玩滑梯项目举手的孩子们最多，表明大多数幼儿愿意滑滑梯。B 老师于是说，"那我们少数服从多数，今天滑滑梯，好不好？"孩子们都大声说"好"。

在这个班级中，师幼关系显得非常融洽。幼儿在集体活动和自由活动中表现大体一致，活跃而不失规范。且该班级同伴之间的支配行为明显很少，而协商行为却很多。

上述案例中，面对同样的教学场景，不同的老师采取不同的教育方式，扮演不同的角色。A老师居高临下，采取命令、指挥的口吻安排下一环节活动，体现了传统的"教师权威的管理者角色"。B老师则以协商的、民主的方式对待幼儿，体现了师幼地位平等、尊重幼儿的教育理念，也符合《幼儿园教育指导纲要（试行）》中的"教师应成为幼儿学习活动的支持者、合作者、引导者"的角色要求。毫无疑问，B老师的角色体现更能拉近与幼儿之间的距离，更有利于规范幼儿的行为，引导幼儿的学习和进行有效教学。

幼儿教师教学心理主要是指幼儿教师在教育教学过程中所体现出来的心理品质。它直接影响着幼儿的学习和发展。本章主要围绕幼儿教师角色和教学心理素质两个方面来进行论述。另外，幼儿教师教学心理品质的发展在教育教学过程中以专业发展的方式体现出来。因此，怎样促进幼儿教师的专业成长从而实现教学心理品质的提升和发展也是一个非常重要的话题。本章将对幼儿教师专业成长的历程和基本途径进行阐述。

第一节 幼儿教师的角色

心理学中的角色概念是借用戏剧概念引申而来的，原指戏剧舞台上的特殊人物，现在通常理解为个体在社会群体中的身份，以及与身份相适应的行为规范。幼儿教师的角色是幼儿教师在托幼机构和幼儿的学习与发展中的身份，以及这种身份所带来的各种行为模式的总和。幼儿教师角色的实质就是幼儿教师在幼儿生活和学习中扮演什么角色的问题。明确幼儿教师的角色不仅可以使教师明确自身的专业职能，而且可以为教师专业成长找准方向、找到动力。

教师角色定位受制于社会的政治、经济、文化以及人们对教师的期待等多种因素。同时，随着社会的发展变化，教师角色特征的内涵越来越丰富，呈现出多元化与动态性的特征。

一、幼儿教师角色的历史定位

古今中外，不同的历史发展阶段对于幼儿教师的角色定位是有所不同的。

从世界范围来看，在古代，公共托幼教育机构未设立之前，幼儿主要在家庭中接受养育，负责养育的人主要是母亲，少数富贵人家则专门精心挑选女奴或女仆来负责，她们所扮演的是幼儿全职的"保姆"角色，负责对幼儿身体和生活上的看护。

世界上第一个公共托幼教育机构于1816年由欧文创建，主要招收工人阶级年幼子女，欧文将从教人员称为"教师"，并提出了一些相应的要求，比如热爱幼儿并对他们有无限的耐心；性情温顺；语调和神态应当是和善的；对所有的幼儿一视同仁……19世纪40年代左右，"幼儿园之父"福禄贝尔在他所创建的幼儿园中将工作人员称为"教师"，教师开始脱离传统的保姆式角色，独立出来成为专业的儿童教育工作者。蒙台梭利于1907年在意大利创办了

"儿童之家",其教育体系从根本上改变了传统意义上幼儿教育的教师与儿童之间的角色关系。她认为,幼儿教师是儿童活动的观察者和指导员。[①]

我国于1903年在湖北创办了第一所幼儿园——武昌幼稚园,我国第一批正式的幼教工作者,当时被称作"保姆",这些幼教工作者是从妇女、乳娘中挑选并训练而成,职责是照看幼儿。她们的文化程度最好的只有小学三年级水平,是封建社会"三从四德"的模范和宣传者。当时的幼儿教师基本上没什么社会地位。1937年老解放区的有些幼教机构开始将幼教工作人员分为"教师"和"保育员"两类,分别承担教育和保育工作。这种对幼教工作人员的分类称谓一直沿用到现在。[②]

随着社会、科技的发展以及心理学对婴幼儿心理发展研究的深入,早期教育的重要价值已经得到全社会的认可,幼儿教育得到了前所未有的重视,幼儿教育事业因而迅猛发展。在这种背景下,社会对幼儿教育工作者的素质要求急剧提高,对幼儿教师的角色呈现多元的认知:如幼儿的养护者、知心朋友、幼儿学习的促进者和支持者、课程的研究者、设计者和实施者等。人们普遍认为,幼儿教师扮演的社会角色越多,越有利于幼儿的身心健康成长。

总之,从历史上看,中外幼儿教师的角色都经历了一个从"保姆"到"教师",再到"角色多样化阶段"的演变过程。

二、幼儿教师角色的理论研究

从理论视角来看,不同心理学派对幼儿学习和发展的看法不同,于是教师角色观也在某种程度上存在着差异。

(一)以行为主义为理论基础的幼儿教师角色观

行为主义学派把学习看成是刺激与反应的联结,人类学习的过程就是被动地接受外界刺激而形成行为的过程;认为环境和教育是儿童行为发展的唯一条件,儿童的身心发展完全依赖于教育和教师。

在这些观点的基础上,行为主义学派进一步认为:首先,幼儿教师是幼儿行为的塑造者。教育过程中教师要掌握塑造和矫正幼儿行为的方法,为幼儿创设一种环境,尽可能在最大程度上强化幼儿的合适行为,消除不合适行为。其次,幼儿教师是知识和道德观念的传授者。行为主义把人类的学习过程归结为被动地接受外界刺激的过程,教师的任务就是向幼儿传授知识和道德观念并不断进行强化,幼儿的任务则是接受和消化。再次,幼儿教师是幼儿活动的组织者和管理者。总之,幼儿是被动的受控者和教师命令的执行者。教师组织课堂教学和活动,进行班级管理,必须明确和显示其权威地位才能让幼儿形成积极的行为规范,因

---

① 蒙台梭利.蒙台梭利幼儿教育科研方法[M].任代文,译.北京:人民教育出版社,2001:23.
② 蔡迎旗.学前教育概论[M].武汉:华中师范大学出版社,2006:86.

此师生关系呈现出"以教师为中心"的特点。

(二) 以精神分析为理论基础的幼儿教师角色观

精神分析学派非常强调幼儿早期经验和情绪情感健康发展的重要性,重视幼儿的潜意识以及健康人格建构的研究。基于对儿童潜意识、人格发展和早期经验的认识,精神分析学派的教师角色观主要体现在以下几方面。首先,幼儿教师是幼儿的第二任母亲:幼儿进入幼儿教育机构后,教师代替了家长的职能,幼儿处于教师的人格影响当中。如果师幼关系处理不当,幼儿的学习能力和身心发展就会受到束缚。教师像父母一样去爱幼儿,为幼儿创造一个安全、信任、和谐的氛围,才能帮助幼儿成长为具有健全人格的人。其次,幼儿教师是幼儿积极人格建构的引导者:一方面,教师要给幼儿机会以表达自己的良好情绪,还要为幼儿提供可发泄不良情绪的"出口"。在必要的时候,可以让幼儿通过摔打塑料、布质玩具,发泄在现实生活中因本能冲动、成人责备、同伴冲突等原因而产生的不满、抑郁等情绪,即引导幼儿利用宣泄等方式释放潜意识中的能量;另一方面,教师通过开展游戏、美术、舞蹈等活动来让幼儿发泄压抑、补偿需要。通过这些活动让幼儿全神贯注,有效地调动生命能量,使幼儿的自我得到开发,心理健康发展。

(三) 以人本主义为理论基础的幼儿教师角色观

马斯洛认为,幼儿的学习依靠他们与生俱来的成长潜能,不需要成人刻意去教导。罗杰斯认为,学习是个人潜能和人格的充分发展,是自我的发展,学习者本人才是学习的主体。[①] 关于教师的角色,该理论反对传统的教师角色观,即反对将教师只看成知识的传授者、道德的示范者以及权力的主导者等。

人本主义学派的角色观认为:首先,教师是爱的实践者。教师通过成熟的爱感染幼儿、尊重幼儿、理解幼儿、关爱幼儿,与幼儿平等交往,做幼儿的朋友,让幼儿在爱的氛围中成长。

其次,教师是幼儿成长与发展的激励者和促进者。在人本主义心理学家看来,教育的基本目的在于促进幼儿各种潜能的开发,满足幼儿多层次的心理需要,使之成为完整的人。而教师的作用就是激发幼儿成长的内在动机,发展幼儿的潜能和积极向上的自我意识,从而使幼儿能够自己教育自己,最终达到自我实现。

最后,教师还是良好环境的营造者。教师应致力于创设一种无拘无束、促进幼儿健康成长的心理氛围和允许幼儿自由选择的学习环境,这是建立和谐人际关系和促进幼儿人格成长的重要条件。

(四) 以个人建构主义为理论基础的幼儿教师角色观

皮亚杰的个人建构主义是基于其幼儿心理发展观点而形成的。皮亚杰的基本观点是:幼儿是在与周围环境相互作用的过程中,通过同化与顺应逐步建构起关于外部世界的知识,

---

① 韩进之.教育心理学纲要[M].北京:人民教育出版社,2003:110.

从而使自身认知结构得到发展的;幼儿是积极主动的探索者和建构者。

关于教师在幼儿学习与发展中的角色,建构主义认为:教师首先是幼儿学习的支持者和合作者。一方面,教师要为幼儿创设支持性的环境和提供可操作的材料,并营造温馨、宽松、安全、和谐的心理关系和平等、民主、合作的人际关系,从而支持幼儿的学习和探索;另一方面,在幼儿遇到困难和问题时,教师要以朋友、合作者的身份支持幼儿的主动探究,使幼儿的主动学习能够顺利进行。

其次,教师要做幼儿学习的引导者和促进者。由于幼儿身心发展水平的限制,教师的引导就显得非常重要。教师的引导是为了让幼儿更好地成为学习的主体。教师要根据教学目标和幼儿认知结构的发展特点创设生动的教学情境,引导幼儿的自主探究行为,促进幼儿以积极的态度、饱满的热情和旺盛的精力投入学习活动中。

最后,教师是幼儿身心发展的观察者和研究者。教师要通过观察准确地把握幼儿的表现和活动情况,从而适时恰当地参与其中,帮助和支持幼儿。同时,幼儿教师要通过不断地观察积累丰富的教育经验,总结形成有关教学的规律性的认识,以便更好地为幼儿发展服务。皮亚杰自身就是一个持之以恒的儿童观察者和研究者。

(五) 以社会建构主义为理论基础的幼儿教师角色观

维果茨基(B. A. Cyxiomjnhckmn)认为,个体的学习是在一定的历史、社会文化背景下进行的,社会可以为个体的学习和发展起到重要的支持和促进作用。[1] 幼儿是在一定社会文化背景中通过与成人或同伴的互动来进行学习的。他强调,教学要想对幼儿的发展发挥主导和促进作用,就必须走在幼儿发展的前面,因此,教学必须按照幼儿的"最近发展区"来设计和实施。在学习观和教学观的基础上,社会建构主义认为幼儿教师在幼儿的学习中应该扮演如下角色。

首先,教师是情境的创设者和材料的提供者。教师要营造一种动态的、变化的学习氛围,创设对幼儿具有挑战性且必须解决的真实问题情境,促进幼儿积极思考,而且要为师幼互动提供平台。

其次,教师是活动的提携者和适时的支架者[2]。这种提携和支架要求教师了解幼儿的原有发展水平,能从幼儿的角度出发,推动幼儿的学习进程。维果茨基提出"支架教学"就是对其观点和意义的生动解释与演绎。在有效的"支架教学"中,教师并不是告诉幼儿解决问题的方法,而是随机巧妙地使用问题情境中可利用的资源,给予适时提携,引发和支持幼儿自己解决问题。幼儿教师还是互动合作中的对话者和积极的关注者[3]。教师以合作者和对话

---

[1] 马秀芳,李克东.皮亚杰与维果茨基知识建构观的比较[J].中国电化教育,2004(1).
[2] 黄瑾.社会建构主义学习观视野中的教师角色探析[J].学前教育研究,2004(11).
[3] 黄瑾.社会建构主义学习观视野中的教师角色探析[J].学前教育研究,2004(11).

者的角色身份介入幼儿的学习,为幼儿的学习和意义建构起到推波助澜的作用。教师还要保持对幼儿学习活动自始至终的积极关注,不仅表达对幼儿的尊重、理解和期望,而且通过观察、倾听并记录儿童的行为表现,教师可以抓住适时的教育契机,从而有效地促进幼儿的自我学习和相互学习。

三、现代幼儿教师的角色期望

教师的角色期望即社会上的其他人对教师的角色行为和角色品质所寄予的期望,[①]即社会、他人对教师的行为期待。那么现代幼儿教师的角色期望是怎样的?人们期望中的现代幼儿教师到底是什么样的角色?

(一)社会对幼儿教师的角色期望

教师的职业特征决定了社会对教师的角色期望。国家教育部于2001年颁发《幼儿园教育指导纲要(试行)》(简称《纲要》)。它是指导广大幼儿教师将《幼儿园工作规程》的教育思想和观念转化为教育行为的指导性文件。[②]《纲要》中有关幼儿教师角色的阐述代表着社会对幼儿教师的角色诉求,这既是对教师的要求和对教师成长的殷切期望,也是对广大幼教工作者的挑战。《纲要》界定的幼儿教师角色如下:

1. 教师应成为幼儿学习活动的支持者、合作者、引导者

(1)以关怀、接纳、尊重的态度与幼儿交往。耐心倾听,努力理解幼儿的想法与感受,支持、鼓励他们大胆探索与表达。

(2)善于发现幼儿感兴趣的事物、游戏和偶发事件中所隐含的教育价值,把握时机,积极引导。

(3)关注幼儿在活动中的表现和反应,敏感地察觉他们的需要,及时以适当的方式应答,形成合作探究式的师生互动。

(4)尊重幼儿在发展水平、能力、经验、学习方式等方面的个体差异,因人施教,努力使每一个幼儿都能获得满足和成功。

(5)关注幼儿的特殊需要,包括各种发展潜能和不同发展障碍,与家庭密切配合,共同促进幼儿健康成长。

相关幼教理论研究者从幼儿的健康成长、幼儿教育事业的发展和幼儿教师自身的专业提升等角度对幼儿教师寄予了更多的角色期望,呈现出多元化的趋势,它代表着社会对幼儿教师更高层次的角色要求。

2. 一些代表性的观点

张燕认为,教师角色应该具有多样性与发展性,还应该具有自主性、个体创造性与人格

---

① 扈中平.现代教育理论[M].北京:高等教育出版社,2005:167.
② 教育部基础教育司组织编写.《幼儿园教育指导纲要(试行)》解读[M].南京:江苏教育出版社,2002:29.

化的特征。[①] 幼儿教师是幼儿生活的指导者、家长的合作者、与幼儿共同成长的人、幼儿教育的社会宣传员。[②] 刘焱对于幼儿教师角色的看法是：除了基本的教学和保育工作外，幼儿教师还是幼儿行为的辅导者、课程的设计与实施者、幼儿发展的研究者、诊断者和评价者。[③] 庞丽娟指出，幼儿教师还应该成为一个终身学习者，不断学习，不断地自我成长，提高专业化水平，为幼儿一生的长远发展打下良好基础。冯晓霞提出，幼儿教师应该而且能成为研究者。蔡迎旗把幼儿教师角色定位为教育者、幼儿游戏的伙伴、幼儿的第二任母亲、幼儿的知心朋友、研究者和理论的建构者。[④] 霍力岩则认为，幼儿教师不应仅仅是课程的实施者，同时还应是课程的开发者，介入课程开发、课程实施与课程评价的整个过程，并在这个过程中使自己得到专业发展。[⑤] 还有研究者指出，幼儿教师应该是实践的反思者，要像研究者一样对自身的教育实践活动进行反思。[⑥]

从以上研究者对幼儿教师的角色阐述可以看出，社会对幼儿教师的要求非常高，幼儿教师不是扮演单一的"教育者"和"养护者"的角色，而是应承担全面的、多重的角色，这些角色构成复杂的"角色丛"或"角色集"。

（二）当代幼儿教师的真实角色

社会对幼儿教师的角色期望是一种理想化的期待，它要求每一个教师在各方面都做得尽可能完美。事实上，由于主客观等多方面的原因，幼儿教师个体的表现不可能全部达到这些要求。其中的主客观原因包括专业发展机会有限，幼儿教师自我提升的愿望无法满足；幼儿教师自身学历水平偏低，适应不了社会的期望；幼儿园班额超标现象普遍，日常工作负担过重等。上述情况往往导致很多幼儿教师个人现实的角色表现同社会角色期望之间存在较大的差距。

案例 13-2

一位老师的自述

从你当上幼儿教师的那天起，就等于把自己交给了孩子。提前制定计划，按照计划教他们学这个、学那个，事先准备好活动材料；要教他们唱歌、画画、做游戏，教他们认识很多东西，以及双手的技能、技巧等；还要教他们学会自我保护，懂文明礼貌，养成好习惯；孩子不会做的事要帮他做，有了问题也要去解决，哪个地方

---

① 张燕.幼儿教师专业发展[M].北京：北京师范大学出版社，2006：6.
② 张燕.幼儿教师专业发展[M].北京：北京师范大学出版社，2006：9-11.
③ 刘焱.学前教育原理[M].大连：辽宁师范大学出版社，2002：104.
④ 蔡迎旗.学前教育概论[M].武汉：华中师范大学出版社，2006：86-89.
⑤ 霍力岩.学前教育课程改革呼唤幼儿教师的专业发展[J].教育导刊（下半月），2010(2).
⑥ 蒲素.教师是研究者和实践的反思者[J].教育导刊.幼儿教育，2003(7).

需要赶紧过去……不然,领导会认为你的工作能力不强,家长也会对你有看法,他们在乎孩子跟着你学会了些什么,并用这个来判断你是不是一个负责任的好老师……

案例13-2中教师的话表达了我国大部分幼儿教师的真实心声。它具体而详细地描述了幼儿教师在幼儿园中真实扮演的角色:课程的设计与实施者、知识和技能的传递者、幼儿生活的照顾者、人身安全的保护者、社会化的引导者、园内的被管理者、家长的服务者……这是当代幼儿教师最真实的角色。实现幼儿教师多重角色的理想,不仅需要幼儿教师个人的努力,更需要政府、社会及幼教管理者等多方帮助。

第二节 幼儿教师的教学心理素质

在幼儿园,教师按照预设的计划组织集体教学活动经常会发生意外情况,因为幼儿的很多表现往往是意想不到的。如果处理不好,小则影响活动的顺利开展,大则影响幼儿的身心健康。在这方面,许多教师有成功的经验,也有失败的教训。

案例13-3

> **意外小插曲**[①]
>
> 场景一:A老师正在组织有关"奇妙的海底世界"的小班科学活动,突然教室外传来了一阵响亮的铜鼓喇叭声,原来是一墙之隔的小学学生在练习铜管乐。A老师很想将计划好的活动继续开展下去,继续按部就班地进行。岂料这时孩子们的注意力根本不在老师和活动上,全被铜鼓喇叭声吸引过去。他们有的伸长了脖子往外面看,有的捂住耳朵大叫"闹死了"!甚至有一两个小调皮离开座位,夸张地模仿起敲锣打鼓吹喇叭的动作。教室里热闹极了。原有的教学活动无法再继续下去,A老师这时也就无奈地停了下来,等待着外面的干扰声停息。
>
> 场景二:B老师也在组织小班小朋友开展"公共汽车"的集体游戏活动。突然外面天色阴沉下来,电闪雷鸣,下起了雷阵雨。全班幼儿一下子乱作一团,有的高喊"打雷了!打雷了"!有的跑到B老师身边搂着老师喊怕。这时,B老师沉着冷静,她不慌不忙地对孩子们说:"孩子们,来,都到老师身边来!不要怕,有老师在哩!"孩子们听到B老师这么一说,很快安静了下来,挤着往老师身边就地坐下。接着,B教师给幼儿讲了一个有关雷雨的故事,还一起唱起了歌曲《夏天的雷雨》。外面雨停了,B老师带幼儿去院子里欣赏被雨淋过的树木花草。

人们常常会有疑问:为什么幼儿教师在相似的教育情境中,会有不同的行为表现和教育效果?场景一中,A老师面对幼儿突发的事件不知所措,失去了调控教学过程的能力,无奈

[①] 殷超君.变节外生枝为教育契机——谈如何面对教学过程中的突发事件[J].早期教育,2004(11).

地停止已经计划好的集体教学活动。而场景二中的B老师遇到类似的突发事件却能应对自然,处理得游刃有余。B教师的表现是一个成功的教学案例,那么是什么样的教学心理素质在支持着B教师的近乎自动化的教学行为呢?仔细分析有以下几方面:

首先,B老师有正确的教育理念。她关注的不是教学活动计划能否顺利完成,而是幼儿的有效学习和发展。"下雷阵雨"是生活中常见的自然现象,B老师根据幼儿的兴趣和需要,及时把它转化为可利用的教育情境,在说说唱唱中引导幼儿新的学习,使教学达到了意想不到的效果。其次,B老师具备教育机智。在面对幼儿突发事件时,临阵不慌,抓住有利时机组织幼儿开展新的活动,化不利为有利,把"节外生枝"变成了教育契机。最后,B老师对幼儿充满着师爱。一句"不要怕,有老师在哩",让幼儿感到了师爱的存在。爱是幼儿教育的前提,是幼儿教师和幼儿沟通的基础,也是B教师有效引导幼儿学习、顺利开展教学的奥秘所在。

以上案例反映了幼儿教师的教学心理素质。心理素质是指与个体心理有关的一些品质。教师的教学心理素质指教师在教育、教学过程中的心理品质。它直接支配、调节着教育教学活动。幼儿教师应该具备以下几种基本的教学心理品质。

一、幼儿教师的基本教育信念

幼儿教师的教学既包括知识、经验和技能的传授和引导,又包括对幼儿人格、道德、习惯的影响,是幼儿教师的教和幼儿的学相结合的活动。成功的教学除了受课程、教学目标、教法和教学环境等因素的影响外,还受教师本人主观因素的影响,教育信念就是其中之一。如果教师深信其头脑中储存的教育理论和由此形成的教育观念,并根据理论和观念直接调节其教学活动,那么这种教育信念无时无刻不影响他的教育行为,只是有时是有意的,有时是无意的。[1] 这里介绍几种幼儿教师的基本教育信念。

(一)教学效能感

所谓教师的教学效能感,是指教师对教育作用的认识和对自己在教学活动中能否有效完成教学工作、实现教学目标、促进幼儿学习的一种能力的主观判断与信念。[2] 它是一种主观判断与信念,但非教师能力或行为本身。这种判断与信念会影响教师对自己行为的期待、对儿童的指导行为,从而影响教师的工作效率。[3] 教学效能感涵盖个人所抱的教育信念、自我感知以及与之相应的教育教学行为,具有内隐性和个体性等典型特征。教师的教学效能感在教育信念中处于核心地位,无论对于教育工作、儿童发展还是教师自身发展都具有极其

---

[1] 陈琦,刘儒德.当代教育心理学[M].北京:北京师范大学出版社,2007:82.
[2] 张大均,江琦.教师心理素质与专业性发展[M].北京:人民教育出版社,2005:98.
[3] 莫雷.教育心理学[M].广州:广东高等教育出版社,2005:627.

重要的意义。①

教学效能感这一概念在理论上来源于班杜拉的自我效能的概念。有研究者根据班杜拉的理论,将教师的教学效能感分为一般教学效能感和个人教学效能感。一般教学效能感是指教师对教与学的关系、教学在儿童发展中的作用等问题的一般看法和判断。而个人教学效能感是指教师对自己是否有能力完成教学任务、教好儿童的信念。例如,如果你持的看法是,"一个班上的幼儿总会有好有差,教师不可能把每个幼儿都教育好""一般来说,幼儿发展成什么样是家庭和社会决定的,教育很难改变",就表明你具有较低的一般教学效能感。相反,如果你认为对于幼儿的学习和发展,幼儿教师的教育教学作用比家庭等外部因素的影响大,表明你具有较高的一般教学效能感。如果幼儿教师认同以下观点,"我能解决幼儿在学习中出现的问题""要是我班上的幼儿在某些方面有了很明显的进步,那是因为我实施了有效的教学",表明其对自己的教育教学能力充满了自信,因此具有较高的个人教学效能感,持相反的看法则具有较低的个人教学效能感。

很多研究表明,刚走上工作岗位的新幼儿教师一般多持有"教育决定论"的观点,很自然地认为教育一定能促进幼儿的身心发展,而个人的教学经验却相对不足。因此,一般来说,新幼儿教师的一般教学效能感的水平高于个人教学效能感。随着从教的时间不断增长,幼儿教师发现实际的教育教学过程具有复杂性和多变性的特点,幼儿的发展受到内外各个方面因素的影响,这时,幼儿教师不再坚持教育的决定作用,且其关注的焦点也转向了如何提高自身的教育教学水平,关心诸如师幼互动、教学方法的运用等与教学情景有关的问题,因此,表现为个人教学效能感的水平高于一般教学效能感。

(二)教学控制点

"控制点"是近代心理学研究中提出的一个新概念,是由美国心理学家罗特(J. Rotter)首先提出来的,指个体对自身行为和后果是由自己控制还是由外部力量控制的一种泛化预期。② 所谓教学控制点,是指幼儿教师将自己的教学成效和幼儿学习的成功或失败,归因为外部因素或者是内部因素的倾向。一般来说,有的幼儿教师倾向于内归因,属于内控制点,即将教学成效和幼儿的发展归因为教师自己的教学水平、教学方法、努力程度等,更多地认识到幼儿教师对幼儿发展存在的重要影响;而有的幼儿教师倾向于外归因,属于外控制点,即将教学成效和幼儿的发展归因为幼儿原有能力、学习材料和客观条件等,认为幼儿教师是无法控制和把握的。

研究表明,内控制点的幼儿教师更可能采取主动的工作态度和行为,他们往往会自觉地根据幼儿的反馈和对行为与目标之间的比较等信息对教育行为作出适当的控制、调节,从而

---

① 庞丽娟,洪秀敏.教师自我效能感:教师自主发展的重要内在动力机制[J].教师教育研究,2005(4).
② 王秀希.河北省中学教师工作压力、控制点和职业倦怠的关系研究[D].河北师范大学硕士学位论文,2003.

使教育活动和行为适合幼儿的发展水平与需要；而外控制点的幼儿教师由于认为自身无法控制幼儿的发展，视幼儿的发展与己无关，且自己的努力不会带来什么变化，因而更可能缺乏工作主动性与积极性，表现出被动的工作态度和教育行为。优秀幼儿教师一般都倾向于内部与外部结合的归因，而不是单方面的归因。①

（三）教学监控

教师的教学监控是教师元认知技能的一个方面，也是教师的一种重要的教学心理素质。刘云艳等将幼儿教师的教学监控能力定义为：在幼儿园的集体教学活动中，幼儿教师为了保证教学的成功，达到预期的教学目标，将教学活动本身作为意识的对象，不断地对其进行积极、主动的计划、检查、评价、反馈、控制和调节的能力。② 它直接影响幼儿教师组织集体教学活动的效果。

幼儿教师教学监控能力的发展存在四种水平。

（1）前监控水平。在这个阶段，幼儿教师基本上表现不出对教学活动的监控性，缺乏计划、检查、评价、控制和调节教学活动的能力，把握不了幼儿园教学的一般原则，活动结束后也不能进行有条理的反思。

（2）被动监控水平。此阶段的教师对幼儿的发展水平和需要有了一定的了解，初步认识课堂教学中的问题，注意到幼儿的行为反应，但由于缺乏相关的经验，还不能作出有效的控制、调节并及时对幼儿的反应作出回馈。因此在教学活动中显得比较被动和冲动，有时会被情绪所左右。

（3）主动监控水平。教师在此阶段对幼儿的发展水平和兴趣、需要拥有较为准确的了解，能有意识、积极地按照幼儿的发展需要、兴趣和反应调节、控制自己的教学行为。但调控的方式不老练，显得有些生硬。

（4）自动化监控水平。在这一阶段，教师对课堂教学过程中出现的问题有准确且及时的认识，能迅速把握幼儿的经验、发展需要、兴趣，并能根据幼儿的反应快速调节自己的教育策略，甚至及时生成新的教学内容满足幼儿当时的需要。案例 13-3 中，B 老师能机智地面对突发事件，让"节外生枝"化为教育契机，说明 B 老师已经达到了自动化的教学监控水平。由此例也可以看出，此阶段教师能够采取恰当的方式处理教学活动中出现的问题，有效地对教学活动进行调节和控制，保证课堂教学的顺畅。

---

① 刘焱.学前教育原理[M],辽宁师范大学出版社,2002:112.
② 刘云艳,刘确敏.幼儿教师教学监控能力现状调查[J].学前教育研究,2008(10).

知识小卡片 13-1

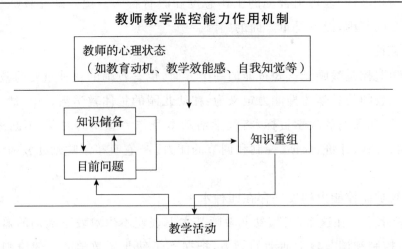

从知识小卡片 13-1 可以看出,决定教师教学监控水平的直接因素有三个方面:其一是教师能否正确、全面地发现和察觉自己正在进行的教学活动的状态和存在的问题;其二是教师是否具备足够的知识经验解决教学活动中所存在的问题;其三是已有的知识是否能和现存的问题联系起来,进行合理、有效的知识重组。在知识小卡片 13-1 中,我们看到,决定教师教学监控水平的除直接因素外,还有间接因素,即教师的心理状态,如教育动机、教学效能感、自我知觉等。这些因素虽然不直接决定教师的教学监控水平,但它们对教师的教学监控过程有明显的影响,是教师从事教育、教学活动的广泛的心理背景。[1]

(四)管理幼儿的有关信念

在大班额的前提下,幼儿教师要进行有效的集体教学活动,维持一定的教学秩序,在一定程度上管理幼儿、要求幼儿遵守纪律和规则是必须的。但是不同的幼儿教师对于管理幼儿的理解和态度可能有所不同:有的幼儿教师可能主张极端的家长式的管理方式,认同压制才能管理好幼儿的观念,因而在实践过程中经常对幼儿采取高压控制的管理办法,习惯运用惩罚措施。这种管理方式造成师幼之间形成管理者与被管理者的关系。比如,为了让幼儿少一些违纪行为,使用一些命令性的语言,"坐好,不许再捣乱!""把玩具收起来,听见没有!"在幼儿教师的命令下,幼儿一般会变得顺从。但显而易见的是,这种管理方式不利于幼儿的健康成长;而有的幼儿教师则持民主的管理态度,主张既严格要求又充分尊重幼儿。幼儿教师能积极地与幼儿交流、沟通,以亲切的态度对待幼儿,在言语上鼓励幼儿,在行为上尽可能以朋友、合作者的身份支持幼儿的学习,做到爱护而不排斥,帮助而不指责,启发而不包办。这种管理方式易形成民主平等型的师幼关系,有利于引导幼儿的学习和发展。

---

[1] 莫雷.教育心理学[M].广州:广东高等教育出版社,2005:625-626.

二、幼儿教师的情感与个性品质

(一)情感投入

教师是教育教学的主导者,教师情感是教育教学发挥作用的关键因素。幼儿教师的情感投入主要反映了他们对幼教工作和幼儿所持的态度。具体而言,指的是幼儿教师对幼教事业和幼儿的热爱以及教育责任感等。幼儿的生理和心理都尚未发展成熟,正处于身心发展的关键时期,所以在幼儿园教育教学中尤其需要幼儿教师的情感投入。

一方面,幼儿教师的情感投入是幼儿身心发展的需要。幼儿的生理发展、情感发展、学习兴趣的提高和审美能力的发展都需要幼儿教师的情感投入。[1] 希望得到幼儿教师的关心已成为幼儿某些行为表现的动机之一,幼儿在幼儿园每天都怀着期待的心情等待着幼儿教师对自己积极反应和爱护。

另一方面,幼儿教师的情感投入是做好幼教工作的精神动力和力量源泉,是圆满完成教学任务的重要条件,也是幼儿教师高尚道德情操的重要体现。一个好的教师必须热爱自己的职业,对教学抱有极大的热情,这样他才有可能积极地投入到教学工作中去。有研究者对专家型教师的研究表明,好的教师能像一个赛车手爱自己的车一样与幼儿以及教学过程融为一体,而这很重要的原因就在于她对教学投入了深切的感情。[2]

根据艾格涅(Ange)的研究,幼儿教师在教学中的情感投入主要有以下三个方面:①对幼儿的信任感;②为人师表,不断自我提高;③与幼儿间友好信赖的关系。国内的研究者将教师对幼儿的情感归结为三种:①亲近感,即师幼之间的依恋;②理解感,师幼之间心领神会,可以很容易沟通;③期望感,教师对幼儿的发展抱有真诚的期望和信任。[3]

(二)幼儿教师的个性品质

个性是一个人整体的心理面貌。这里介绍的教师个性品质是教师在教育教学活动中心理特征的整体体现。国内外大量研究证明,教师的个性品质是影响教育教学的重要因素。教师的工作对象是活生生的、正在成长且富有发展潜能的儿童,因此教师必须有良好的个性心理品质。

瑞安斯(D. C. Ryans)在一项大规模的研究中发现,具有下列个性品质的教师能有效地促进学生的学习:①关心人、体贴人、理解人、友好和蔼;②具有事业心和责任感,喜欢并且热爱自己的工作;③在教学中具有激发和刺激能力,具有丰富的想象力和极大的热情。[4]

个性包括三个方面:①个性倾向性,如动机、信念等;②个性心理特征,如能力、气质、性

---

[1] 周洁.幼儿教师情感投入的价值与必要性[J].学前教育研究,2009(7).
[2] 陈帼眉,姜勇.幼儿教育心理学[M].北京:北京师范大学出版社,2007:243.
[3] 陈琦,刘儒德.当代教育心理学[M].北京:北京师范大学出版社,2007:85.
[4] 郝永林.教师的个性品质对学生学习动机的影响[J].山西财经大学学报,2009(4).

格等;③个性自我调节,如自我评价、自我控制、自我体验等。下面从三个方面阐述幼儿教师应具备的主要个性特征。

1. 正确的职业动机

职业动机是幼儿教师做好幼儿教育教学工作的基本动力。真心喜爱幼儿,愿意献身于幼教事业并忠诚于幼教事业是幼儿教师最高尚的职业动机。幼儿教师在这种动机引领下就会以快乐的、积极的状态,无怨无悔地投入工作和生活中去,以豁达的态度对待周围的一切,摆脱生活中令人窒息的各种压力,认真地、满腔热情地从事幼教工作,甚至把幼教职业活动的过程本身看成是自己生活的过程、人生的目的,并体验其中的乐趣。

2. 成熟的自我意识

自我意识是个性的自我调节系统,幼儿教师能够意识到幼教职业的价值,意识到幼教工作的崇高,就会产生自豪感、光荣感、责任感。自我意识包含三个基本因素:自我认知、自我体验和自我调控。从自我认知来看,成熟的幼儿教师一般能正确地进行自我剖析、自我评价、自我心理鉴定,并要求自己不断追求上进;从自我体验来看,成熟的幼儿教师有积极的自我感受,能体验到幼教工作的愉快和光荣,对自己的工作充满自信;从自我调控来看,幼儿教师能在工作中不断地进行自我调节、自我监督,善于自我疏导,自觉抵制不良情绪。

3. 适宜的性格特征

性格是指决定个人对待现实的态度和行为方式的稳定的心理特征。它不是与生俱来的,而是在个体社会化过程中慢慢形成的。威悌(P. A. Witty)根据调查研究分析出有效能和无效能教师的性格特征如表 13-1 所示:[1]

表 13-1 两类教师性格特征的比较

有效能教师	无效能教师
1. 合作民主	1. 坏脾气、无耐心
2. 仁慈体谅	2. 不公平、偏爱
3. 能忍耐	3. 不愿意帮助学生
4. 兴趣广泛	4. 狭隘、对学生要求不合理
5. 和蔼可亲	5. 忧郁、不和善
6. 公正	6. 讽刺、挖苦学生
7. 有幽默感	7. 外表讨厌

---

[1] 全国十二所重点师范大学联合编写组.教育学基础[M].北京:教育科学出版社,2002:126.

续表

有效能教师	无效能教师
8. 言行稳定一致	8. 顽固
9. 有兴趣研究学生问题	9. 啰嗦不停
10. 处世有伸缩性	10. 言行霸道
11. 了解学生,给予鼓励	11. 骄傲自负
12. 精通教学技能	12. 无幽默感

幼儿教师有其与一般教师相同的性格特征要求,但教育对象年龄阶段的差异性,决定了其性格要求也有别于其他类型的教师。幼儿教师应理智、刚毅、进取、灵敏、乐观、热情、勤勉、自尊、自主,并具有广泛的兴趣。① 考虑到幼儿的身心特点,幼儿教师还应具有童心童真童趣、活泼开朗等积极的性格。幼儿教师只有具备了这种性格倾向才有亲和力,才能和幼儿打成一片,创设适合幼儿需要的"童趣世界",但这种心态源于有意识地促进幼儿学习,并不是指教师本人的幼稚或不成熟。

第三节 幼儿教师的专业成长

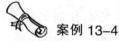

案例 13-4

萱萱的"恶作剧"

中午午餐时间。小朋友们的菜是鲜肉蒸蛋。这是孩子们特别喜欢吃的菜,大部分孩子都能很快吃完,萱萱也是其中一个。用完餐照例是要拿毛巾擦脸的,她拿了一条放在最上面的毛巾很快擦了擦,擦完后就把毛巾放进另一个箩筐里,然后站在门口,靠在门边看别的孩子。忽然,她把两个手撑在两边的门框上,笑着看活动室内的孩子。这时,其其刚好擦完了脸,要往教室外走,见门被堵住了,就用身子往萱萱身上撞。可是不管怎么用力,萱萱就是不松手。而另一边的小柯也擦完了脸来到门口,见萱萱拦门而不知所措。X老师站在远处观察了一会。之后,X老师装作若无其事地走近萱萱,面带笑容地伸出右手在萱萱的左手上按了按,嘴里还发出"叮咚,叮咚"的声音,马上,萱萱就把左手放了下来,让X老师出门了。其其也想跟着,却又让萱萱拦在了门里。于是,她又往萱萱身上撞,可萱萱就是不让她进。小柯见状,学着X老师的样子同样伸出右手在萱萱的左手上按了按,同时嘴里也发出"叮咚,叮咚"的声音,萱萱又立刻放开了左手让小柯出去,而且马上又将手放回到门框上。最后其其也跟着小柯按了下"门铃"而被放出去。

---

① 蔡迎旗.学前教育概论[M].武汉:华中师范大学出版社,2006:96.

上述案例中萱萱这种近乎"恶作剧"的行为以及由此引发的同伴冲突,被 X 老师巧妙的游戏策略所化解,他成功引导了幼儿的社会性学习。说明 X 老师是一名专业化教师,她表现出敏锐的洞察力和高水平的解决问题的能力,能更有效地引导幼儿的学习。可见,教师的专业化成长对幼儿的学习与发展意义重大。

一、专业化幼儿教师的心理特征

专业化教师,也称专家型教师,是指那些在教育、教学领域中,具有丰富且组织化了的专门知识,能根据具体的教学情境,策略性地运用教育科学理论知识与教学技能,高效率地解决教学中各种问题的教师。① 他们具有良好的教学效能感和教学监控能力,教学中富有创见,能及时而灵活地采取恰当的教学行为来促进教学的顺利进行。② 能够高效率地解决问题及敏锐的洞察力是其最显著特征。具体来讲,专业化幼儿教师具有以下几个方面的心理特征。

(一)具有较强的教学监控能力

专业化幼儿教师由于经验、能力,特别是教学监控能力较强,他们常常以自身教学实践为对象,自觉反馈、反思和调整,因而能形成比较有效的教学行为。③ 即他们会自觉地综合运用教育类专业知识对教学情境作出判断,并把对这一情境的思考作为教学计划和班级管理的依据,调整和选择教学方案。如面对幼儿同伴冲突事件,专业化幼儿教师就会思考,是否由于"教学活动的安排和材料的投放不合理而引发了冲突?""这类冲突事件是不是本班幼儿的普遍现象?本班幼儿的社交技能是不是普遍低下?""有没有必要将这一社会性问题纳入教学计划?"等。教师对教育情境的恰当反应体现了其专业化水平。非专业化幼儿教师怎么处理幼儿冲突事件呢?非专业化幼儿教师表现出较低的教学监控能力,很少去思考如何利用意外的机会教育幼儿,只会为眼前的利益或出于个人的喜好,在最短的时间内迅速做出反应消除争端。他们可能会简单粗暴地处理事件,采取的方式一般有大声训斥、说教、威胁、分开等,他们不会考虑这些方式可能对幼儿产生什么影响,更不会仔细考虑幼儿行为背后的深层原因。

(二)持有专业敏锐的洞察力

与非专业化幼儿教师相比,专业化幼儿教师解决教育教学问题的效率更高,具有高水平的教学机智。他们具有运用专业知识判断、分析事情的前因后果,思考各种可能的行动方式,并评估行动及决定可能产生的长远后果的判断决策能力。这是因为他们在深厚的专业

---

① 莫雷.教育心理学[M].广州:广东高等教育出版社,2005:637.
② 傅道春.教师的成长与发展[M].北京:教育科学出版社,2001:16.
③ 张燕.幼儿教师专业发展[M].北京:北京师范大学出版社,2006:25.

性素养的基础上,形成了专业敏锐的洞察力,能够迅速且不需努力或只需很少努力便可以鉴别出有助于问题解决的信息,并对问题作出恰当的解决。

(三)拥有健康的心理和健全的人格

幼儿教师健康心理和健全人格对幼儿的身心发展具有重要的影响。现代教育更加呼吁教师心理素质的优化和心理健康水平的提高。具有健康心理和健全人格的教师指的是那些具备良好的自我意识、健康的心理素质、高度的创新精神、和谐的人际关系、较强的实践和协调能力,能在教育实践中充分发挥自身潜能,不断完善和发展自我的教师。[1] 专家型幼儿教师往往具有较高的教学效能感,有较明确的职业意识和职业精神,有较强的心理承受能力。因此,一般来说,专业化幼儿教师心理更加健康、人格更加健全。

二、幼儿教师专业成长的历程

幼儿教师的专业化发展需要一个过程,这一过程又表现出阶段性的特征。教师专业发展需经历一系列阶段,相关的研究有助于我们认识其特点与规律。综合近年来不同学者有关教师专业成长过程的研究,主要有以下三种发展阶段理论(见表13-2)。

表13-2 教师专业发展的阶段理论[2]

阶段理论	主要研究代表	内容
三阶段论	伯顿	求生存阶段、调整阶段、成熟阶段
四阶段论	弗朗西斯·弗勒	教学前关注阶段、早期生存关注阶段、教学关注阶段、关注学生阶段
五阶段论	司德菲	预备生涯阶段、专家生涯阶段、退缩生涯阶段、更新生涯阶段、退出生涯阶段

德瑞弗斯(Dreyfus)将教师专业化发展分成五个水平:新手水平、高级新手水平、胜任水平、熟练水平、专家水平。[3]

结合前人有关教师专业化发展阶段和水平的研究成果,我们从幼儿教师教学心理发展的角度将幼儿教师专业化发展归纳为以下几个阶段。

(一)职前培养阶段——幼儿教育教学观念培养阶段

各级各类师范学校承担着培养未来幼儿教师的责任,它是幼儿教师专业成长的重要基础和前提,是专业化幼儿教师的孕育基地。未来幼儿教师的素质如何,跟学校教育和教学是分不开的。我国幼儿教师职前教育体系的层次较之以前相对丰富,且向高层次发展。现在,许多学校中专升格为专科,专科升格为本科,招收的学生从初中为起点向高中转移,学前教

---

[1] 李宁.教师健康人格的塑造[J].桂林师范高等专科学校学报,2005(9).
[2] 宋德如,孙小青.基础教育学[M].南京:江苏人民出版社,2008:139.
[3] 吴庆麟.教育心理学——献给教师的书[M].上海:华东师范大学出版社,2003:7.

育硕士和博士研究生的招生规模也正迅速扩大。①

在这个阶段,学前教育专业的学生作为未来的幼儿教师,不仅要系统地学习科学的、基本的理论知识和教学技能,还要经常走进幼儿园见习实习,现场观摩、评课议课,多参与实践锻炼,提高自己的幼教理论水平和综合实践能力,为将来走上幼儿园工作岗位打好基础,也为将来能成长为专业化幼儿教师作前期的准备。

(二)新手阶段——教学适应阶段

入职后的初期适应阶段称为新手阶段,也是缺乏教育经验的探索阶段,这是幼儿教师任教后的最初几年,实现由学生向正式幼儿教师的角色转换,学会处理并胜任日常教学工作的时期。这一阶段也是幼儿教师所学理论知识、教学技能与现实实践的"磨合期",他们将面临很多"现实的冲击"。"现实的冲击"是指在师范教育阶段所形成的教学理想在严峻、残酷的日常课堂生活现实面前的彻底破灭。随着在教学岗位上的多次亲身经历,新手教师很快发现,教学中的许多实际问题仅仅依靠职前教育阶段所掌握的理论知识和有限的教学技能是难以解决的,需要幼儿教师本人在教学实践过程中对理论、实践及其关系进行梳理和反思,需要幼儿教师在知识、信念、态度和行为上作出检核和调整,以克服对于教学实践的不适应。

在此阶段,新手教师主要是在教学中求生存,探求应对策略,不断地调整个人的专业目标,逐步地适应幼儿教师的角色。适应阶段的时间因幼儿教师个体差异而不同,有的幼儿教师1年内就能够适应,而有些则需要2~3年,甚至更长的时间。本阶段许多新手教师往往会遇到种种困难和挫折,对那些适应期较长的教师来说,也许本阶段是令人痛苦而难忘的。新手阶段是幼儿教师专业成长的一个关键期。初任教师最初几年教学情况如何,能达到什么教学水平,对其后来的专业发展和成长有重要影响,甚至要持续数年。②

处于此阶段的幼儿教师最需要的是精神上的支持(安慰、鼓励、肯定等)和教学技能上的帮助和辅导。在园所教学管理者和有经验的老教师的指导与协助下,通过自身的教学实践和自我反思,新手教师才会获得专业发展。相反,如果不提供必要的及时的协助,任其沉浮,新手教师很有可能延长对幼教工作的适应时间,进而引发强烈的职业焦虑,导致专业成长动机下降,甚至离开幼儿教师职业。

(三)熟手阶段——基本教育信念提升阶段

一般在工作后的第2~6年,甚至一直持续到第8年,乃至第10年,幼儿教师已经有了一定的教学经验,教学操作环节已经熟练掌握,能较好地适应教学环境,理解幼儿,那么他已经跨进了熟手阶段。在熟手阶段,随着教学基本"生存"知识、技能的掌握,幼儿教师的基本教育信念将会日渐增强,如教学效能感、教学监控能力、管理幼儿有关的观念等得到逐步的改善和提升。

---

① 蔡迎旗.学前教育概论[M].武汉:华中师范大学出版社,2006:97.
② 顾荣芳.从新手到专家——幼儿教师专业成长研究[M].北京:北京师范大学出版社,2007:17.

在此阶段,通过在教学实践中逐步摸索,幼儿教师对工作逐步驾轻就熟,教学能力和实践智慧进入迅速发展期,并且有相当一部分教师逐步形成自己的教学风格。此阶段幼儿教师不断创造和尝试新的教学策略,逐步有了一定的专业见解和判断力,同时能逐步认识和理解幼教职业的价值和意义,体验到幼儿教师职业的乐趣,且对新知识、新方法保持兴趣和热情。幼儿教师经常参加各种交流会和教师培训计划,不断充实自己,会有较高的职业满足感和成就感。

(四)专家阶段——教学心理成熟阶段

经过熟手阶段的幼儿教师,专业自信心越来越强。要成为专家型教师,就必须积累丰富的课堂教学经验。① 从熟手阶段到专家阶段,幼儿教师要根据具体的教学情境,策略性地运用知识与技能,迅速洞察出问题,并创造性地解决问题,这些能力已经变成自动化了的执行程序,很少或不需要意识控制。这就使得他们能把注意力集中在幼儿身上,时刻关注幼儿,着眼于幼儿的长远发展,考虑幼儿的个别差异,认识到不同发展水平的幼儿有不同的需要,更能在教育教学中因材施教。专家型教师还善于吸收积累,善于以反思来改进教学,从而不断创新。另外,一名专家型教师除了拥有专门学科的知识和技能外,还应具有深厚的教育理论修养、广阔的教育前沿视野、敏感的教育问题意识、过硬的教育科研能力等。专家阶段是教师教学心理发展最成熟的阶段。

以上对幼儿教师专业化成长过程的四个阶段的划分只是一个概念框架,并不是严格固定化的程序。实际上,由于教师个体所处的环境、自身的专业素养、内在的发展动机各有差异,再加上很多无法预料的偶然生活事件,教师专业化发展的过程具有复杂性和难以预测性。因此,教师专业化发展阶段之间的分野是相对的。

三、幼儿教师专业化成长的基本途径

幼儿教师专业化成长需要经历漫长的过程。那么,如何促进幼儿教师的专业化成长,从而实现教学心理品质的提升和发展,是一个有必要探讨的话题。

 案例 13-5

园长的尴尬

在一次调研中与一位园长的谈话给了我很多启示。我向 W 园长询问该园促进教师专业发展的情况,园长露出尴尬而无奈的表情,咳嗽了两声回答道,"培养专家型教师?呵呵,我们园近几年的收入不佳呀,再加上幼儿园的工作又忙,也不可能让教师们都出去学习培训。要说请教育专家专门来讲学,似乎也不大可能""不过,我们十一五期间根据我园的特色成功申请了一个有关幼儿生活习惯培养的课题请他们参与,从科研中慢慢提升嘛。"

---

① 吴庆麟.教育心理学——献给教师的书[M].上海:华东师范大学出版社,2003:10.

W园长的话实际上反映了幼儿园一线管理者和教师们对于教师专业发展途径的认识。他们更多地关注培训部门在教师发展中的作用。[①] 那么幼儿教师专业发展途径仅是通过外出培训学习或是请专家讲学？或是一定要做所谓申请成功的课题？在幼儿园，大多数教师都认为"每天琐碎的工作忙得昏头转向，哪还有时间考虑进一步发展？"很多园长在心里非常赞同幼儿教师专业发展的重要性，但在现实中，受培训经费和时间等问题的束缚，园长们也觉得很无奈。

实际上，幼儿教师专业成长的途径是多样化的，且很大程度上是依赖于幼儿园教育教学，并非很多人观念中单一的脱产培训，也不仅仅是单一的科研活动，而是倾向于把教师当作学习主体，将学习、培训、教研三者结合起来，多途径提升教师的理论水平和教学能力。

从幼儿教师个体来看，幼儿教师的专业成长应是幼儿教师作为成长主体的主动发展过程。对于一贯依赖并期望通过外部力量来发展自我的幼儿教师来说，只有转变原有的专业发展理念，不把自己的成长建立在通过别人改变自己的命运的基础上，才有可能逐步走出被动专业发展的"模具"局面，也才有可能逐步提高自己的专业水平并获得维持自我发展的核心竞争力。[②]

那么具体有哪些途径呢？幼儿教师成长与发展的基本途径主要有两个方面：一是通过师范教育培养新幼儿教师作为幼儿教师队伍的补充；二是通过实践训练提高在职教师的专业水平。在这里我们主要探讨后者。幼儿园可以通过积极开展园本培训、实施教学反思、创建学习共同体，以及观摩、分析优秀教师的教学活动等多层次、全方位的培养模式，从而实现幼儿教师的专业化发展。

（一）园本培训

幼儿教师园本培训就是为了满足幼儿园和幼儿教师的发展目标和需求，由幼儿园发起、组织或规划，在园内开展的，立足于幼儿园实际教育教学和教育科研活动而进行的师资互动式培训，旨在提高幼儿园整体办园实力和教育质量，促进幼儿园的可持续发展。"园本"主要体现三层含义：①以幼儿园为基本单位；②基于并为了幼儿园的发展；③幼儿园拥有较大的自主权。[③] 幼儿园不仅是培养幼儿的场所，同时也是幼儿教师专业成长的基地。

园本培训最大的特点是，幼儿园的实际工作就是幼儿教师成长的平台，可以最大限度地发挥幼儿园日常工作的教育价值，切实有效地提高幼儿教师的素质和能力。在园本培训实

---

① 陈帼眉,姜勇.幼儿教育心理学[M].北京:北京师范大学出版社,2007:261.
② 岳亚平.走向自我更新:幼儿教师专业发展的未来选择[J].幼儿教育(教育科学版),2006(9).
③ 夏宇虹.论幼儿教师园本培训[D].武汉:华中师范大学硕士学位论文,2003.

施时,应当注意以下问题:首先,园本培训没有一套固定统一的模式,要因地制宜,每个幼儿园要结合自身的特点制定不同的培训方案。其次,园本培训只是促进教师专业发展的一种途径,并非唯一形式,幼儿园应该鼓励并创造条件为教师参加多种形式的培训提供方便;再次,园本培训的决定因素在于幼儿园的管理者,管理者能力的高低影响着培训的开展,因此管理者自身要不断学习,以提高自身的业务水平和领导能力。

(二)反思性教学

反思性教学指的是教师在先进教育理论的指导下,借助于行动研究,不断对自己的教育实践进行反思,积极探索与解决教育实践中的问题,努力提升教育实践的科学性、合理性,并使自己逐渐成长为专家型教师的过程。① 具体而言,就是幼儿教师对自己的教育行为、结果以及幼儿在活动中的反应进行分析和思考。反思性教学是一种教师通过提高自我觉察水平来促进教学能力发展的手段。它是理论和实践的对话与沟通,是从具体教学经验入手,通过观察分析思考,然后再回到教学实践中积极尝试和验证。反思的途径有多种方式。布鲁巴奇(J. W. Brubacher)等提出了四种值得借鉴的反思方法:①写反思日记;②观摩与分析,与其他教师互相交流;③职业发展,把教师们聚在一起,让他们提出教学中的困惑,然后进行讨论,形成解决办法;④行动研究,教师对教学中遇到的问题进行调查研究。②

(三)学习共同体

所谓学习共同体,指围绕着共同的学习任务及达到共同的目标而组织起来的,具有良好民主氛围的,成员间形成平等对话、共同学习、相互依存的团体或组织。幼儿园中学习共同体的任务是教师们分享幼儿园教育教学中的成败经验和解决教育教学中的问题,其目标和意义在于通过建立学习型组织,互相学习、分享经验、分享智慧、共同提高,从而促进幼儿教师成员的专业成长。

幼儿园学习共同体学习的方式可以多种多样,如参与式培训、分享阅读幼教专业文献、参加专题讨论会、交流教学观摩心得和加入幼教专业的学术组织等。通过共同学习不断丰富自己的专业理论知识,了解专业领域中的最新进展,从而不断提高团体中每个教师的教育教学水平和分析、评价、调整、改进教育教学的能力。

(四)观摩、分析优秀幼儿教师的教学活动

目前,观摩教学也是幼儿教师专业成长的重要途径之一。它是供教师同行与有关人员观看、聆听并进行评析的教学活动,目的是探讨教学规律,研究教学内容、形式、方法和评价,或推广教学经验。幼儿教师通过观摩其他优秀同伴的教学活动,可以快速地吸收他人的幼教专业知识、教学技能、教学方法、教学理念,提升自己的教学素养和教学能力。因为观摩活

---

① 教育部基础教育司组织编写.《幼儿园教育指导纲要(试行)》解读[M].南京:江苏教育出版社,2002:214.
② 林泳海,曹亚萍,姜勇.专家型幼儿教师成长的几点思考[J].广西师范大学学报:哲学社会科学版,2007(4).

动可以引出不同的典型案例的分析,提供多侧面、多层次看问题的角度和思路,促使教师更理性、更自觉地进一步学习、实践和发展新的教育智慧。教学观摩可分为组织化观摩和非组织化观摩(无计划性和目的性)。一般来讲,培养和提高新手教师或教学经验欠缺的年轻教师适合运用组织化观摩。对于那些有了相当完备的理论知识和教学能力的熟手型教师或专家型教师可以进行非组织化观摩。观摩的方式既可以是现场观摩,也可以观看优秀教师的教学录像。通过观摩、分析优秀教师的各种类型的教学活动,可以缩短新手型教师的成长过程,也可以引导熟手型教师走出停滞期。

知识小卡片 13-2

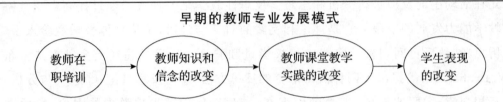

  这个模式中的教师专业化发展模式为,通过在职培训改变教师的知识和信念,以教师知识和信念的改变为基础,教师的课堂教学实践就会发生相应的改变,学生的学习也就会发生改变。这种教师专业发展模式之所以一直以来成为教师专业发展的主导模式,其原因有三:第一,此模式以教师教育者,而不是教师的角度来进行专业发展活动,教师教育者主要根据自己所享有的资源、专长对教师进行培训,使教师教育者的工作变得容易些,反映了教师教育者的意志,而不是教师的利益。第二,此模式较为经济、实用,可以在相当有限的时间内大面积地对教师进行培训。第三,教师可以在较短时间内获得大量的知识和信息,对于补偿教师所必需的学科知识、了解改革动态很有效。

  但是这种教师专业发展模式的作用是非常有限的。原因有三:第一,误解了教师专业发展的起点。第二,简化了课堂教学的本质。第三,曲解了教师变化的过程。①

思考与练习

阅读案例 13-6,请根据本章所学的理论知识,回答下面问题:

1. 你认为案例中的幼儿教师 H 在幼儿的游戏中所扮演的角色是什么?
2. 案例中的幼儿教师 H 的教育行为体现了她什么样的教学心理品质?
3. H 老师是一名专业化幼儿教师。请结合案例 13-6 阐述专业化幼儿教师的特征。

---

① 赵明仁.教学反思与教师专业发展——新课程改革中的案例研究[M].北京:北京师范大学出版社 2009:91-93.

 案例 13-6

开公共汽车游戏

　　H 教师是一位有十年教学经验的老教师,是园里的教学骨干。有一次,她带领小班的孩子们正在高兴地玩着"开公共汽车"的角色游戏。调皮的皓皓在"车前"走来走去,怕被民警抓住,就顺势倒在地上扮演"死人"。突然另一个小朋友奇奇大声叫道,"啊呀!不好了!皓皓被汽车轧死了!"听到奇奇的喊叫,全班孩子顿时兴奋起来。大家顾不上原来的角色都跑过去瞅躺在地上一动不动的皓皓。该班教师 H 在这关键时刻,急中生智。只见她从容地翻翻皓皓的眼睑,用手试探试探他的鼻息,侧耳听听他的心跳,然后非常镇定地说:"皓皓心脏还在跳动,他没有死,孩子们,赶紧想办法急救!"幼儿顿时又活跃起来了。有的给皓皓量量体温,有的给他输血、输氧,有的给他包扎伤口、打针……游戏又顺利地进行下去了,而且内容更深入、更丰富、更逼真了。

参考文献

中文部分：

1. 边霞,刘丽玲.关于幼儿艺术教育若干问题的对话[J].学前教育研究,2003(1).
2. 边霞.论儿童艺术的发生[J].学前教育研究,2002(5).
3. 边霞.幼儿园生态式艺术教育理论与实践[M].长春:北方妇女儿童出版社,2004.
4. 蔡琣瑛.恋上布母猴:儿童心理学的故事[M].上海:上海科学技术出版社,2005.
5. 曹能秀,王黎.当代日本幼儿数量形教育的特色[J].国外幼教,2000(10).
6. 曹睿昕,夏美萍,等.儿童2岁时的不顺从对4~11岁间社会适应的预测[J].心理学报,2010(5).
7. 曹中平.幼儿教育心理学[M].沈阳:辽宁师范大学出版社,2001.
8. 曾捷英,周新林.试论影响问题解决的因素[J].湖北大学学报(哲学社会科学版),1993(3).
9. 曾守锤.流动儿童的幸福感研究[J].中国青年研究,2008(9).
10. 车丽萍.自信的概念、特征及影响因素[J].宁波大学学报(教育科学版),2001(6).
11. 车文博.车文博文集第八卷——人本主义心理学元理论[M].北京:首都师范大学出版社,2010.
12. 车文博.人本主义心理学[M].杭州:浙江教育出版社,2003.
13. 陈朝霞.内隐态度形成过程中的经典条件反射机制研究[D].济南:山东师范大学,2003.
14. 陈帼眉,姜勇.幼儿教育心理学[M].北京:北京师范大学出版社,2007.
15. 陈会昌.儿童社会性发展的特点、影响因素及其测量——《中国3~9岁儿童的社会性发展》课题总报告[J].儿童发展与教育,1994(4).
16. 陈会昌,夏美萍.近50年来关于儿童顺从行为的研究[J].心理发展与教育,2006(4).
17. 陈会昌.智力和社会性哪个更重要——儿童社会性发展[J].父母必读,1996(8).
18. 陈琦,刘儒德主编.当代教育心理学[M].北京师范大学出版社,2007.
19. 陈琦.学生学习方式的差异与因材施教[J].北京师范大学学报,1989(1).
20. 陈向明.质的研究方法与社会科学研究[M].北京:教育科学出版社,2000(1).
21. 陈友娟.师幼冲突的社会学分析[J].幼儿教育,2006(7).
22. 程灵.幼儿心理教育实例[M].福州:福建人民出版社,2002.

23. 程学超,谷传华.母亲行为与小学儿童自尊的关系[J].心理发展与教育,2001(4).
24. 程跃.多元学习 梯度发展[M].北京:北京师范大学出版社,2009.
25. 董奇,陶沙,等.婴儿问题解决行为的特点与发展[J].心理学报,2002(1).
26. 方展画.罗杰斯"以学生为中心"教学理论评述[M].北京:教育科学出版社,1990.
27. 方州.孩子解决问题的能力是这样培养出来的[M].北京:中国华侨出版社,2009.
28. 冯天荃,刘国雄,龚少英.3~5岁幼儿对社会规则的认知发展研究[J].教育研究与实验,2010(1).
29. 冯维.现代教育心理学[M].重庆:西南师范大学出版社,2007.
30. 冯忠良,伍新春.教育心理学[M].北京:人民教育出版社,2007.
31. 高觉敷,叶浩生.西方教育心理学发展史[M].福州:福建教育出版社,2005.
32. 华道金.儿童自尊感的人格教育价值及其保护与培养[D].南京:南京师范大学,2006.
33. 黄珊.以儿童为本的教育研究和实践[M].北京:北京师范大学出版社,2010.
34. 霍力岩.发展适宜性实践的主要观点及其有益启示[J].福建教育,2013(23).
35. 简楚瑛.学前教育课程模式[M].上海:华东师范大学出版社,2005.
36. 江敏.让科学活动伴随真实的探究——大班科学活动《让蛋站起来》教育案例[J].好家长,2014.37.
37. 姜勇,庞丽娟.幼儿责任心维度构成的探索性与验证性因子分析[J].心理科学,2000(4).
38. 姜勇.四种社交类型大班幼儿内外控制点的研究[J].心理发展与教育,1996(2).
39. 金盛华.社会心理学[M].北京:高等教育出版社,2005.
40. 金晓芳.在科学活动中培养幼儿的科学精神——记一次科学探索活动《安装干电池》[J].幼教天地,2014(10).
41. 李冬晖,陈会昌,侯静.父母控制与儿童顺从行为的研究综述[J].心理学动态,2001(4).
42. 李季湄,冯晓霞.《3~6岁儿童学习与发展指南》解读[M].北京:人民教育出版社,2013.
43. 李建丽.幼儿个性化教育的实践探索[M].北京:北京师范大学出版社,2009.
44. 李其维.论皮亚杰心理逻辑学[M].上海:华东师范大学出版社,1990.
45. 李生兰.儿童的乐园:走进21世纪的美国学前教育[M].南京:南京师范大学出版社,2011(3).
46. 李小平.学校社会心理学[M].南京:江苏教育出版社,2002.
47. 李晓东.教育心理学[M].北京:北京大学出版社,2008.
48. 林崇德,杨治良,黄希庭.《心理学大辞典》[M](下卷)上海:上海教育出版社,2003.
49. 林汉达.向传统教育挑战[M].上海:上海书店影印出版,1988.
50. 林永海.幼儿教育心理学[M].北京:商务印书馆,2011.
51. 凌辉.儿童智力和家庭环境与学习成绩的关系[J].中国学校卫生,2002(2).

52. 刘德林.教育惩罚要唤起学生的羞愧感[J].思想理论教育,2008(14).

53. 刘凤莲,宋洁.幼儿教育心理学[M].北京:北京理工大学出版社,2010.7.

54. 刘儒德.论问题解决过程的模式[J].北京师范大学学报(社会科学版),1996(1).

55. 刘少文,龚耀先.家庭背景和儿童智力结构与学习成绩关系的研究[J].中国心理卫生杂志,1992(6).

56. 刘晓东,卢乐珍.学前教育学[M].南京:江苏教育出版社,2004.

57. 刘洋.儿童与音乐的对话——5~6岁儿童音乐欣赏特点研究[D].南京:南京师范大学,2006.

58. 刘占兰,廖贻.聚焦幼儿园教育教学的反思与评价[M].北京:北京师范大学出版社,2007.

59. 龙应台.孩子你慢慢来[M].上海:文汇出版社,2005.

60. 吕福松.对学前儿童羞愧感的实验研究[J].上饶师范学院学报,2005(25).

61. 马丽娜.5~6岁幼儿对"家"的理解研究[D].南京:南京师范大学,2008.

62. 莫雷.教育心理学[M].广州:广东高等教育出版社,2005.

63. 庞丽娟,颜洁.论教师指导儿童社会性发展的原则[J].学前教育研究,1997(3).

64. 庞丽娟.儿童社会认知发展的特点[J].心理科学,2002(2).

65. 彭聃龄,张必隐.认知心理学[M].杭州:浙江教育出版社,2003.

66. 皮连生.教育心理学[M].第3版.上海:上海教育出版社,2004.

67. 皮连生.学与教的心理学[M].上海:华东师范大学出版社,2003.

68. 皮亚杰.生物学与认识[M].尚新建,等译.北京:三联书店,1989.

69. 齐格勒 E.,基尔德 I.,拉姆 M.社会化与个性发展[M].李凌,等译.北京:北京航空航天大学出版社,1988.

70. 桑标.儿童发展心理学[M].北京:高等教育出版社,2009.

71. 上海中小学课程教材改革委员会.学习活动(4~5岁)[M].上海:上海教育出版社,2003.

72. 邵瑞珍,皮连生.教育心理学[M].上海:上海教育出版社,1992.

73. 申自力.自尊情感模型假设的检验[D].长沙:中南大学博士学位论文,2009.

74. 沈德立.小学儿童发展与教育心理学[M].上海:华东师范大学出版社,2003.

75. 施良方.学习论[M].北京:人民教育出版社,1992.

76. 石俊杰.教育社会心理学——理论探讨与专题研究[M].石家庄:河北大学出版社,2003.

77. 史晓红.城乡小学生移情发展的比较研究[J].心理科学,1993(1).

78. 谭顶良.学习风格论[M].南京:江苏教育出版社,1995.

79. 唐淑,孔起英.国外幼儿园课程[M].南京:南京师范大学出版社,2009.

80. 腾大春.外国近代教育史[M].北京:人民教育出版社,1999.
81. 滕守尧.审美心理描述[M].成都:四川人民出版社,1998.
82. 王娥蕊,杨丽珠.3~9岁儿童自信心发展特点的研究[J].辽宁师范大学学报(社会科学版),2006(3).
83. 王惠萍,孙宏伟.儿童发展心理学[M].北京:科学出版社,2010.
84. 王坚红.学前儿童发展与教育科学研究方法[M].北京:人民教育出版社,1991.
85. 王丽莉.幼儿对同伴冲突的解决策略[J].文史博览,2006(12).
86. 王美芳等主编.发展与教育心理学实验指导[M].济南:山东人民出版社,2009(9).
87. 王清生.浅谈态度的形成与改变[J].浙江师大学报(社会科学版),1996(3).
88. 王小明.学习心理学[M].北京:中国轻工业出版社,2009.
89. 王晓莉.学校教育与幼儿的性别角色建构[J].赤峰学院学报,2010(9).
90. 王星军.幼儿从众行为及影响因素的调查研究[J].太原师范学院学报(社会科学版),2003.
91. 韦洪涛.学习心理学[M].北京:化学工业出版社,2011.
92. 魏运华.父母教养方式对少年儿童自尊发展影响的研究[J].心理发展与教育,1999(3).
93. 魏知超.态度形成的内隐机制研究[D].上海:华东师范大学,2006.
94. 吴丽芳,李红.幼儿(3~6岁)独立解决问题能力培养新尝试[J].教育教学研究,2010(1).
95. 肖明.多途径促进幼儿责任感的养成[J].教育教学论坛,2011(27).
96. 肖琼华.幼儿移情影响因素的研究[D].长春:东北师范大学硕士学位论文,2006.
97. 肖玺.从"鱼就是鱼"想到的……——谈建构主义学习理论对幼儿英语教学的影响[J].英才高职论坛,2008(8).
98. 徐慧.幼儿教育心理实践活动案例[M].北京:高等教育出版社,2012(8).
99. 许卓娅.学前儿童音乐教育[M].北京:人民教育出版社,1996.
100. 杨汉麟.外国幼儿教育史[M].北京:人民教育出版社,2011.
101. 杨丽珠,金芳.促进幼儿责任心发展的教育现场实验研究[J].学前教育研究,2005(6).
102. 杨丽珠,吴文菊.幼儿社会性发展与教育[M].辽宁:辽宁师范大学出版社,2000.
103. 杨丽珠,张丽华.3~9岁儿童自尊结构研究[J].心理科学,2005(1).
104. 姚本先.5岁幼儿从众行为的初步研究报告[J].心理科学,1995(1).
105. 于开莲.幼儿手工制作活动中的问题解决与教师指导[J].学前教育研究,2008(2).
106. 俞国良,辛自强.社会性发展心理学[M].合肥:安徽教育出版社,2004.
107. 赵同森.解读人本主义教育思想[M].广东:广东教育出版社,2006.
108. 张大均,郭成.教学心理学纲要[M].人民教育出版社,2006.

109. 张晖.幼儿园课题研究[M].北京:高等教育出版社,2012.

110. 张积家.试论责任心的心理结构[J].教育研究与实验,1998.

111. 张建伟,孙艳青.建构性学习——学习科学的整合性探索[M].上海教育出版社,2005.

112. 张乐.态度形成的理论与实验[D].上海:华东师范大学,2008.

113. 张丽华,杨丽珠.3~8岁儿童自尊发展特点的研究[J].心理与行为研究,2005(1).

114. 张莉.儿童发展心理学[M].武汉:华中师范大学出版社,2006.

115. 张卿.学与教的历史轨迹[M].济南:山东教育出版社,1995.

116. 张伟利.请让我来解决——幼儿的问题解决能力发展[J].家庭教育(幼儿家长),2010(09).

117. 张文新.儿童社会性发展[M].北京:北京师范大学出版社,1999.

118. 张野.结构与发展:儿童人格的解读[M].沈阳:辽宁人民出版社,2009.

119. 赵亦强.幼儿自信心与父母教养方式的相关研究[D].呼和浩特:内蒙古师范大学硕士专业学位论文,2011.

120. 中华人民共和国教育部.幼儿园教育指导纲要(试行)[S].北京:北京师范大学出版社,2001.

121. 朱家雄.幼儿园课程(第二版)[M].上海:华东师范大学出版社,2011.

122. 朱家雄.幼儿园课程的理论与实践[M].上海:华东师范大学出版社,2012.

123. 朱家雄.建构主义视野下的学前教育[M].上海:华东师范大学出版社,2009.

124. 朱智贤,林崇德.儿童心理学史[M].北京:北京师范大学出版社,2002.

125. 竺培梁.智力心理学探新[M].合肥:中国科学技术大学出版社,2006.

126. 左任侠,李其雄.皮亚杰发生认识论文选[M].上海:华东师范大学出版社,1991.

127. [德]弗莱克·班格尔特.孩子的画告诉我们什么:儿童画与儿童心理解读[M].程巍,许玉梅,译.北京:北京师范大学出版社,2010.

128. [美]Bredekamp,S.,Copple,C.幼教绿皮书:符合孩子身心发展的专业幼教[M].洪毓英,译.新竹:和英出版社,2000.

129. [美]George W. Gagnon. Jr.,Michelle Collay.建构主义学习设计:标准化教学的关键问题[M].宋玲,译.北京:中国轻工业出版社,2008.

130. [美]H.加登纳.艺术与人的发展[M].兰金仁,译.北京:光明日报出版社,1988.

131. [美]J. M. 索里,C. W. 特尔福德.教育心理学[M].高觉敷,等译.北京:人民教育出版社,1982.

132. [美]Lewis R. Aiken.态度与行为:理论、测量与研究[M].何清华,雷霖,陈浪,等译.北京:中国轻工业出版社,2008.

133. [美]Margaret E. Gredler.学习与教学[M].张奇,等译.北京:中国轻工业出版社,2007.

134. [美]R.M.加涅.学习的条件和教学论[M].皮连生,等译.上海:华东师范大学出版社,1999.

135. [美]阿恩海姆.视觉思维——审美直觉心理学[M].滕守尧,译.成都:四川人民出版社,1998.

136. [美]阿恩海姆.艺术与视知觉——视觉艺术心理学[M].滕守尧,朱疆源,译.北京:中国社会科学出版社,1984.

137. [美]爱泼斯坦,特里米斯.我是儿童艺术家:学前儿童视觉艺术的发展[M].冯婉帧,等译.北京:教育科学出版社,2012.

138. [美]鲍尔,希尔加德.学习心理学[M].邵瑞珍,皮连生,等译.上海:上海教育出版社,1987.

139. [美]彪勒.人本主义心理学导论[M].陈宝铠,译.北京:华夏出版社,1990.

140. [美]大卫·杰纳·马丁.走进中小学科学课:建构主义教学方法[M].于力华.华瑞年.贾志宏,等译.长春:长春出版社,2003.

141. [美]戴尔.H.申克.学习理论:教育的视觉[M].韦小满,等译.南京:江苏教育出版社,2004(4).

142. [美]戴维·迈尔斯.社会心理学[M].侯玉波,乐国安,张智勇,译.北京:人民邮电出版社,2006.

143. [美]蒂法妮.菲尔德.婴儿世界[M].李维,译.成都:四川教育出版社,2006.

144. [美]杰·S.布鲁纳.发现学习思想与教育论著选读[M].廖世承,译.北京:中国环境科学出版社,2006.

145. [美]津巴多,利佩.态度改变与社会影响[M].邓羽,肖莉,唐小艳,译.北京:人民邮电出版社,2007.

146. [美]卡罗尔·格斯特维奇.发展适宜性实践[M].霍力岩,译.北京:教育科学出版社,2011.

147. [美]克斯特尔尼克.儿童社会性发展指南——理论到实践[M].邹晓燕,译.北京:人民教育出版社,2009.

148. [美]劳拉·E.贝克.儿童发展[M].吴颖,等译.南京:江苏教育出版社,2002.

149. [美]罗宾·M.埃克特,提摩太·D.威尔逊,埃利奥特·阿伦森.社会心理学[M].侯玉波,等译.北京:世界图书出版公司,2012.

150. [美]罗杰斯.个人形成论——我的心理治疗观[M].杨广学,等译.北京:中国人民大学出版社,2004.

151. [美]马斯洛.人性能达的境界[M].林方,译.昆明:云南人民出版社,1987.

152. [美]史蒂芬妮·桑顿.儿童怎样解决问题[M].李维,吕建国,译.成都:四川教育出版

153. [美]亚伯拉罕·马斯洛.动机与人格[M].许金声,等译.北京:中国人民大学出版社,2007.

154. [美]约翰·桑切克.教育心理学[M].周冠英,王学成,译.北京:世界图书出版公司北京公司,2007.

155. [挪威]让·罗尔·布约克沃尔德.本能的缪斯——激活潜在的艺术灵性[M].王毅,孙小鸿,李明生,译.上海:上海人民出版社,1997.

156. [日]若井邦夫,等.幼儿教育心理学[M].李金陵,艾苗,译.上海:华东师范大学出版社,1986.

157. [瑞士]J.皮亚杰,B.英海尔德.儿童心理学[M].吴福元,译.北京:商务印书馆,1980.

158. [英]赫伯·里德.通过艺术的教育[M].吕廷和,译.长沙:湖南美术出版社,1993.

159. [英]休·格里芬.儿童工作中的全纳、平等和多样性[M].南京:南京师范大学出版社,2011.

160. A·卡米洛夫-史密斯.超越模块性——认知科学的发展观[M].缪小春,译.上海:华东师范大学出版社,2001.

161. Barbara L. McCombs, James E. Pope.学习动机的激发策略——提高学生的学习兴趣[M].伍新春,等译.北京:中国轻工业出版社,2002.

162. D. P.奥苏泊尔,等著.教育心理学:认知观点[M].佘星南,宋钧,等译.北京:教育人民出版社,1994.

163. J.布罗菲.激发学习动机[M].陆怡如,译.上海:华东师范大学出版社,2005.

164. R. M.加涅.教学设计原理[M].皮连生,等译.上海:华东师范大学出版社,1999.

165. S. E. Taylor,等.社会心理学[M].谢晓非,谢冬梅,等译.北京:北京大学出版社,2004.

166. S. Lan Roberston.问题解决心理学[M].张奇,等译.北京:中国轻工业出版社,2004.

167. 班尼·约翰逊.教育社会心理学[M].邵瑞珍,等译.昆明:云南教育出版社,1986.

英文部分:

1. Atkinson J. W. *An introduction to motivation* [M]. Princeton, NJ: Van Nostrand, 1964.

2. Atkinson J. W. Motivational determinants of risk-taking behavior [J]. Psychological Review, 1957, 64(6).

3. Bergan J. R., Dunn J. A. Psychology and Education: A Scionce for Intruction [M]. New Jersey: John Wiley & Son, 1976.

4. Brophy J. E.. Motivating students to learn [M]. Bostion: McGraw-Hill, 1998.

5. Deci E. Work: Who does not like it and why [M]. In: Pettijohn, T. F. Notable selections

in psychology. The Dushkin Publishing Group,Inc. ,1994.

6. Finegan J. E, Seligman C. . Mood and the formation of attitudes [J]. Canadian Journal of Behavioural Science,1993.

7. Judith R. Harris, Robert M. Liebert. The Child: Development From Birth Through Adolescence [M]. Prentice-Hall, Inc. , Englewood Cliffs, New Jersey, USA, 1984.

8. Maslow A. H. Humanistic education [J]. Journal of Humanistic Psychology. 1979,19 (3).

9. Murphy K. P. , Alexander P. A. . A motivated exploration of motivation technology [J]. Contemporary Educational Psychology,2000,25(1).

10. Powell J. A. ,Wiltcher B. J. , Wedemeyer N. V. ; Claypool P. L. The young child's developing concept of family [J]. Home Economic Research Journal,1981,10(2).

11. Rogers C. R. A way of being [M]. Boston:Houghton Mifflin,1980.

12. Rogers C. R. On becoming a person [M]. Boston:Houghton Mifflin,1961.

13. Rogers C. R. The interpersonal relationship in the facilitation of learning. The Virgil E. Herrick Memorial Lecture Series [M]. Columbus,Ohio:Merrill,1968.

14. Rose A. M. , Feshbach N. D. . Empathy and and aggression revisited:The effect of context [J]. Aggression Behavior,1991(17).

15. S. Coopersmith. The Antecedents of Self-esteem [M]. San Francisco: W. H: Freeman, 1967.

16. Shaffer J. B. P. Humanistic psychology [M]. Englewood Cliffs,NJ: Prentice-Hall,1978.

17. Veenman S. Perceived problems of beginning teachers [J]. Review of educational search,1984.

18. Wang X. L. , Bernas R. , Eberhard P. . Responding to children's everyday transgressions in Chineseworkingclass families [J]. Journal of Moral Education, 2008, 37 (1).

19. Danuta Bukatko, Marvin W. Daehler. Child Development [M]. New York:Houghton Mifflin Company,2001.

北京大学出版社
教育出版中心 精品图书

21世纪特殊教育创新教材·理论与基础系列

特殊教育的哲学基础	方俊明 主编	36元
特殊教育的医学基础	张 婷 主编	36元
融合教育导论	雷江华 主编	36元
特殊教育学（第二版）	雷江华 方俊明 主编	43元
特殊儿童心理学（第二版）	方俊明 雷江华 主编	39元
特殊教育史	朱宗顺 主编	39元
特殊教育研究方法（第二版）	杜晓新 宋永宁等 主编	39元
特殊教育发展模式	任颂羔 主编	33元
特殊儿童心理与教育	张巧明 杨广学 主编	36元

21世纪特殊教育创新教材·发展与教育系列

书名	作者	价格
视觉障碍儿童的发展与教育	邓 猛 编著	33元
听觉障碍儿童的发展与教育	贺荟中 编著	38元
智力障碍儿童的发展与教育	刘春玲 马红英 编著	32元
学习困难儿童的发展与教育	赵 微 编著	39元
自闭症谱系障碍儿童的发展与教育	周念丽 编著	32元
情绪与行为障碍儿童的发展与教育	李闻戈 编著	36元
超常儿童的发展与教育（第二版）	苏雪云 张 旭 编著	39元

21世纪特殊教育创新教材·康复与训练系列

特殊儿童应用行为分析	李 芳 李 丹 编著	36元
特殊儿童的游戏治疗	周念丽 编著	30元
特殊儿童的美术治疗	孙 霞 编著	38元
特殊儿童的音乐治疗	胡世红 编著	32元
特殊儿童的心理治疗	杨广学 编著	39元
特殊教育的辅具与康复	蒋建荣 编著	29元
特殊儿童的感觉统合训练	王和平 编著	45元
孤独症儿童课程与教学设计	王 梅 著	37元

自闭谱系障碍儿童早期干预丛书

书名	作者	价格
如何发展自闭谱系障碍儿童的沟通能力	朱晓晨 苏雪云	29元
如何理解自闭谱系障碍和早期干预	苏雪云	32元
如何发展自闭谱系障碍儿童的社会交往能力	吕 梦 杨广学	33元
如何发展自闭谱系障碍儿童的自我照料能力	倪萍萍 周 波	32元
如何在游戏中干预自闭谱系障碍儿童	朱 瑞 周念丽	32元
如何发展自闭谱系障碍儿童的感知和运动能力	韩文娟 徐芳 王和平	32元
如何发展自闭谱系障碍儿童的认知能力	潘前前 杨福义	39元
自闭症谱系障碍儿童的发展与教育	周念丽	32元
如何通过音乐干预自闭谱系障碍儿童	张正琴	36元
如何通过画画干预自闭谱系障碍儿童	张正琴	36元
如何运用ACC促进自闭谱系障碍儿童的发展	苏雪云	36元
孤独症儿童的关键性技能训练法	李 丹	45元
自闭症儿童家长辅导手册	雷江华	35元
孤独症儿童课程与教学设计	王 梅	37元
融合教育理论反思与本土化探索	邓 猛	58元
自闭症谱系障碍儿童家庭支持系统	孙玉梅	36元

特殊学校教育·康复·职业训练丛书（黄建行 雷江华 主编）

信息技术在特殊教育中的应用	55元
智障学生职业教育模式	36元
特殊教育学校学生康复与训练	59元
特殊教育学校校本课程开发	45元
特殊教育学校特奥运动项目建设	49元

21世纪特殊教育创新教材·融合教育系列

书名	作者	价格
融合教育理论反思与本土化探索	邓 猛	58元
融合教育理论指南	邓 猛	45元
融合教育实践指南	邓 猛	39元
资源教师工作指南	孙 颖	45元

21世纪学前教育专业规划教材

书名	作者	价格
幼儿学习与教育心理学	张 莉	55元
幼儿园教育质量评价导论	吴 纲	39元
学前教育管理学	王 雯	45元
幼儿园歌曲钢琴伴奏教程	果旭伟	39元
幼儿园舞蹈教学活动设计与指导	董 丽	36元
实用乐理与视唱	代 苗	40元
学前儿童美术教育	冯婉贞	45元
学前儿童科学教育	洪秀敏	39元
学前儿童游戏	范明丽	39元
学前教育研究方法	郑福明	39元
外国学前教育史	郭法奇	39元
学前教育政策与法规	魏 真	36元
学前心理学	涂艳国 蔡 艳	36元

学前教育理论与实践教程	王 维 王维娅 孙 岩 39元	21世纪的大学	[美]詹姆斯·杜德斯达 著 38元
学前儿童数学教育	赵振国 39元	美国公立大学的未来	[美]詹姆斯·杜德斯达 弗瑞斯·沃马克 著 30元

大学之道丛书

		东西象牙塔	孔宪铎 著 32元
大学的理念	[英]亨利·纽曼 著 49元	理性捍卫大学	眭依凡 著 49元
哈佛：谁说了算	[美]理查德·布瑞德利 著 48元		
麻省理工学院如何追求卓越	[美]查尔斯·维斯特 著 35元	**学术规范与研究方法系列**	
大学与市场的悖论	[美]罗杰·盖格 著 48元	社会科学研究方法100问	[美]萨子金德 著 38元
高等教育公司：营利性大学的崛起	[美]理查德·鲁克 著 38元	如何利用互联网做研究	[爱尔兰]杜恰泰 著 38元
公司文化中的大学：大学如何应对市场化压力		如何为学术刊物撰稿：写作技能与规范（英文影印版）	
	[美]埃里克·古尔德 著 40元		[英]罗薇娜·莫 编著 26元
美国交生教育原是认证与评估		如何撰写和发表科技论文（英文影印版）	
	[美]美国中部州交生教育委员会 编 36元		[美]罗伯特·戴 等著 39元
现代大学及其图新	[美]谢尔顿·罗斯布莱特 著 60元	如何撰写与发表社会科学论文：国际刊物指南	蔡今忠 著 35元
美国文理学院的兴衰——凯尼恩学院纪实	[美]P.F.克鲁格 著 42元	如何查找文献	[英]萨莉拉·姆齐 著 35元
教育的终结：大学何以放弃了对人生意义的追求		给研究生的学术建议	[英]戈登·鲁格 等著 26元
	[美]安东尼·T.克龙曼 著 35元	科技论文写作快速入门	[瑞典]比约·古斯塔维 著 19元
大学的逻辑（第三版）	张维迎 著 38元	社会科学研究的基本规则（第四版）	[英]朱迪斯·贝尔 著 32元
我的科大十年（续集）	孔宪铎 著 35元	做好社会研究的10个关键	[英]马丁·丹斯考姆 著 20元
高等教育理念	[英]罗纳德·巴尼特 著 45元	如何写好科研项目申请书	[美]安德鲁·弗里德兰德 等著 28元
美国现代大学的崛起	[美]劳伦斯·维赛 著 66元	教育研究方法（第六版）	[美]乔伊斯·高尔 等著 88元
美国大学时代的学术自由	[美]沃特·梅兹格 著 39元	高等教育研究：进展与方法	[英]马尔科姆·泰特 著 25元
美国高等教育通史	[美]亚瑟·科恩 著 59元	如何成为学术论文写作高手	华莱士 著 49元
美国高等教育史	[美]约翰·塞林 著 69元	参加国际学术会议必须要做的那些事	华莱士 著 32元
哈佛通识教育红皮书	哈佛委员会撰 38元	如何成为优秀的研究生	布卢姆 著 38元
高等教育何以为"高"——牛津导师制教学反思			
	[英]大卫·帕尔菲曼 著 39元	**21世纪高校职业发展读本**	
印度理工学院的精英们	[印度]桑迪潘·德布 著 39元	如何成为卓越的大学教师	肯·贝恩 著 32元
知识社会中的大学	[英]杰勒德·德兰迪 著 32元	给大学新教员的建议	罗伯特·博伊斯 著 35元
高等教育的未来：浮言、现实与市场风险		如何提高学生学习质量	[英]迈克尔·普洛瑟 等著 35元
	[美]弗兰克·纽曼等 著 39元	学术界的生存智慧	[美]约翰·达利 等主编 35元
后现代大学来临？	[英]安东尼·史密斯等 主编 32元	给研究生导师的建议（第2版）	[英]萨拉·德拉蒙特 等著 30元
美国大学之魂	[美]乔治·M.马斯登 著 58元		
大学理念重审：与纽曼对话	[美]雅罗斯拉夫·帕利坎 著 40元	**21世纪教育科学系列教材·学科学习心理学系列**	
学术部落及其领地——当代学术界生态揭秘（第二版）		数学学习心理学	孔凡哲 曾 峥 编著 29元
	[英]托尼·比彻 保罗·特罗勒尔 著 33元	语文学习心理学	董蓓菲 编著 39元
德国古典大学观及其对中国大学的影响（第二版）	陈洪捷 著 42元		
转变中的大学：传统、议题与前景	郭为藩 著 23元	**21世纪教师教育系列教材**	
学术资本主义：政治、政策和创业型大学		教育学基础	庞守兴 主编 40元
	[美]希拉·斯劳特 拉里·莱斯利 著 36元	教育学	余文森 王 晞 主编 26元

教育研究方法	刘淑杰 主编 45元
教育心理学	王晓明 主编 55元
心理学导论	杨凤云 主编 46元
教育心理学概论	连 榕 罗丽芳 主编 42元
课程与教学论	李 允 主编 42元
教师专业发展导论	于胜刚 主编 42元
学校教育概论	李清雁 主编 42元
现代教育评价教程（第二版）	吴 钢 主编 45元
教师礼仪实务	刘 霄 主编 36元
家庭教育新论	闫旭蕾 杨 萍 主编 39元
中学班级管理	张宝书 主编 39元

21世纪教师教育系列教材·初等教育系列

小学教育学	田友谊 主编 39元
小学教育学基础	张永明 曾 碧 主编 42元
小学班级管理	张永明 宋彩琴 主编 39元
初等教育课程与教学论	罗祖兵 主编 39元
小学教育研究方法	王红艳 主编 39元

教师资格认定及师范类毕业生上岗考试辅导教材

| 教育学 | 余文森 王 晞 主编 26元 |
| 教育心理学概论 | 连 榕 罗丽芳 主编 42元 |

21世纪教师教育系列教材·学科教学论系列

新理念化学教学论（第二版）	王后雄 主编 45元
新理念科学教学论（第二版）	崔 鸿 张海珠 主编 36元
新理念生物教学论（第二版）	崔 鸿 郑晓慧 主编 45元
新理念地理教学论（第二版）	李家清 主编 45元
新理念历史教学论（第二版）	杜 芳 主编 33元
新理念思想政治（品德）教学论（第二版）	胡田庚 主编 36元
新理念信息技术教学论（第二版）	吴军其 主编 32元
新理念数学教学论	冯 虹 主编 36元

西方心理学名著译丛

拓扑心理学原理	[德]库尔德·勒温 32元
系统心理学：绪论	[美]爱德华·铁钦纳 30元
社会心理学导论	[美]威廉·麦独孤 36元
思维与语言	[俄]列夫·维果茨基 30元
人类的学习	[美]爱德华·桑代克 30元
基础与应用心理学	[德]雨果·闵斯特伯格 36元
记忆	[德]赫尔曼·艾宾诺斯 著 32元
儿童的人格形成及其培养	[奥地利]阿德斯 著 35元
幼儿的感觉与意志	[德]威廉·蒲莱尔 著 45元
实验心理学（上下册）	[美]伍德沃斯 施洛斯贝格 著 150元
格式塔心理学原理	[美]库尔特·考夫卡 75元
动物和人的目的性行为	[美]爱德华·托尔曼 44元
西方心理学史大纲	唐 钺 42元

心理学视野中的文学丛书

| 围城内外——西方经典爱情小说的进化心理学透视 | 熊哲宏 32元 |
| 我爱故我在——西方文学大师的爱情与爱情心理学 | 熊哲宏 32元 |

21世纪教学活动设计案例精选丛书（禹明 主编）

初中语文教学活动设计案例精选	23元
初中数学教学活动设计案例精选	30元
初中科学教学活动设计案例精选	27元
初中历史与社会教学活动设计案例精选	30元
初中英语教学活动设计案例精选	26元
初中思想品德教学活动设计案例精选	20元
中小学音乐教学活动设计案例精选	27元
中小学体育（体育与健康）教学活动设计案例精选	25元
中小学美术教学活动设计案例精选	34元
中小学综合实践活动教学活动设计案例精选	27元
小学语文教学活动设计案例精选	29元
小学数学教学活动设计案例精选	33元
小学科学教学活动设计案例精选	32元
小学英语教学活动设计案例精选	25元
小学品德与生活（社会）教学活动设计案例精选	24元
幼儿教育教学活动设计案例精选	39元

21世纪教师教育系列教材·专业养成系列（赵国栋主编）

微课与慕课设计初级教程	40元
微课与慕课设计高级教程	48元
微课、翻转课堂和慕课设计实操教程	188元
网络调查研究方法概论（第二版）	49元